ZEW
KALAHARI

DELIA I MARK OWENS

ZEW KALAHARI

Z angielskiego przełożyła
Maciejka Mazan

Świat Książki
wydawnictwo

Tytuł oryginału
The Cry of Kalahari

Wydawca
Urszula Ruzik-Kulińska

Redaktor prowadzący
Tomasz Jendryczko

Redakcja
Magdalena Hildebrand

Korekta
Ewa Grabowska

Wydawnictwo Świat Książki
02-103 Warszawa, ul. Hankiewicza 2

Warszawa 2022

Księgarnia internetowa: swiatksiazki.pl

Skład i łamanie
Laguna

Druk i oprawa
DRUK-INTRO SA

Dystrybucja:
Dressler Dublin Sp. z o.o.
05-850 Ożarów Mazowiecki
ul. Poznańska 91
e-mail: dystrybucja@dressler.com.pl
tel. + 48 22 733 50 31/32
www.dressler.com.pl

ISBN 978-83-828-9679-4
Nr 90092338

*Dedykujemy tę książkę
doktorowi Richardowi Faustowi i Ingrid Koberstein
z Frankfurckiego Towarzystwa Zoologicznego za wszystko,
co zrobili dla zwierząt tej ziemi.*

A także Christopherowi, który nie mógł być z nami.

Spis treści

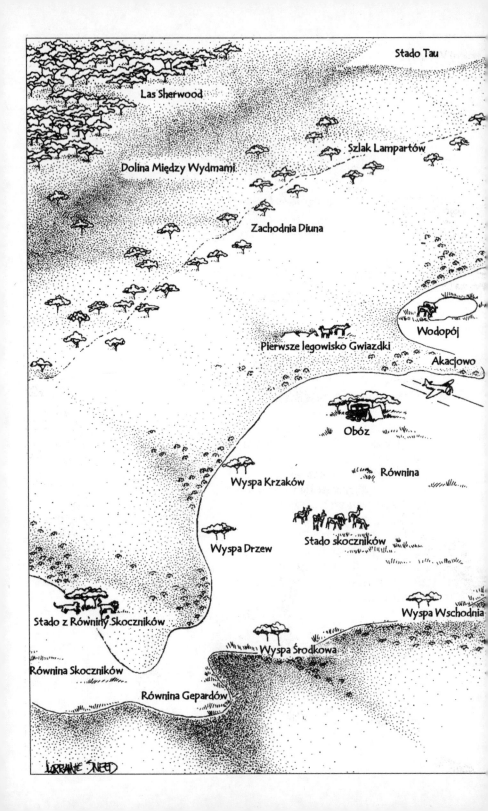

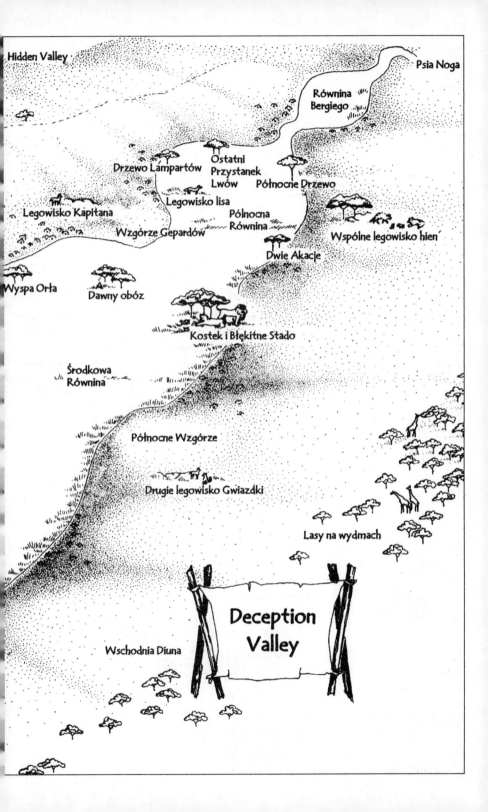

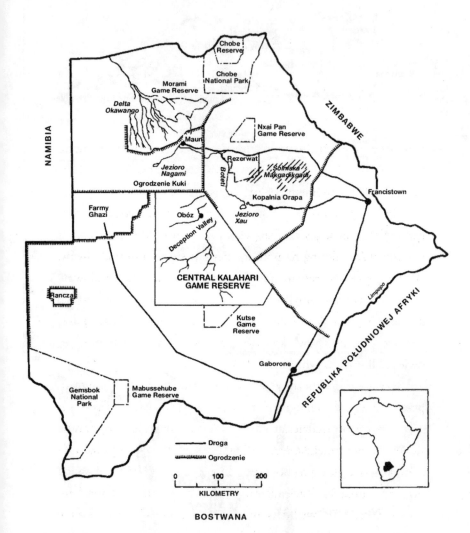

Chobe
Reserve

Chobe
National Park

Morami
Game Reserve

Delta
Okawango

NAMIBIA

ZIMBABWE

Nxai Pan
Game Reserve

Maun

Rezerwat

Jezioro
Nagami

Boteti

Solniska
Makgadikgadi

Ogrodzenie Kuki

Kopalnia Orapa

Francistown

Farmy
Ghazi

Obóz

Jezioro
Xau

Deception Valley

Rancza

CENTRAL KALAHARI
GAME RESERVE

Kutse
Game
Reserve

Limpopo

REPUBLIKA POŁUDNIOWEJ AFRYKI

Gaborone

Gemsbok
National
Park

Mabussehube
Game Reserve

——————— Droga

ᴧᴧᴧᴧᴧᴧᴧᴧ Ogrodzenie

0   100   200

KILOMETRY

BOSTWANA

PROLOG

Mark

Lewe ramię i biodro rozbolały mnie od leżenia na twardej ziemi. Przewróciłem się na prawy bok, wiercąc się na kępach trawy i kamykach, ale nie mogłem znaleźć wygodnej pozycji. Skulony w śpiworze, chroniącym mnie przed chłodem świtu, usiłowałem złapać jeszcze parę chwil snu. Poprzedniego wieczora przejechaliśmy doliną na północ, kierując się rykami stada lwów, ale o trzeciej nad ranem ucichły – prawdopodobnie upolowały ofiarę. W ciszy nie mogliśmy ich namierzyć, więc położyliśmy się na ziemi pod krzakami na małej trawiastej polance. Teraz nasze pokryte rosą nylonowe śpiwory lśniły w porannym słońcu jak dwie wielkie dżdżownice.

Wraauuu! Zaskoczony uniosłem powoli głowę i spojrzałem przed siebie. Oddech ugrzązł mi w piersi. Lwica była wielka – ważyła ponad sto pięćdziesiąt kilo – ale z poziomu ziemi wydawała się jeszcze potężniejsza. Szła ku nam, oddalona o jakieś pięć metrów, kołysząc głową na boki. Czarny pędzelek na końcu jej ogona drgał w skupieniu. Zacisnąłem palce na kępie trawy i zamarłem. Lwica zbliżała się, wielkie łapy unosiły się i opadały w idealnie miarowym rytmie, kropelki wilgoci jak klejnoty wisiały na jej grubych wibrysach. Głębokie bursztynowe oczy wpatrywały się we mnie. Chciałem obudzić Delię, ale bałem się poruszyć. Lwica dotarła do stóp naszych śpiworów, po czym odwróciła się lekko.

– Delia! Pssst! Zbudź się! Lwy przyszły!

Delia powoli uniosła głowę i szeroko otworzyła oczy. Wielki kot, mierzący blisko trzy metry od czubka nosa po pędzelek na ogonie, przedefilował przed naszymi stopami i zniknął w krzakach trzy metry dalej. Delia chwyciła mnie za ramię i bezgłośnie wskazała coś po prawej stronie. Lekko odwróciłem głowę i cztery metry ode mnie ujrzałem inną lwicę, stojącą po drugiej stronie krzaków obok nas. A potem drugą... i trzecią. Otaczało nas całe Błękitne Stado, w sumie dziewięć sztuk. Większość spała. Spędziliśmy noc dosłownie wśród dzikich lwów z Kalahari. Błękitka leżała na grzbiecie jak przeskalowana domowa kicia, z zamkniętymi oczami, tylnymi łapami sterczącymi w górę nad kosmatym białym brzuchem, z przednimi łapami złożonymi na puchatej piersi. Obok niej spał Kostek – wielki samiec z kudłatą czarną grzywą i wypukłą blizną nad kolanem – pamiątką po pospiesznej operacji po ciemku parę miesięcy temu. Wraz z Dziczką, Psotką, Frygą i innymi pewnie dołączył do reszty przed świtem. Mieliśmy wiele innych spotkań z lwami z Kalahari, nie zawsze przyjaznych, ale Błękitne Stado zaakceptowało nas tak totalnie, że sypiało obok nas, co traktowaliśmy jak najpiękniejszą nagrodę, odkąd rozpoczęliśmy badania na wielkiej pustyni Kalahari w Botswanie, w sercu południowej Afryki. Nie stało się tak od razu. Jako młodzi, idealistycznie nastawieni studenci pojechaliśmy do Afryki na własną rękę, by rozpocząć badania nad miejscową fauną. Po miesiącach poszukiwań w dziewiczym terenie w końcu znaleźliśmy dostęp do „Wielkiego Pragnienia" – ogromnej połaci dziczy, tak oddalonej od cywilizacji, że na terenie większym od Irlandii byliśmy jedynymi ludźmi, nie licząc paru grup Buszmenów. Ze względu na upał, brak wody i materiałów do budowy schronienia, środkowa część Kalahari pozostaje niemal całkiem niepoznana i niezamieszkana. W pobliżu naszego obozu nie było żadnej wioski. Nie było nawet drogi. Musieliśmy wozić ze sobą wodę przez setki kilometrów, a bez chaty, prądu, radia, telewizji, szpitala, sklepu spożywczego czy jakiegokolwiek kontaktu z ludźmi byliśmy czasem przez wiele miesięcy z rzędu odcięci od świata zewnętrznego. Większość napotykanych zwierząt nigdy dotąd nie widziała człowieka. Nikt do nich nie strzelał, nie ścigał samochodem, nie łapał w sidła i pułapki. Dlatego mieliśmy wyjątkową okazję, by poznać je w sposób niedostępny dla większości ludzi. W poranki pory deszczowej po przebudzeniu często widywaliśmy trzy tysiące antylop, pasących się wokół naszego namiotu. Lwy, lamparty i hieny brunatne odwiedzały w nocy nasz obóz. Budziły nas, szarpiąc za linki namiotów, od czasu do czasu wpadały z niezapowiedzianą wizytą do kąpielowej *bomy* i wypijały wodę po zmywaniu naczyń, jeśli zapomnieliśmy ją wylać. Czasem siadywały z nami w świetle księżyca, a nawet obwąchiwały nam twarze. Napotykaliśmy niebezpieczeństwa – i to codziennie – a czasem ocieraliśmy się o katastrofy, z których na szczęście wychodziliśmy z życiem. Stawaliśmy oko w oko z terrorystami, kończyła nam się woda, szarpały nami burze i podtapiały nas powodzie. Walczyliśmy z pożarami, które pożerały tereny, na których rozbijaliśmy obozowiska – i spotkaliśmy starego mieszkańca pustyni, który pomógł nam przetrwać. W naszych początkach, z land roverem z trzeciej ręki, ogniskiem i w dolinie nazywanej podstępną, nie mogliśmy przewidzieć, że dowiemy się nowych, fascynujących faktów o zamieszkujących Kalahari lwach i hienach brunatnych: o tym, jak potrafią przetrwać susze bez wody i prawie bez pożywienia, gdzie migrują, uciekając przed złymi warunkami życia, i jak przedstawiciele każdego z tych gatunków współpracują ze sobą przy wychowywaniu młodych. Udokumentowaliśmy jedną z największych na świecie migracji antylop i odkryliśmy, że ogrodzenia odbierają Kalahari życie.

* * *

Naprawdę nie wiem, kiedy postanowiliśmy pojechać do Afryki. Chyba oboje zawsze tego chcieliśmy. Odkąd pamiętamy, szukaliśmy dzikich miejsc, z których czerpaliśmy siłę, spokój i wytchnienie i chcieliśmy je ochronić przed zniszczeniem. Nadal pamiętam smutek i zdziwienie, których doświadczyłem w dzieciństwie, gdy z dachu wiatraka patrzyłem, jak tabun buldożerów przebija się przez lasy na naszej farmie w Ohio, niszcząc je, by na ich miejscu powstała wielopasmówka, i zmieniając moje życie. Delia i ja poznaliśmy się na zajęciach z protozoologii na Uniwersytecie Georgii i wkrótce przekonaliśmy się, że dążymy do tego samego celu. Pod koniec semestru wiedzieliśmy już, że gdy pojedziemy do Afryki, musimy się tam wybrać razem. W tamtych czasach słyszało się od naukowców o znikającej dzikości Afryki: ponad dwie trzecie jej dzikiej fauny już znikło bądź zostało wypędzone z naturalnych habitatów przez wielkie farmy i rozrastające się miasta. W południowych rejonach zabijano i łapano tysiące drapieżników, by chronić trzodę. W niektórych afrykańskich krajach w ogóle nie dbano o przyrodę. Były to przerażające wiadomości. Zapragnęliśmy badać afrykańskie drapieżniki w rozległych, dziewiczych terenach i wykorzystać nasze badania do opracowania programu ochrony tego ekosystemu. Może także po prostu chcieliśmy zobaczyć na własne oczy, że takie dzikie miejsca nadal istnieją. Ale musieliśmy wyruszyć natychmiast, żeby w ogóle mieć co badać.

Wyjazd do Afryki w ramach studiów podyplomowych oznaczał lata zwłoki, a ponieważ nie napisaliśmy doktoratów, wiedzieliśmy, że mamy niewielką szansę na otrzymanie grantu z organizacji ekologicznej. Postanowiliśmy wziąć czasowy – dość długi – urlop i zarobić pieniądze potrzebne na sfinansowanie ekspedycji. Sądziliśmy, że gdy wybierzemy miejsce i badania ruszą, ktoś z pewnością da nam fundusze na dalsze prace. Po pół roku nauczania mieliśmy zerowe oszczędności. Zmieniłem zawód i przekwalifikowałem się na operatora kruszarki w kamieniołomach, a Delia pracowała to tu, to tam. Pod koniec drugiej połowy roku mieliśmy zaoszczędzone 4900 dolarów plus pieniądze na bilety lotnicze do Johannesburga w RPA. Za mało, żeby zacząć program badawczy, ale był koniec roku1973 i Arabowie właśnie zakręcili kran z tanią benzyną. Ceny wystrzeliły pod niebo. Musieliśmy lecieć teraz albo nigdy. Rozpaczliwie starając się wygrzebać jeszcze trochę pieniędzy, zapakowaliśmy cały dobytek – stereo, radio, telewizor, wędkę z kołowrotkiem, garnki i patelnie – do naszego małego kombi i pojechaliśmy rano do kamieniołomu, gdy robotnicy schodzili z nocnej zmiany. Stanąłem na dachu samochodu i poprowadziłem aukcję, w której sprzedałem wszystko łącznie z kombi za 1100 dolarów. Czwartego stycznia 1974 roku, rok po naszym ślubie, wsiedliśmy do samolotu z dwoma plecakami, dwoma śpiworami, jednym małym namiotem, zestawem do gotowania, aparatem fotograficznym, po jednej zmianie ubrań na osobę i sześcioma tysiącami dolarów. Tylko tyle potrzebowaliśmy, by rozpocząć badania.

* * *

Ta książka nie jest szczegółową kroniką naszych naukowych odkryć – te publikujemy gdzie indziej. Jest to historia naszego życia wśród lwów, hien brunatnych, szakali, ptaków, ryjówek, jaszczurek i wielu innych stworzeń, które tam poznaliśmy, i tego, jak przetrwaliśmy i prowadziliśmy badania w jednym z ostatnich i największych nieskalanych przez człowieka rejonów Ziemi. Ta historia pochodzi z naszych dzienników i wszystko w niej jest prawdą, włącznie z imionami i dialogami. Choć każdy rozdział ma innego narratora, nad książką pracowaliśmy wspólnie na wszystkich etapach jej powstawania.

1

DŻAMBLE

Mark

Sitem płynęli, po morzu płynęli,
sitem płynęli po morzu;
Mimo przyjaciół uwag i rad,
W burzliwy, wietrzny, niebezpieczny świat
Sitem płynęli po morzu.
A gdy odbili od brzegu w swym sicie,
Wszyscy krzyknęli: „Wy się potopicie!".
To oni: „Płyniemy na wiatry i burze,
Co nam, że nasze sito nie jest duże,
my sitem płyniemy po morzu!".
Dalekie są kraje i bliskie są kraje,
gdzie Dżamble pędzą życie;
Zielone głowy mają, niebieskie ręce mają
I po morzu pływają w sicie.

Edward Lear*

Dręczony bezsennością, oparłem głowę o podwójną grubą szybę odrzutowca, wpatrując się w czerń nocy nad Atlantykiem. Poniżej kula ziemska obracała się powoli, a samolot leciał ku afrykańskiemu świtowi.

---

*Tłum. Andrzej Nowicki, *Dong co ma świecący nos i inne wierszyki pana Leara*, wyd. Drzewo Babel 1999.

Z ostrożną gracją gepard przechadza się po równinie. Z wysoko uniesioną głową, z ogonem delikatnie obracającym się z wiatrem jak kurek na wieży, sunie w stronę idącego stada. Zaniepokojone antylopy pląsają w miejscu, ale nie uciekają. Kot jest głodny; rusza naprzód wielkimi skokami.

Samolot dogonił i prześcignął wschód słońca. Wkrótce stał na asfalcie, wyrzygując pasażerów w zamglone miasto. Celnicy w szortach i nieskazitelnie białych koszulach z rzucającymi się w oczy czarnymi pagonami wykrzykiwali rozkazy i machali podkładkami pod dokumenty. Wypełnialiśmy długie formularze i kwestionariusze, czekaliśmy w zatłoczonych korytarzach i spoglądaliśmy przez ogrodzenia z siatki. Mieliśmy mnóstwo czasu, by marzyć.

Gepard przyspiesza – idealne połączenie prędkości, koordynacji, równowagi i formy – ścigając umykające antylopy, i odłącza jedną od stada. Reszta skręca w bok i rozpoczyna się odwieczny pościg drapieżnika za ofiarą.

Mniejszy samolot, krótszy lot – podróż trwała bez końca. Teraz znowu pociąg i tępe wpatrywanie się w nasze odbicia w szybie. Ciągnące się kilometrami identyczne cierniste krzewy przemykały obok w rytmie stukotu kół rozkołysanego pociągu. „Stuk-stuk, stuk-stuk, nie możecie wysiąść, nie możecie wrócić, stuk-stuk…".

Gepard wygląda jak rozmazana smuga na tle równiny. Osiemdziesiąt, sto, sto dziesięć kilometrów na godzinę – żywy pocisk pędzący ku swojemu celowi. Gdy zbliża się do migoczącego ogonka ofiary, piękno ich starcia jest powalające. Każde z nich jest jak rzeźbiarz, który za sprawą czasu i ewolucji jak młotkiem i dłutem wydobywa z tego drugiego taką postać, taką witalność, taką prawdę, jakiej nie da się podrobić. Ten związek to najlepsze, co Natura ma do zaoferowania, ego świata przyrody. To chwila prawdy dla gazeli. Gepard – nadal rozpędzony – wyciąga wielką jak maczuga łapę, by

wytrącić swoją ofiarę z równowagi. Antylopa skręca gwałtownie i to,
co stanowiło najwyższą formę doskonałości, nagle ulega wypaczeniu.
Siatka ogrodzenia przecina nos geparda, pędzącego z prędkością stu
dziesięciu kilometrów na godzinę, roztrzaskuje mu szczękę i skręca
kark. Zanim siatka zahamuje jego pęd, elegancka szyja zwierzęcia
łamie się i deformuje, kawałek białej kości przebija skórę przedniej
łapy. Siatka się napręża i odpycha zmasakrowane ciało, rzucając je –
krwawiące i zranione – w piach. Pociąg zatrzymuje się z sykiem ha-
mulców i przerywa koszmar.

Zarzuciliśmy nasze plecaki na ramiona i zeszliśmy na piasek
na stacji w czarną afrykańską noc. Za naszymi plecami warknął
silnik diesla, szczęknęły ścierające się ze sobą wagony i pociąg ruszył dalej. Stojąc samotnie o drugiej w nocy przy rozpadającym
się budynku stacji, czuliśmy się, jakbyśmy się znaleźli w długim,
ciemnym tunelu. W mętnym żółtym świetle żarówki zobaczyliśmy brudny znak z napisem: GABORONE BOTSWANA.

Ta milcząca czerń zdawała się nas połykać. Sami w obcym kraju, mając za mało pieniędzy, które trzymałem w kieszeni plecaka,
nagle poczuliśmy, że to zadanie ponad nasze siły. Musieliśmy znaleźć auto z napędem na cztery koła, rozejrzeć się w okolicy i przeprowadzić wystarczająco wiarygodne badania, by otrzymać grant,
zanim skończą się nam pieniądze.

Ale teraz byliśmy zmęczeni podróżą i musieliśmy się wyspać,
zanim zajmiemy się całą resztą.

Po drugiej stronie piaszczystej drogi, naprzeciwko stacji, kolejna żarówka zwisała nad zniszczonymi drzwiami hotelu Gaborone – zapadniętego budynku z farbą łuszczącą się ze ścian i podmu-
rówką ginącą w wysokiej trawie. Pokoje były po osiem dolarów za
noc – nie mogliśmy sobie na tyle pozwolić. Gdy się odwróciliśmy
i chcieliśmy odejść, stary nocny portier wezwał nas z powrotem.
Osłaniając dłonią migotliwy płomyk świeczki, zaprowadził nas

przez pusty hol na mały dziedziniec zarośnięty chwastami i kolczastymi zaroślami. Odsłaniając w szerokim uśmiechu zęby jak zardzewiałe śruby, stary tubylec poklepał mój plecak, a potem ziemię. Ukłoniliśmy się z wdzięcznością, w kilka minut rozbiliśmy nasz mały namiot pod ciernistym krzakiem i wśliznęliśmy się w śpiwory.

Poranek powitał nas gwarem tubylców idących, niczym kolumny mrówek legionistek, przez pola wysokiej trawy i kolczastych zarośli w stronę miasta. Większość miała na sobie rozpięte kraciaste koszule, sukienki lub spodnie w jaskrawych, niedopasowanych kolorach. Kobiety szły rozkołysanym krokiem, niosąc na głowie pakunki – półlitrowy karton z mlekiem, koszyk z owocami albo dwudziestopięciokilową wiązkę drewna. Jeden mężczyzna miał na nogach sandały z przywiązanych do stóp kawałków gumy z opon, na ramiona zarzucił kawał koziej skóry, a głowę przyozdobił zawadiacko przekrzywioną skórą cętkowanej żenety ze zwisającym ogonem. Ci ludzie utrzymywali się, sprzedając rzeźby, laski i inne artykuły pasażerom pociągów. Mieszkali w szałasach i chatkach z blachy falistej lub tektury, starych desek i cegieł z błota. Jeden z domków był zrobiony z pustych puszek po piwie. Patrząc na nich, Delia odezwała się cicho:

– Gdzie my jesteśmy, do diabła?

Poszliśmy w stronę zapachu drzewnego dymu, który spowijał całe Gaborone, rozciągające się u stóp skalistych gór. To stolica Botswany, przed zdobyciem niepodległości w 1967 roku znanej jako Brytyjski Protektorat Beczuany. Pod względem architektury jest to miasto kontrastów: jedna aleja z małymi sklepikami i parę dwupiętrowych biurowców w zachodnim stylu wyrastają z gęstwiny krytych strzechą lepianek zwanych *rondavelami*. Piaszczyste ścieżki były pełne tłumów Afrykańczyków w europejskich strojach i Europejczyków w ubraniach w afrykańskie wzory. To interesujący tygiel kultur, ale w Gaborone nic się nie dzieje szybko i po przyjeździe utknęliśmy tam na dwa miesiące. Dzień po dniu chodziliśmy kilometrami od jednego urzędu do drugiego, usiłując wyrobić pozwolenie na mieszkanie i badania i spotykając się z ludźmi, którzy mogliby wiedzieć, gdzie znajduje się odpowiednie miejsce na rozbicie obozu. Zależało nam, żeby znaleźć taki rejon – daleko od płotów i ogrodzeń – gdzie na zachowanie drapieżników nie wpłynęła bliskość ludzkich osad. Wszystko wskazywało na to, że miejsce, o które nam chodzi, znajduje się w odległych rejonach na północy Botswany, ale nikt z pracowników Departamentu Dzikiej Przyrody nie był w najbardziej niedostępnych z tych okolic. Bez przewodnika ekspedycja wydawała się jeszcze trudniejsza i bardziej ryzykowna, niż sądziliśmy. Nawet gdybyśmy zdołali dotrzeć do tak odległej i dziewiczej części Botswany, zorganizowanie i zaopatrzenie obozu badawczego oznaczałoby, że musimy przewieźć żywność, paliwo i inne artykuły przez wielkie połacie nieopisanej na mapach dziczy. Poza tym praktycznie cała północ, jedna trzecia kraju, znajdowała się pod wodą z powodu deszczów najbardziej ulewnych w historii. Jedyna droga na północ od miesięcy była nieprzejezdna. Jednym z naszych najpilniejszych zadań było znalezienie pojazdu w okolicy pełnej zniszczonych, rozklekotanych terenówek z napędem na cztery koła. Było nas stać tylko na starego land rovera z trzeciej ręki – z wgniecionym dachem, podrapanymi przez zarośla bokami i brzydkim szarym lakierem. Kupiliśmy Szarą Gęś za tysiąc randów (tysiąc pięćset dolarów), wyremontowaliśmy silnik, zainstalowaliśmy rezerwowy zbiornik na paliwo i dodaliśmy z tyłu płaskie skrzynie. Przykryte pianką gumową mogły służyć także za łóżko. Gdy wreszcie skończyliśmy wyposażać Szarą Gęś, zaczął się już marzec 1974 roku; ciągle nie wyruszyliśmy w teren, a zostało nam tylko 3800 dolarów, z czego 1500 potrzebowaliśmy na powrót do domu, gdybyśmy nie dostali grantu. Każde opóźnienie oznaczało stratę czasu przeznaczonego na badania. Jeśli chcieliśmy przekonać jakąś organizację, by wyłożyła na nas pieniądze, zanim skończą nam się fundusze, musieliśmy natychmiast znaleźć miejsce badań i zabrać się do roboty. Dlatego, choć ostrzegano nas, że nie przeprawimy się przez północną część kraju, pewnego dnia wczesnym rankiem wyruszyliśmy na sawannę pełną falujących krzaków. Parę kilometrów za miastem zjechaliśmy z druzgocącym kości wstrząsem z jedynej szosy w Botswanie. Lawirowałem wśród wykrotów i dziur, wąską piaszczystą drogą zagłębiając się coraz dalej w krzaczastą sawannę. Z satysfakcją wciągnąłem w płuca zapach dzikiej Afryki; w końcu mieliśmy zrealizować nasz projekt! Poczucie wolności i uniesienia niemal uderzało do głowy; przyciągnąłem Delię do siebie. Uśmiechnęła się do mnie i ten uśmiech zmył całe napięcie, które nabudowało się podczas długich, frustrujących tygodni przygotowań. W jej oczach ujrzałem niezachwianą pewność, że poradzimy sobie z każdym wyzwaniem – i ta pewność także była wyzwaniem samym w sobie. Nasz cel – wioska Maun – znajdowała się na styku wód rzeki Okawango z piaskami Kalahari, ponad siedemset kilometrów na północ. Przez terytorium niedające innego schronienia poza trafiającą się od czasu do czasu tubylczą osadą prowadziła tylko jedna wąska, żwirowa droga. Ze względu na powódź nikt nie jeździł tą drogą od wielu tygodni. Sunęliśmy w ślimaczym tempie od piętnastu do dwudziestu pięciu kilometrów na godzinę, sawanna stawała się coraz bardziej podmokła, aż w końcu jechaliśmy przez głębokie czarne błoto. W pobliżu Francistown, ostatniej dużej wioski we wschodniej Botswanie, skręciliśmy na północny zachód ku Maun, nadal odległej o ponad czterysta osiemdziesiąt kilometrów. Powódź zmyła wielkie fragmenty drogi. Czasami brodziłem przed samochodem przez płytkie bajorka, mające ponad półtora kilometra szerokości, wymacując bosymi stopami stały grunt, a Delia podążała za mną land roverem. Wymijając rozpadliny głębokie na metr lub półtora, mijaliśmy oblepione błotem terenówki, leżące kołami do góry w trzęsawisku jak skamieliny dinozaurów. Trwały tak, porzucone, od wielu tygodni. Szara Gęś raz po raz zapadała się po osie. Wydobywaliśmy ją z błota lewarkiem, wtykając pod koła krzaki, kamienie i gałęzie, po czym za parę metrów znów się zapadała. W nocy, opędzając się przed chmarami moskitów, myliśmy twarze, ręce i nogi w błotnistych kałużach. Potem padaliśmy na skrzynię z tyłu land rovera, zaparkowanego na środku drogi, bo gdybyśmy zjechali na pobocze, utknęlibyśmy na amen w grzęzawisku. Przez kilka dni spotkaliśmy tylko dwa lub trzy inne pojazdy, więc wydawało się mało prawdopodobne, żeby ktoś musiał nas wyminąć nocą. Rankami znowu ruszaliśmy w drogę. Otępiali ze zmęczenia sunęliśmy, grzęźliśmy, wydobywaliśmy samochód i znowu sunęliśmy naprzód. W niektóre dni robiliśmy najwyżej dwa, trzy kilometry. Ale musieliśmy jechać. Choć o tym nie mówiliśmy, oboje mieliśmy to desperackie przeczucie, że jeśli nie zdołamy nawet dotrzeć do Maun, nasze badania z pewnością poniosą klęskę. A na klęskę po prostu nie mogliśmy sobie pozwolić. Zainwestowaliśmy w ten projekt wszystkie nasze oszczędności, marzenia i dumę. Nie było powodu, by zawracać; zresztą nie mieliśmy dokąd wracać.

Od czasu do czasu widywaliśmy kozy, bydło i osły, pijące i wylegujące się w błotnistych bajorkach. Były jedynymi zwierzętami w tej płaskiej monotonii kolczastych chaszczy. Przygnębiała nas myśl, że przebyliśmy tak daleką drogę, by się przekonać, że nie ma w tej dziczy stad antylop. Może jednak wybraliśmy kraj, w którym nie zostało wiele dzikich zwierząt? Nawet w tamtych czasach wiedzieliśmy, że spora połać Afryki została wypasiona przez bydło do gołej ziemi.

Jedenastego dnia po wyruszeniu z Gaborone, ubłoceni i wycieńczeni, zatrzymaliśmy się na wąskim moście nad rzeką Thamalakane, nad którą znajdowała się Maun – wioska pełna osłów, piasku i chat z trzciny i słomy. Na szmaragdowych brzegach rzeki kobiety z plemienia Herero rozkładały do wyschnięcia wspaniałe spódnice z wielu metrów różnych materiałów – jak wielkie motyle w zamieci czerwieni, żółcieni, niebieskości, zieleni i fioletów.

Delia miała zaczerwienione oczy, a twarz i włosy obryzgane szarym błotem. Jej ręce były głęboko poranione kamieniami i ciernistymi krzakami, które podkładała pod koła tonącego w błocie samochodu. A mimo to uśmiechnęła się i wrzasnęła jak dzikuska: Udało się!

Piaszczystymi ścieżkami, biegnącymi między *rondavelami*, dotarliśmy do Riley's – dużego kompleksu z warsztatem samochodowym, sklepem, hotelem i barem, gdzie kupiliśmy benzynę i nieco żywności: słoninę, mąkę, kaszę kukurydzianą i cukier. Artykuły łatwo się psujące – jak mleko, chleb i ser – nie były dostępne w północnej Botswanie, a w tamtym okresie brakowało nawet najbardziej podstawowych produktów, ponieważ samochody dostawcze nie mogły tu dotrzeć od wielu tygodni. Ludzie z wioski byli głodni. Staraliśmy się nie widzieć oczu żebrzących dzieci, zawstydzeni, że nie możemy im nic dać, choć w porównaniu z nimi byliśmy bogaci.

Urzędnicy z Departamentu Dzikiej Przyrody w Gaborone poradzili nam, żebyśmy spytali zawodowych myśliwych o dobre miejsce na rozpoczęcie badań. Jedno z nazwisk nagryzmolonych w naszym dzienniku brzmiało: „Lionel Palmer – Maun". W Riley's, gdzie spytaliśmy, jak trafić do jego domu, Lionel był dobrze znany.

Jechaliśmy, wymijając głębokie wykroty i błotniste dziury, aż w końcu jakieś siedem kilometrów na północ od wioski znaleźliśmy domostwo Palmera. Nad rzeką rosły wysokie figowce, z których koron zwisały festony pomarańczowych, czerwonych i żółtych bugenwilli. Czerwonookie bilbile, szare dzioborożce, czarnodudki większe i tysiące innych ptaków śmigało w ogrodzie.

Lionel Palmer – spalony na brąz, z ciemnymi, muśniętymi siwizną włosami, miał na sobie obszerne dżinsy, kowbojską koszulę i bandanę. Podszedł rozkołysanym krokiem, by nas powitać. W ręku trzymał szklankę whisky. Jako najstarszy i najbardziej doświadczony zawodowy myśliwy w okolicy cieszył się w Maun znaczącą pozycją społeczną. Słynął z przyjęć, w trakcie których meble z sypialni lądowały czasem na dachu, a kiedyś na figowcu zawisł land rover, oraz z mocnej głowy. Raz po kilkudniowym pijaństwie obudził się z przeszywającym bólem ucha. Doktor z kliniki usunął pięciocentymetrowego skrzydlatego samca mrówki siafu – czerwonawobrązowego, obłego jak kiełbaska – który zagnieździł się w uchu znieczulonego Lionela, odsypiającego na grządce kwiatowej alkoholowe szaleństwa. Przez tydzień Lionel obnosił zwłoki mrówki w wyściełonym watą pudełku zapałek, prezentując je z dumą wszystkim napotkanym osobom, znajomym lub nie.

Siedząc z nami na patio z widokiem na rzekę, zasugerował nam parę terenów w północnej części Botswany, gdzie powódź nie poczyniła wielkich zniszczeń i gdzie nadal można było znaleźć drapieżniki, które nie zaznały ludzkiej obecności. Jedno z tych miejsc – teren po wyschniętym szesnaście tysięcy lat temu jeziorze Makgadikgadi – jest wspaniałą dziczą oddaloną ponad sto sześćdziesiąt kilometrów od Maun.

– Musicie przejechać sto pięćdziesiąt dziewięć kilometrów na wschód od Maun drogą Nata, a tam znaleźć palmę bez czubka. Szukajcie starych kolein prowadzących na południe od drogi. Nie zobaczycie żadnych znaków, ale tam właśnie zaczyna się rezerwat.

Nikt tam za bardzo nie chodzi – kompletne zadupie, nic tylko kilometry zasranej Afryki.

Większość rezerwatów Botswany to wielkie połacie kompletnie niezamieszkanej dziczy. Nie ma tam asfaltowych dróg, stoisk z fast foodami, kranów, kempingów, ubikacji ani żadnych innych „udoskonaleń", jakie spotykamy w parkach i rezerwatach bardziej rozwiniętych krajów.

Dwa dni później znaleźliśmy koło złamanej palmy dwa słabo widoczne zagłębienia po oponach, skręciliśmy z drogi i zostawiliśmy resztki cywilizacji za sobą.

Natychmiast poczuliśmy, że jesteśmy w Afryce – tej prawdziwej, o której zawsze marzyliśmy. Ogromna dziewicza sawanna, od czasu do czasu usiana pojedynczymi drzewami, sprawiała, że czuliśmy się nieważni, mali, bezbronni. Było to piękne, dojmujące uczucie – i trochę przerażające.

Jakieś czterdzieści kilometrów na południe od drogi ścieżka doprowadziła nas do ogromnej równiny i znikła. Delia zanotowała wskazania kompasu, kilometraż i samotne drzewo, żebyśmy mogli rozpoznać później to miejsce. Nie mając mapy ani przewodnika, z zaledwie piętnastoma galonami wody i minimalnym zapasem najbardziej podstawowych produktów ruszyliśmy przez Makgadikgadi.

Sawanna nie ułatwiała poruszania się – porastały ją wysokie, pylące trawy, było gorąco. Do końca dnia jechaliśmy najwyżej pięć kilometrów na godzinę. Wreszcie maska i reflektory Szarej Gęsi zupełnie znikły pod grubym, ruszającym się dywanem z nasion traw i owadów. Co jakieś pół kilometra musieliśmy go zgarniać i polewać wodą gotującą się chłodnicę.

Koło południa drugiego dnia dotarliśmy do wielkiej sieci okrągłych solnisk przetykanych półksiężycami trawiastej sawanny, zagajnikami i gdzieniegdzie kępami palm. Niektóre solniska były pełne słonawej, nienadającej się do picia wody i kwitnących mas fioletowych, zielonych i czerwonych alg; inne pokrywała cienka solna skorupka. Znajdowaliśmy się na skraju obcego świata – bez dróg, ścieżek, ludzi. Migoczący miraż zbliżał czubki palm do nieba.

– Bez względu na wszystko nie wjeżdżajcie na te solniska, bo zatoniecie jak cholerny kamień – ostrzegł nas Lionel. – Tafla soli wydaje się twarda, ale taka nie będzie, zwłaszcza po ostatnich deszczach. Pod nią jest tylko trzęsawisko, Bóg jeden wie, jak głębokie. W zeszłym roku w jednym z nich departament łowiectwa stracił samochód. Choćbyście mieli poświęcić wiele czasu, wybierzcie objazd.

Gdy okrążałem te ogromne, nieregularne zagłębienia, Delia szkicowała naszą trasę, w równych odstępach dodając odczyty z kompasu i licznika, żebyśmy mogli wrócić do Samotnego Drzewa.

Ze skórą swędzącą od pyłków trawy i ukąszeń owadów jechałem w stronę dużej równiny, w której mogło się znajdować dość świeżej deszczówki do kąpieli. Zjeżdżaliśmy ze wzniesienia, gdy nagle samochód runął w dół. Podwozie trzasnęło, jakby ktoś strzelił ze strzelby, a nas wyrzuciło z siedzeń i cisnęło z rozpędem o przednią szybę. Silnik się zakrztusił, a przed nami uniosła się mgiełka pyłu. Gdy się rozproszyła, okazało się, że maska land rovera znajduje się na poziomie ziemi. Wpadliśmy w wielką norę mrównika, ukrytą w wysokiej trawie. Sprawdziłem, czy Delii nic się nie stało, wydźwignąłem samochód i zająłem się sypaniem ton piasku pod koła. Gdy w końcu zdołaliśmy się wycofać, wczołgałem się pod Gęś, by ocenić szkody. Zauważyłem kilka nowych pęknięć w podwoziu, w tym jedno w okolicach silnika. Jeszcze jeden wykrot i silnik wypadnie. Jednak i tak mieliśmy szczęście – gdybyśmy wjechali w jamę tylko jednym kołem, na pewno byśmy je stracili.

Doskonale zdawałem sobie sprawę z tego, że jeśli z jakiegoś powodu stracimy Szarą Gęś, nasze szanse opuszczenia Makgadikgadi są słabe. Nie ufałem swojej ograniczonej znajomości mechaniki i nie mogliśmy sobie pozwolić na zakup wszystkich potrzebnych części zapasowych, które powinniśmy zabrać, wybierając się na taką ekspedycję. Co więcej, nikt nie znał miejsca naszego pobytu ani daty powrotu. Lionel wiedział tylko tyle, że wyjechaliśmy z Maun w jedno z kilku miejsc, które wymienił.

Nie mówiliśmy głośno o ryzyku, ale nie zapominaliśmy o nim. Umyliśmy się w słonawej wodzie z solniska. Gdy wiatr wysuszył nam skórę na twarzy, stała się napięta i czuliśmy się jak zbyt mocno nadmuchane balony.

Przez resztę dnia szedłem przed land roverem, szukając dziur w wysokiej trawie, a Delia siedziała za kierownicą. Parę razy wdepnąłem w jamy jakichś gryzoni i mogłem się tylko modlić, żeby nie były zamieszkane przez jakąś jadowitą żmiję. Nie mieliśmy ze sobą antiveninu, ponieważ należy go przechowywać w lodówce.

Tej drugiej nocy rozbiliśmy obóz koło małego, najwyżej dwumetrowego drzewka – jedynego w promieniu wielu kilometrów. Coś nieodparcie nas do niego przyciągało. Choć spaliśmy w samochodzie, to drzewo dawało nam mgliste poczucie bezpieczeństwa. Przed milionami lat nasi pierwotni przodkowie pewnie z podobnym zadowoleniem ujrzeliby to cherlawe drzewko na niemal bezdrzewnej równinie, gdy opuścili bezpieczne lasy i ruszyli na podbój rozległych sawann.

Późnym popołudniem czwartego dnia wjechaliśmy na niskie wzniesienie. Nadal szedłem przed samochodem, wtem nagle stanąłem.

– Boże! Patrz!

Lekki wietrzyk przynosił ku nam odgłosy i zapachy zwierząt, dziesiątków tysięcy zwierząt. Jak okiem sięgnąć, aż po horyzont

ciągnęły się stada zebr i gnu, spokojnie pasących się w pobliżu dużego wodopoju. Samce zebr walczyły ze sobą, kąsając się i kopiąc.
Spod ich kopyt unosiły się obłoczki kurzu. Antylopy gnu rzucały
głowami, drobiły kopytami i ryczały z zaniepokojeniem. Wielkie
stada poruszyły się, a ja dostałem gęsiej skórki. Nawet gdybym
miał już nie zobaczyć niczego podobnego, ten jeden widok tego,
jak kiedyś musiała wyglądać cała Afryka, w zupełności wynagro-
dził mi miesiące pracy w kamieniołomach i sprzedaż całego naszego dobytku.

Godzinami patrzyliśmy, przekazując sobie lornetkę i notując
wszystko, co zauważyliśmy – jak stada poruszają się i mieszają ze
sobą, ile zwierząt pije, ile walczy ze sobą – jakby to był symbol
rozpoczęcia naszych badań. Rozbiliśmy obóz koło wzniesienia,
żeby obserwować polujące na stada gepardy lub lwy. Gdy zrobiło
się zbyt ciemno, by coś zobaczyć, usiedliśmy w Szarej Gęsi, pod-
grzeliśmy puszkę kiełbasek nad lampą naftową i rozmawialiśmy
o rozpoczęciu badań w Makgadikgadi.

Przez cały następny dzień aż do wieczora obserwowaliśmy stada. Potem dotarła do nas rzeczywistość: kończyła nam się woda.
Sfrustrowani, pragnąc jak najszybciej rozpocząć badania i nie
chcąc zostawiać zebr i gnu, ruszyliśmy w długą drogę przez równinę. Podążając za zapisanymi odczytami kompasu i schematem
Delii, mogliśmy wrócić do Samotnego Drzewa, zorientować się
w terenie i pojechać ku leżącej dwadzieścia kilometrów na zachód
rzece Boteti, by zrobić zapasy wody.

Przez dwa dni wracaliśmy po własnych śladach, ale gdzieś pomyliliśmy kierunek. Na drodze stanęło nam wielkie, nieznajome
solnisko, olśniewająco biała równina mierząca jakieś dwa kilometry szerokości i ciągnąca się na wiele kilometrów z północy na
południe. Stojąc na dachu land rovera i patrząc przez lornetkę, nie
mogliśmy znaleźć żadnego objazdu.

Ruszyliśmy wzdłuż brzegu na północ, a potem na południe. Jadąc, usiłowałem ocenić, czy powierzchnia solniska jest twarda. Coraz bardziej martwiły mnie ubywające zapasy benzyny i wody. Może przy zachowaniu ostrożności moglibyśmy przejechać przez solnisko, zamiast tracić czas na wielokilometrowy objazd. Na próbę wbiłem szpadel w powierzchnię solniska. Glina pod solną skorupą była zaskakująco sucha i twarda. Skakałem po niej, wbijałem w nią obcasy, ale nie udało mi się zostawić w niej śladu. Następnie powoli wjechałem na solnisko przednimi kołami Szarej Gęsi; skorupa nawet nie drgnęła. W końcu stanął na niej cały samochód. Powierzchnia była twarda jak betonowa ulica. A zatem, nie zważając na ostrzeżenie Lionela, postanowiliśmy się przeprawić na drugą stronę solniska.

Ruszyłem, od razu przyspieszając. Miałem nadzieję, że dzięki prędkości i napędowi na cztery koła przemkniemy nad ewentualnymi grząskimi miejscami, jakie mogliśmy napotkać.

Pochylony nad kierownicą, wpatrywałem się w białą solną skorupę, szukając ciemnych plam świadczących o tym, że powierzchnia nie jest całkiem sucha, ale żadnej nie zauważyłem. Jechaliśmy jak po stole bilardowym i powoli się uspokoiłem. Potem, jakieś osiemset metrów przed krawędzią solniska, ujrzeliśmy deski i pale wystające pod dziwnymi kątami z zagłębienia w szarej, spękanej powierzchni. Wysiedliśmy, by się im przyjrzeć. Co mogło zrobić taką dziurę? I skąd się wzięły te deski? Nie zauważyliśmy żadnych śladów ani innych wskazówek. Zbity z tropu zajrzałem w głęboką jamę o poszarpanych krawędziach, gdzie końce desek spotykały się i ginęły w błotnistej otchłani. Gardło nagle mi się ścisnęło – ktoś usiłował bezskutecznie uratować swoją terenówkę. Rzuciłem okiem na nasz land rover.

– Boże! Samochód tonie! Wsiadaj, szybko, musimy stąd spadać!

Koła land rovera powoli zapadały się w miękką glinę pod solną skorupą. Powierzchnia ustępowała; za parę sekund Szara Gęś mogła ją przebić.

Chciałem pojechać do przodu, ale silnik zgasł. Koła ugrzęzły zbyt głęboko. Gorączkowo zrestartowałem silnik i wolno ruszyłem z napędem na cztery koła. Land rover mozolnie przesuwał się naprzód, bryzgając błotem spod obracających się kół, aż w końcu dotarł na twardą powierzchnię. Szybko wrzuciłem wyższy bieg, skręciłem i popędziłem ku bezpiecznemu trawiastemu obrzeżu solniska. Siedzieliśmy, gapiąc się na siebie i kręcąc głowami w ogłupiałej uldze. Byłem wściekły nie tylko za to, że w ogóle odważyłem się przejechać przez solnisko, ale że naraziłem nas jeszcze bardziej, zatrzymując się na środku.

Przyjrzeliśmy się naszej naszkicowanej mapie i ruszyliśmy na północ. Objechanie reszty solniska zajęło nam całe popołudnie. Rankiem czwartego dnia w końcu dotarliśmy do zachodniej krawędzi solniska Makgadikgadi. Zagłębiliśmy się w chłodny, odświeżający cień nadrzecznego lasu. Pajęczyny zwisały między drzewami jak rybackie sieci, a ich włochaci czarno-żółci architekci biegali po masce land rovera, gdy brnęliśmy w głębokim piasku ku rzece. Z głębokiego cienia obserwowały nas antylopy kudu.

W końcu stanęliśmy na wysokim brzegu rzeki Boteti. Ciemnobłękitna woda delikatnie pieściła lilie, hiacynty i inne wodne rośliny, sennie kołyszące się na leniwym nurcie. Na czubku wysokiego figowca dwa bieliki afrykańskie odrzuciły głowy do tyłu i posłały swój zew w niebo. Zbiegliśmy w dół stromym zboczem i runęliśmy w chłodną wodę.

Po kąpieli wyszliśmy na brzeg i zauważyliśmy w trawie coś czerwonego. Była to dwustulitrowa beczka – wspaniałe znalezisko! Szukaliśmy takiej w Maun, ale w całej północnej Botswanie zdobycie takiego skarbu było prawie niemożliwe – wszyscy ich potrzebowali. Gdybyśmy przytroczyli beczkę do dachu land rovera i napełnili ją wodą, moglibyśmy znacznie rozszerzyć zasięg poszukiwań miejsca naszych przyszłych badań. Beczka wyglądała na całą. Nie zastanowiło nas, dlaczego ktoś ją porzucił.

Późnym popołudniem od strony rzeki dobiegł głośny plusk. Po wielu tygodniach diety złożonej z kaszy kukurydzianej, surowych płatków owsianych, mleka w proszku i czasem puszki tłustych parówek – tak bladych i wiotkich, że nazywaliśmy je palcami umarlaka – oboje byliśmy spragnieni kawału soczystego mięsa. Świeża ryba byłaby przepyszna! Znalazłem splątaną żyłkę wędkarską, którą poprzedni właściciel zostawił w land roverze, zrobiłem kombinerkami haczyk, a z lśniącego wieczka puszki mleka w proszku – błystkę.

Delia przyglądała się sceptycznie, jak konstruuję te wynalazki, po czym zaczęła wypiekać chleb z mąki kukurydzianej w trójnożnym żelaznym garnku. W drodze nad rzekę złapałem pasikonika, nadziałem go na haczyk i wrzuciłem do wody. Zapadał zmrok i powierzchnia wody gotowała się od żerujących ryb. W parę sekund, śmiejąc się i krzycząc, wyciągnąłem pięknego leszcza, a potem wielkiego suma.

Delia obtoczyła filety w kaszce kukurydzianej i mące, po czym je usmażyła i po chwili siedzieliśmy przy ogniu, opychając się wielkimi kawałami parującego chleba kukurydzianego i delikatną rybą. Potem usiedliśmy nad spokojną rzeką, rozmawiając o naszej przygodzie na Makgadikgadi. Afryka powoli przyzwyczajała nas do siebie.

Następnego dnia złapaliśmy i zjedliśmy więcej ryb. Potem napełniliśmy beczkę wodą z rzeki, wnosząc ją w kanistrach po stromym zboczu. Napełnioną beczkę położyliśmy na boku i przytroczyliśmy do dachu land rovera. W południe byliśmy już w drodze powrotnej do Makgadikgadi, by wypatrywać drapieżników.

Cztery dni później, już na Wzgórzu Zebr, okazało się, że tysiące antylop, które tu widzieliśmy tydzień temu – znikły. Jeździliśmy godzinami i nie zobaczyliśmy ani jednej. A bez zwierzyny łownej żadne lwy, gepardy ani inni mięsożercy nie pozostaliby w okolicy. To nas przygnębiło. Poważnie zastanawialiśmy się nad osiedleniem się w Makgadikgadi, by prowadzić tu badania, ale zważywszy na wyjątkową mobilność tych wielkich stad i brak jakiegoś punktu, wokół którego się skupiały, jak mogliśmy zlokalizować badane osobniki i zachować z nimi kontakt? Wróciliśmy do Maun po zapasy i porady.

Przez kolejne tygodnie robiliśmy wypady na solnisko Nxai, trzęsawiska Savuti i inne tereny na obrzeżach delty Okawango. Trzęsawiska, solniska i lasy kusiły zachęcającą różnorodnością antylop i drapieżników, ale większość tych terenów nadal była zalana. Woda poważnie by ograniczyła nasze badania. Często, gdy przejeżdżaliśmy przez *malopo* – porośnięte trzcinami, bagienne obszary – z jednej kępy palm na drugą, woda wlewała się nam do land rovera i gasiła silnik. Całymi godzinami wygrzebywaliśmy samochód z czarnego bagna.

Zniechęceni wróciliśmy do Maun. Po każdym nieudanym rekonesansie i powrocie po zapasy nasze fundusze operacyjne się kurczyły. I znowu myśliwy Lionel Palmer podsunął nam pomysł, pytając:

– A może spróbujecie na Kalahari? Widziałem z powietrza takie miejsce, które nazywa się Deception Valley, Dolina Złudzenia. Jest tam mnóstwo zwierzyny. Oczywiście ja tam nigdy nie polowałem, to tereny w głębi rezerwatu.

Na mapie Botswany w skali jeden do miliona szybko sprawdziliśmy, że Central Kalahari Game Reserve jest jednym z największych rezerwatów dzikiej zwierzyny na świecie – ponad pięćdziesiąt dwa tysiące kilometrów kwadratowych dziewiczych połaci. A dzicz nie znikała za jego granicami – ciągnęła się jeszcze przez jakieś sto sześćdziesiąt kilometrów niemal we wszystkich kierunkach, czasem tylko urozmaicona pojedynczą zagrodą z bydłem albo małą wioską. Lionel twierdził, że nie ma tam ani jednej drogi, ani jednego budynku, zero wody, zero ludzi, tylko parę grup Buszmenów na terenie wielkości Irlandii. Rezerwat leżał na takim odludziu, że nikt go nigdy nie eksplorował, a władze Botswany nie udostępniły go zwiedzającym. Co za tym idzie – nigdy nie prowadzono tam badań dzikiej fauny. Dokładnie czegoś takiego szukaliśmy – pod warunkiem, że zdołalibyśmy się tam dostać i rozwiązać problem przetrwania w tak odległym i trudnym terenie.

Po dłuższym zastanowieniu nad niemal pustą mapą, w końcu wyznaczyliśmy trasę i zdecydowaliśmy się tam pojechać, nie zawiadamiając Departamentu Dzikiej Przyrody o naszej wyprawie. Pewnie nie dostalibyśmy pozwolenia na pracę w tym odosobnionym terenie, a urzędnicy i tak wkrótce dowiedzieliby się o naszej obecności w rezerwacie.

Szarą Gęsią, wyładowaną kanistrami z benzyną i innymi dobrami, z czerwoną beczką z wodą przytroczoną do dachu, wyruszyliśmy do Kalahari w poszukiwaniu Deception Valley. Był już koniec kwietnia 1974 roku. Piętnaście kilometrów na wschód od wioski natknęliśmy się na ślady prowadzące na południe do Samadupe Drift nad rzeką Boteti. W tym miejscu woda była płytka, a na dnie ułożono pnie drzew, tworząc w ten sposób przejście, prążkowane jak sztruks. Woda, burzliwie wpadająca na drewno i kamienie, dalej płynęła, tworząc łagodne fale i zawirowania wśród przybrzeżnych trzcin, pod wielkim szpalerem gigantycznych figowców. Kormorany spadały z nieba, nurkując, a długoszpony dreptały od jednego liścia lilii wodnej do drugiego. Gęsce i edredony przelatywały nisko nad wodą ze świstem powietrza w skrzydłach.

Zatrzymaliśmy się przy brodzie, by wykąpać się po raz ostatni. Obciąłem Delii sięgające ramion włosy – ich mycie na pustyni wymagałoby zbyt wiele wody. Długie loki spadły do rzeki i odpłynęły z nurtem.

Przez chwilę przyglądałem się odbijającej się w wodzie roześmianej twarzy Delii – takiej jak wtedy, gdy spotkałem ją po raz pierwszy. Zawahałem się i dotknąłem ręką jej policzka. Potem wróciłem do ścinania włosów.

Na drugim brzegu rzeki, gdy wjechaliśmy na strome piaszczyste wzniesienie, droga zmieniła się w dwie koleiny z kolczastymi krzakami akacji po obu stronach. Przez resztę dnia jechaliśmy w żarze, kurzu i głębokim piachu, a gęste zarośla drapały oba boki land rovera z przeraźliwym zgrzytem, od którego bolały nas zęby. Późnym popołudniem koleiny znikły. Znaleźliśmy się na małej, pokrytej pyłem polanie, po której biegacze stepowe przetaczały się obok kruszącej się lepianki z blaszanym poidłem dla bydła. Siedzieliśmy tam i zastanawialiśmy się, gdzie popełniliśmy błąd.

Z zarośli wyłonił się chudy staruszek, cały jakby złożony z łokci, kolan i kostek palców, idący o lasce równie pokrzywionej i gruźlastej jak on sam. Jego żona i czterej rachityczni chłopcy, mający na sobie niewiele więcej poza skórzanymi opaskami na biodrach, prowadzili do poidła rządek kościstych krów.

Pomachałem im ręką.

– Hej!

– Hej! – odkrzyknął jeden. Wszyscy parsknęli śmiechem.

A, mówią po angielsku, pomyślałem.

– Możecie nam pomóc? Zgubiliśmy się?

Wysiadłem z samochodu i zacząłem rozkładać mapę.

– Hej – powtórzył chłopiec. Obstąpili nas ze wszystkich stron. – Hej, hej, hej…

Odłożyłem mapę i spróbowałem innej taktyki.

– Ma-kal-a-ma-bedi? – spytałem, wyciągając dłonie wnętrzem do góry w nadziei, że zrozumieją nazwę ogrodzenia, które doprowadziłoby nas do Kalahari. Najchudszy i najbardziej gadatliwy chłopiec wdrapał się na maskę samochodu i wskazał na koleiny; trzej inni znaleźli się obok niego. Pojechaliśmy z nimi w stronę ścieżki, zanosząc się śmiechem. Chłopcy podskakiwali na masce, pokazując nam drogę trzęsącymi się palcami. Po paru chwilach wszyscy zaczęli jednocześnie walić w maskę. Zahamowałem. Chłopcy zeskoczyli i wskazali przez krzaki na wschód. Początkowo nie zrozumieliśmy. Dopiero gdy stanęliśmy obok nich, zauważyliśmy ledwie widoczną kreskę, ciągnącą się przez sawannę – linię po niegdyś wyciętych drzewach. Prowadziła na wschód. Była to nasza jedyna opcja. Postanowiliśmy nie wracać do Maun, dopóki nie znajdziemy Deception Valley.

Podziękowaliśmy chłopcom, daliśmy im cukier w papierowej torbie i wyruszyliśmy.

– Hej, hej, hej! – zawołali i machali nam, aż znikliśmy w zaroślach.

Następnego dnia wczesnym rankiem dotarliśmy do ogrodzenia – zmurszałe słupy i pięć nitek drutu biegnących w poprzek drogi jak okiem sięgnąć na północ i południe. Skręciliśmy na południe i po paru godzinach ogrodzenie nadal było obok nas – wielka szrama, ciągnąca się w poprzek sawanny. Wtedy nas to tylko drażniło, ale za jakiś czas mieliśmy znienawidzić ten widok.

Tej nocy spaliśmy pod ogrodzeniem. Następnego ranka podczas jazdy koła samochodu buksowały w piasku, a nasze spocone plecy kleiły się do oparć siedzeń. Byliśmy oblepieni ziemią i nasionami traw. Nagle ogrodzenie się skończyło; zostały tylko piasek, krzaki, trawa i upał. W trawie nadal widać było dwa ślady kół, coraz mniej wyraźne... mniej wyraźne... aż znikły jak dalekie wspomnienie. Teraz jechaliśmy przez równinną, głównie

trawiastą sawannę; od czasu do czasu pojawiały się niskie piaszczyste wzniesienia pokryte bujnymi zielonymi krzewami i kępami drzew. Czy to pustynia Kalahari? Gdzie są wielkie, ruchome,
piaszczyste wydmy? Nie mieliśmy jak określić naszej pozycji. Sprawdziliśmy mapę
i obliczyliśmy, ile kilometrów musieliśmy przebyć z Maun na
południe. Potem skręciliśmy na zachód. Przejechaliśmy jeszcze
trzydzieści kilometrów. Gdybyśmy wtedy nie znaleźli Deception
Valley, musielibyśmy wracać do Maun.

Dwadzieścia osiem... dwadzieścia dziewięć... dwadzieścia
dziewięć i pół... i akurat gdy mieliśmy porzucić nadzieję, wjechaliśmy na szczyt wielkiej wydmy. Poniżej rozciągały się delikatne wzniesienia i otwarte równiny Deception Valley – prastarego
koryta rzecznego, wijącego się pomiędzy porośniętymi lasami
piaszczystymi wydmami. Stada skoczników, oryksów i bawolców
pasły się spokojnie na trawie pokrywającej dawne koryto rzeczne,
którym niegdyś płynęła woda. Po błękitnym niebie płynęły tabu-
ny białych obłoczków. Wszędzie panował niewiarygodny spokój
i mieliśmy nadzieję, że zawsze tak będzie. Był 2 maja 1974 roku,
niemal pięć miesięcy od naszego wyjazdu z USA, a my znaleźliśmy nasz kawałek Afryki. Jak się wkrótce okazało – nasz dom na
siedem następnych lat.

Łagodne wydmy doprowadziły nas do doliny. Przemierzyli-
śmy wyschnięte koryto rzeki. Skoczniki ledwie raczyły unosić głowy, gdy je mijaliśmy. Na zachodnim krańcu znaleźliśmy samotną
kępę akacji zapewniających schronienie i panoramiczny widok.
Doskonałe miejsce na obóz.

Od miesięcy byliśmy w ciągłym ruchu. Dźwigaliśmy nasz dobytek ze sobą wszędzie, dokąd jechaliśmy, i zaczęliśmy się czuć jak
żółwie z metalową skorupą. Ucieszyliśmy się, że wreszcie będziemy mogli zapuścić korzenie.

Rozbicie naszego pierwszego obozu-bazy nie trwało długo. Przywiązaliśmy worki z kaszą kukurydzianą i mąką do gałęzi akacji, żeby ochronić je przed gryzoniami, nieliczne puszki z żywnością ustawiliśmy pod drzewem, a na jego sękach zawiesiliśmy garnki i patelnie. Potem poszliśmy po drewno na rozpałkę. Ponieważ nie mieliśmy innej osłony oprócz naszego malutkiego namiociku, do końca roku spaliśmy w Szarej Gęsi.

Delia rozpaliła ognisko i zaparzyła herbatę, a ja zdjąłem starą czerwoną beczkę i przytoczyłem ją pod akację. Znajdowały się w niej jedyne zapasy wody na obszarze tysięcy kilometrów kwadratowych.

2

WODA

Mark

*…tego, kto zmierza w kierunku swoich marzeń i dąży do ży-
cia życiem, które sobie wyobraził, spotka sukces, jaki trudno
osiągnąć na jawie… Jeśli budujesz zamki w chmurach, twoje
dzieło nie musi przepaść; właśnie tam powinny się znajdować.
Teraz połóż pod nimi fundamenty.*

Henry David Thoreau

*Drobinki wody powoli, godzina za godziną przesiąkały przez płat-
ki rdzy pod wpływem ciśnienia z góry. Zbierały się na powierzchni;
kropla rosła. Obrzmiała i ciężka spłynęła po zniszczonej krawędzi.
W końcu oderwała się i cicho skapnęła w zagłębienie spragnionego
piasku. Zniknęła. Na krawędzi powyżej jej miejsce zajęła już inna.*

*Mijały dni. Krople nieustannie przeciekały przez rdzę na kra-
wędź, by spaść na piasek. Rana beczki otwierała się coraz bardziej…
krople wyciekały szybciej, kap-kap-kapiąc w ciemną, ukrytą przed
słońcem plamę.*

Gdy otworzyłem oczy i spojrzałem w sufit land rovera, ogarnęła mnie niemal całkowita cisza. Chwilowa dezorientacja: gdzie
ja jestem? Spojrzałem w okno. Na zewnątrz gruźlasta akacja unosiła konary wyraźnie odcinające się na tle szarzejącego nieba. Za

drzewem piaszczyste wydmy spływały miękkimi, łagodnymi liniami ku korytu rzeki. Daleko za nimi niebo rozjaśniał nasz pierwszy świt w Deception Valley. Delia także już nie spała. Słuchaliśmy budzącej się Afryki. Na akacji gruchał gołąb, gdzieś drżąco zawodził szakal, a z północy dobiegł nas daleki ryk lwa, chrapliwy i natarczywy. Pustułka trzepotała na niebie, które zabarwiło się odcieniem płomiennego oranżu.

Z zewnątrz rozległo się prychanie i węszenie – bardzo blisko. Usiedliśmy cicho, powoli i wyjrzeliśmy przez okno. Tuż przy naszym obozie stało stado liczące co najmniej trzy tysiące skoczników – małych gazel z trzydziestocentymetrowymi, zwróconymi do środka rogami. Pyski miały poznaczone śmiałymi, biegnącymi od oczu do chrap krechami czerni na tle bieli. Wyglądały teatralnie, jak marionetki, gdy tak skubały mokrą od rosy trawę, niektóre oddalone od nas o zaledwie piętnaście metrów. Parę młodych samic spoglądało na nas głębokimi, lśniącymi oczami, cicho przeżuwając źdźbła traw. Ale większość zwierząt pasła się, strzepując ogonkami i nie patrząc na nas. Powoli usiedliśmy na posłaniu i przyglądaliśmy się, jak dwa roczniaki ścierają się rogami w potyczce.

Choć wydawało się, że antylopy się nie ruszają, w ciągu dwudziestu minut odsunęły się o ponad sto metrów. Zacząłem mówić, usiłując wyrazić swoje uczucia, gdy Delia przerwała mi, wskazując na wschód. Szakal czaprakowy*, bliski kuzyn amerykańskiego kojota, ale mniejszy, o chytrym, lisim pyszczku i z czarnym siodłem na grzbiecie, zbliżył się truchtem do naszego drzewa i obwąchał wczorajsze ognisko. Szakale – w Afryce uważane za szkodniki i zabijane bez zastanowienia – na ogół uciekają, gdy tylko zobaczą

---

*W Załączniku (str. 423) znajduje się lista łacińskich nazw ssaków, ptaków i gadów wymienionych w tekście.

człowieka. Ten podszedł do blaszanego kubka z fusami po kawie, który zostawiliśmy przy palenisku, chwycił go zębami za krawędź i ścisnął tak, że kubek nakrył mu nos.

Szakal rozejrzał się na prawo i lewo, po czym spokojnie przeszedł przez obozowisko, przyglądając się naszemu skromnemu dobytkowi. Rzucił nam spojrzenie, jakby mówił: „Wrócę po więcej". Trudno opisać przejęcie i radość, jakie nas ogarnęły. Znaleźliśmy nasz Eden!

A jednak bardzo baliśmy się zakłócić złożone zależności życia, które kwitło wokół nas. W tym miejscu zwierzęta nie znały zbrodni człowieka przeciwko naturze. Może gdybyśmy byli wrażliwi na wolność tych zwierząt, moglibyśmy wkraść się niezauważeni w tę prastarą dolinę i ostrożnie zbadać jej skarby, nie robiąc im krzywdy. Byliśmy zdecydowani chronić przed samymi sobą ten jeden z ostatnich nietkniętych zakątków Ziemi.

Tętent kopyt, tysięcy kopyt – ziemia zadrżała. Stado skoczników galopowało wzdłuż koryta rzeki na południe. Chwyciłem lornetkę polową, odrzuciliśmy śpiwory i wyskoczyliśmy z land rovera w wysoką, mokrą trawę.

Osiem likaonów pędziło doliną za antylopą. Gdy znalazły się w okolicach obozu, dwa z nich skręciły w naszą stronę. Delia szybko otworzyła tylne drzwi samochodu, ale wtedy drapieżniki były już o pięć metrów od nas. Zmierzyły nas od stóp do głów śmiałym, surowym spojrzeniem. Znieruchomieliśmy; minęło kilka sekund. Likaony stały wychylone ku nam, z drgającymi nozdrzami i uniesionymi kudłatymi ogonami. Potem zadarły wysoko pyski i zaczęły się zbliżać, ostrożnie stawiając łapę za łapą. Delia powoli przysunęła się do drzwi. Ścisnąłem jej dłoń – nie była to pora na ucieczkę. Likaony stały już niemal na wyciągnięcie ręki, wpatrując się w nas, jakby nigdy wcześniej nie widziały czegoś takiego. Jeden, z luźną fałdą złocistej sierści pod brodą, wydał gardłowy warkot. Zadrżał i rozdął czarne nozdrza. Oba likaony odwróciły się, wspięły się na tylne łapy, a przednie oparły sobie na barkach, jakby tańczyły w parze. Potem uciekły wielkimi susami, ścigając resztę sfory. Ubraliśmy się, uruchomiliśmy silnik i pojechaliśmy za nimi. Wataha działała zespołowo: podzieliła stado gazel na trzy mniejsze grupy i każdą z nich zaczęła ścigać po korycie rzeki. Przywódca zauważył roczniaka, który najwyraźniej wydawał się słabszy od innych. Po przeszło dwukilometrowym pościgu skocznik, zdyszany i przerażony, zaczął uciekać ostrymi zygzakami. Likaon chwycił swoją prawie pięćdziesięciokilową ofiarę wysoko za zadnią nogę i ściągnął ją na ziemię. Osiem minut później zwierzę było pożarte, a likaony oddaliły się truchtem w cień kępy drzew, gdzie mogły odpoczywać do końca dnia. Nie było to nasze ostatnie spotkanie z Bandytą i jego watahą.

Wróciliśmy do obozu, zwinęliśmy śpiwory ze skrzynek, na których leżały, zjedliśmy prosto z pojemnika mleko w proszku i surowe płatki owsiane, po czym popiliśmy je wodą z manierki. Po śniadaniu wyruszyliśmy zbadać teren pod kątem przydatności do naszych badań. Skoczniki już się uspokoiły po polowaniu i znowu skubały trawę. Jadąc powoli i zatrzymując się, gdy tylko któreś ze zwierząt zaczynało się niepokoić, powoli torowałem sobie drogę w stadzie. Powinniśmy je objechać, ale antylopy były wszędzie, więc bardzo się staraliśmy utrzymać prędkość nie większą niż pięć kilometrów na godzinę i unikać gwałtownych ruchów i odgłosów, które mogłyby je spłoszyć. Ani człowiek, ani jego pojazdy jeszcze nie budziły w nich negatywnych skojarzeń, a my bardzo dbaliśmy, żeby nie stało się to za naszą sprawą.

Deception Valley to pozostałości prastarej rzeki, która płynęła przez Kalahari szesnaście tysięcy lat temu, w czasach gdy opady były tu obfitsze. Ale ta ziemia i jej klimat zawsze były zmienne;

klimat stał się pustynny, tak jak to było już przynajmniej trzy razy wcześniej, i po rzece pozostało tylko wyschnięte koryto w piasku, widoczne z zadziwiającą szczegółowością – wąska wstążka trawy wijąca się wśród wydm. Było tak dobrze zachowane, że jadąc nim, mogliśmy bez trudu wyobrazić sobie wodę płynącą tam, gdzie dzisiaj rosły falujące na wietrze trawy. Ponieważ na Kalahari często spada ponad dwadzieścia centymetrów deszczu, nie można jej uznać za prawdziwą pustynię. Nie były to nagie, przesypujące się piaszczyste diuny, charakterystyczne dla Sahary i innych wielkich pustyń. Zdarzały się lata, gdy opady przekraczały pięćdziesiąt – a raz nawet sto – centymetrów, budząc magiczny zielony raj. Z drugiej strony, o czym dowiedzieliśmy się później, cała wilgoć wkrótce ulatniała się albo przez parowanie z piasku, albo poprzez roślinność. Czasami zdarzało się, że deszcz nie padał przez kilka lat. Dlatego rzadko mieliśmy zapasy wody: nie było tam ukrytych źródeł, jezior ze stojącą wodą, strumieni. Kalahari jest pod tym względem miejscem wyjątkowym, krainą wielkich kontrastów, półpustynią bez oaz. Nie ma na niej znanych nam pór roku. Są za to trzy wyraźne okresy: deszczowy, który może się rozpocząć od listopada do stycznia i trwać przez marzec, kwiecień i maj, suchy i zimny od czerwca do sierpnia oraz suchy i gorący od września do grudnia bądź do ponownego nadejścia deszczu. My przybyliśmy do Deception Valley po deszczach, a przed suchą zimną porą.

Po obu stronach dawnej rzeki, od brzegów aż po wydmy wznosiły się piaszczyste pochyłości porośnięte trawą i kolczastymi krzewami, ciągnęły się na ponad dwa kilometry. Wydmy porastały drzewa z rodzaju *Combretum*, *Terminalia* i *Acacia*, które wraz ze splątanymi krzakami i kępami traw sięgały głęboko w piasek, nie pozwalając mu się przemieszczać. Różne pasy roślinności leżały jak warstwy tortu między trawami w korycie rzeki i zagajnikami na wydmach, a każda z nich miała coś innego do zaoferowania licznym ptakom i zwierzętom. Rozmaite gatunki antylop, głównie skoczników i oryksów, pasły się na krótkiej, pożywnej trawie w korycie rzeki. Antylopiki, grymy szare, gnu i elandy posilały się wyższą, bardziej włóknistą trawą i liśćmi wzdłuż zbocza wydmy. Nieco wyżej, w pobliżu szczytu, żyrafy i kudu wielkie skubały liście i leśne owoce. Z całą pewnością nagromadzenie antylop na tak małym obszarze przyciągało drapieżniki takie jak lwy, lamparty, gepardy, szakale i hieny cętkowane. Podczas pierwszej przejażdżki nadaliśmy nazwy pewnym punktom orientacyjnym, dzięki którym mogliśmy opisać ważne obserwacje i liczebność badanych zwierząt. Kępy akacji i jujub wyglądały jak małe, okrągłe wysepki w morzu traw i wkrótce zaczęliśmy je nazywać Wyspą Orłów, Wyspą Drzew, Wyspą Krzaków i Wyspą Lwa. Porośnięty krzakami piaszczysty jęzor zagłębiający się w wyschnięte koryto stał się Akacjowem; krzak, w którym sypiała rodzina otocjonów wielkouchych otrzymał miano Krzaka Wielkouchów. W końcu każde wyróżniające się miejsce zyskało nazwę – dla orientacji w terenie i ułatwienia rozmowy. Deception Valley wydawała się idealna do rozpoczęcia badań nad życiem drapieżników. W przeciwieństwie do Makgadikgadi, habitat prastarej doliny rzeki zapewniał nakierowanie na populację antylop, umożliwiając nam zlokalizowanie drapieżników i ich konsekwentną obserwację. Trudności i niebezpieczeństwa prowadzenia badań na tak odosobnionym terenie były oczywiste. W przeciwieństwie do projektów badawczych w innych częściach Afryki, nie mieliśmy w pobliżu dostępu do wody i żywności. Nie było tu także osad, żadnego kontaktu z innymi ludźmi, żadnej szansy na ratunek w trudnej sytuacji. Gdybyśmy umarli, minęłyby miesiące, zanim ktoś by to zauważył. Choć odosobnienie nigdy nie wydawało nam się minusem, musieliśmy znaleźć rozwiązanie poważniejszych problemów logistycznych: gdy nasza beczka się opróżni, czeka nas kosztowna dwustudwudziestopięciokilometrowa podróż do Boteti i z powrotem. Choć od opuszczenia Maun staraliśmy się wydzielać sobie galon wody dziennie, wykorzystaliśmy już połowę zapasów ze zbiornika na land roverze i sporo z kanistrów. Cieszyłem się, że mamy znowu pełną beczkę. Zwłaszcza po doświadczeniach w Makgadikgadi zdawaliśmy sobie sprawę, że dwoma najbardziej potrzebnymi nam do przetrwania rzeczami są woda i samochód.

Mimo tych trudności byliśmy pewni, że nasze badania nad życiem drapieżników, a także ekologiczna analiza gleby, roślin i sezonowych schematów opadów i poziomu wilgotności ukaże dynamikę całego dawnego systemu rzecznego. Tak szerokie podejście było konieczne, ponieważ nikt dotąd nie prowadził badań tej okolicy i nie mieliśmy dostępu do żadnych informacji. Czuliśmy się uprzywilejowani, mogąc dokonywać przełomowych odkryć na nowym terenie, ale oznaczało to mnóstwo ciężkiej pracy, oprócz obserwacji drapieżników. Zważywszy na krytyczny brak funduszy operacyjnych, podstawowy obiekt badań powinien należeć do gatunku łatwego w obserwacji, żebyśmy nie musieli go ścigać po całej okolicy, spalając przy tym cenną benzynę. Musiałoby to też być zwierzę mało poznane, dzięki czemu nasze badania stałyby się bardziej atrakcyjne dla potencjalnych sponsorów. Od wielu dni rankami i popołudniami siadywaliśmy na dachu land rovera, obserwując stada antylop w różnych punktach koryta rzecznego i czekając na sygnały zdradzające obecność drapieżnika. Choć widzieliśmy lwy, szakale, gepardy i likaony, żaden się nie nadawał – z tego lub innego powodu. Ponieważ wszystkie one były badane w innych częściach Afryki, martwiliśmy się, że nie wystarczą, by nam załatwić grant. Likaony i gepardy były rzadko spotykane i bardzo ruchliwe; byłoby trudno regularnie odnajdywać je i obserwować. Co więcej, napotkane gepardy zachowywały się bardzo nieufnie – prawdopodobnie nie bez powodu. Później usłyszeliśmy, że Buszmeni często odpędzają je od zabitych zwierząt, które zabierają dla siebie. Robiliśmy notatki na temat każdego napotkanego zwierzęcia, by zdecydować, którego drapieżnika powinniśmy wziąć pod lupę. Dzięki temu uświadomiliśmy sobie coś, co określiło kierunek naszych przyszłych badań: noc należy do drapieżników Kalahari.

* * *

Fioletowoczarne, ciemniejsze od nieba wydmy spały obok prastarej rzeki. W górze skrzyły się punkciki gwiazd i śmigały meteoryty. Poniżej trawy – suche i zbrązowiałe jeszcze przed suchą porą – odbijały niebiańskie światło, jakby korytem znowu popłynęła rzeka. Wyłączyłem silnik; reflektory przebiły ciemności. Oczy, tysiące oczu zalśniły jak kulki fosforu. W mroku odpoczywało stado skoczników. Nad trawą majaczyły krzywizny ich rogów i wyraźne białe pasy na pyskach. Niektóre wstawały, nerwowo kiwając głowami. Skierowałem promień latarki na drzewo. Kolejne oko, większe i lśniące jak szklana kulka, patrzyło z czubka korony w dół. Żyrafa przebierała wśród liści akacji. Wkrótce nauczyliśmy się rozpoznawać w nocy zwierzęta po kolorze i ruchach oczu, a także po tym, jak wysoko wystawały nad trawę. Oczy szakala odbijały żółte światło i poruszały się tuż nad źdźbłami traw. Oczy lwa także były żółte, ale większe i wyżej zawieszone, i kołysały się na boki, gdy zwierzę szło. Pewnej nocy wracaliśmy z obserwacji, wpatrzeni w promień reflektorów, usiłując dostrzec w mroku sylwetki naszych obozowych drzew. Nagle w świetle błysnęły oczy, których nigdy dotąd nie widzieliśmy – szmaragdowozielone i szeroko rozstawione. Mroczna niedźwiedzia postać, pokryta długą, powiewającą sierścią, przemieściła się poza granicą światła. Była dość wysoka i miała wielką, kanciastą głowę i długi, włochaty ogon, ale jej zadnie nogi były krótkie, jakby skarlałe. Oddalała się od nas szybko. Położyłem stopę na pedale gazu i oboje patrzyliśmy przez spękaną i pożółkłą przednią szybę, usiłując nie tracić stworzenia z oczu. Przyspieszało, jakby sunęło po sawannie niczym mroczna, rozczochrana zjawa. Potem znikło. W obozowisku przejrzeliśmy atlas większych zwierząt Afryki. Protel grzywiasty? Hiena cętkowana? Mrównik? Na pewno nie kot. Żaden opis nie pasował. Nie zdołaliśmy się dobrze przyjrzeć temu stworzeniu, ale na pewno nie było często spotykane. Siedząc po turecku na śpiworach na tyle land rovera, kartkowaliśmy atlas w tę i z powrotem przy świetle wiszącej nad nami lampy naftowej. Mniejsze niż hiena cętkowana, większe niż mrównik, niewłaściwy teren jak na hienę pręgowaną, ale sądząc na podstawie proporcji ciała, była to z pewnością jakaś hiena. W końcu uznaliśmy, że to może być tylko *Hyaena brunnea*, hiena brunatna, jeden z najrzadziej występujących i najmniej poznanych dużych drapieżników. Co za uśmiech losu! Oto gatunek zagrożony, nigdy dotąd nieobserwowany w swoim środowisku naturalnym i praktycznie nieznany! Wszystko, czego dowiedzielibyśmy się na jego temat, byłoby wkładem w naukę, ważnym dla zachowania rzadkich i zagrożonych gatunków. Uznaliśmy, że to idealne zwierzę, na którym moglibyśmy skupić nasze badania. Choć hieny brunatne są aktywne wyłącznie w nocy i zachowują się bardzo płochliwie, nadal je widywaliśmy, choćby przez parę ulotnych sekund, gdy przebiegały przez koryto rzeki. Ze względu na tryb życia były trudnymi obiektami badań, ale coraz bardziej nas ciekawiły. Co noc, poczynając od zmierzchu, przeczesywaliśmy okolicę koryta rzeki i wypatrywaliśmy ich, jeżdżąc land roverem z reflektorem wystawionym przez okno. Lewo-prawo, lewo-prawo – godzinami obracałem światło, gdy samochód powoli sunął przed siebie. Było to frustrujące zajęcie. Wszędzie w gęstej trawie kryły się szakale, otocjony wielkouche, dropie, sieweczki

i dzikie koty. Od czasu do czasu dostrzegaliśmy te szeroko rozstawione, szmaragdowe oczy, ale zawsze pozostawały poza zasięgiem
reflektora i szybko znikały w ciemnościach.

* * *

Wczesnym rankiem pod koniec maja, po długiej nocy nieudanych poszukiwań hien, dotarliśmy do obozu zesztywniali i obolali, pragnąc tylko spać. Obok resztek ogniska stał szakal na szeroko
rozstawionych łapach, z pyskiem głęboko zanurzonym w czarnym żelaznym saganie z gulaszem. Wyzywające żółte oczy spojrzały na nas nad krawędzią garnka; z jego wąsów skapywał sos.
Szakal wylizał sagan do czysta, uniósł nogę, obsikał go i niedba
łym truchcikiem opuścił obozowisko. Gdy znikał w mroku, po
plamie w kształcie kotwicy na jego ogonie rozpoznaliśmy Kapitana – wielkiego samca o szerokiej piersi, którego często widywali
śmy. Miał na grzbiecie plamę kruczoczarnej, przetykanej srebrem
sierści i bujny, kudłaty ogon. Siedem nocy później siedzieliśmy,
patrząc na resztki oryksa porzuconego przez lwy po skończonej
uczcie. Mieliśmy nadzieję, że ich zapach zwabi jakąś hienę brunatną. O wpół do czwartej nad ranem nie potrafiłem już dłużej
walczyć z opadającymi powiekami. Zostawiłem Delii obserwację
hien i cicho rozwinąłem śpiwór na ziemi obok land rovera. Ustawiwszy buty w trawie obok, wśliznąłem się do śpiwora i opar
łem głowę na zwiniętej koszuli. Właśnie zapadłem w twardy sen,
gdy nagle uderzyłem głową o twardą ziemię. Usiadłem, na oślep
szukając latarki. Pięć metrów ode mnie ujrzałem wycofującego
się pełnym gazem szakala z wyciągniętą mi spod głowy koszulą
w zębach.

– E! Rzuć to! – krzyknąłem, trochę rozbawiony, trochę zły
i nadal senny. Wygramoliłem się ze śpiwora, wyrzucając sobie, że
podniosłem głos; mogłem spłoszyć jakąś hienę. Potem zacząłem

szukać w trawie butów. Także znikły. To już była poważniejsza sprawa, bo nie miałem drugiej pary. Pokuśtykałem za szakalem. Ostre źdźbła kłuły w bose stopy. W promieniu światła latarki widziałem wpatrzone we mnie świecące ślepia złodzieja wlokącego moją koszulę w trawę. Stopy mnie piekły. W końcu dałem za wygraną i do świtu kuliłem się w land roverze. Potem odzyskałem obśliniony czubek jednego buta i poszarpane szczątki koszuli. Kapitan, szakal-chuligan, znowu zaatakował.

Tego dnia przez parę godzin szyłem sobie mokasyny z dwóch kawałków spłowiałego płótna.

Przy śniadaniu oboje wpadliśmy na tę samą myśl. Skoro i tak co noc jeździmy godzinami wokół koryta rzeki, czekając, aż płochliwe hieny brunatne przywykną do nas, czemu by przy okazji nie dowiedzieć się wszystkiego, co możemy o szakalach? Nigdy dotąd nie były badane w takim środowisku jak Kalahari, więc wszystko, co byśmy odkryli, stanowiłoby nowość.

Codziennie o zachodzie słońca zaczęliśmy parkować land rovera na Wzgórzu Gepardów – porośniętym krzakami piaszczystym wybrzuszeniu, wcinającym się w koryto rzeki na północ od obozu. Uzbrojeni w lornetkę polową, notatniki i puszkę peklowanej wołowiny siedzieliśmy, każde z nas umoszczone w zapasowej oponie na dachu samochodu, obserwując, jak w dolinie budzi się nocne życie.

Czasem, tuż przed zapadnięciem zmroku, Kapitan wstawał ze swojego ulubionego miejsca koło Północnego Drzewa, unosił pysk do nieba i wzywał swoich sąsiadów-szakali. Potem, unosząc uszy, nasłuchiwał piskliwych, wibrujących skowytów, które odpowiadały mu z daleka. Drapał się, otrząsał gęstą sierść, a w gasnącym świetle srebrne włoski lśniły na tle czarnej, przypominającej siodło plamy na jego grzbiecie. Przeciągnąwszy się mocno, ruszał truchtem, węsząc gorliwie wśród traw za myszami. Siedząc na

Wzgórzu Gepardów, odnotowywaliśmy kierunek, w którym odchodził, a potem ruszaliśmy za nim.

Lewą ręką prowadziłem i zmieniałem biegi, prawą trzymałem reflektor za oknem, usiłując nie zgubić z oczu Kapitana i pozostając od piętnastu do dwudziestu pięciu metrów za nim. Gdy zbliżaliśmy się bardziej, oglądał się na nas, najwyraźniej zaniepokojony; gdybyśmy zostali w tyle, zginąłby w trawach. Tymczasem Delia, z latarką wycelowaną w notes i z kompasem na kolanach, notowała szczegóły jego zachowania, kierunki, które wybierał, odległości i rodzaje habitatów. Lornetka leżała na siedzeniu między nami, by każde z nas mogło ją chwycić i opisać, co się dzieje. Przy pewnej wprawie ta technika całkiem dobrze się sprawdzała. Mogliśmy określić gatunek złapanego przez Kapitana ptaka, a często także szczura lub myszy, zanim znikły w jego paszczy. Podjeżdżając do miejsca, gdzie węszył w trawie, zwykle odkrywaliśmy szereg spanikowanych termitów lub mrówek, które właśnie chlasnął językiem.

Pewnej nocy na początku czerwca, tuż po kradzieży moich butów, podążaliśmy za Kapitanem, który nagle, bez ostrzeżenia, z niewiarygodną prędkością ruszył za młodym antylopikiem. Przyspieszyłem i zdołaliśmy nie stracić go z oczu podczas długiego pościgu. Zatoczyliśmy kilka pełnych kółek, zanim zniknął. Potem, bez względu na kierunek, w którym się udaliśmy, nie mogliśmy dostrzec latarni, którą powiesiliśmy wysoko na gałęzi w obozie, by wskazywała nam drogę po zmroku. Kapitan wyprowadził nas z dobrze nam znanego odcinka koryta rzeki i tak często zmieniał kierunki, że straciliśmy rachubę kilometrów i pomyliliśmy odczyty kompasu. Nie mogliśmy wrócić po swoich śladach. Zgubiliśmy się.

Mieliśmy w samochodzie niespełna kwartę wody i nie mogliśmy zaryzykować, że jeszcze bardziej oddalimy się od obozowiska, więc postanowiliśmy przenocować w miejscu przymusowego postoju. Następnego ranka z dachu land rovera dostrzegliśmy

Północne Drzewo o jakieś dwa kilometry od nas; nasze obozowisko znajdowało się mniej więcej w takim samym odstępie na
południe. Wracając do niego, postanowiłem, że od tej pory zawsze
będę woził w samochodzie kanister wody.

Od tygodni nie padało. Każdy dzień był bezchmurny, sawanna codziennie odrobinę bardziej wysychała. Gdybyśmy znowu
zgubili się, nie mając wody, mogłoby nas spotkać coś gorszego niż
jedna noc poza osłoną wysepki drzew.

W obozie, gdy Delia zabrała się do robienia nam śniadania,
wyjąłem ze skrzynki z narzędziami klucz i zaniosłem go razem
z kanistrem i długą rurką do beczki. Nałożyłem klucz na zakrętkę
beczki. Ze środka dobiegł głuchy brzęk.

To niemożliwe... Upuściłem klucz i pchnąłem beczkę. Przewróciła się i potoczyła – pusta. Z naszej wody został tylko wilgotny ślad na piasku.

– Delia! W tej cholernej beczce nie ma wody! – Pochyliłem
się, by spojrzeć na zardzewiałe dno. Kopnąłem cholerstwo. Delia
była tak samo wstrząśnięta jak ja.

– I co my teraz zrobimy? – spytała cichutko. – Dojedziemy
do rzeki?

Boteti znajdowała się o prawie cały dzień jazdy przez upał, piasek i kolczaste krzaki. Mieliśmy w samochodzie niespełna kwartę wody, a potrzebowaliśmy jej więcej, by chłodzić silnik. Gdyby
chłodnica wyschła, mielibyśmy o wiele poważniejsze kłopoty. Jak
mogłem być tak głupi! Codziennie mierzyłem poziom benzyny
w wielkim zbiorniku we wnętrzu land rovera, by się upewnić,
że starczy nam paliwa na powrót do Maun. Myślałem, że mamy
wody pod dostatkiem, ale powinienem to sprawdzić! Wbiłem
wzrok w wilgotny ślad, jakby woda mogła się podnieść z ziemi.
Opanowałem narastający niepokój. Znalazłem się dokładnie w takiej sytuacji, jakiej powinniśmy się byli wystrzegać.

– Musimy wyruszyć nocą, kiedy jest chłodno, żebyśmy nie zużyli aż tyle wody w chłodnicy – powiedziałem, obejmując Delię. Nie pozostało nam nic innego.

Tego popołudnia wsiedliśmy do land rovera, by wyruszyć nad rzekę. Szarpałem się z kluczykiem, raz po raz przekręcając go w stacyjce.

– No dawaj, ty gnojku! – Gardło zaciskał mi gniew i rosnący strach. Za każdym razem słyszałem tylko suche kliknięcie. Wyskoczyłem, pobiegłem na przód samochodu i podniosłem maskę. – Spróbuj znowu! – krzyknąłem do Delii i zacząłem nasłuchiwać, usiłując domyślić się, co jest nie tak.

Już od chwili, gdy wyjechaliśmy z Gaborone na północ do Maun, najbardziej obawiałem się utknięcia gdzieś na odludziu z zepsutym land roverem, którego nie potrafiłem naprawić, ponieważ brakowało mi umiejętności, narzędzi i części zamiennych. Wysłużony pojazd ciągle sprawiał drobne problemy: skorodowane kable akumulatora, rozładowująca się bateria, przebite opony, zepsuta rura wydechowa... Zawsze potrafiłem wykonać te względnie drobne naprawy. Ale teraz, gdy zajrzałem pod maskę, a Delia przekręciła kluczyk w stacyjce, serce mi się ścisnęło. To kliknięcie, które wydaje rozładowany akumulator, teraz zmieniło się w bardziej głuchy, złowrogi szczęk – znak, że dzieje się coś o wiele bardziej poważnego.

Zachowałem najgorsze obawy dla siebie i wróciłem do pracy. Ściemniało się, gdy odkryłem, że to rozrusznik się rozpadł. Wirnik wpadł do obudowy koła zamachowego i zablokował silnik, więc ręczne uruchomienie za pomocą korby nic by nam nie dało.

Znalazłem gruby drut i wygiąłem go w hak. Wpełzliśmy pod samochód. Delia trzymała latarkę, a ja wsunąłem drut w silnik, usiłując dostać się nim za koło zamachowe. Ale drut nie był precyzyjnym instrumentem; wszystko, czego nim dotykałem, wydawało się takie same. Mogłem się tylko domyślać, w którym miejscu znajduje się zator.

Koło północy wygramoliliśmy się spod samochodu. Kostki palców i czoło miałem umazane krwią, smarem, benzyną i ziemią. Sytuacja wyglądała beznadziejnie. Nie wiedziałem, czy w ogóle udało mi się dosięgnąć wirnika. Zakręciłem korbą. Silnik warknął cicho i umilkł na dobre.

Dołożyliśmy drewna do ognia; gdy się przy nim ogrzewaliśmy i odpoczywaliśmy, usiłowałem znaleźć drogę wyjścia z tych tarapatów. Jeśli mieliśmy to przeżyć, musieliśmy wydobyć wirnik. Oboje byliśmy spragnieni, ale nie piliśmy. Spojrzałem na Delię siedzącą przy ogniu z głową opartą na ramionach. Przygniatała mnie bezradność. Nie przychodziło mi do głowy nic, co mógłbym jeszcze zrobić, a czas uciekał. Została nam tylko kwarta wody na nas dwoje.

Wróciłem do samochodu i zakręciłem korbą w kierunku przeciwnym do ruchu wskazówek zegara, aż utknęła, a potem obróciłem ją odrobinę w odwrotną stronę. Byłem pewien, że drut jest na tyle długi, że dotyka wirnika. Przez resztę nocy wyginałem go w rozmaite kształty i wsuwałem w silnik pod różnymi kątami, a Delia trzymała latarkę. Gdy w silniku nic się już nie poruszało, zmieniałem położenie drutu i znowu zaczynałem nim gmerać.

Jakiś czas po wschodzie słońca usłyszałem szczęknięcie. Rzuciłem się do korby i uruchomiłem silnik – znowu działał! Postanowiliśmy odpoczywać do końca dnia i wyruszyć o zmroku.

Ta sytuacja uświadomiła nam, że pozostawanie w okolicy tak odciętej od świata jak Deception Valley nie wchodzi w grę. Nawet jeśli zdołamy dotrzeć do rzeki i wrócić, jak długo będziemy czekać na następny kryzys? I ile ich będzie, zanim nastąpi prawdziwa katastrofa? Przykra prawda wyglądała tak, że nie mieliśmy pieniędzy na badania w takim miejscu. Tę resztkę, która nam została, wkrótce miały pochłonąć wyprawy do Maun po zapasy, zwłaszcza że nie mogliśmy przewozić i przechowywać wystarczających ilości wody i benzyny. Musieliśmy znaleźć mniej odległe miejsce pracy, mniej dzikie... I mniej swobodne. Była to gorzka konstatacja.

Dwa lata planów i pracy, by zaoszczędzić dość pieniędzy na tę ekspedycję, pięć miesięcy badań i rozpoznawania terenu w Afryce – wszystko to znikło jak nasza wsiąknięta w piasek woda. Choć byliśmy w Kalahari przez nieco ponad miesiąc, już zdążyliśmy bardzo przywiązać się do tego starego koryta i żyjących tu zwierząt, zwłaszcza tych rozpoznawalnych jak Kapitan.

Zjedliśmy bez apetytu przygnębiające śniadanie złożone z fasoli – posiłek, który od szesnastu dni spożywaliśmy trzy razy dziennie – a potem zaczęliśmy ładować nasz skromny dobytek na samochód. Nagle z apatii wyrwał nas odległy warkot silnika. Z wydmy na wschód od koryta rzecznego zjeżdżał, podskakując na wybojach, przysadzisty zielono-biały land rover, ciągnąc za sobą długi ogon pyłu. Wstaliśmy i patrzyliśmy na niego, osłupiali ze zdziwienia na widok innego pojazdu. Jeszcze zanim się zatrzymał, zza kierownicy wyskoczył piegowaty, ogorzały mężczyzna w obszernych szortach, podkolanówkach i dzianinowym podkoszulku, opiętym na okrągłym brzuchu. Rzadkie, siwiejące włosy miał zaczesane do tyłu na spalonej słońcem głowie, a gdy się uśmiechnął, wokół oczu pojawiły mu się zmarszczki. Słońce, wiatr i piasek Kalahari wyrzeźbiły jego twarz.

– No siemka! Berghoffer jestem, Bergie Berghoffer. Mówcie mi Bergie. Ktoś w Maun powiedział mi, że jesteście gdzieś tutaj, a jak na wschód stąd zobaczyłem ślady kół, to się domyśliłem, gdzie was znaleźć. – Zaczął grzebać na tyłach land rovera, wołając przez ramię: – Tak sobie pomyślałem, że już pewnie potrzebujecie trochę tego. – Wyjął owinięte w szary papier paczuszki koźliny, kubełek mąki kukurydzianej ze schowanymi w niej jajkami – dla ochrony przed stłuczeniem i przegrzaniem – ziemniaki i kawę. Gdy dziękowaliśmy mu po raz dwunasty, w końcu uniósł ręce i rzucił, puszczając oko: – To sama przyjemność... Wiecie, sam jestem pół-Jankesem.

Potem dowiedzieliśmy się, że Bergie buszował po Kalahari od dwudziestu trzech lat. Mieszkał w obozowiskach, robił próbne odwierty w poszukiwaniu minerałów dla botswańskiego Wydziału Geodezji i Kartografii. Wiódł życie nomady, przenosząc się z jednego miejsca w drugie, na ogół daleko za rezerwatem.

– Wolałbym nie znajdować tam nic z wyjątkiem zwierząt; nie wiem, czy gdybym znalazł, powiedziałbym komuś – stwierdził z krzywym uśmiechem. – Jestem cholernie zadowolony, że w końcu ktoś będzie tu badać faunę. Wiecie, do tej pory nikt tego nie robił. Kalahari potrzebuje kogoś, kto się nią zaopiekuje.

Bergie miał szczególną słabość do „Jankesów", bo jego ojciec był Amerykaninem, który przyjechał do RPA z Wild West Show Billa Cody'ego. Tam poznał i poślubił kobietę, Brytyjkę z pochodzenia. Razem zamieszkali w RPA. Bergie uważał, że odziedziczył po ojcu zamiłowanie do podróży, dzięki któremu przez większą część życia był ciągle w drodze i mieszkał w buszu.

– Przepraszam... żałuję, że nie możemy poczęstować cię herbatą albo kawą – powiedziałem. – Ale mamy pewien problem. – Wskazałem pustą beczkę.

– No patrzcie, a to pech. – Bergie zmarszczył brwi i potarł brodę. – Kawa to nic, ale co zamierzacie zrobić z wodą?

Wyjaśniłem, że wybieramy się nad rzekę, a potem do Maun i że nie będziemy mogli wrócić do Deception Valley.

– O... A to już naprawdę przykre... trochę nawet do dupy, że tak się wyrażę. – Bergie spojrzał na koryto rzeki i westchnął, po czym nagle się rozpogodził. – Coś wam powiem. Weźcie to, żeby na pewno tam dojechać. – Dźwignął z tyłu land rovera kanister z wodą. – Teraz napiję się tej kawy, jeśli szanowna pani będzie tak łaskawa.

Mimo naszych protestów nie chciał zabrać ze sobą części wody, by bezpiecznie wrócić do własnego obozowiska. Ledwie dopił kawę i wyciągnął do mnie rękę.

– Dobrze, Mark, dobrze, Delio, muszę się zbierać – do zobaczyska.

I już go nie było, a jego land rover zniknął za wydmą na wschodzie.

Kaprys losu i hojność Bergiego sprawiły, że mieliśmy więcej niż dość wody na dotarcie do rzeki, a nawet do Maun. Postanowiliśmy spędzić jeszcze jedną noc w Deception Valley. Bardzo nie chcieliśmy opuszczać doliny, a zresztą wypadki ostatniej nocy nas wyczerpały.

Najwyżej godzinę przed naszym wyjazdem z Deception Valley na zawsze Bergie wrócił, tym razem z wielką ciężarówką z paką i brygadą sześciu tubylców, z którymi robił odwierty. Wyładowali składany drewniany stół, dwa krzesła, ciężki żelazny grill, gazowy palnik wraz z zapasem gazu, małą kuchnię polową z wielką moskitierą, cztery wielkie beczki wody i trochę benzyny. Był jak dżinn – machając rękami i wykrzykując rozkazy swojej ekipie, nagle wyczarował niewielki obóz.

Zniknął w chmurze pyłu, właściwie zanim dotarło do nas, co się wydarzyło. Staliśmy na środku błyskawicznego obozu, gapiąc się w osłupieniu za tym wirującym derwiszem z Kalahari. Jednym zręcznym gestem niewiarygodnej serdeczności Bergie umożliwił nam pozostanie w dolinie – przynajmniej na jakiś czas – dopóki nie zbierzemy dość danych, by otrzymać grant.

Podjęliśmy poszukiwania, ale nie było łatwo obserwować i podążać za zwierzętami, nie mając rozrusznika. Codziennie przed zmierzchem, gdy natykaliśmy się na szakala śpiącego w trawie w korycie rzeki, parkowaliśmy nieopodal i czekaliśmy ze zgaszonym motorem, aż zwierzę wstanie i zacznie szukać pożywienia. Gdy tylko się podnosiło i przeciągało, zakradałem się na przód land rovera i korbą uruchamiałem silnik, a Delia śledziła oddalającego się szakala. Korba robiła tak przerażający hałas, że zwracała uwagę każdego stworzenia w promieniu kilometra. A nocą, siedząc przy lwach, czułem się trochę niepewnie, odwracając się do nich plecami ze świadomością, że przyglądają mi się, gdy pocę się nad korbą.

Dwa tygodnie po tym, jak Bergie ofiarował nam cały obóz, nasz dobroczyńca wrócił z wodą. Gdy Delia robiła kawę, wziął mnie za ramię i zaprowadził do swojego samochodu.

– Słuchaj, młody, jeśli chcesz, żeby Delia została w Kalahari, musisz ją trochę porozpieszczać. Każda kobieta potrzebuje gorącej kąpieli! – Odwrócił się i zdjął z paki blaszaną wannę. – A czy ma lustro? – Sięgnął do szoferki i wyjął z niej lusterko.

Mina Delii na widok tych darów świadczyła, że Bergie miał rację.

On sam obozował tak daleko, że widywaliśmy go rzadko, ale miał niesamowite wyczucie czasu. Tygodnie mijały, a kiedy kończyły nam się zapasy wody, pojawiał się on, zawsze z kolejnymi darami w postaci mięsa kozy lub gnu, jajek, ziemniaków, salcesonu i innych luksusowych artykułów, które przywoził ze swojego obozu lub z Gaborone. Nawet gdybyśmy potrafili jakoś znaleźć takie skarby, nigdy nie moglibyśmy sobie pozwolić na ich zakup.

Pewnego dnia zabrał nas na południe Deception Valley, dalej niż dotarliśmy sami. Po godzinie jazdy w jego land roverze ze sztywnymi, dodatkowo wzmocnionymi resorami piórowymi – był z nich bardzo dumny – bolały nas nerki, a karki mieliśmy sztywne od wstrząsów. W końcu zatrzymaliśmy się na wydmie z widokiem na dużą, idealnie okrągłą równinę po wyschniętym jeziorze.

Z powodu łupkowoszarej, gliniastej gleby na dnie wyglądała jak wypełniona wodą, co stanowiło złudzenie tak przekonujące, że w późniejszych latach widzieliśmy, jak jej powierzchnia podczas suszy zwabia migrujące ptaki wodne, a raz nawet zobaczyliśmy pelikana. Bergie powiedział nam, że Buszmeni nazwali dolinę na cześć właśnie tego miejsca, używając słowa oznaczającego w ich języku złudzenie, a także dlatego, że gdy się podróżuje wzdłuż koryta rzeki, pada się ofiarą złudzenia, że każdy zakręt jest tym ostatnim. Stare koryto rzeki wiło się dalej w głąb Kalahari, daleko poza Prawdziwą Dolinę Złudzenia, jak ją często nazywaliśmy.

– Dotarłem tutaj, i ani kroku dalej – oznajmił Bergie. – Co jest dalej, nie wie nikt.

Milczeliśmy przez długi czas. Słuchaliśmy wiatru śpiewającego w trawie i spoglądaliśmy na wielką połać dziczy, ciągnącej się przez setki kilometrów.

– Wiecie co – odezwał się w końcu Bergie – tylko jedno mnie tu przeraża... i jest to ogień.

3

OGIEŃ

Mark

Raz po raz wyje kojot,
a gdy cichnie, to z bliska
jak strzał słychać stuk grudki,
co upada z urwiska.

Rudyard Kipling

Deszcze, które w 1974 zalały większą część kraju, należały do najobfitszych w udokumentowanej historii Botswany. Zakończyły się w maju, ale w ich rezultacie trawy sawanny wybujały, sięgały wyżej niż głowy Buszmenów, jak falujące na wietrze, ciągnące się na setki kilometrów pole złocistej pszenicy. W lipcu, trzy miesiące, odkąd zamieszkaliśmy w Deception Valley, podczas pory suchej wszystko obróciło się w słomę, a słoma w gotową rozpałkę. Niektórzy twierdzili, że promienie słońca skupiające się w kropli rosy mogły doprowadzić do wybuchu pożaru.

— Trawa numer 27: u podstawy 9,2 centymetra, wysokość suchej rośliny 57,2 cm, wysokość zielonej rośliny 14,3 cm… — Pracowaliśmy przez cały ranek, mierząc trawy i zioła od koryta rzeki do szczytu diuny.

Wstałem, by rozprostować obolałe kolana, i na wschodzie zauważyłem na horyzoncie osobliwą szarą chmurę. Kłęby wznosiły się na tysiące metrów, u góry rozpraszane przez wiatr niosący je powoli na południe. Daleko stąd – nie potrafiliśmy określić odległości – płonęła Kalahari.

Gdy tak staliśmy, gapiąc się na złowrogi obłok, silny wiatr, wiejący do pięćdziesięciu kilometrów na godzinę, uderzył nas w twarze, szarpnął za ubrania i wycisnął łzy z oczu. Tylko kilometry suchej trawy dzieliły nas od ognia.

Nadal co noc podążaliśmy za Kapitanem i resztą szakali. Na niebie od wschodu ciągle jarzył się upiorny blask, którego nie mogliśmy nie zauważyć. Nadal znajdował się tak daleko, że ogień potrzebowałby paru tygodni, by do nas dotrzeć. Do tego czasu mogliśmy opracować plan ratowania siebie, land rovera i obozowiska.

Lipcowe noce były przeraźliwie zimne. Nie spodziewaliśmy się, że temperatura będzie spadać z dwudziestu jeden stopni za dnia do minus dziesięciu tuż przed świtem. Nie mieliśmy zimowej odzieży – nie zmieściłaby się w naszych plecakach. Śledząc szakale, z trudem wytrzymywaliśmy na mrozie, a gdy przez parę minut wystawiałem latarkę za okno, dłoń i ramię mi drętwiały. W samochodzie nie było ogrzewania, więc wyciąłem otwory w puszce po kawie i ustawiłem w niej świeczkę na podłodze. Nosiliśmy skarpetki na rękach, przykrywaliśmy nogi śpiworami i żywiliśmy się gulaszem podgrzanym na rurze wydechowej, ale i tak z zimna łapały nas dreszcze i nie mogliśmy wytrzymać w land roverze dłużej niż trzy do czterech godzin. Potem wracaliśmy do ogniska.

Początkowo wszystkie szakale wyglądały podobnie, zwłaszcza w nocy, więc postanowiliśmy któregoś unieruchomić i założyć mu obrożę dla łatwiejszej identyfikacji. Podczas naszej pierwszej wyprawy aprowizacyjnej do Maun, gdzie naprawiłem rozrusznik samochodu, Norbert Drager, niemiecki weterynarz z wioski, dał nam materiał na obroże i strzelbę na dwutlenek węgla, przeciekającą i zardzewiałą. Uszczelniłem ją łatkami do opon, żeby mogła utrzymać nabój, i z podarowanego materiału zrobiłem lekkie obroże, które spiąłem małymi ćwiekami.

Pewnej bardzo zimnej nocy w połowie lipca udało nam się unieruchomić szakala w pobliżu obozu. W takich warunkach obezwładnione zwierzęta czasem wchodzą w stan hipotermii, dlatego gdy już zapięliśmy mu obrożę, delikatnie zanieśliśmy go do obozowiska, gdzie mógł dojść do siebie w cieple ogniska. Potem obserwowaliśmy go z land rovera, chroniąc przed większymi drapieżnikami, aż w pełni odzyskał sprawność.

Mijały godziny, noc stawała się coraz zimniejsza, a nasz grzejnik z puszki po kawie nie dawał ciepła. O pierwszej nad ranem Delia miała dość. W ledwie mżącym żółtym świetle dogorywającej latarki wciągnęła do małego namiotu kuchennego śpiwór i nasz cienki piankowy materac. W korycie rzeki akurat był wysyp gryzoni − tak się rozmnożyły, że przez parę tygodni musieliśmy jadać kolację z nogami na blaszanych puszkach, żeby nie wchodziły nam na nogi. Teraz, choć mógł po niej przebiec jakiś szczur czy mysz, Delia była zdecydowana ogrzać się i złapać trochę snu.

Siedziałem w ciężarówce, co jakiś czas kierując latarkę na szakala, który zaczynał się niezdarnie poruszać, próbując wstać. Latarka ogrzewała mi ręce, więc miałem ochotę ją zostawić zapaloną, ale nie chciałem wyczerpać baterii. Trzymałem lornetkę opartą o kierownicę, drżąc w ciemności i wpatrując się w odległą łunę pożaru, zastanawiając się, jak daleko od nas się znajduje.

Od chwili, gdy zauważyliśmy ją po raz pierwszy, minęły dwa tygodnie. W tym czasie rozszerzyła się i przybrała na sile, tworząc pomarańczowoczerwoną koronę, rozciągającą się na całym horyzoncie z północy na południe. Teraz, w ciszy nocy, przy nieruchomym i wilgotnym powietrzu, żywe kolory prawie zniknęły z nieba. Wydawało się, że ogień przygasł. Ale wiedziałem, że nad ranem silny wiatr powróci i uniesie w atmosferę ogromną zasłonę szarego dymu.

Mały obóz, podarunek od Bergiego, nie miał wielkiej wartości materialnej, ale był wszystkim, co mieliśmy na tym świecie, i nigdy nie moglibyśmy sobie pozwolić na jego zastąpienie. Gdyby pożar go zniszczył, byłby to dla nas cios kończący nasze badania. Ponadto już zdążyliśmy zapuścić korzenie w naszej wysepce drzew. Przez ten krótkim czas, jaki tam spędziliśmy, dolina stała się naszym domem. Martwiliśmy się też o Kapitana i inne zwierzęta. Z pewnością niektóre z nich zginęłyby w pożarze, a rośliny badane wzdłuż naszych transektów liniowych by spłonęły. Ogień nie zostawiłby materiału do badań.

Nagłe fontanny barw trysnęły w nocne niebo, a potem tajemniczo rozpłynęły się, zostawiając małą, niewyraźną smużkę, by znowu rozbłysnąć po paru minutach. Ogień kroczył po wydmach. Za każdym razem, gdy schodził w dolinę między nimi, gdzie było mniej łatwopalnego materiału, jego intensywność malała, ale gdy znowu wpełzał na zadrzewione wzgórza, paliwo i wiatr dodawały mu sił. Z rosnącym niepokojem uświadomiłem sobie, że pożar jest gigantyczny. Kalahari płonęła wzdłuż linii mierzącej ponad osiemdziesiąt kilometrów z północy na południe.

Zawiesiłem reflektor na zewnątrz na lusterku land rovera i włączyłem go. Było wpół do czwartej nad ranem. Szakal dochodził do siebie. Wyłączyłem latarkę i siedziałem, chuchając w dłonie, by je rozgrzać. Ale potem coś kazało mi spojrzeć jeszcze raz. Znowu włączyłem światło i zobaczyłem siedem lwów stojących nad szakalem.

Przestraszone nagłym rozbłyskiem dwie samice z pięciorgiem podrostków odskoczyły i zawróciły, ale po paru sekundach wróciły, nie spuszczając oczu z ofiary. Uruchomiłem silnik i przejechałem obok namiotu, w którym twardo spała Delia.

Lwice jakby nie słyszały warkotu samochodu; nie chciały zostawić szakala. Zdziwione i zdezorientowane ruszyły w jego kierunku z nisko opuszczonymi głowami i kołyszącymi się z boku na bok ogonami.

Szybko przejechałem obok szakala, zatrzymując samochód między nim a lwami. Skręciły, by ominąć land rovera, a ja delikatnie szturchnąłem zderzakiem jedną z samic. Lwica warknęła, po czym zatoczyła koło i splunęła na reflektor. Próbowały obejść samochód, ale zagrodziłem im drogę, zawróciłem je i skierowałem w spacerowym tempie na Zachodnią Prerię, łąkę przy korycie rzeki za obozem. Kręcąc kierownicą w lewo i w prawo oraz prawie popychając je zderzakiem, nie pozwalałem im stanąć. Nie byłem zachwycony, że je tak traktuję, ale teraz przede wszystkim liczył się szakal, bo to przez nas stał się chwilowo bezbronny.

Oddaliłem się jakieś czterysta metrów od obozowiska, gdy w lusterku wstecznym dostrzegłem blade mrugające światełko. Dopiero po paru chwilach dotarło do mnie, że znajduje się ono w namiocie kuchennym.

Delia nie miała pojęcia o obecności lwów. Obudzona przez warkot silnika sądziła, że jadę za szakalem, by się upewnić, że całkiem wyzdrowiał. Ledwie land rover opuścił obóz, usłyszała za namiotem stąpanie ciężkich łap. Płócienne ściany zadrżały. Potem tuż przy ziemi poczuła mocny powiew. Powoli uniosła głowę. W wejściu – klapy namiotu nie miały suwaków – ledwie widoczne w świetle gwiazd, majaczyły potężne łby dwóch lwów, dmuchających jej prosto w palce u stóp.

Delia, wstrzymując oddech, patrzyła, jak lwy obwąchują podłogę namiotu; z nozdrzy ulatywały im obłoczki pary, a wibrysy muskały nylon śpiwora.

Poruszyła stopami. Lwy zamarły, zapatrzone we wnętrze namiotu. Warkot land rovera się oddalał. Delia ostrożnie sięgnęła po latarkę leżącą obok niej na ziemi. Lwy nadal stały skamieniałe; wydawało się, że przestały oddychać. Delia powoli podniosła latarkę do okienka nad głową. Lew z lewej strony oparł się o namiot, który znowu się zakołysał. Delia przyłożyła latarkę do okienka i zawahała się przed przesunięciem włącznika, obawiając się hałasu. W końcu go dotknęła – w ciszy kliknięcie zabrzmiało jak wystrzał. Lwy się nie cofnęły. Delia włączała i wyłączała latarkę, wysyłając w niebo sygnały. Po chwili odetchnęła z ulgą, słysząc, że land rover przyspiesza i wraca z klekotem zderzaka do obozu.

W pobliżu kępy drzew omiotłem okolicę światłem latarki. Wszystko wyglądało normalnie. A jednak słabo świecąca latarka nadal migała. Objechałem namiot i nagle wdepnąłem hamulce, mocno ściskając kierownicę; dwa lwy z czarnymi grzywami stały obok siebie z głowami w namiocie. Delia była uwięziona jak mysz w norze.

Musiałem coś zrobić, by odwrócić uwagę nieproszonych gości, nie narażając Delii i nie zastraszając ich w nieodpowiedni sposób. Jeden niezręczny ruch mógł pogorszyć sytuację. Gdy ostatnim razem byliśmy w Maun, krążyła tam historia o kobiecie, którą lwy wywlekły ze śpiwora w Chobe, parku w południowo-wschodniej części Botswany. Pożałowałem, że nie mam jakiejś broni palnej. Mógłbym przynajmniej strzelić w powietrze, żeby spłoszyć lwy.

Może udałoby mi się wygonić samce land roverem, tak jak to zrobiłem z samicami. Powoli zbliżyłem się do nich. Oba stojące twardo w wejściu namiotu obejrzały się na mnie; miały okrągłe oczy, sterczące uszy i drgające ogony. Przynajmniej przeniosły uwagę z Delii na mnie. Podjeżdżając bliżej, miałem wrażenie, że lwy rosną; sięgały do maski samochodu. Mięśnie ich barków były napięte i nabrzmiałe. Oba samce stały niewzruszone. Zatrzymałem się.

Po paru sekundach lwy zaczęły mrugać. Przysiadły i odwróciły się do Delii. Puściłem sprzęgło i znowu ruszyłem naprzód, tym razem wychylony przez okno uderzałem dłonią w bok land rovera, żeby znowu skupić uwagę lwów na sobie. Gdy byłem już bardzo blisko, w końcu obejrzały się na mnie. Położyły uszy płasko na głowie, jakby rozdrażnione, opuściły nosy do ziemi i odeszły do samic. Tuż za obozem zaczęły ryczeć, a ich narastające głosy niosły się po całej dolinie. Z sawanny na zachodzie dobiegła odpowiedź lwic. Szakal uciekł, wykorzystując zamieszanie.

Pobiegłem do namiotu i położyłem się obok Delii. Trochę przerażona, trochę rozemocjonowana, przez jakiś czas trajkotała, a potem położyła mi głowę na piersi. Wkrótce zasnęliśmy. Przebudziłem się raz, gdy na czoło spadł mi szczur. Zmiotłem go z siebie i rzuciłem na ścianę namiotu, otrząsnąłem się, a po chwili znowu zasnąłem.

Parę dni później podążaliśmy po zmroku za jednym z szakali w obrożach, gdy zauważyliśmy, że niebo na wschodzie powlekło się rozognioną czerwienią.

– Mark, pożar prawie dotarł! Musimy wracać do obozu i się przygotować!

Byłem pewien, że ogień jest jeszcze całkiem daleko i tak szybkie zwijanie obozu to strata czasu, ale Delia nalegała i w końcu zawróciłem.

Zanim land rover na dobre się zatrzymał, Delia wyskoczyła na zewnątrz. Zaczęła zbierać garnki, patelnie i worki z mąką i kaszą kukurydzianą. Pakowała do samochodu wszystko, co zdołała unieść lub ciągnąć za sobą. Usiłowałem jej przemówić do rozsądku:

– Słuchaj, skarbie, ogień nie pojawi się nad tymi wydmami ani za parę minut, ani nawet do rana.

– Skąd to możesz wiedzieć? – warknęła, szarpiąc się z ciężkim workiem cebuli. – Nigdy nie widziałeś pożaru na Kahalari... ani nigdzie indziej.

– Usłyszelibyśmy ogień z daleka, zobaczyłabyś płomienie w trawie... pojawiłyby się iskry. Gdzie będziemy jeść, spać i pracować, jeśli się spakujemy, zanim ogień tu dotrze?

Ale próby zatrzymywania jej nic nie dawały. Spodziewałem się, że lada chwila rzuci się na mnie z mokrym kocem. Biegła chwiejnie do samochodu z kolejnym naręczem pudeł, jakimiś ubraniami i kanistrem. Sterta na tyle land rovera rosła z każdą chwilą. Zacząłem ukradkiem wynosić rzeczy bocznymi drzwiami.

– Opanuj się, do cholery! Kiedy ogień tu dotrze, będziemy to wiedzieć. Weź się w garść!

– Nie zamierzam ryzykować! – odkrzyknęła.

Udało mi się odwieźć cebule na drzewo pod osłoną land rovera, gdy jedna strona kuchennego namiotu osunęła się na ziemię. Delia wyrywała śledzie jak oszalały królik marchewki z grządki.

– Co ty wyprawiasz? – jęknąłem.

– Wkładam namiot do auta.

Wyskoczyłem wściekły z samochodu i wygarnąłem wszystkie rzeczy z tyłu na ziemię.

– Dość! – wrzasnąłem, stając między nią a stertą. – Jeśli to ci ma poprawić humor, zróbmy coś konstruktywnego – na przykład otoczmy obóz zaporą ogniową.

Grubą bawełnianą liną przytroczyłem pień drzewa do land rovera. Parę kółek wokół obozu i wygniotłem nim w wysokiej trawie okrąg.

Gdy skończyłem, zacząłem mościć nam posłanie na tyłach samochodu. Było już daleko po dwunastej.

– Co robisz? – Delia stanęła za mną.

– Idę spać. Wiem, że nic nam nie grozi. Poza tym jesteś tak cholernie uparta… będziesz przez całą noc wypatrywać ognia.

Dużo później zmarznięta, zesztywniała i skruszona Delia wśliznęła się do swojego śpiwora i przytuliła się do mnie. Objąłem ją i znowu zapadłem w twardy sen.

Późnym rankiem terenówka Bergiego pojawiła się na Wschodniej Diunie i z warkotem wjechała do obozu. Bergie wysiadł ze śmiechem.

– A co to? – spytał, łypiąc na nasz zdemontowany obóz.

Spytaliśmy go o zbliżający się pożar.

– No, jakiś czas jeszcze przetrwacie – zachichotał. – Ten ogień jest nadal pięćdziesiąt kilometrów stąd – minął mój obóz dwa dni temu.

Delia zerknęła na mnie z bladym uśmiechem.

Bergie spoważniał.

– Ale nie zrozumcie mnie źle, to kawał cholery. Nawet mając traktor i ekipę nieźle się napociliśmy. Uważajcie, jak tu do was dotrze, to nie zabawa.

– Co go spowodowało? – spytałem.

– Chłopie, ci cholerni Buszmeni co roku podpalają sawannę, czujesz to? Jak wypalą trawę, łatwiej im się poluje. I wygodniej im zbierać ziarna bauhinii, jeden z ich podstawowych pokarmów. W sumie to można ich zrozumieć, ale te pożary fest dokopują lasom. Wysuszają dolne liście, którymi żywią się zwierzęta w suchych porach. I zresztą Buszmeni nie są tu jedynymi winnymi. Myśliwi z safari też podpalają sawannę, choć nigdy się do tego nie przyznają.

Bergie wrócił do swojego samochodu.

– Przywiozłem parę drobiazgów. Pomyślałem, że wam się przydadzą. – Postawił w trawie obok namiotu kuchennego jutowy worek z koźliną, jajkami i kaszą kukurydzianą. Nasz prawie pusty zbiornik na wodę wypełnił się z bulgotem wodą z jego pojemników w samochodzie. Delia zaparzyła kawę.

Po ostatnim łyku Bergie wstał i pożegnał się z nami.

– Mam trzy tygodnie urlopu. Pojadę na trochę do Johannesburga, żeby odwiedzić moją córkę i jej rodzinę. Ale na pewno nie wytrzymam długo w mieście – wrócę za jakieś dziesięć dni. Wy poradzicie tu sobie z pożarem; co noc bardzo przygasa, więc do Deception Valley dotrze dopiero za parę tygodni.

Prosiliśmy, żeby po powrocie spędził z nami parę dni, żebyśmy mogli się mu pochwalić naszymi odkryciami.

– Jasne, jasne – od razu wpadnę do was. No to, Marku, Delio – siemaneczko.

Minęły dwa tygodnie, a Bergie nadal nie wracał. Dzień za
dniem wsłuchiwaliśmy się w wiatr, dziesiątki razy wyobrażając sobie, że słyszymy warkot jego zbliżającego się samochodu. Może to
brzęczała linka namiotu, może w uszach dzwoniła nam cisza, ale
nabieraliśmy się raz po raz. Tak to jest w buszu, gdy długo czeka
się na przyjaciela.

A może zachorował? Może samochód wywrócił mu się na
wschód od doliny? Zmartwieni w końcu pojechaliśmy drogą, którą
przybywał do naszego obozu, ale nie znaleźliśmy niczego. Uznaliśmy, że pewnie został w Johannesburgu dłużej, niż planował.

Parę dni później pewnego mroźnego sierpniowego poranka
otworzyłem tylne drzwi land rovera i wyczołgałem się z łóżka. Blade słońce rzucało omdlewające, żółtawe światło na koryto dawnej
rzeki. Ptaki milczały. Chmary owadów – tych, które zwykle wychodzą tylko w nocy – w upiornej ciszy roiły się w powietrzu lub
na drzewach i ziemi. Wysuszone na popiół źdźbło trawy opadło
mi na dłoń. Podniosłem wzrok; w powietrzu były ich setki – płynęły powoli, pokrywając wszystko jak czarny śnieg. Od północy
cy po południe, na wschodzie welon dymu unosił się w górę na
tysiące metrów. Pożar prawie do nas dotarł. Poczułem się mały
i bezradny. Zagrożenie wyglądało na większe i potężniejsze, niż
sobie wyobrażałem. Zrozumiałem, że powinniśmy byli już dawno
się spakować i pojechać do Maun.

Pospiesznie wrzuciłem do land rovera naczynia, worki z mąką
i wszystko, co się do niego zmieściło, a Delia złożyła namiot kuchenny i moskitierę. Gdyby płomienie dotarły do doliny późnym
popołudniem, biorąc pod uwagę suchość skalistego podłoża i wiatr
wiejący ze wschodu z prędkością pięćdziesięciu do sześćdziesięciu
kilometrów na godzinę, byłoby niemal niemożliwe ocalić obóz

przed ogniem. Oprócz bezpieczeństwa naszego i zwierząt, martwiliśmy się o nasze zapiski z wynikami badań i o samochód. Znowu przywiązałem do niego suchy pień drzewa i objechałem z nim nasz obóz, by poszerzyć zaporę ogniową. Łopatą i siekierą oczyściliśmy teren z trawy i suchego drewna, na ile mogliśmy. Delia ustawiła naczynia z wodą w pobliżu namiotu, a ja ściąłem gałęzie, by tłumić nimi płomienie. Nic więcej nie mogliśmy zrobić.

Ranek powoli przemijał, wiatr wiał mocniej, ryk ognia stawał się głośniejszy. Coraz więcej popiołu spadało z nieba na obóz i wirowało na ziemi w porywach wiatru. Wczesnym popołudniem pierwszy niesiony mocnym wichrem płomień dotarł na szczyt Wschodniej Diuny. Zatrzymał się na chwilę, liżąc wysokie trawy i niższe gałęzie drzewa, po czym szybko skoczył w górę, zmieniając drzewo w dziewięciometrową pochodnię. Kolejny płomień wspiął się na wydmę, a po nim następny. Linia ognia wdarła się w las i całe drzewa zajmowały się ogniem jak flary.

Z potwornego żaru rodził się wiatr, który karmił płomienie tlenem i spychał je w niewiarygodnym tempie po zboczu wydmy ku korytu rzeki, gdzie sunęły przez trawę i krzaki z południa na północ jak okiem sięgnąć. Nie byliśmy gotowi na taki widok.

– Nasza zapora nie zatrzyma tego ognia! – ryknąłem, przekrzykując huk pożaru. Rzuciłem gałąź i pobiegłem do land rovera, znowu przywiązałem do niego suche drzewo i zacząłem krążyć wokół obozu, żeby poszerzyć pas nagiej ziemi.

Gdy płomienie dotarły do koryta rzeki na kilometr od obozu, przygasły i rozlały się po trawach. Nad sawanną wykwitł ogromny kłąb białego, syczącego dymu, a trzymetrowe ogniste języki pomknęły przez dolinę. Miałem nadzieję, że ślady naszego land rovera, jakieś czterysta metrów od obozu, spowolnią ich tempo, ale ogień zatrzymał się tylko na chwilę, a potem znowu na nas ruszył. Stało się jasne, że zapora wokół obozu jest nadal o wiele za wąska.

Znowu zacząłem jeździć z drzewem, tym razem kreśląc nim wielkie ósemki. Gdy płomienie były jakieś dwieście metrów od nas, pobiegłem na skraj naszej zapory i ukłąkłem, by wzniecić przeciwpożar. Ręce drżały mi, gdy usiłowałem zapalić zapałkę. Przy tym wietrze było to niemożliwe. Odwróciłem się, by osłaniać płomyk własnym ciałem i poczułem żar na karku. Zwalczyłem pokusę, żeby wstać i uciec. W końcu zapaliłem całe pudełko zapałek i wepchnąłem je w trawę.

Ale było za późno – tłumiony mocnym wiatrem przeciwpożar nie zdołał się rozniecić wystarczająco szybko. Popędziłem sprintem do land rovera i ruszyłem na spotkanie ognia, ciągnąc za sobą suche drzewo. Miałem nadzieję, że jeśli zdołałbym zatrzymać pęd pożaru, stłumiłbym go wokół obozu, gdyby dotarł do naszej zapory.

Parę razy przejechałem tuż przed płomieniami, ale zbyt szybko zbliżały się do Delii i obozu. W miejscu, gdzie ogień zatrzymał się na chwilę na zgniecionej trawie, ruszyłem wprost na płomienie i mknąc tuż przy zewnętrznej stronie zapory, dociskałem gaz do dechy, na ile mogłem, ciągnąc za sobą ciężki pień. Po jakichś pięćdziesięciu metrach oddaliłem się od pożaru i spojrzałem za siebie. Pomysł się sprawdził. W linii ognia pojawiły się luki, a jego postęp się zatrzymał. Zanim pożar zdołał rozpędzić się na nowo, zawróciłem i przejechałem jeszcze raz, a potem znowu.

Po trzecim razie dym z tlącej się trawy był już tak gęsty, że prawie nic przez niego nie widziałem. Delia pojawiła się nagle przed maską land rovera. Tłumiła płomienie, wymachując gałęzią trzymaną nad głową. Zahamowałem, omijając ją o krok. Odskoczyła, a ja zawróciłem.

Gdy wracałem po raz kolejny, Delia przypadła do land rovera, krzycząc i machając rękami. Była strasznie blada.

– Mark! Boże, palisz się! Samochód się pali! Skacz! Wyskakuj, zanim wybuchnie!

Obejrzałem się. Pień drzewa, bawełniana lina i podwozie land rovera stały w płomieniach.

Za moim siedzeniem chlupotało pięćdziesiąt galonów benzyny w zbiorniku; przewód przelewowy prowadził z niego przez podwozie i kończył się przed prawym tylnym kołem. Wdepnąłem hamulec, wyłączyłem silnik i sięgnąłem do drzwi w chwili, gdy po obu stronach land rovera wystrzeliły ściany płomieni. Dobiegłem do Delii, stojącej o trzydzieści metrów ode mnie. Razem czekaliśmy na wybuch.

– Wszystkie nasze notatki, nasze aparaty, wszystko jest w środku! – krzyknęła.

Wtedy przypomniałem sobie o starej gaśnicy, przypiętej do sufitu nad przednim siedzeniem. Wróciłem do płonącego samochodu, ale okazało się, że zawór gaśnicy zardzewiał. Wyrzuciłem ją przez okno, uruchomiłem silnik i wrzuciłem bieg. Wdeptując gaz do dechy zsunąłem stopę z pedału sprzęgła. Land rover skoczył naprzód tak gwałtownie, że wszystkie jego części się zatrzęsły. Płonąca lina i drzewo odłączyły się od niego, a większość palącej się trawy w jakiś cudowny sposób odpadła od podwozia. Zatrzymałem samochód na małym skrawku nagiego wapienia i obsypałem podwozie piaskiem, by ugasić resztę ognia.

Oblaliśmy wodą namiot kuchenny i tłukliśmy otaczające obóz płomienie gałęziami i rurami. Ogniste języki sunęły przez oczyszczoną ziemię po pojedynczych łodyżkach trawy. Jedna linka moskitiery się zapaliła; odciąłem ją. Przywlekliśmy plastikowy kanister z benzyną i pudło części zapasowych do samochodu dalej w głąb obozu. Sypały się na nas kaskady iskier. Tłumiąc płomienie, z trudem łapaliśmy oddech, krztusząc się i kaszląc od gryzącego dymu w rozpalonym, duszącym powietrzu. Czas i ogień jakby zamarły w miejscu. Z coraz większym trudem unosiliśmy w górę gałęzie, nie mieliśmy siły klepać nimi płomieni.

Po paru minutach, a może sekundach – naprawdę nie wiem, ile czasu minęło – główna część pożaru nas minęła. Po zduszeniu pozostałych łat ognia w końcu byliśmy bezpieczni. Osunęliśmy się na kolana, kaszląc i ciężko dysząc. Płuca nas paliły. Gdy w końcu zdołaliśmy podnieść głowy, patrzyliśmy w osłupieniu, jak inne kępy drzew w dolinie kolejno, jedna po drugiej, zmieniają się w pochodnie pomarańczowych płomieni. Północne Drzewo i Wyspa Orłów stały w ogniu. Mieliśmy pęcherze na wargach, czołach i dłoniach. Żar osmalił nam brwi i rzęsy. Jeszcze przez wiele dni wykasływaliśmy popiół i sadzę, a węgiel wżarł nam się w pory skóry tak głęboko, że nie mogliśmy go zmyć. Przez wiele tygodni gdziekolwiek pojechaliśmy lub poszliśmy, otaczała nas szara chmura. W wietrzne noce do land rovera napływała brudna mgła, która tłumiła światło lampy naftowej do mętnożółtawego blasku. Spaliśmy z twarzami zasłoniętymi bandanami.

Gdy ogień nas minął, przesunął się po wydmach w głąb Kalahari, rozświetlając nocne niebo jak spektakularny zachód słońca. Pozostawił za sobą chłodną różową łunę wypalonych drzew i kłód, która nad ranem znikła w rumieńcu świtu.

Następnego ranka o wschodzie słońca siedzieliśmy, wpatrując się w osmaloną Kalahari. Macki białego dymu wypełzały z wypalonych pni. Ulotne stertki szarego popiołu – wszystko, co zostało z traw przy wydmach i w korycie rzeki – wkrótce miały się rozsypać na wietrze. Całe drzewa – te wielkie – zostały pożarte, zostawiając po sobie tylko haft białego popiołu na poczerniałym piasku. Czuliśmy się jak jedyni mieszkańcy wulkanicznej wyspy, która powstała tu przez noc. Lawa i popiół jeszcze nie wystygły, a płomienie z głębin ziemi nadal pełzały po roztopionej powierzchni. Nasze badania obróciły się w popiół.

Koło południa wielki biały samochód Bergiego wyłonił się z warkotem zza szczytu Wschodniej Diuny i potoczył się ku obozowi. Delia pospiesznie zaczęła rozniecać ogień na kawę. Czterotonowy bedford zatrzymał się przy nas, a Afrykańczycy z ekipy Bergiego wysiedli i stanęli mniej więcej w szeregu.

– *Dumella!* – powitałem ich.

– *Ee* – odpowiedzieli cicho.

– Gdzie pan Bergie? Jak się czuje? – spytała Delia. Wszyscy stali ze spuszczonymi głowami, pokasłując i szurając butami w piasku.

– Khaopheli – zwróciłem się do ich przywódcy. – Gdzie jest pan Berghoffer?

Afrykańczycy milczeli z zakłopotaniem.

– Pan Bergie nie wraca – powiedział cicho Khaopheli, nadal nie podnosząc głowy.

– Dlaczego? Jest nadal w Johannesburgu?

– Pan Bergie nie żyje – dodał Khaopheli ledwie dosłyszalnie.

– Nie żyje! Ale jak to… to niemożliwe!

Khaopheli podniósł głowę, poklepał się po piersi i szepnął:

– *Pilo…* serce.

Usiadłem na zderzaku samochodu, oparłem czoło na rękach. Znałem go krótko, ale był dla nas jak ojciec. Kręciłem głową, nadal nie mogąc w to uwierzyć.

– Zabieramy obóz… Rzeczy pana Bergiego – wymamrotał Khaopheli.

Skinąłem głową i odwróciłem się, by popatrzeć na Kalahari, którą Bergie tak kochał. Ekipa zaczęła natychmiast pakować na samochód nasz jedyny stół, dwa krzesła, namiot i inne rzeczy.

– Ale pan Bergie chciałby, żebyśmy to zatrzymali – zaprotestowałem.

Khaopheli oznajmił, że rząd zdecyduje, co z nimi zrobić. Gdy jednak zaczęli toczyć do samochodu kadzie z wodą, twardo odmówiłem rozstania z nimi. Obiecałem, że skontaktuję się z Wydziałem Geodezji i poproszę o oficjalne ich wypożyczenie. W końcu ustąpili i odjechali. Zostały nam nieliczne ocalone od ognia drzewa, land rover, kadzie, worek kaszy kukurydzianej i trochę żywności.

Nigdy nie czuliśmy tak strasznej rozpaczy. Nie potrafiliśmy nawet przekazać rodzinie Bergiego, jak wiele dla nas znaczył; nie znaliśmy imienia jego córki. Książka, którą chcieliśmy mu dać, leżała na ziemi obok miejsca po namiocie. Jej strony trzepotały na wietrze, zasypywane popiołem.

Po jakimś czasie przejechaliśmy przez osmalone koryto rzeki. Nad nami kłębiły się ciężkie chmury sadzy i popiołu, wypełniały nam oczy, nosy i gardła. Wszystko było czarne. Na szczycie Diuny Zachodniej stanęliśmy na dachu land rovera: we wszystkich kierunkach jak okiem sięgnąć rozciągał się kompletnie zniszczony teren.

Jakiś miesiąc wcześniej zainwestowaliśmy pieniądze przeznaczone na powrót do USA w zakup sprzętu potrzebnego do projektu, usiłując podtrzymać go przy życiu, dopóki nie dostaniemy jakiegoś grantu. Nie udało się, a teraz zostało nam mniej niż dwieście dolarów. Nasze badania się skończyły. Musieliśmy jakoś zarobić pieniądze, żeby wrócić do domu.

Staliśmy, gapiąc się z przygnębieniem na kilometry osmalonych wydm. Delia położyła mi głowę na ramieniu i spytała ze łzami w oczach:

— Po co tu w ogóle przyjechaliśmy?

4

ZEW KALAHARI

Mark

Ziemia nie znuży nigdy.
Ziemia jest szorstka, milcząca, na razie niezrozumiała,
Natura też jest na razie szorstka i niepojęta,
Lecz wytrwaj bez zniechęcenia, tu kryją się boskie rzeczy.
Przysięgam – boskie rzeczy piękniejsze, niż da się wyrazić.

Walt Whitman*

Gwałtowny, uparty wiatr ogołocił piasek. Spopielone resztki liści odfrunęły daleko na skrzydłach wichury wyjącej nad Kalahari.

Ogień wypalił kryjówki antylopików, dropi, szakali i innych zwierząt zamieszkujących trawy. Otoczony z markotnie obwisłymi uszami przebiegały nerwowo tu i tam albo usiłowały się ukryć w pięciocentymetrowym rżysku. Na próżno. Ale tuż pod poczerniałą trawą kryło się ciepło i mrok, a po obfitych wcześniejszych deszczach w ziemi została wilgoć, najważniejszy warunek życia. Długie łańcuchy cząsteczek wody dzięki siłom kapilarnym ciągnęły z głębin w górę ku rozpalonym, spragnionym wiatrom nad powierzchnią ziemi.

---

*Tłum. Krystyna Poborska, *Źdźbła trawy*, Państwowy Instytut Wydawniczy, Warszawa 1966.

Malutkie nasionka traw czekały uśpione w wilgotnym podziemnym łożu. W końcu pękły, tętniąc życiem. Z każdego nasionka wyłonił się blady kiełek, a potem, obracając się i rozpychając
wśród ziarenek piasku, zaczął się wspinać ku powierzchni. Gdy
rozpierany turgorem przebił się przez popiół i sięgnął ku słońcu,
okazało się, że nie jest sam. Otaczały go miliony innych – zielona
plama na piasku.

Po trzech tygodniach na poczerniałym pogorzelisku wyrosły
bujne, krótkie źdźbła trawy. Stada skoczników i oryksów przywę-
drowały nad wyschnięte koryto rzeki, by skubać soczystą zieleninę.

* * *

Po odjeździe ekipy Bergiego staliśmy razem na wydmie. Potem
w milczeniu pojechaliśmy do obozu. Żyliśmy napędzani adrena-
liną, nie myśląc o rzeczywistości. Musieliśmy stawić czoło pewnym faktom: nasze pieniądze się rozeszły, a mieliśmy małe szanse
na znalezienie pracy w Maun, ponieważ kompanie organizujące
safari zatrudniały głównie miejscowych za dwa lub trzy dolary
dziennie. W RPA widoki na przyszłość nie były lepsze. Zarobienie
pieniędzy na powrót do domu, by tam podjąć lepiej płatną pracę
i zgromadzić fundusze na ponowny przyjazd do Afryki, zajęłoby
nam długie miesiące.

Nadal mieliśmy zapasy jedzenia i paliwa na kilka tygodni.
A gdybyśmy tak zostali dłużej w Deception Valley? Może dowiedzielibyśmy się, czy badania nad hienami brunatnymi były naprawdę możliwe? Racjonując jedzenie i wodę, mogliśmy tak długo zbierać obserwacje, aż mielibyśmy ich wystarczająco dużo, by
wrócić do Maun. Plan wydawał się głupi, ale postanowiliśmy go
zrealizować.

Nazajutrz po pożarze ruszyliśmy na zachód, ciekawi reakcji zwierząt na ogień. Niewiele antylop i ptaków okazywało

zaniepokojenie: małe stado oryksów przegalopowało w miejsce, gdzie podłoże było kamieniste z małą ilością trawy i tam przeczekało pożar. Jakieś sto metrów od ognia kręciła się grupa figlujących i wypryskujących wysoko w górę skoczników. Sieweczki piaskowe i podobne do bażantów dropie spłoszone uciekły z wrzaskiem przed płonącymi trawami.

Większość zwierząt zachowała zadziwiający spokój. Rodzina pięciu otocjonów wielkouchych spała w trawie, dopóki płomienie nie zbliżyły się na kilkaset metrów. Wtedy wstały, najwyraźniej nie z powodu nadciągającego niebezpieczeństwa, ale ponieważ nadleciały i nadpełzły tysiące owadów szukających kryjówki. Otocjony uniosły się, ziewnęły i przeciągnęły jak zwykle, a potem zaczęły myszkować w trawie, pożerając jednego wielkiego konika polnego za drugim. W okolicy zawsze znajdowały się płaty nagiej ziemi albo porośnięte krótką, rzadką trawą. Gdy ogień za bardzo się zbliżył, lwy, skoczniki, oryksy i gnu przeszły przez te miejsca na już wypaloną ziemię.

Wiele zwierząt – w tym wiewiórki, lisy, surykatki, mangusty, węże, a nawet lamparty – schroniło się w podziemnych norach i czekało, aż ogień się oddali. Ponieważ linia ognia przesuwała się szybko, uduszenie się raczej im nie groziło. Jedynymi ofiarami pożaru były nieliczne gryzonie i owady oraz kilka gadów.

Kapitan, szakal z czarnym grzbietem, natychmiast wykorzystał sytuację. Przemierzał osmalone wydmy charakterystycznym szybkim truchtem, chrupiąc martwe koniki polne, żuki, myszy i węże. Żywił się też nieszczęsnymi owadami i gryzoniami, które straciły kryjówki i miotały się doskonale widoczne na nagim piasku.

Obawy, że pożar zniweczy nasze badania, okazały się bezpodstawne. Wprost przeciwnie, otworzył nam nowe interesujące możliwości i ułatwił nam obserwację i podążanie za zwierzętami.

Usiłowaliśmy określić, jak szybko odrastają trawy i jak w związku z pożarem zmieniła się dieta i kierunek poruszania się szakali, otocjonów wielkouchych i antylop. Jak inne zwierzęta, również i my staraliśmy się wykorzystać sytuację. Mogliśmy się wiele dowiedzieć o szakalach – a także wiele się od nich nauczyć. Decyzja o pozostaniu w dolinie aż do wyczerpania zapasów nie przyszła nam łatwo. Przez wiele tygodni jeszcze przed pożarem żywiliśmy się głównie kaszą kukurydzianą, owsianką i odżywką dla dzieci zmieszaną z mlekiem w proszku. Schudłem prawie osiemnaście kilo, a Delia siedem. Byliśmy nieustannie osłabieni i ospali, Delia z pewnością nabawiła się anemii.

Pod koniec lipca, parę dni zanim pożar dotarł do obozowiska, obudził mnie szczęk otwieranych drzwi samochodu. Znalazłem Delię na ziemi, skuloną z powodu ostrego bólu żołądka. Dręczył ją od kilku tygodni, ale dotąd udawało się jej ukrywać to przede mną. Byłem pewien, że jej choroba ma związek nie tylko z naszą ubogą dietą, ale także ze stresem spowodowanym brakiem funduszy na dalsze badania i powrót do domu. Tej nocy leżałem bezsennie, usiłując znaleźć jakiś sposób, by zapewnić jej bardziej treściwe pożywienie.

Następnej nocy podążaliśmy za szakalem, gdy nagle w świetle reflektorów land rovera pojawił się antylopik. Instynktownie, bez wahania i wyrzutów sumienia, wyciągnąłem z pochwy wielki myśliwski nóż i cicho wysiadłem z land rovera, ignorując protestującą szeptem Delię. Uważając, by nie zasłonić sobą reflektora, podszedłem do dwunastokilowej antylopy. Jej wielkie szmaragdowe oczy zalśniły w świetle, nozdrza drgnęły, wdychając mój zapach, a żyły w dużych, czujnie nastawionych uszach nabrzmiały. Nagle doznałem wrażenia podwyższonej świadomości; piasek chłodził bose stopy, gdy cicho okrążałem krótką trawę, wpatrzony w zwierzę. Jednocześnie czułem, jakbym wyszedł z siebie i z daleka z zainteresowaniem obserwował tę nieznaną mi część mojej natury, która tak długo była uśpiona.

W końcu rozdygotany i spocony, z nożem w uniesionej ręce przykucnąłem niespełna dwa metry od antylopika. Zebrałem się w sobie i skoczyłem, by wbić ostrze tuż za jego barkiem. Ale zwierzę mnie uprzedziło, w ostatniej chwili uskoczyło i uciekło. Runąłem na piasek, raniąc sobie ramiona, nogi i brzuch trójkątnymi cierniami, zwanymi tu diabelskimi kluczami. Pokłuty i upokorzony wróciłem do samochodu z pustymi rękami.

Były jeszcze kolejne próby zdobycia dla nas protein – z których żadna nie zakończyła się sukcesem – i dalej żywiliśmy się głównie płatkami śniadaniowymi. Stan Delii się nie poprawił.

* * *

W lipcu i początkach sierpnia, badając życie szakali, uświadomiliśmy sobie, że możemy je rozróżnić po wyraźnej czarnej plamce, którą każdy z nich miał w połowie ogona. Nie musieliśmy ryzykować, że któregoś zranimy lub narazimy na odrzucenie przez stado, używając nabojów paraliżujących. Ponieważ i szakale, i hieny brunatne były padlinożercami, zakładaliśmy, że muszą ze sobą rywalizować o mięso, więc jeśli będziemy podążać za szakalami, z pewnością doprowadzą nas do płochliwych hien.

Co wieczór w całej dolinie szakale zwoływały się przed nocnym polowaniem, wyśpiewując coś w rodzaju sygnału łowieckiego. W przeciwieństwie do łączących się w pary na cały rok szakali czaprakowych z Serengeti (które zwie się tam srebrnogrzbietymi), szakale z Kalahari podczas suchego sezonu często szukają pożywienia w pojedynkę. Notowaliśmy współrzędne miejsc, skąd dobiegało ich wołanie, by zlokalizować osobniki, za którymi będziemy podążać. Ochrypły głos Kapitana, nasuwający podejrzenie chronicznego zapalenia krtani, łatwo odróżniał go od reszty.

Przez pierwsze trzy miesiące, odkąd rozbiliśmy obóz, nie spadła ani kropla deszczu, a w całej środkowej Kalahari nie było wody pitnej. Kapitan i inne szakale mogły przetrwać dzięki wilgoci znajdującej się w mięsie gryzoni i ptaków, na które polowały, jagodach maretwy (z gatunku *Grewia*), które zrywały zębami, i dzikich melonach znajdowanych na wydmach.

Podobnie jak amerykańskie kojoty, Kapitan był znakomitym łowcą i wybitnym oportunistą. W wieczornym chłodzie tuż po zachodzie słońca często biegał wzdłuż koryta rzeki pod Wzgórzem Gepardów, od czasu do czasu przystając, by zgarniać językiem szereg termitów niosących źdźbła trawy do swojego kopca. Nurkowanie w kępie trawy zwykle oznaczało zdobycie wielkiego konika polnego, pająka albo żuka, które szybko gryzł i połykał. Potem pędził z nosem przy ziemi, unosząc wargę i pokazując przednie zęby, zwinnie skubiąc nimi skorpiona. Prychał, potrząsał głową i szczerzył kły – by skorpion nie użądlił go w nos – po czym podrzucał ofiarę. Po trzeciej próbie przegryzał pajęczaka na pół i gładko przełykał. Truchtając dalej, często skręcał to tu, to tam, stając na tylnych łapach, by złapać wielkie latające termity i samce mrówek siafu, które chrupał jak orzeszki.

Około ósmej trzydzieści lub dziewiątej, gdy zimniejsze powietrze spływało ze szczytów wydm w dolinę, owady przestawały się poruszać. Wówczas Kapitan zajmował się wdzięczniejszym zadaniem – polowaniem na myszy. Przebiegał truchcikiem od jednej kępy traw do drugiej, zanurzał się w nie, trzymając głowę wysoko i kierując uszy do przodu. Wywąchawszy dokładnie mysz, wspinał się na tylne łapy, przyciągając przednie do piersi. Potem, wyskakując w powietrze jak z procy, przygważdżał gryzonia do ziemi i wyjmował go zębami spod łap. Jeśli nie robił tego dość zgrabnie, jego ofiara czasem wyskakiwała w powietrze tylko po to, by ją ponownie za chwilę złapał. Trzy lub cztery szybkie kłapnięcia zębami i było po wszystkim. Podczas trzy-, czterogodzinnego polowania mógł zabić od trzydziestu do czterdziestu myszy, o ile jedna na cztery próby okazywała się udana. Nawet gdy brzuch mu pęczniał jak worek na śmieci, Kapitan polował nadal, grzebiąc swoje ofiary w małych dziurach w ziemi, które wykopywał przednimi łapami i zakrywał szybkimi pchnięciami nosa.

Pewnej nocy Kapitan jak zwykle odnosił sukces za sukcesem, zabijając i grzebiąc kolejne gryzonie. Teraz pląsał wokół kolejnej kępy traw sięgających mu do brzucha, wsadzając w nią nos z każdej strony. Już miał się wspiąć na tylne łapy, by zaatakować, gdy przypadkiem spojrzał w tył na pozostawione za sobą skrytki z łupami. To, co zobaczył, zjeżyło mu sierść na karku: inny szakal, samica, truchtała od jednej skrytki do drugiej, odkopując i pożerając jego zdobycz! Samica wcale się nie ukrywała, kradnąc własność samca rządzącego tą częścią doliny.

Kapitan rzucił się na małą złodziejkę, ale ona nie uciekła; uniosła wysoko smukłą głowę osadzoną na dumnie wyprostowanej jasnej szyi i rdzawych barkach. Kapitan prawie już ją dopadł, gdy nagle coś w nim się zmieniło. Jakiś obwód zaiskrzył i się przepalił, nie pozwalając mu jej zaatakować. Całkiem jakby samica stała za niewidzialną tarczą.

Zamiast rozszarpać ją, co normalnie by zrobił, Kapitan zaczął się przed nią puszyć. Wypiął pierś, naprężył szyję, postawił uszy do przodu, poruszył nozdrzami. Ruszył dumnie do smukłej samicy, aż stanęli pysk w pysk. Powoli, delikatnie dotknął nosem jej nosa. Ona stała sztywna i spięta. Nos Kapitana przesunął się po jej policzku do ucha, potem po szyi i lekki jak muśnięcie motyla na jej bark. Nagle samiec obrócił się i trącił jej zad. Samica zatoczyła się w bok, odzyskała równowagę i zamarła pod dotykiem jego wędrującego nosa. Raptem uskoczyła i odbiegła, nieśmiało zostawiając swój zapach na zielsku na zawietrznej. Kapitan długo go wdychał i patrzył za nią, gdy znikła w zaroślach Wzgórza Gepardów. W końcu za nią pobiegł.

Samica wywarła na nim niezatarte wrażenie i następnej nocy Kapitan znowu się z nią spotkał. Po rytualnym powitaniu z obwąchiwaniem nosów i delikatnym trącaniu biodrami, oboje stanęli, opierając pyski na barkach i stykając się szyjami, przypieczętowując w ten sposób swój związek. Od tej pory polowali razem z Piratką, jak ją nazwaliśmy, na czele. Często zatrzymywała się, by oznaczyć terytorium, unosząc łapę przy krzaku, bądź podkreślała swoją płeć, przykucając, by zostawić ślad zapachowy. Kapitan szedł w jej ślady i wpatrzony w nią uważnie pokrywał każdy jej ślad swoim, dając innym szakalom do zrozumienia, że ta samica należy do niego.

Dopóki noc była jeszcze ciepła, razem dziesiątkowali populację owadów w płaskim korycie rzeki. Potem, gdy temperatura spadła, zabrali się do myszkowania w koloniach gryzoni w piaskach Wzgórza Gepardów; wtykali nosy w jedną dziurę po drugiej; prychając i sapiąc, usiłowali znaleźć najlepsze miejsce do rozpoczęcia kopania. Wtedy Kapitan grzebał łapami, przebierając nimi szybko, aż ziemia bryzgała między jego szeroko rozstawionymi tylnymi łapami, a ogon powiewał jak flaga. Piratka przyglądała mu się przez chwilę, a potem truchcikiem zbliżała się do innej kolonii, gdzie rozpoczynała własne łowy.

Kapitan kopał gorączkowo, wyrywając wielkie bryły ziemi i piasku. Coraz bardziej zbliżał się do swojej ofiary. Ale za mocno zagłębił się w ziemi, by uważnie obserwować wszystkie inne wyjścia z jamy. Kopał krótkimi seriami ruchów łap, po czym szybko wycofywał się z dołu i wodził wzrokiem od jednego wyjścia do drugiego na wypadek, gdyby szczur próbował salwować się ucieczką.

Na przestrzeni milionów lat szczury najwyraźniej rozgryzły taką metodę polowania i ten konkretny osobnik nie zamierzał opuszczać swojej kryjówki aż do ostatniej chwili. Teraz wykopana jama była już tak głęboka, że Kapitan za każdym razem tracił cenne sekundy, wynurzając się na powierzchnię, by sprawdzić inne wyjścia. Właśnie wtedy okazał przebłysk szakalego geniuszu i zaprezentował nam schemat zachowania nigdy dotąd nieobserwowany u ssaków.

Znalazłszy się w obliczu sytuacji, gdy musiał jednocześnie kopać i obserwować wyjścia z nory, Kapitan wspiął się na tylne łapy, zbliżył głowę do dziury i zaczął bębnić przednimi łapami w ziemię tuż obok niej, szybko zerkając na kolejne wyjścia. Po krótkiej chwili znów wrócił pod ziemię, by cztery lub pięć razy naprawdę grzebnąć łapami. Następnie wstawał i znowu zaczynał pozorować kopanie. Z wibracji szczur musiał wywnioskować, że szakal jest już bardzo blisko, bo nagle wyprysnął z jednej z dziur. Kapitan skoczył, chwycił go w szczęki i zjadł, przymykając oczy i poruszając uszami z rozkoszą.

O wpół do jedenastej wieczorem zrobiło się całkiem zimno i populacja gryzoni ukryła się na noc. Wówczas bardziej opłacalne okazało się polowanie na ptaki. Nagle para szakali przestała przeskakiwać z jednej kępy traw w drugą w poszukiwaniu szczurów i myszy. Teraz oboje ruszyli ku korytu rzeki, gdzie zaczęli biegać znacznie szybciej, w kółko i slalomem, z nosami przyklejonymi do śladów zapachowych na ziemi.

W pobliżu Akacjowa Piratka zatrzymała się z uniesioną przednią łapą i wyprężonym ogonem. Postawiła uszy i zrobiła krok naprzód, potem drugi, wskazując nosem wprost przed siebie na dropia olbrzymiego, znajdującego się piętnaście metrów od niej. Samiec dropia, ważący koło dwunastu kilo, ze skrzydłami o rozpiętości trzech i pół metra, jest jednym z najcięższych ptaków lotnych na świecie. Na Kalahari samotne szakale na ogół nie odważały się atakować tak wielkiej ofiary, ale ponieważ Piratka miała do pomocy Kapitana, jej szanse rosły.

Wielki, podobny do indyka ptak rozpostarł skrzydła i ogon, nadął szyję i wyskoczył groźnie w stronę Piratki. Był od niej cięższy o jakieś pięć kilogramów, ale Piratka bez wahania rzuciła się na niego. Ptak uskoczył, a potem wzbił się w powietrze w chmurze pyłu. Usiłował oddalić się jak najwyżej, ale Piratka skoczyła ponad dwa i pół metra w górę i chwyciła go za udo. Przez chwilę oboje wisieli w powietrzu -- samica wczepiona w swoją ofiarę, drop unoszący ich oboje, poruszając szerokimi skrzydłami. Potem w zamieci piór runęli na ziemię. Gdy Piratka walczyła z szamoczącym się ptakiem, Kapitan podbiegł i zmiażdżył mu głowę szczękami.

Oba szakale zaczęły gorączkowo pożerać ofiarę. Machały agresywnie ogonami i łypały na siebie płonącymi ślepiami, z pyskami umazanymi krwią, do której przylepiły się pióra. Ucztowały tak dwie lub trzy minuty, gdy w oddali pojawiła się hiena brunatna, najwyraźniej pragnąca przepłoszyć szakale, ale jak zwykle nieufna z powodu naszej obecności.

Hiena podeszła bliżej. Siedzieliśmy całkowicie nieruchomo, milcząc. Widzieliśmy białą plamę na jej czole i słyszeliśmy szelest trawy pod jej łapami. Potem zaatakowała. Kapitan i Piratka uciekli. Hiena chwyciła ptaka, podniosła go i szybko ruszyła w zarośla Zachodniej Prerii. Usiłowaliśmy ją gonić, ale wkrótce znikła.

Kapitan i Piratka stracili posiłek, ale mogli bez trudu najeść się owadami, myszami, ptakami i wężami z traw w korycie rzeki. Zawsze istniała też szansa, że znajdą resztki polowania większego drapieżnika. W przeciwieństwie do szakali z Serengeti, które czasem zabijają ofiary tak duże, jak gazele, Kapitan i Piratka, nawet polując zespołowo, nie mogliby pokonać żadnego stworzenia większego od dropia. Jednak na następnym polowaniu zobaczyliśmy, jak upatrzyli sobie o wiele bardziej niebezpieczną ofiarę.

Chcąc oszczędzić nasze kurczące się zapasy benzyny, często podążaliśmy za parą szakali pieszo, tuż po świcie, zanim położyły się, by wypoczywać przez cały dzień. Pewnego ranka w początkach września Delia robiła notatki, a ja opisywałem powolną podróż pary szakali do Wzgórza Gepardów. Wracaliśmy ostrożnie przez kolczaste zarośla wzdłuż koryta rzeki, gdy zza wydm dobiegł warkot małego samolotu. Był to pierwszy samolot, jaki usłyszeliśmy od przyjazdu do Deception Valley. Teren był tak odległy, że Botswański Wydział Lotnictwa Cywilnego zabraniał pilotom przelatywania nad nim. Byliśmy pewni, że samolot kieruje się do naszego obozu, bo byliśmy jedynymi ludźmi na przestrzeni tysięcy kilometrów kwadratowych. Ożywieni na myśl o spotkaniu z ludźmi, wbiegliśmy na koryto rzeki, machając gorączkowo do małej biało-błękitnej cessny, która śmignęła nad naszymi głowami. Zdjąłem koszulę i uniosłem ją, żeby pilot zobaczył kierunek wiatru.

Samolot zatoczył koło, obniżył się, podskoczył na dnie koryta rzecznego raz, drugi, trzeci – i znowu się poderwał. Przelotnie dostrzegłem spiętą twarz pochylonego nad sterami Norberta Dragera, niemieckiego weterynarza z Maun. Zatoczył kolejne koło nisko nad mniejszymi wydmami, znowu spróbował posadzić samolot, a ten podskoczył parę razy i ponownie wzbił się w powietrze. Był to pierwszy lot treningowy Norberta, który usiłował wylądować przy porywistym przeciwnym wietrze. Gdy minął nas po raz trzeci, dostrzegliśmy obok niego jego żonę Kate i siedzącą za nimi ich córkę Loni. Za czwartym razem miał za duży rozpęd i samolot mocno uderzył w ziemię, o włos mijając lisią norę. Potem skręcił w stronę kępy krzaków. Ślizgając się i przechylając na przód, zdołał się zatrzymać parę metrów przed nią.

– Potrafisz zrobić z lądowania większe widowisko niż jakikolwiek znany mi pilot – zażartowałem.

Norbert był szczupłym, szeroko uśmiechniętym jasnowłosym Bawarczykiem, który przyjechał do Afryki z Niemiecką Pomocą Techniczną.

– Właśnie skończyłem z lataniem – oznajmił, wyłączając kontrolki w samolocie. – Dziewięćdziesiąt dziewięć procent nudy, jeden procent czystej grozy.

Kate wysiadła z wielkim wiklinowym koszem pełnym domowego chleba, małych zapiekanek z mięsem, świeżej ryby, sera (aż z Rodezji), sałaty i ciasta. Jedzenie było schludnie przykryte czerwonymi serwetkami i obrusem w kratkę.

Musieliśmy się gapić na te skarby jak dwa sępy. Podziękowaliśmy żarliwie za ten gest życzliwości – jeden z wielu, jakich mieliśmy zaznać od mieszkańców Maun.

Usiedliśmy do uczty pod starą akacją. Ponieważ od śmierci Bergiego nie widzieliśmy żywej duszy, gadaliśmy jak nakręceni o pożarze i wszystkim, czego dowiedzieliśmy się o szakalach. Gdy w końcu się zmęczyliśmy, Kate zagadnęła:

– A tak przy okazji… wiecie, że wasz kraj ma nowego prezydenta?

– Nie! Dlaczego, co się stało? – spytałem.

– Nixon podał się do dymisji z powodu Watergate. Jego miejsce zajął niejaki Ford.

Od ponad pół roku nie czytaliśmy gazet ani nie słuchaliśmy radia.

Norbert, który martwił się o podróż powrotną do Maun, zapędził rodzinę do samolotu po zaledwie godzinie. Wszyscy pomachali nam przez okna, po czym samolot z rykiem oddalił się korytem rzeki i wzbił się w niebo, zostawiając za sobą smugę kurzu. Gdy zniknął nam z oczu, wróciliśmy w milczeniu do obozu. Ta krótka wizyta uświadomiła nam naszą samotność i sprawiła, że poczuliśmy ją mocniej niż dotąd. Plik listów, które przywieźli, wcale nie poprawiał nam humoru. Stało się jasne: albo dostaniemy wiadomości o grancie, albo będziemy musieli się spakować i wracać do domu. Listy leżały na pniu powalonego drzewa, kusząc, byśmy je otworzyli. Delia wzięła pakiet, zdjęła sznurek i zaczęła przeglądać koperty.

– Jest coś z National Geographic – rzuciła z napięciem.

– No, to otwórz. Miejmy to z głowy – powiedziałem ponuro. Tyle razy przeżyliśmy rozczarowanie, a to była nasza ostatnia nadzieja. Delia rozdarła kopertę i wyjęła list.

– Mark! To grant! Dali nam grant!

Zaczęła skakać, machając listem i wiwatując. W końcu ktoś w nas uwierzył – przynajmniej na tyle, żeby zainwestować w nas 3800 dolarów. Staliśmy się sponsorowanym zespołem badawczym.

Po wyprawie do Maun po zapasy zabraliśmy się do badań z nową pewnością siebie i determinacją. Wcześniej czy później hieny do nas przywykną, a w tym czasie będziemy obserwować szakale. Problemy żołądkowe Delii ustąpiły jak ręką odjął.

* * *

We wrześniu do Kalahari zawitała gorąca pora sucha. Byliśmy do niej tak samo nieprzygotowani jak do zimy w lipcu. Niemal z dnia na dzień temperatura skoczyła do ponad czterdziestu stopni Celsjusza – a potem do czterdziestu sześciu, i to w cieniu zwalonego drzewa, w którym ustawiliśmy termometr. Ziemia przed obozowiskiem była zbyt rozpalona, żeby robić pomiary, ale musiało tam być co najmniej sześćdziesiąt stopni. Wysychaliśmy jak świeże młode trawki na mocnym wietrze ze wschodu, niosącym żar i suszę przez dolinę. Późnymi popołudniami, gdy porywiste podmuchy cichły, w uszach dzwoniła nam cisza. Nagie drzewa, brunatna monotonia suchej trawy i krzewów, zamglone, wrzące niebo – była to inna Kalahari od tej, którą znaliśmy. Wilgoć uciekała z naszych ciał tak szybko, że przestaliśmy się pocić. Oczy nas piekły; zdawały się zapadać w głąb oczodołów, by się schować przed żarem.

Wydzielaliśmy sobie po dwadzieścia pięć litrów wody tygodniowo na mycie, gotowanie i picie. Woda z kadzi smakowała jak gorąca metaliczna herbata; żeby ją ochłodzić, napełnialiśmy blaszane talerze i stawialiśmy je w cieniu akacji. Ale jeśli nie uważaliśmy, szybko parowała albo wpadały do niej pszczoły, gałązki i ziemia. Myliśmy się gąbką i wodą po zmywaniu, a potem przecedzaliśmy przez szmatę płyn w kolorze kawy i wlewaliśmy go do chłodnicy. To, co się nie zmieściło, przechowywaliśmy w kanistrze na później. Codziennie dzieliliśmy się paroma filiżankami świeżej wody z ptakami, które zlatywały się do nas, szukając cienia, okruszków chleba i kaszy kukurydzianej.

Skóra złaziła z nas płatami, palce u stóp i rąk pękały i krwawiły. Dzień w dzień było tak samo: te same podkoszulki, podarte szorty, dziurawe tenisówki, ten sam wapienny pył na wszystkim, ten sam żar, który natychmiast odbierał energię. Usiłowaliśmy spać na tyłach land rovera, przykryci mokrymi ręcznikami, ale po piętnastu minutach pokrywał nas kożuch ciągnących do wilgoci pszczół.

Trawa w korycie rzeki, zbocza wydm i sawanna stały się suche i pozbawione życia; wodopoje wyschły. W całej Kalahari zabrakło wody. Pozbawione dostatecznej wilgoci w pożywieniu, stada antylop rozdzieliły się na mniejsze grupy po jakieś piętnaście sztuk i niemal wszystkie opuściły skamieniałą rzekę, rozpraszając się po tysiącach kilometrów kwadratowych. Skubiąc liście drzew i krzaków, wykopując kopytami soczyste korzenie i kłącza, większość z nich przetrwała miesiące suszy bez picia wody. Wkrótce po ich odejściu z koryta rzeki zniknęły także lwy, lamparty i inne wielkie drapieżniki.

W październiku minął szósty miesiąc bez deszczu czy nawet jednej chmurki. Potem pewnego popołudnia na niebie od wschodu zauważyliśmy obłoczki jak puszyste kocie łapki. Gorący wiatr ustał i nad doliną zapanowała dziwna cisza. Zmęczeni upałem i nocną pracą powlekliśmy się do obozu i stanęliśmy na otwartym terenie, przyglądając się skłębionym chmurom. Obserwował je też samotny skocznik z głową uniesioną w falach duszącego żaru, jakby modlił się o ulgę. Ale białe woale wyparowały w promieniach słońca.

Wracały każdego popołudnia, lecz rozpraszały się w ciężkim upale, który powlekał falujący obraz diun jak płynne szkło. Nieustannie kręciło nam się w głowie i nie mogliśmy się skupić, by czytać, reperować samochód czy wykonywać choćby najprostsze czynności. Byliśmy rozdrażnieni, a ręce i nogi ciążyły nam niemal ponad siły. Mimo to nocą podążaliśmy za szakalami, zawsze w nadziei ujrzenia hieny brunatnej. Każdy upalny, bezsenny dzień zaczynał się o świcie, przed nadejściem żaru, gdy pracowaliśmy nad zbieraniem próbek gleby, transektami traw i analizą odchodów. Wytrzymywaliśmy trzy tygodnie; potem zapadaliśmy w chłodzie nocy w głęboki sen.

Prawie wszystkie szakale z doliny dobrały się w pary; każda z nich zawłaszczyła sobie terytorium mniej więcej dwóch kilometrów kwadratowych, włącznie z częścią pierwotnego habitatu w korycie rzeki i przylegającą do niego częścią sawanny na zboczach wydm. Kapitan i Piratka opanowali Wzgórze Gepardów, Bonnie i Clyde – teren koło Ostatniego Przystanku, Kulawka i Piszczek władali terenem na wschód od Północnego Drzewa, Sundance i Szczurzy Ogon byli posiadaczami Wzgórza Północnej Zatoki i tak dalej. Wyły zawsze o zachodzie słońca, a czasem w nocy, a my rozpoznawaliśmy każdą z siedmiu par po głosie albo umiejscowieniu w stosunku do obozu.

Ich gęste, czarne „siodła" z długich włosów w dużym stopniu chroniły je przed słońcem. Wyglądało na to, że jedynym schronieniem, jakiego potrzebowały, był prążkowany cień małego, bezlistnego krzaka na Wzgórzu Gepardów, gdzie sypiały w upalne dni. Nawet wczesne ranki i późne popołudnia były teraz gorące, a zwierzęta polowały tylko w nocy, gdy robiło się chłodno. Od miesięcy nie piły wody i często widywaliśmy, jak walczą z innymi szakalami o odrobinę wilgoci z jednego dzikiego melona. Listopadowe chmury zdawały się z nas kpić. Ich mgliste deszczowe zasłony pachniały niewiarygodnie słodko i świeżo – ale deszcz zawsze padał gdzieś bardzo daleko na pustyni. Żadna chmura nie była na tyle ciemna i ciężka, by pokonać wielką barierę żaru, która wznosiła się ze spieczonego koryta rzeki.

Pewnego dnia poranny wiatr nie nadszedł; powietrze znieruchomiało jakby w oczekiwaniu. Późnym rankiem nad Zachodnią Prerią zaczęły się zbierać chmury. Rosły godzina po godzinie, aż stłoczyły się jak kolumny wodnych oparów, zbyt wielkie na niebo. Po południu fioletowoczarne niebo kipiało; nitki błyskawic przecinały chmury, a grzmot niósł się przez całą dolinę.

Po tygodniach pełnych rozczarowań byliśmy pewni, że burza nas ominie. Ale nagle lawina czarnych chmur przewaliła się nad szczytem Zachodniej Diuny, podrywając z ziemi żółtą zadymkę piasku. Duszące powietrze wirowało wokół nas. Pobiegliśmy do samochodu i wycofaliśmy go spod drzew.

Trzydzieści metrów za obozem odwróciłem samochód tyłem do nadchodzącej burzy. Sekundy później uderzył w nas piasek i wicher. Przycisnęliśmy koszule do twarzy, usiłując oddychać w siwym powietrzu, a land rover kołysał się i skrzypiał, aż dzwoniły kluczyki w stacyjce. Grad zabębnił w metalowy dach samochodu, a przez przednią szybę widzieliśmy, jak skrzynki, worki, garnki, patelnie i inne elementy wyposażenia obozu unoszą się w powietrze. Akacja miotała się niczym oszalały zwierz, szarpiący pazurami sam siebie.

W końcu lunął deszcz. Woda wdzierała się do samochodu przez nieszczelne okna i kapała nam na kolana.

– Czujesz? Czujesz? Boże, jak cudownie! Jak pięknie! – krzyczeliśmy raz po raz.

Burza nadchodziła falami; węźlaste palce błyskawic rozcapierzały się na tle nisko wiszących czarnych chmur, oświetlając upiornym błękitnym światłem deszcz i piasek w powietrzu. Dużo później w końcu zasnęliśmy wśród podmuchów wichru, który kołysał samochodem.

Gdy następnego ranka otworzyliśmy oczy, dolina była rozświetlona blaskiem słońca. Ale nie było to to samo niemiłosierne słońce, które od miesięcy prażyło Kalahari. Łagodne, delikatne promienie pieściły grzbiety kilkuset skoczników, skubiących trawę wysadzaną brylantami tęczowych kropelek. Burza stała się smużką daleko na niebie. Z obozu widzieliśmy Kapitana i Piratkę oraz parę otocjonów pijących wodę z kałuży na błotnistej powierzchni pustyni.

Nasze ubrania, naczynia, papiery i reszta dobytku leżała rozrzucona nad rzeką. Delia znalazła jeden garnek pięćdziesiąt metrów od obozu i ugotowała kleik z owsa, sorgo i *sampu* – łamanej kukurydzy. Po śniadaniu zaczęliśmy odzyskiwać rzeczy. Beczka z benzyną potoczyła się w głąb doliny i zatrzymała się w jej połowie.

Burza przywróciła pustyni zieleń i w ciągu tygodnia dolina zapełniła się stadami antylop, prowadzących swoje chudziutkie młode o opadających uszkach do świeżych, aksamitnych trawek. Latające termity roiły się za swoimi królowymi. Otocjony śmigały tu i tam ze swoimi puchatymi szczeniętami, objadając się hordami owadów, które skakały, latały i pełzały jak okiem sięgnąć. Wszyscy przygotowywali się na powitanie młodych i wychowanie ich w krótkim i kapryśnym okresie obfitości. Wszędzie czuło się energię nowego życia, odrodzenia po długich udrękach upału i ognia. Wkrótce nadeszły inne burze i z początkiem pory deszczowej temperatura w ciągu dnia spadła do dwudziestu-, dwudziestu pięciu stopni, a na błękitnym niebie pojawiły się olśniewająco białe chmury, gnane rześkim wietrzykiem.

Być może najlepsze z tego było to, że do doliny wróciło to samo stado lwów, które kilka miesięcy temu uwięziło Delię w namiocie kuchennym. Ich ryki nocą i nad ranem, połączone z głosami szakali, na nowo wniosły życie w koryto rzeki. Stwierdziliśmy, że pewnego dnia wrócimy do Kalahari, by dokończyć badania nad życiem lwów, ale najpierw musieliśmy się zająć szakalami i hienami brunatnymi.

Kilka dni po tej pierwszej burzy w porze deszczowej, o zachodzie słońca pospiesznie spożywaliśmy posiłek przy ognisku przed wyruszeniem na poszukiwanie Kapitana i Piratki. Inna para szakali – Kulawka i Piszczek – zaczęli wyć na wschód od Dwóch Akacji. Ich przeraźliwe, drżące i jakoś dziwnie melodyjne głosy niosły się nad doliną. Zamilkliśmy, jak zwykle poruszeni tym żałosnym dźwiękiem. Dobiegał jakby z samego serca pustyni – jak zew Kalahari. Inne szakale dołączyły do chóru – Bonnie i Clyde, Sundance i Szczurzy Ogon, a w końcu niski, ochrypły głos Kapitana i klarowne wycie Piratki ze Wzgórza Gepardów.

– Zaraz… a to co? – odezwała się Delia. Usłyszeliśmy cienkie, urywane piski, które z zapamiętaniem starały się naśladować głosy Kapitana i Piratki.

– Szczeniaki! – Wskoczyliśmy do land rovera i popędziliśmy w stronę, z której dochodziły odgłosy. Zaparkowaliśmy w sporej odległości od szakali, rozejrzeliśmy się tu i tam, usiłując przebić wzrokiem splątane zarośla. Nagle w otworze nory pojawiła się Piratka. Opuściła głowę. Gdy zrobiła parę kroków dalej, z nory wytoczyły się dwie puchate kulki z merdającymi ogonkami, płaskimi, kosmatymi pyszczkami i tępymi, czarnymi noskami.

Piratka wylizała mordki, brzuszki i grzbiety Jasia i Małgosi, przewracając jedno z nich w piasek, podczas gdy drugie maszerowało przed siebie na plączących się, niepewnych łapkach. Kapitan leżał nieopodal z głową na łapach. Potem na północy Bonnie i Clyde znowu zawyli. Zanim ich głosy ucichły, Kapitan i Piratka odpowiedzieli, a ich młode stanęły obok nich, zadzierając małe pyszczki w górę.

Rodzice dzielili się wychowywaniem szczeniaków, ale nie mieli „pomocników", jak szakale z innych rejonów Afryki. Doktor Patricia Moehlman* stwierdziła, że nie całkiem dorosłe szakale z równiny Serengeti zostają przy rodzicach, by pomagać im z następnym miotem. Karmią młodsze rodzeństwo i matkę dzięki regurgitacji i strzegą legowiska. Choć wśród naszych szakali tego nie zaobserwowaliśmy, inne pary z Kalahari mogły mieć pomocników. Zwykle trudno jest zauważyć takie zachowania, na których trop czasem wpada się po kilku latach badania tematu.

W początkowych tygodniach Kapitan lub Piratka zawsze przebywali w okolicach jamy, by strzec szczeniaki przed drapieżnikami. Codziennie po zachodzie słońca Kapitan podchodził do Piratki – Jaś i Małgosia skakali mu wokół łap, gryźli w uszy, nogi i czubek ogona – a on dotykał nosem nosa swojej wybranki. Potem, unosząc wysoko łapy, by nie nadepnąć baraszkujących młodych, oddalał się truchtem na polowanie, zostawiając Piratkę z potomstwem. Gdy ojciec znikał, Jaś i Małgosia natychmiast zaczynali się naprzykrzać matce. Żuli jej uszy, przetaczali się po jej pysku i grzbiecie, skakali na ogon. Piratka to znosiła, ale rzadko brała aktywny udział w zabawie.

Od samego początku w zachowaniu szczeniaków widać było schematy dorosłych zachowań. Raz po raz ćwiczyły skradanie się, skok na ofiarę i kłapnięcia zębami, które w przyszłości miały ich uczynić skutecznymi myśliwymi. Kiedy matka nie włączała się do

---

*Moehlman, str. 382–83.

ich zabaw, atakowały się nawzajem, albo skakały na kępy trawy
i patyków parę metrów od nory.

Szczeniaki miały jakieś trzy tygodnie, gdy Kapitan zaczął im
przynosić surowe mięso. Pojawiały się w otworze jamy, machając
ogonkami, i rzucały się pędem do ojca, łapczywie się oblizując
i domagając się jedzenia. Kapitan szeroko otwierał pysk, z którego
wylewała się na ziemię oślizła masa częściowo strawionych myszy
i ptaków. Jaś i Małgosia rzucali się na tę parującą pulpę, a w tym
czasie Kapitan sadowił się pod krzakiem, by odpoczywać i pilno-
wać dzieci. Wówczas to Piratka oddalała się na łowy.

Szczenięta częściowo przestawione już na mięsną dietę rodzice zaczęli zabierać na krótkie wypady. Dorosłe szakale przechadzały się, a młode bawiły się, wąchając krzewy, trawy, odchody
antylop – wszystko, do czego tylko mogły zbliżyć noski. Uczyły
się coraz więcej o środowisku skamieniałej rzeki. Jedną z najcen-
niejszych dla nich lekcji podczas tych wczesnoporannych wędró-
wek było to, jak zabijać i zjadać owady. To ważna umiejętność dla
drapieżników, ponieważ dzięki niej urozmają sobie dietę złożoną
z mleka matki i zwracanego przez rodziców mięsa.

Gdy tylko Jaś i Małgosia nauczyli się dbać o siebie, Kapitan
i Piratka znów zaczęli polować razem, zostawiając szczenięta, by
szukały owadów w pobliżu jamy. Pewnej nocy rodzice polowali
na obszarze obejmującym koryto rzeki na wschód od jęzora piasku na Wzgórzu Gepardów, samo wzgórze oraz pasmo krzaków
i lasu za nim. Idąc przed siebie, co jakiś czas zatrzymywali się, by
podnieść tylną łapę i oznaczyć zapachem niski krzew lub zielsko
wzdłuż granicy swojego terytorium.

Zanurzyli się w lesie na zboczu wydmy i Piratka zaczęła pląsać wokół czegoś, machając uniesionym ogonem. Kapitan rzucił
się do niej i ujrzał pięciometrową czarną mambę, jeden z najbardziej jadowitych węży Afryki. Gad unosił łeb metr nad ziemią,

gotowy do ataku. Wysuwał i chował język w pysku, złowrogą głowę w kształcie trumny miał cofniętą, jak gotową do wystrzelenia strzały cięciwę.

Kapitan robił wypady z jednej i drugiej strony, usiłując przedrzeć się przez linię obrony mamby, ale jej ślepia śledziły go jak automat. Gdziekolwiek się przemieścił, mamba czujnie zmieniała pozycję.

Piratka stanęła naprzeciwko swojego partnera, z wężem wijącym się pomiędzy nimi. Skoczyła na gada i na ułamek sekundy odwróciła jego uwagę. Ruchem tak szybkim, że aż niezauważalnym, Kapitan rzucił się na mambę, ale ta już odzyskała panowanie nad sytuacją i zaatakowała. Kilkumetrowe muskularne ciało oderwało się od ziemi. Kapitan uskoczył wśród fontann piasku, o milimetry unikając kontaktu ze śmiercionośną paszczą. Natychmiast zawrócił i skoczył, a potem znowu i znowu, a na każdy jego skok mamba odpowiadała atakiem.

Kiedy mamba zbyt wolno dochodziła do siebie po nieudanym skoku, Kapitan zdołał mocno chapnąć ją za kark. Zmęczona i ranna usiłowała odpełznąć, ale Piratka stanęła jej na drodze. Gad uniósł się i skoczył jeszcze raz, o włos nie trafiając Kapitana. Zanim zdołał się wycofać, samiec ugryzł go mocno jakieś metr od głowy, a potem jeszcze raz. Wąż zaczął się wić konwulsyjnie. W końcu, po jeszcze kilku ugryzieniach, szakal chwycił mambę na parę sekund i potrząsnął brutalnie zwojami jej cielska wijącymi się wokół jego łap. Następnie rzucił ją na ziemię, chwycił jej głowę i zmiażdżył w szczękach.

W tym momencie śmiertelnie niebezpieczna walka zmieniła się w komedię. Gdy tylko Kapitan chwycił głowę węża, Piratka złapała jego ogon. Choć przed chwilą tak wspaniale ze sobą współpracowali, teraz zaczęli wydzierać sobie łup. Łypali na siebie wściekle z uszami położonymi na głowach, sierść jeżyła im się na karkach, a ogony siekły na boki, aż w końcu wąż rozerwał się na dwa kawałki żylastego, białego mięsa. Szakale zaczęły go gorączkowo pożerać; zajęło im to prawie dziesięć minut. Potem wytarzały się w trawie, wycierając w nią pyski i prychając, pobiegły na patrol swojego terytorium z okrągłymi jak bębny, podskakującymi brzuchami.

* * *

Zanim przyszło nam do głowy, by przykleić malutki kalendarz na okładce jednego z naszych dzienników, straciliśmy rachubę dni. Sądząc po czasie naszej ostatniej wyprawy po zaopatrzenie do Maun, domyśliliśmy się, że Boże Narodzenie 1974 roku musi być blisko. Nie mieliśmy pieniędzy ani czasu, by pojechać do wioski na święta, więc wybraliśmy przypadkowy dzień i zaczęliśmy przygotowania do świętowania go w obozie.

Pewnego ranka, po długich namysłach, wycięliśmy półmartwe drzewo *Lonchocarpus nelsii* z lasu na wydmie i land roverem wciągnęliśmy do obozu. Udekorowaliśmy je termometrem, czerwonym materiałem na obroże, kilkoma strzykawkami, skalpelami, nożyczkami i kleszczami, dodając do tego łuski, latarnię, kość szczękową springboka, uszkodzoną gaśnicę i różne akcesoria z całego obozu. Kiedy już przywiązaliśmy je do gałęzi „choinki", zaczęliśmy planować nasz świąteczny obiad.

Na początku pory deszczowej nasz obóz znalazło stado trzynastu perliczek. Przynajmniej raz, a często dwa razy dziennie przechadzały się po naszym blacie kuchennym, zbudowanym z desek ułożonych na beczkach z wodą. Grzebały szponiastymi stopami w blaszanych talerzach, zrzucały na ziemię noże, widelce, łyżki i pokrywki z garnków i pożerały resztki jedzenia. A kiedy dobierały się do bochenka świeżo upieczonego chleba, kawałki bryzgały z niego jak pod ostrzałem z kartaczownicy Gatlinga. Na początku myśleliśmy, że są urocze, ale hałas, jaki robiły wczesnym rankiem, był dla nas trudny do zniesienia po długiej nocy spędzonej na tropieniu szakali – a jakby tego było mało, zjadały całą kaszę kukurydzianą, którą rozrzucaliśmy na ziemi dla innych ptaków.

W końcu postanowiłem zniechęcić je do przychodzenia do obozu. To, że podjąłem tę decyzję akurat w okolicach Bożego Narodzenia, kiedy od prawie czterech miesięcy nie jedliśmy świeżego mięsa, nie było chyba przypadkiem.

Wczesnym rankiem podparłem skrzynię patykiem, obciążyłem ją kamieniem i nasypałem na ziemię kaszy kukurydzianej. Do patyka przywiązałem nylonową żyłkę wędkarską i przeciągnąłem ją wzdłuż ziemi na przeciwległą stronę land rovera, w którym ukryłem się za kierownicą. Niedługo po wschodzie słońca przyleciało stado perliczek, jak zwykle hałaśliwie trajkocząc. Szły do obozu, wzbijając kurz, rozgrzebując ziemię i dziobiąc przez całą drogę. Prawie natychmiast jeden z samców dostrzegł znikającą pod skrzynką smużkę kaszy i bez wahania zaczął ją gwałtownie dziobać, prowadząc całe stado w kierunku pułapki. Czułem już smak świeżo upieczonej perliczki.

Cztery pulchne samiczki i kogut tłoczyły się pod skrzynką, młócąc grysik w rekordowym tempie. Szarpnąłem żyłką. Skrzynka opadła na ziemię w chmurze kurzu i trzepoczących skrzydeł. Perliczki wrzasnęły z oburzeniem. Wyskoczyłem zza terenówki i popędziłem do nich. Ptaki przyglądały mi się podejrzliwie.

Pułapka leżała nieruchomo; z jej wnętrza nie dobiegał ani jeden pisk. Rozejrzałem się dookoła: trzynaście par perliczych oczu wpatrywało się we mnie. Zdębiałem. Co poszło nie tak? Nie mogły być aż tak szybkie i przebiegłe; w końcu to tylko stado podwórkowych kuraków. Następnym razem którąś dopadnę. Na nowo ustawiłem pułapkę i dyskretnie podszedłem do land rovera. Uśmiechnięta Delia siedziała już na posłaniu.

Perliczki dziobnięcie za dziobnięciem wróciły do pułapki. Tym razem tylko dwie odważyły się do niej wejść. Pociągnąłem za żyłkę i pudełko spadło na ziemię. Ponownie szybko policzyłem głowy. Jedna, dwie, trzy, cztery, pięć – cholera! Trzynaście gdaczących perliczek i jedna chichocząca żona. Przy trzeciej próbie ptaki dziobały tylko wokół krawędzi pudełka – żaden nie chciał pod nie wejść.

W nasz samozwańczy bożonarodzeniowy poranek perliczki wróciły jak zwykle, rozrzucając nasze garnki, patelnie i naczynia z głośnym łoskotem. Ignorowaliśmy się nawzajem, kiedy odsiewałem wołki zbożowe z mąki i piekłem bochenek chleba kminkowego w piecu z wiadra. Delia zrobiła zapiekankę z ostatkami twardego jak skała biltongu, który zostawił nam Bergie. Naszym świątecznym deserem było ciasto z jagodami maretwy, zebranymi z krzewów na Zachodniej Prerii.

Boże Narodzenie było upalne i mimo wysiłków, aby spędzić je wesoło, bez rodziny i prezentów brakowało nam świątecznego nastroju. Zaśpiewaliśmy kilka kolęd, a potem, nieco samotni i rozczarowani, spędziliśmy popołudnie z szakalami.

Jaś i Małgosia, teraz około siedmiotygodniowe szczeniaki i w trzech czwartych tak wysokie jak ich rodzice, przybiegli do nas, gdy parkowaliśmy terenówkę. Ich siodła zaczynały nabierać wyrazistości, zmieniając barwę z delikatnej szarości w odważną czerń. Zdobyli wiele umiejętności w łapaniu owadów, a nawet od czasu do czasu udawało im się upolować mysz, wykazując się przy tym zaawansowanymi umiejętnościami myśliwskimi. Kapitan i Piratka zapuszczali się teraz dalej od jamy i przynosili znacznie mniej jedzenia.

Tej bożonarodzeniowej nocy, zanim Kapitan i Piratka wyruszyli na polowanie, z okolic Północnego Drzewa rozległ się zew obcego szakala. Para natychmiast rzuciła się do ucieczki.

Jaś i Małgosia, trzymając się w pewnej odległości za rodzicami, pospieszyli w kierunku niezwykłego, nosowego „weeuugh!!… weeuugh!!… weeuugh!", które raz po raz odbijało się echem.

Zanim Kapitan i Piratka dotarli na miejsce, sześć szakali otoczyło już kępę wysokiej trawy. Wszystkie wydawały ten dziwny skowyt, skacząc na sztywnych łapach. Raz po raz znikały w trawie i po ułamku sekundy znów z niej wyskakiwały. Kapitan i Piratka przyłączyli się do rytuału, a Jaś i Małgosia siedzieli obok i patrzyli. Po mniej więcej piętnastu minutach z gęstwiny wyłonił się lampart. Z pyskiem i klatką piersiową pokrytymi krwią, wciąż otoczony przez podskakujące szakale, położył uszy po sobie i odszedł. Szakale podążały za nim czterdzieści metrów, nawołując, błyskawicznie przemykając i podskakując wokół niego. Potem wróciły truchtem do kępy trawy, żeby zjeść resztki skocznika.

Szakale są ulubioną zwierzyną łowną lampartów. Dziwne odgłosy i następujący po nich pokaz skoków prawdopodobnie pozwalają szakalom obserwować drapieżnika w wysokiej, gęstej trawie, a także ostrzegać inne osobniki o niebezpieczeństwie. Służy to temu samemu celowi, co alarm podnoszony przez ptaki na widok drapieżnego węża.

Kiedy po jakimś czasie Jaś i Małgosia próbowali przyłączyć się do uczty, oboje rodzice rzucili się na nich, warcząc agresywnie, z groźnie wykrzywionymi pyskami i podkulonymi ogonami. Młode, najwyraźniej zaskoczone i przestraszone, wycofały się na pewną odległość. To nie byli tolerancyjni rodzice, jakich znały. Zarówno Kapitan, jak i Piratka byli ostatnio drażliwi i odrzucali zachęty dzieci do zabawy, ale tak poważne groźby były nowością. Potraktowano ich jak konkurentów, a Kapitan większość swojej agresji skierował na Jasia. Małgosia podkuliła ogon i usiadła na nim, szeroko otworzyła pysk i uniosła przednią łapę w poddańczym geście. Czekała na swoją kolej, by jeść.

Siodło Jasia ostatnio stało się czarne i wyraziste, zaczynały pojawiać się w nim srebrne włosy. Wielkością i umaszczeniem coraz bardziej przypominał dorosłego osobnika. Z uporem ruszył w stronę skocznika, ale Kapitan go odpędził. W końcu miarka się przebrała. Oba samce stanęły naprzeciw siebie, warcząc, z sierścią zjeżoną sztywno jak druty. Kapitan zaszarżował i uderzył Jasia barkiem. Młody przyjął cios i odwzajemnił go uderzeniem biodrem. Przez sekundę wyglądali jak kłąb sierści. Kiedy było już po wszystkim, Jaś odważnie podszedł i zaczął jeść obok ojca. Rozwinął w sobie ducha rywalizacji, niezbędnego do zdobycia miejsca w hierarchii społecznej dorosłych, gdzie szakal o wyższym statusie zyskuje dłuższy czas żerowania przy padlinie, a także lepsze partnerki i terytoria do rozrodu.

Starcie Kapitana, Piratki, Jasia i Małgosi było typowym przykładem „konfliktu między rodzicami a potomstwem"*, który występuje u wielu gatunków zwierząt, także u ludzi, i jest być może najbardziej widoczny w momencie odstawienia dziecka od piersi. Każdy, kto kiedykolwiek słyszał krzyki młodego pawiana, którego matka po raz pierwszy nie wpuściła do gniazda, lub widział reakcję kociaka, ofukniętego przez rodziców po tygodniach przytulania, karmienia i pielęgnacji, wie, że takie konflikty mogą być poważne. Klasycznym ich wytłumaczeniem jest to, że rodzic w ten sposób nadal opiekuje się młodym, zmuszając je do niezależności niezbędnej do przetrwania. Nowsza teoria głosi, że gdy młode przechodzą na pokarm stały i jedzą coraz więcej, zapewnienie dorastającym dzieciom pożywienia, energii do obrony i innych zasobów staje się dla matki zbyt dużym obciążeniem. Instynkt podpowiada jej, żeby tę energię poświęcić na sprowadzenie na świat nowego potomstwa. Samica zachęca również swoje młode, aby

---

*Trivers, str. 249–64.

same zaczęły się rozmnażać. W ten sposób nie tylko ona przekaże swoje geny dalej, ale zrobią to także jej usamodzielnione dzieci.

Podczas każdej pory suchej na Kalahari ze względu na niedobór zwierzyny łownej pary szakali rozstawały się, a ich terytoria przestawały istnieć. W następnym sezonie rozrodczym na początku pory deszczowej nowe pary ustalały swoje terytoria wzdłuż koryta rzeki. Jak już wspomniałem, nie zdobyliśmy żadnych dowodów na to, że rodziny trzymają się razem, a dorastające młode pomagają wychować nowy miot, choć mogłoby do tego dojść, gdyby przez parę kolejnych lat następowały intensywne pory deszczowe. Jednak niezależnie od tego, czy żyły w parze, czy nie, szakale z Deception Valley z roku na rok zachowywały ścisłą hierarchię społeczną.

Tego wieczoru w Boże Narodzenie wszystkie szakale żywiące się ścierwem skocznika nagle znieruchomiały, wpatrzone w ciemność na wschodzie. Potem znów zaczęły jeść – szybciej, prawie gorączkowo, wyszarpując mięso z szyi i grzbietu, gwałtownie przy tym skacząc do tyłu. Uniosłem reflektor i skierowałem go na wschód. Z odległości stu dwudziestu pięciu metrów wpatrywały się we mnie wielkie, szeroko rozstawione szmaragdowe oczy hieny brunatnej. Najwyraźniej usłyszała zew szakali i zrozumiała, że w okolicy jest lampart, co oznaczało łup. Siedzieliśmy w bezruchu, licząc – tak jak wiele razy wcześniej – że hiena podejdzie do mięsa pomimo naszej obecności.

Hiena parę razy okrążyła land rovera i stanęła, przez długą chwilę rozglądając się dokoła. W końcu z sierścią zjeżoną na barkach i grzbiecie podeszła do skocznika. Obwisłe sutki zdradziły, że to samica. Szakale pożerały mięso jeszcze szybciej, aż w ostatniej chwili przeskoczyły przez martwą antylopę poza zasięg hieny. Ta odwróciła się i przez parę chwil patrzyła na land rovera, po czym zaczęła jeść. Sapiąc i szarpiąc, miażdżyła kości i zdzierała mięso ze szkieletu. Szakale otoczyły ją kręgiem i podchodziły coraz bliżej, ale gdy tylko usiłowały wykraść jakiś kąsek, hiena odwracała się ku nim z rozdziawioną paszczą.

Po jakimś czasie prawie wszystkie szakale oddaliły się o parę metrów i położyły się na ziemi – tylko Kapitan krążył wokół skocznika i w końcu z wolna, niemal nonszalancko podszedł do hieny od tyłu. Hiena akurat oddarła wielką część nogi antylopy, położyła ją u swoich stóp, po czym dalej pożywiała się delikatniejszym mięsem z okolic żeber. Kapitan przypadł do ziemi i uginając żylaste łapy, zakradał się coraz bliżej do niepodejrzewającej niczego hieny, aż w końcu prawie dotknął nosem jej zadu. Hiena nadal jadła, nieświadoma niczego. Kapitan powoli uniósł pysk do jej brązowego, drgającego ogona i zastygł na parę sekund. Potem, gdy ogon się odsunął, szakal ugryzł hienę w zad. Odskoczyła w lewo, a Kapitan rzucił się w prawo, chwycił nogę skocznika z wielkim kawałem zwisającej skóry. Brzemię było niemal za ciężkie dla niego, ale gdy zadarł wysoko nos, mógł biec – i tak też uczynił.

Z rozwianą grzywą i paszczą rozdziawioną tuż przy czubku ogona Kapitana, hiena wielkimi kręgami uganiała się za nim po korycie rzeki. Gdy tylko wyglądało na to, że go pożre, Kapitan robił zwód tak zwinny, że potężna hiena nie potrafiła za nim nadążyć. Biegł dalej z pyskiem coraz bardziej opadającym pod ciężarem łupu, aż w końcu go upuścił. Ciężko dysząc, przyglądał się, jak hiena zabiera kawał mięsa. Znowu położyła nogę antylopy obok siebie i wróciła do jedzenia.

Niespełna dwie minuty później Kapitan raz jeszcze zaczął się zakradać do hieny. Wyglądało to jak powtórka z rozrywki: znowu chapnięcie w zad hieny, kradzież nogi skocznika, ucieczka i pościg. Ale tym razem Kapitan uciekł w zarośla na brzegu koryta rzeki. Hiena poczłapała do padliny, oblizując się, z uszami położonymi na głowie, wyraźnie zdegustowana. W końcu zabrała resztki padliny i poszła z nimi w gąszcz Północnej Diuny.

Wróciliśmy do obozu po północy. Światła samochodu omiotły drzewa i padły na nieznajomą hienę brunatną. Stała koło zbiorników z wodą, niespełna piętnaście metrów od nas. Kompletnie nie przejmując się nami, szła przez obóz, węsząc. Przyjrzała się wiszącej na drzewie siatce z cebulą, wspięła się na tylne łapy, chwyciła siatkę i pociągnęła. Gdy kaskada twardych kul posypała się jej na nos i ziemię, szeleszcząc suchymi łupinami, hiena odskoczyła. Obwąchała starannie jedną cebulę, ugryzła, uniosła głowę i kichnęła. Następnie zdjęła czajnik z kuchenki, trzymając go zębami za rączkę (ogień wygasł dawno temu) i truchtem opuściła obóz. Parę metrów dalej postawiła czajnik, strąciła wieczko nosem i zaczęła chłeptać wodę. W końcu ruszyła przed siebie z uniesionym ogonem, ale zanim znikła w ciemnościach, zatrzymała się i przez parę sekund patrzyła wprost na nas. Na czole miała małą białą gwiazdkę.

5

GWIAZDKA

Delia

Jakże chciałabym wiedzieć, kim jesteś...

Ann Taylor

Doczekaliśmy się jednak Gwiazdki na Kalahari: hieny brunatne w końcu nas zaakceptowały. Następnego dnia obudziliśmy się wczesnym rankiem pełni energii i gotowi do działania, pomimo zarwanej wczorajszej nocy. Popijając parującą herbatę z emaliowanych kubków i przegadując wydarzenia wczorajszej nocy, wyszliśmy z obozu na północ w stronę Akacjowa, tak jak często to robiliśmy w chłodne poranki.

– No nie wierzę! Spójrz tam. – Mark wskazał gęste krzaki na Północnym Wzgórzu, oddalonym o jakieś trzysta metrów. Hiena brunatna zmierzała dokładnie w stronę śladów land rovera; nasze drogi musiały się przeciąć. Najwyraźniej nie widziała nas i szła w dość szybkim tempie zanurzona po brzuch w trawie. Prawdopodobnie chciała jak najszybciej znaleźć się w swoim legowisku, zanim słońce znajdzie się jeszcze wyżej na niebie.

Staliśmy z całkowitym bezruchem, nie całkiem wiedząc, co robić. Gdybyśmy wrócili do obozu, moglibyśmy ją spłoszyć. To, że hieny – lub inne zwierzęta – akceptowały nas, gdy siedzieliśmy w samochodzie, nie znaczyło, że nie przestraszyłby ich nasz widok.

Bardzo powoli usiedliśmy w koleinach po oponach, w każdej chwili spodziewając się, że hiena ucieknie. Gdy dotarła do śladów pięćdziesiąt metrów od nas, skręciła na południe i ruszyła wprost na nas – mała biała plamka na jej czole unosiła się i opadała. Była to ta sama hiena, która ukradła nam czajnik.

Bez chwili wahania zbliżyła się do nas i zatrzymała się w odległości pięciu metrów. Znajdowaliśmy się dokładnie na poziomie jej wzroku. Jej ciemne oczy lśniły wilgocią, może z powodu nieprzyjaznego słońca. Policzki miała poznaczone bliznami po walkach, a na jej barkach leżała jasna grzywa. Długie, smukłe przednie nogi, ozdobione kontrastowymi czarno-szarymi pasami, zakończone były dużymi, okrągłymi łapami. Kanciaste szczęki, zdolne do zmiażdżenia lub podniesienia dwudziestopięciokilowej nogi skocznika, miała lekko rozchylone.

Powoli, stawiając jedną miękką łapę za drugą, wyciągnęła do mnie nos, delikatnie wdychając mój zapach i poruszając długimi wibrysami. Jej pysk znajdował się pół metra od mojej twarzy. Patrzyłyśmy sobie prosto w oczy.

Obserwacje zachowania zwierząt pokazują, że mięsożercy komunikują strach i agresję poprzez ułożenie uszu, spojrzenie, ruchy szczęk. Pysk Gwiazdki był rozluźniony i to stanowiło najdobitniejsze przesłanie. Przy wielu okazjach widywaliśmy pokojowe interakcje różnych pustynnych gatunków: świstaka obwąchującego nos mangusty, lisa przylądkowego, dzielącego ten sam system nor z kolonią surykatek, cztery malutkie otocjony dla żartu goniące niewielkie stado gnu. A teraz Gwiazdka swoją ciekawością i brakiem strachu komunikowała nam, że zaakceptowała nas jako część swojego naturalnego otoczenia.

Podeszła jeszcze bliżej, lekko unosząc nos i wąchając moje włosy. Potem zrobiła raczej niezdarny krok w bok i powąchała brodę Marka. Następnie odwróciła się i tym samym spokojnym krokiem ruszyła w stronę Diuny Zachodniej.

Gwiazdka była zabawna i zadziorna, zawsze gotowa do psot. Od czasu do czasu, chodząc wzdłuż koryta rzecznego, robiła osobliwego fikołka, odbijając się od ziemi tylnymi łapami, rzucając głową do tyłu i robiąc półobrót w powietrzu. To głównie za jej sprawą odkryliśmy tajemnice hieniej społeczności, a potem także własne. Wraz z paroma innymi hienami pozwoliła nam jeździć za sobą samochodem, tak jak to robiliśmy z szakalami. Ale nadążaliśmy za nią najwyżej przez cztery do pięciu godzin. Gdy tylko oddalała się od koryta rzeki, ginęła nam w wysokiej trawie i gęstych krzakach. Ponieważ nie mogliśmy jeździć za hienami przez całą noc, nie dowiedzieliśmy się, gdzie sypiają za dnia. Wieczorami często godzinami przeszukiwaliśmy tonące w mroku koryto rzeki, zanim natrafiliśmy na jakąś hienę. Całe nasze badania hien brunatnych ograniczyły się do przypadkowych spotkań na wąskiej wstążce traw, mającej nie więcej niż kilometr szerokości.

Pewnej styczniowej nocy w świetle reflektora błysnęły wielkie oczy, a za nimi – długi szereg mniejszych, skaczących w górę i dół. Na pierwszy rzut oka wyglądało to jak samica drapieżnika prowadząca swoje młode przez trawę. Ale to była Gwiazdka, a za nią – pięć młodych szakalątek, w tym Jaś i Małgosia, najwyraźniej bawiących się z hieną w „Raz, dwa, trzy, Baba-Jaga patrzy". Zatrzymywały się, gdy Gwiazdka się zatrzymywała, kiedy szła zygzakami, one robiły to samo. Od czasu do czasu hiena odwracała się, jakby rozdrażniona obecnością małych natrętów chciała ich odstraszyć. Dotarła do Wyspy Orłów na krawędzi koryta rzeki i osunęła się na trawę, by odpocząć, a wtedy małe szakale położyły się wokół niej w kółku. Hieny brunatne i szakale zajadle ze sobą konkurują, więc gdy się spotykają, mają w zwyczaju nawzajem się kontrolować. Często odkrywają przy tym, że ta druga strona ma jedzenie. Te niedoświadczone młode najwyraźniej liczyły na to, że Gwiazdka zaprowadzi je do łatwego łupu.

Kilka minut później Jaś podszedł do Gwiazdki i przyłożył swój mały czarny nos do jej dużego pyska, co wyglądało jak wzruszające powitanie przyjaciół. W rzeczywistości mógł oceniać, czy coś ostatnio jadła. Najwyraźniej nie wywąchał nic ciekawego, bo oddalił się truchtem, podobnie jak inne szakale, które rozeszły się każdy w swoją stronę.

Po dwudziestominutowym odpoczynku na Wyspie Orła, Gwiazdka ruszyła z prędkością około pięciu kilometrów na godzinę wzdłuż oświetlonego blaskiem księżyca koryta rzeki. Od czasu do czasu zatrzymywała się, by zjeść kilka termitów lub skoczyć w powietrze po przelatującego konika polnego. Nagle obróciła się na zachód i uniosła wysoko nos, analizując zapachy w nocnym powietrzu. Potem skoczyła do przodu i ruszyła przez wysokie trawy Zachodniej Prerii, omijając krzaki i kopce termitów i zatrzymując się tylko po to, by węszyć. Zapach prowadził ją przez ponad cztery kilometry do skraju lasu na wydmach, gdzie zatrzymała się gwałtownie, zapatrzona w gąszcz.

Dwie lwice i ich młode – ciemne kształty widoczne nisko w trawie – leżały wokół szczątków oryksa z rozprutym brzuchem i bokami umazanymi czerwienią. Nocne powietrze było ciężkie od ostrego zapachu żwacza oryksa, i to prawdopodobnie dlatego Gwiazdka wyczuła go z odległości czterech kilometrów. Szerokim kręgiem obeszła teren, po czym stanęła pod wiatr. Oryks został zabity niedawno, nie dalej niż pół godziny temu, a lwy nie zamierzały zostawić go tej nocy. Gwiazdka odeszła na północ, w stronę drzew. Dla padlinożercy cierpliwość jest kluczem do spiżarni.

Wczesnym wieczorem następnego dnia Gwiazdka poszła prosto do zabitego przez lwy oryksa, z którego została już tylko sterta białych kości, strzępy czerwonego mięsa i płaty skóry. Lwy nadal tam były; spały na grzbietach z rozłożonymi łapami, uniesionymi nad rozdętymi brzuchami. Gwiazdka położyła się pod krzakiem, żeby spać i czekać.

Były to te same lwy, które Mark odepchnął land roverem od odurzonego szakala; widywaliśmy je dość często i sądziliśmy, że są stałymi mieszkańcami naszej okolicy. Tej nocy obudziły się koło jedenastej i ruszyły gęsiego przez las na Diunie Zachodniej. Gwiazdka musiała usłyszeć, jak odchodzą. Wstała i trzykrotnie okrążyła resztki oryksa, węsząc i przyglądając się im z różnych miejsc. To jedna z najniebezpieczniejszych sytuacji, w jakich może się znaleźć hiena brunatna. Jej przetrwanie zależy w dużej mierze od resztek po polowaniach lwów i od znalezienia padliny, zanim zostanie ona pożarta przez szakale, inne hieny brunatne lub sępy, które przylatują o świcie. Nie mogąc dostrzec resztek oryksa w wysokiej trawie, Gwiazdka musiała polegać przede wszystkim na węchu, który podpowiadał jej, czy wszystkie lwy już sobie poszły. To musiało być trudne w chmurze odoru resztek oryksa oraz odchodów i uryny lwów. Hiena zrobiła parę niepewnych kroków naprzód, po czym znieruchomiała z uniesionym nosem i nastawionymi uszami, starając się wyłapać jakiekolwiek wskazówki świadczące, że nie natknie się na lwa. Po piętnastu minutach zbliżyła się do oryksa na dwadzieścia pięć metrów. Po kolejnej długiej pauzie w końcu podeszła do ścierwa i zaczęła jeść.

Oskubała szkielet z żylastego mięsa, ścięgien i stawów, po czym szeroko otworzyła paszczę i zaczęła miażdżyć kości ud, grube jak kije baseballowe. Przełykała co najmniej dwunastocentymetrowe odłamki (zmierzyliśmy je później, analizując fekalia). Zęby hieny brunatnej to prawdziwe młoty, wyspecjalizowane do obróbki kości; jej zęby przedtrzonowe są spłaszczone i wielkie, niepodobne do ostrych jak sztylety zębisk innych drapieżników. Przechylając głowę na bok, Gwiazdka wbiła zęby w staw biodrowy, wydzierając z niego tylną nogę. Chwyciła ją za kolano i poszła w gęste zarośla na zboczu wydmy, gdzie schowała swój łup pod krzakiem akacji, jakieś sto metrów od koryta rzeki.

Gwiazdka miała niebywały talent do odnajdywania łupów lwów i odgadywania, kiedy szczątki – najważniejszy składnik diety hien brunatnych podczas sezonu deszczowego – zostaną porzucone. Jednak spędziła też wiele długich, samotnych nocy na tułaczkach, kiedy nie znajdowała nic do jedzenia oprócz myszy lub starych kości.

* * *

Nieliczne i skąpe doniesienia na temat hien brunatnych opisywały je jako padlinożerców, prawdziwych samotników, którzy żywią się jedynie padliną i czasem upolowanymi przez siebie małymi ssakami. Początkowo uważaliśmy, że ten opis odpowiada rzeczywistości: Gwiazdka odżywiała się zgodnie z tym schematem i zawsze była sama. Ale wkrótce zaczęliśmy obserwować niezwykłe zachowania, które kazały nam się zastanowić, czy hieny brunatne naprawdę są takimi pustelnikami.

Wszelkie informacje o liczebności grup, w jakich żyją, o tym, czy bronią swojego terytorium i z jakiego powodu się ze sobą spotykają, mają znaczenie dla ochrony gatunku. Ale istnieje także inny powód do zbadania ich życia społecznego: człowiek jest także społecznym mięsożercą, a rozumiejąc ewolucję i naturę społeczności innych drapieżników, będziemy mogli lepiej pojąć nasz własny terytorializm, naszą potrzebę tożsamości w grupie i nasze agresywne tendencje do rywalizacji.

Tej samej nocy, idąc za Gwiazdką, zauważyliśmy, że nie włóczyła się bez celu, ale podążała konkretnymi ścieżkami, którymi posłużyła się także podczas wcześniejszych nocy. Łączyły się one lub przecinały z wydeptanymi zwierzęcymi ścieżkami – takimi jak Ścieżka Lampartów, główna trasa oryksów, kudu, żyraf, szakali i lampartów, przemierzających trasę z północy na południe wzdłuż pojawiających się co jakiś czas okresowych wodopojów u stóp Zachodniej Diuny. Jednak obecność trasy hien zazwyczaj zdradzały tylko dyskretnie rozchylone trawy lub nieco bardziej ugnieciony piasek.

Gwiazdka zatrzymała się przy kępie trawy, obwąchując małą, ciemną grudkę na jednej z łodyg. Potem jak w jakimś dziwacznym popisie stanęła nad źdźbłem, uniosła ogon i wysunęła gruczoł przyodbytowy. Kręcąc zadem, by wyczuć nim trawę, skierowała dwupłatowy gruczoł w stronę źdźbła i naniosła na nie kroplę białej substancji, bardzo podobnej do kleju biurowego. Opuściła ogon, schowała gruczoł i ruszyła dalej. Powąchaliśmy „klej" – miał ostry, ciężki zapach. Tuż pod białą kropelką na trawce widniała mniejsza kropla rdzawej wydzieliny.

W następnych tygodniach na ścieżkach Gwiazdki widywaliśmy inne hieny; zawsze przemieszczały się same, często zatrzymując się, by powąchać wydzieliny pozostawione na źdźbłach przez Gwiazdkę i inne hieny. One także dodawały swój chemiczny podpis, więc w miejscach, gdzie ścieżki się przecinały, kępa trawy mogła nosić nawet trzynaście śladów zapachowych – całkiem jak słup ogłoszeniowy na skrzyżowaniu ruchliwych ulic.

Pewnej nocy podążaliśmy za bardzo płochliwą samicą, mniej więcej wielkości Gwiazdki. Nazwaliśmy ją Zjawą. Szła na południe wzdłuż koryta rzeki po jednej z hienich ścieżek i zatrzymywała się co sto metrów, by powąchać ślad zapachowy i zostawić swój własny. Przemierzyła Południową Równinę przez Wyspę Drzew i zagłębiła się w gąszcz, w którym znikła nam z oczu. Była pierwsza na ranem, więc zrobiliśmy sobie przerwę na kawę na skraju koryta rzeki. Potem zamierzaliśmy się rozejrzeć za następną hieną.

Właśnie siedzieliśmy na land roverze w świetle księżyca i popijaliśmy z termicznych kubków, gdy nadeszła Gwiazdka. Przecięła ścieżkę pierwszej hieny i zatrzymała się prawie na minutę, ze zjeżoną sierścią wdychając wydzielinę Zjawy. Potem zmieniła kurs i podążyła szybko w ślad za hieną.

Udało nam się nie stracić Gwiazdki z oczu i po jakimś czasie w świetle księżyca ujrzeliśmy Zjawę zbliżającą się w stronę Gwiazdki. Dwie czarne sylwetki poruszały się bezgłośnie w wysokiej, srebrzystej trawie. Zatrzymaliśmy się, Mark włączył latarkę i ujrzeliśmy najbardziej osobliwe zachowanie, jakiego kiedykolwiek byliśmy świadkami.

Gwiazdka podeszła bliżej; Zjawa przypadła brzuchem płasko do ziemi. Odsłoniła zęby jak w przesadnym uśmiechu. Długie uszy wystawały ponad jej głowę niczym kapelusz z obwisłym rondem, ściśle zakręcony ogon położyła na grzbiecie. Wydając piski jak zardzewiałe zawiasy, podpełzła w stronę Gwiazdki, która także się odwróciła, choć w przeciwnym kierunku. Za każdym razem, gdy Zjawa przeczołgiwała się przed nosem Gwiazdki, zatrzymywała się, by pozwolić jej obwąchać swoje gruczoły zapachowe pod ogonem. Hieny kręciły się wokół własnej osi niczym baletnice na mrocznej scenie.

To dziwne powitanie ciągnęło się przez parę minut, nawet wtedy, gdy Gwiazdka usiłowała już ruszyć w dalszą drogę. Kiedy tylko próbowała się oddalić, Zjawa wyprzedzała ją i kładła się przed nią, zapraszając do kolejnego niuchnięcia. W końcu niczym dama odprawiająca pokojówkę Gwiazdka wstała, wysoko zadzierając nos na znak, że nie zamierza dłużej spełniać zachcianek Zjawy. Rozeszły się w dwie różne strony.

Parę dni później znowu spotkaliśmy Gwiazdkę, ale nie była sama. W ślad za nią szły dwie drobne hieny o rzadszej, ciemniejszej sierści. Były od niej mniejsze o jedną czwartą. Nazwaliśmy je Pogo i Hawkins. Skakały za Gwiazdką, żartobliwie kąsając się w pyski i szyje. Gdy Gwiazdka znajdowała padlinę, podbiegały do niej z „uśmiechami", piszcząc i czołgając się przed jej nosem, by wybłagać dostęp do jedzenia. W odpowiedzi Gwiazdka dzieliła się z nimi swoim znaleziskiem, więc oczywiście założyliśmy, że to jej szczenięta. Ale następnej nocy ujrzeliśmy Pogo i Hawkinsa z Łatką, dorosłą samicą z postrzępionymi uszami. Skoro były szczeniakami Gwiazdki, to co robiły z inną hieną? W kwietniu znaliśmy już siedem różnych hien brunatnych z okolicy. Wielki samiec, którego nazwaliśmy Ivey, przybył tu przed paroma miesiącami. Były też cztery dorosłe samice – Łatka, Lucky, Gwiazdka i Zjawa – oraz młode, Pogo i Hawkins. Ale często trudno było zauważyć w mroku te ciemne, kudłate stworzenia, a ponieważ hieny brunatne niełatwo zauważyć nawet w najlepszych warunkach, wielokrotnie nie byliśmy pewni, którą z nich obserwujemy.

Niechętnie zaczęliśmy dopuszczać do siebie myśl, że będziemy musieli obezwładnić i oznakować jak najwięcej hien. Woleliśmy tego uniknąć, bo przyzwyczajenie ich do naszej obecności zajęło nam wiele miesięcy. Gdyby nasza ingerencja zaszkodziła któremukolwiek z siedmiu zwierząt, mogłoby to narazić na szwank całe nasze badania. Dopóki pozostawały nieoznakowane, popełnialiśmy nieuniknione błędy w ocenie ich zachowań społecznych.

Mark dorobił tłumik do strzelby na strzałki, używając zmodyfikowanego tłumika volkswagena, i czekaliśmy na właściwą okazję, by obezwładnić Gwiazdkę, Pogo i Hawkinsa. Nadarzyła się nam ona pewnej nocy, gdy młode szły za samicą do resztek oryksa. Szczeniaki szybko straciły zainteresowanie pomarszczoną skórą i kośćmi, których prawdopodobnie nie potrafiły zmiażdżyć małymi ząbkami, więc powędrowały w swoją stronę, zostawiając Gwiazdkę samą z łupem. Ruszyliśmy w jej stronę centymetr po centymetrze, zatrzymując samochód za każdym razem, gdy Gwiazdka podnosiła głowę. W ten sposób zbliżyliśmy się do niej na jakieś dwadzieścia metrów. Mark odmierzył dawkę powolnymi, ostrożnymi ruchami, przygotował strzałkę i wsunął ją do strzelby. Gwiazdka była bardzo nerwowa, może z powodu unoszącego się w okolicy zapachu lwów. Gdy strzelba szczęknęła, samica spojrzała na światło reflektorów i uciekła parę metrów dalej. Wpatrywała się w samochód przez minutę, ale potem oblizała się i powoli, z drgającym ogonem wróciła do pokarmu – znak, że znowu się uspokoiła.

Mark przyłożył policzek do kolby i wymierzył. Kurczowo ścisnęłam notes i odwróciłam wzrok, bojąc się tego, co się może wydarzyć, i pewna, że hiena ucieknie i więcej jej nie zobaczymy. Od tego strzału zależały miesiące naszej ciężkiej pracy – a wydawało mi się, że cały świat. Mark powoli wsunął rękę pod strzelbę, ale słysząc cichy szelest jego nylonowej kurtki, Gwiazdka znowu uciekła. Tym razem obserwowała land rover kilka minut, a potem się oddaliła.

Przez następną godzinę siedzieliśmy w zupełnym bezruchu, nie śmiąc nawet drgnąć. Gwiazdka nadal pozostawała w zasięgu naszego wzroku. Leżała z głową opartą na łapach i przyglądała się nam. Po jakimś czasie rozbolały mnie plecy, a biodra i nogi mi zdrętwiały. Nie wyobrażałam sobie, co czuje Mark, z jednym łokciem na kierownicy, drugim na framudze drzwi i policzkiem na kolbie.

Gwiazdka wyczuła, że coś jest nie tak. Wstała, niemal widzieliśmy, jak stara się zdecydować, czy zniknąć, czy wrócić do jedzenia. W końcu opuściła głowę i powoli począłapała do truchła. Mark delikatnie nacisnął spust. Rozległo się stłumione pyknięcie i zobaczyliśmy, jak strzałka wylatuje z lufy. Trafiła Gwiazdkę w bark. Hiena odskoczyła, obróciła się i chwyciła zębami za strzałkę. Potem rzuciła się do ucieczki. Mark skierował na nią reflektor, mamrocząc przekleństwa. Poza tym jednym ruchem nadal siedzieliśmy jak skamieniali.

Gwiazdka uciekła na kraniec plamy światła, w miejsce, gdzie prawie jej nie widzieliśmy. Zatrzymała się, rozejrzała się w ciemnościach, wytężając wzrok i słuch, jakby usiłowała wywnioskować, co ukąsiło ją w bark. Byłam pewna, że spapraliśmy sprawę i Gwiazdka nigdy nam nie zaufa. Ale potem zaczęła poruszać ogonem i – nie do wiary! – podeszła prosto do resztek zwierzęcia, które zaczęła zajadać, nie zaszczycając nas nawet jednym spojrzeniem.

Po paru minutach osunęła się na ziemię, a my odetchnęliśmy z ogromną ulgą. Pogo i Hawkins, mniej nieufni niż dorosłe hieny, wrócili do padliny i powąchawszy Gwiazdkę, zaczęli gryźć kości. Mark strzelił do nich i po piętnastu minutach wszystkie trzy hieny leżały spokojnie na trawie. Wzięliśmy skrzynkę z ekwipunkiem, ostrożnie wysiedliśmy z samochodu, rozciągnęliśmy zdrętwiałe kończyny i przystąpiliśmy do znakowania hien i mierzenia ich ciał.

– To chyba samica, nie? – szepnął Mark, klękając koło Gwiazdki.

– No, nie wiem. To jest prawdziwe? – Dotknęłam dwóch mięsistych gruzłów, które wyglądały jak jądra.

Oto my – dwójka studentów zoologii po trzynastu latach na uniwersytecie – obmacujących dziwne płciowe i pseudopłciowe narządy osobliwej bestii. Choć samice hien brunatnych nie mają pseudopenisa (tak naprawdę powiększonej łechtaczki) charakterystycznego dla samic hien cętkowanych, natura wyposażyła je w tłuszczowe fałdy lub guzy umiejscowione tam, gdzie u samca znajdowałyby się jądra. Po długim badaniu i naradach nadal nie wiedzieliśmy, czy Gwiazdka jest samcem, czy samicą. Na szczęście Hawkins był szczodrze wyposażony w autentyczne jądra, co rozwiązało nasz dylemat: Gwiazdka i Pogo z całą pewnością były samicami.

Gdy parę nocy później Gwiazdka z niebieskim klipsem w uchu przedefilowała w odległości piętnastu metrów od samochodu, nie okazywała nam najmniejszej nieufności. Pojechaliśmy za nią do szczątków gnu, zostawionych przez lwy koło Akacjowa. Zaczęła się pożywiać, a piętnaście minut później dołączyli do niej Pogo i Hawkins. Nie zdążyli zjeść zbyt dużo, gdy raptem cała trójka podniosła głowy i spojrzała w mrok. W świetle reflektora ujrzeliśmy Łatkę, która szła ku nim, wyciągając wysoko szyję. Pogo i Hawkins wrócili do jedzenia, ale dwie dorosłe samice zmierzyły się groźnym wzrokiem. Gwiazdka pochyliła głowę, położyła uszy płasko, zjeżyła sierść na całym ciele. Nagle Łatka skoczyła i chwyciła ją za szyję, gryząc i potrząsając nią gwałtownie. Gwiazdka zaskowyczała, gdy z rany na jasną sierść szyi trysnęła jej krew. Obie hieny kręciły się i potykały w suchej trawie. Gwiazdka nieustannie machała pyskiem w górę i dół, usiłując wyzwolić się z chwytu. Wokół walczącej pary unosiła się chmura pyłu.

Łatka wpijała się w nią przez prawie dziesięć minut, szarpiąc przeciwniczką z taką furią, że uniosła jej przednie łapy z ziemi. Krew kapała na piasek. Wśród chrapliwych oddechów i skowytów słychać było zgrzytanie zębów, przebijających grubą skórę. Łatka na chwilę puściła Gwiazdkę, znalazła inne miejsce koło jej ucha i wpiła się w nie. Oddalona o parę centymetrów odsłonięta tętnica Gwiazdki pulsowała. Łatka raz po raz zmieniała chwyt na szyi Gwiazdki, wlokąc ją po piasku jak szmacianą lalkę. Mieliśmy wrażenie, że patrzymy na uliczną napaść.

Po dwudziestu strasznych minutach Łatka nagle puściła Gwiazdkę. Zrobiło mi się niedobrze na widok poszarpanej, zmasakrowanej szyi z ziejącymi dziurami wielkości pensa. Przez chwilę sądziłam, że Gwiazdka upadnie i już się nie podniesie. Ale ona, jakby chodziło o zwykłą utarczkę, potrząsnęła długą grzywą, strzepnęła ogonem i ramię w ramię z Łatką podeszła do padliny. Dwa szczeniaki w ogóle nie przejęły się sceną; cała czwórka zaczęła zajadać, stojąc tuż obok siebie, niemal stykając się pyskami. Choć nie dostrzegliśmy żadnych innych oznak agresji, po pięciu minutach Gwiazdka zostawiła pożywienie i zasnęła nieopodal. Nie wróciła do padliny, dopóki Łatka się nie oddaliła. Nigdy dotąd nie donoszono o takim zachowaniu i było to jedno z najbardziej intensywnych i poruszających starć między zwierzętami, jakich byliśmy świadkiem na Kalahari.

Widzieliśmy wiele razy jak hieny – rzekomo samotnicy – odwiedzają oznaczone śladami zapachowymi trasy i witają się w tej dziwacznej ceremonii z przypadaniem do ziemi. Widzieliśmy Pogo i Hawkinsa, żerujących z dwiema różnymi dorosłymi samicami. A teraz, choć dwie hieny wdały się w bójkę, pożywiały się zgodnie tą samą padliną. Co za sprzeczne sygnały! To zdecydowanie nie było zachowanie samotniczego gatunku, w którym samice i samce znoszą swoją obecność tylko na czas rozrodu. Nabieraliśmy coraz silniejszego przeświadczenia, że hieny brunatne mają jakiś niezwykły system społeczny.

Parę dni później, gdy nocą szukaliśmy hieny, za którą moglibyśmy pojechać, natknęliśmy się na lokalne stado lwów pożerających oryksa zabitego koło Wyspy Orłów – grupy drzew na północ od wodopoju przy Środkowej Równinie. Koło jedenastej wieczorem zostawiły padlinę i ruszyły na południe wzdłuż koryta rzeki. Po godzinie Ivey, Łatka, Gwiazdka, Zjawa, Pogo i Hawkins zjawili się przy padłym zwierzęciu albo w jego pobliżu.

Zanim noc dobiegła końca, zaobserwowaliśmy więcej przypadków dziwacznych powitań i kąsania się w szyję, czasem poprzedzonego rundą walk, w których hieny stawały obok siebie i mocno uderzały się pyskami, usiłując wgryźć się nawzajem w gardła.

Ale na ogół spotkania nad padliną przebiegały bardzo spokojnie i w zorganizowany sposób. Na ogół jedna hiena – nigdy więcej niż trzy – jadła, a inne spały, dbały o higienę bądź kontaktowały się ze sobą. Zmieniały się przy mięsie – gdy jedna odchodziła w krzaki z udźcem, druga zaczynała się pożywiać. Miało minąć jeszcze sześć godzin, zanim ostatnia hiena znikła w zaroślach, zostawiając za sobą tylko porzuconą żuchwę i rozlaną zawartość żwacza. Było to bardzo relaksowe tempo w porównaniu z żerowaniem na wyścigi hien cętkowanych z Serengeti we wschodniej części Afryki. Te tłoczyły się przy padlinie, pożerając, ile tylko się dało. Doktor Hans Kruuk*, który badał ich zachowania w Serengeti, widział raz klan dwudziestu jeden hien, które w trzynaście minut pożarły roczne, prawie stukilowe gnu.

Niestety, hieny brunatne żerujące razem na wielkiej padlinie widywaliśmy najwyżej dwa razy tygodniowo w porze deszczowej. Mimo to po kilku miesiącach zaczęły nam się kształtować zarysy ich organizacji społecznej. Byliśmy pewni, że siedem hien z okolicy nie było samotnikami, ale członkami klanu**. Siłując się i kąsając w szyję, ustalały swoje miejsce w hierarchii, które okazywały i potwierdzały podczas powitania. Ivey, jedyny dorosły samiec w grupie, był najważniejszy. Porządek społeczny wśród samic kształtował się od Łatki na szczycie przez Gwiazdkę, Lucky i Zjawę aż do Pogo. Hawkins, młody samczyk, znajdował się na tym samym poziomie społecznym co Pogo.

Na ogół, gdy dwie hieny brunatne spotykają się na ścieżce, potwierdzają swój status poprzez powitania, a potem rozchodzą

---

*Kruuk, str. 126
**Owensowie, 1979a, str. 405–8

się w swoje strony. Kąsanie w szyję następuje tylko wtedy, gdy istnieją wątpliwości co do tego statusu albo gdy jakaś hiena usiłuje awansować w hierarchii. Gwiazdka wydawała się szczególnie ambitna: czasem pojawiała się przy padlinie i nic nie jadła. Ze zjeżoną długą sierścią wykorzystywała ten czas na podgryzanie samic stojących niżej od niej albo na rzucaniu wyzwań Łatce.

Jeden z plusów wysokiej rangi stawał się oczywisty, gdy kilka hien żerowało na padlinie wielkiego zwierzęcia: jeśli Ivey podchodził do Zjawy, na ogół jedli razem zaledwie dwie do trzech minut, a potem Zjawa odchodziła i odpoczywała w pobliżu aż do odejścia Iveya. Dość często dominująca hiena nie dopuszczała się agresji; mieliśmy wrażenie, że jej podkomendny po prostu nie czuje się swobodnie, jedząc ze swoim zwierzchnikiem, i woli zaczekać. W rezultacie osobniki dominujące zwykle miały pierwszeństwo w dostępie do pożywienia.

Przy dużych zwierzętach, takich jak oryks, mogła się najeść nawet stojąca nisko w hierarchii Zjawa. Ale przy mniejszych, jak antylopik lub skocznik, rywalizacja stawała się o wiele bardziej ostra: hieny spieszyły się bardziej i najwyżej dwie pierwsze mogły zdobyć coś do jedzenia. Gdy ze zwierzęcia zostawało mniej niż dwadzieścia lub dwadzieścia pięć kilo, dominujący osobnik często zbierał poszarpane resztki i kawałki i potykając się o zwisające fałdy skóry, odchodził z nimi w zarośla, ciągnąc za sobą szereg szakali.

Lwy, wilki i inne stadne drapieżniki na ogół sypiają, polują i jedzą z przynajmniej niektórymi członkami grupy. Hieny brunatne, choć zorganizowały się w klan, na ogół samotnie spały i szukały pożywienia, tylko sporadycznie spotykając się z innymi członkami grupy – na uczęszczanych ścieżkach albo przy padlinie. Mają ograniczony repertuar sygnałów głosowych i ani jednego, który pozwalałby im porozumiewać się na duże dystanse – podobnie jak hieny cętkowane. Może dlatego, że w suchym powietrzu

Kalahari dźwięk nie przenosi się dobrze, a może dlatego, że ich terytoria są zbyt rozległe, by członkowie klanu mogli usłyszeć nawet bardzo głośne wołanie. Z jakiegoś powodu hieny brunatne nie komunikowały się głosem na odległość większą od paru metrów i nie wydawały głośnego skowytu ani nawet „śmiechu", z którego słyną ich cętkowane kuzynki. Brak donośnego głosu może stanowić problem dla zwierząt, które poruszają się niezależnie od siebie na wspólnie zamieszkiwanym terytorium liczącym ponad sześćset kilometrów kwadratowych, ale muszą także utrzymywać kontakt z innymi członkami grupy. Jednakże dobrze rozwinięty system komunikacji zapachowej prawdopodobnie przejął rolę głośnych wokalizacji. Hieny cętkowane także znaczą terytorium, ale nie aż tak, jak ich brunatne kuzynki, dla których jest to najważniejsza metoda przekazywania informacji między osobnikami. Członkowie klanu wydają się rozpoznawać płeć, status społeczny i tożsamość osobnika po jego śladzie zapachowym. Dla zwierząt społecznych, które muszą przez długie godziny szukać samotnie resztek pokarmu, jest to idealny sposób na „rozmowy międzymiastowe" z członkami grupy. Hieny z klanu Deception zostawiały też obfite ślady, by oznaczyć granice swojego terytorium.

A zatem hieny brunatne w interesujący sposób łączyły życie społeczne z samotnością; szukały pokarmu i spały w pojedynkę, wspólnie żerowały na padlinach dużych zwierząt, ale przy pierwszej okazji oddalały się z zapasem mięsa dla siebie. Nie komunikowały się ze sobą na odległość głosem, ale zostawiały wiadomości zapachowe. I przynajmniej przez jakiś czas samice pozwalały młodym podążać za sobą podczas poszukiwania jedzenia.

Kiedy Pogo i Hawkins koło trzydziestego miesiąca życia zyskały sylwetki dorosłych osobników, Łatka, Gwiazdka, Lucky i Zjawa przestały tolerować ich obecność podczas wypraw po żywność. Podrostki stanęły przed koniecznością samodzielnego znajdowania jedzenia. Pogo musiała rywalizować z innymi samicami, a Gwiazdka nie pozwalała jej zapomnieć nawet na minutę, kto tu rządzi.

Podczas jednej z takich niezapomnianych sytuacji obserwowaliśmy, jak Gwiazdka gryzie w szyję Pogo przez ponad dwie godziny. Wgryzała się w jej gardło i potrząsała nią przez ponad piętnaście minut za jednym razem. Mała krzyczała jak człowiek i trudno było nam patrzeć na to bezczynnie. Gdy Gwiazdka dobitnie zaznaczyła swoje stanowisko, Pogo zaakceptowała sytuację i zaczęła witać starszą samicę uniżonym pełzaniem.

Los Hawkinsa wyglądał inaczej. Pewnego dnia wczesnym rankiem, posilający się resztkami upolowanej przez lwa zwierzyny samczyk podniósł głowę i ujrzał nadchodzącego z północy Iveya. Powoli zbliżył się do dominującego samca i właśnie zaczynał okazywać poddańcze zachowania, gdy starszy samiec skoczył na niego, chwycił go za kark i mocno nim potrząsnął. Hawkins zawył, usiłując się uwolnić. Ivey ukąsił go w ucho, policzek, a potem kark tak mocno, że na jasnej sierści Hawkinsa ukazała się krew. Gdy Ivey chciał zmienić chwyt, Hawkins się wyrwał, ale nie uciekł. Wielkimi susami okrążał padlinę tak długo, aż samiec bez trudu go dogonił. Stanęli naprzeciwko siebie, ścierając się potężnymi pyskami i usiłując dosięgnąć gardła przeciwnika.

Ivey znowu zdołał chwycić młodzika za kark. Tym razem potrząsnął nim brutalnie i rzucił na ziemię. Hawkins zdołał uciec, ale znowu tak naprawdę nie starał się oddalić, jakby zapraszał starszego samca do kolejnego starcia. Wiele ryzykował; szansa na pozostanie w rodzinnym klanie na znajomym terytorium zawisła na włosku. Ivey chwycił go ponownie. Ta potyczka ciągnęła się przez ponad dwie godziny i obrywał wyłącznie Hawkins.

W końcu Ivey go puścił. Podszedł do wodopoju, napił się i położył, ciężko ziając. Hawkins podążył za nim i przechadzając się tuż przed jego nosem, jakby prowokował kolejny atak. Gdy Ivey zignorował jego wyzwanie, Hawkins stanął jakieś osiem metrów od starego przywódcy, ostentacyjnie, choć niezbyt efektownie rozniósł przyniesiony patyk na drzazgi. Gdy Ivey nie zareagował, młody znowu zaczął przed nim krążyć, skracając dystans do pięciu metrów. Ivey odpoczął i ponownie ruszył do ataku; raz jeszcze zaczął się znęcać nad Hawkinsem, który wytrzymał tym razem parę minut, po czym w końcu się wyrwał i powoli ruszył w stronę lasu na Wschodniej Diunie. Ivey nie poszedł za nim.

Przez kolejne tygodnie Hawkins z coraz większym trudem, tak by nie podpaść Iveyowi, znajdował pożywienie na terytorium klanu. Zaczął się poruszać na obrzeżach terenu hien i w końcu zniknął. Jeśli przetrwał w pojedynkę, kiedyś rzuci wyzwanie dominującemu samcowi innego klanu i być może zostanie jedynym rozpłodowym samcem. Jeśli jednak szczęście do samic i terytorium mu nie dopisze, pozostanie samotnym wyrzutkiem, wegetującym z dala od najlepszych nadrzecznych dolin. Jego jedyną szansą na rozród będzie parzenie się z samotną samicą albo potajemna kopulacja z samicą z klanu.

Choć hieny brunatne zawsze żerowały samotnie, wiedzieliśmy teraz, że są zwierzętami społecznymi – a nawet bardzo społecznymi. Zwierzęta nawiązują kontakty z powodów adaptacyjnych, nie dlatego, że lubią swoje towarzystwo. Lwy, likaony, wilki, ludzie z prymitywnych plemion i hieny cętkowane polujące w grupie potrafią zabić większą zwierzynę niż pojedynczy osobnik. Hieny brunatne są na ogół padlinożercami i rzadko polują. Ale skoro tego nie robią, dlaczego żyją w klanie i dzielą się resztkami upolowanych przez lwy zwierząt? Do czego są sobie nawzajem potrzebne? Dlaczego w ogóle się ze sobą kontaktują? Jak się okazało, na te wszystkie pytania istniała jedna odpowiedź.

6

OBÓZ

Delia

Nie kocham mniej Człowieka, lecz bardziej Naturę.

Lord Byron

Wkrótce po pożarze doszliśmy do wniosku, że nasz pierwotny obóz stał się zbyt wystawiony na uporczywy wiatr, więc następny dosłownie wbudowaliśmy w zagajnik, wycinając z niego dwie lub trzy suche gałęzie, by zrobić miejsce na spłowiały namiot, który dostaliśmy od przyjaciela z Maun.

Nasz zagajnik był pełen jujub i akacji, stojących w wysokiej trawie i splątanych zaroślach. Jujuba miała liczne pnie, z których jakieś cztery metry nad ziemią rozcapierzały się cieńsze, cierniste gałązki, spływające splątaną kaskadą w dół. Akacje o płaskich koronach i powłóczyste jujuby splatały się ze sobą, tworząc nad naszymi głowami dach tak gęsty i zielony, że w porze deszczowej prawie nie widzieliśmy nieba. Obóz otaczały otwarte równiny w pobliżu pradawnej rzeki, rozpościerające się aż po horyzont na północ i południe. Na wschodzie i zachodzie zbocza wydm wznosiły się łagodnie ku zadrzewionym szczytom.

Ponieważ nie chcieliśmy zakłócać spokoju małym ssakom i ptakom w naszym zagajniku, zostawiliśmy suche drewno, trawę i zarośla tak, jak je zastaliśmy. Jedyne wąskie ścieżki prowadziły z kuchni, ulokowanej w niszy w głębi zagajnika, do namiotu. Przez pierwszy rok nasza wyspa drzew była tak zarośnięta po ulewnych deszczach, a obóz tak dobrze ukryty, że od czasu do czasu w sklepieniu nad nami pojawiała się głowa żyrafy. Po zerwaniu paru liści z kolczastych gałęzi żyrafa zauważała nas i nasz skromny dobytek. Wtedy zarzucała ogon na zad, odchodziła w stronę rzeki, oglądając się, jakby się zastanawiała, czy my się jej przywidzieliśmy.

W czasie pory deszczowej 1975 roku bywało, że obok nas pasło się nie mniej niż trzy tysiące skoczników – tak blisko, że słyszeliśmy, jak burczy im w żołądkach.

Ponieważ była to pustynia, każda żywa roślina miała znaczenie dla jakiegoś stworzenia. Obsesyjnie chroniliśmy wszystkie ulistnione gałęzie i więdnące trawki – do tego stopnia, że naszych nieczęstych gości-ludzi prosiliśmy, żeby nie schodzili ze ścieżek. Raz bardzo się zdenerwowałam, gdy odwiedzający nas naukowcy ogołocili z zieleni spory kawał terenu na środku obozu, żeby położyć na nim śpiwory. Przez wiele miesięcy po ich odjeździe – aż do nowego deszczu – ślad po ich działalności był suchą „próżnią, której nie znosi natura". Nasze zachowanie stanowiło chyba rozpaczliwą próbę, by powrócić w świat dzikiej przyrody, nie krzywdząc ani nie obrażając nikogo. Czuliśmy się jak goście, którzy składają wizytę po długiej nieobecności.

* * *

Stałam na stercie drewna i patrzyłam, jak fale żaru pożerają rozmytą sylwetkę land rovera. Był początek pory deszczowej w 1975 roku i Mark jechał do Maun po zapasy. Ponieważ miało go nie być trzy lub cztery dni, nie chciał zostawiać mnie samej w obozie, ale uparłam się, że zostanę, żeby nadgonić papierkową robotę. Pomruk silnika ucichł za wydmami i poczułam się najbardziej samotną istotą na ziemi. Zostałam nie tylko po to, żeby przepisywać notatki, ale także, by doświadczyć poczucia kompletnej izolacji. Przez jakiś czas patrzyłam na koryto rzeki i czułam, jak spływa na mnie to uczucie. Było przyjemne. Ale do kompletnej samotności trzeba się przyzwyczaić. Choć byłam jedynym człowiekiem na tysiącach kilometrów kwadratowych, trudno było mi się pozbyć wrażenia, że ktoś mnie obserwuje. Robiąc herbatę, mówiłam do siebie głośno, ale kusiło mnie, by się obejrzeć, czy nikt nie podsłuchuje. Nie niepokoiło mnie to, że jestem sama, lecz wrażenie, że mogę nie być sama.

Poszłam do kuchni, rozruszałam ogień w popiele i postawiłam na nim stary emaliowany czajnik, żeby zagotować wodę na herbatę. Czajnik był obrośnięty wieloma warstwami sadzy – pamiątka po tysiącu ognisk – a na sfatygowanej rączce nosił ślady po zębach hien, które lubiły go kraść. Ten czajnik był naszym jedynym źródłem gorącej wody. Służył nam pomocą, gdy chcieliśmy się umyć lub zaparzyć kawę.

Zrobiłam zwykłą fasolę na gęsto i wkrótce zabulgotała na ciężkiej żelaznej kuchence od Bergiego. Potem zagniotłam ciasto na chleb, włożyłam je do trójnożnego garnka i postawiłam na słońcu, żeby wyrosło. Następnie przewróciłam na bok dwudziestolitrowe wiadro i włożyłam dwie formy z chlebem do środka. Za pomocą łopaty obsypałam rozżarzonymi węglami piec z wiadra. W południowym upale, przy nieustannie wiejącym wietrze, chleb miał się upiec w siedemnaście minut. Gdyby nie było wiatru, potrzebowałby dwudziestu pięciu minut, a w nocy, gdy jest chłodniej i wilgotniej – godziny.

Nasze zapasy żywności ograniczał wybór w sklepach w Maun, a także finanse. Musieliśmy też kupować tylko to, co przetrwałoby długą podróż w upale. Czasem w miejscowych sklepach brakowało nawet najbardziej podstawowych produktów jak mąka, kasza kukurydziana, cukier, słonina i sól.

Nie mieliśmy lodówki, więc nie mogliśmy długo przechowywać łatwo psujących się artykułów. Cebula wytrzymywała kilka miesięcy, o ile zawiesiliśmy ją w suchym miejscu, a marchew, buraki i rzepa, które czasem kupowaliśmy od ogrodników z Maun, były dobre przez dwa tygodnie, pod warunkiem, że zakopaliśmy je w piasku i spryskiwaliśmy pomyjami. Od czasu do czasu musieliśmy je przenosić w nowe miejsce, żeby zmylić termity. Pomarańcze lub grejpfruty pozostawały zdatne do jedzenia do dwu i pół miesiąca podczas pory suchej. Ich skórka stopniowo twardniała, chroniąc soczysty miąższ przed wyschnięciem. W czasie suchych miesięcy nic się nie psuło.

W 1975 roku otrzymaliśmy z Departamentu Dzikiej Przyrody pozwolenie na okazjonalne odławianie jednej antylopy w celu analizy zawartości jej żwacza. Nie znosiliśmy tego robić, ale świadomość, jakie trawy czy liście spożywają w kolejnych porach roku, była ważna dla przyszłej ochrony tych zwierząt. Mark zawsze poświęcał na polowanie wiele godzin – starannie odłączał wyznaczoną sztukę od stada, żeby nie niepokoić innych. Te środki ostrożności się opłaciły, bo podczas całego naszego pobytu w Deception Valley skoczniki i oryksy traktowały nas tak samo jak wtedy, gdy tu przybyliśmy.

Nauczyliśmy się, jak robić *biltong* – suszone mięso antylopy – marynując je przez noc w wannie w mieszaninie octu z solą i pieprzem, a potem susząc ją w paskach na haczykach z drutu. Po trzech dniach były gotowe i mogliśmy je przechowywać przez kilka miesięcy. Te paski, zanurzone w pikantnej musztardzie, która dodawała im smaku, często były naszym jedynym źródłem białka. Ale żylaste mięso szybko nam powszedniało, więc starałam się je przygotowywać bardziej kreatywnie. Oto jeden z przepisów, które stworzyliśmy:

SKŁADNIKI

Dwa kawałki bardzo suchego biltonga

ususzona na pustyni cebula

ususzona na pustyni zielona papryka

kruche ciasto

Utłuc biltong w wannie trzykilogramowym młotkiem i hakiem holowniczym, po czym namoczyć w wodzie z cebulą i papryką. Odsączyć i smażyć krótko na rozgrzanym oleju. Pociąć ciasto na trójkąty, kłaść na każdym łyżkę biltonga i zwijać. Smażyć, aż staną się chrupkie i złotobrązowe.

Biltong był smaczny także z chlebem kukurydzianym (bez jajek), jednym z naszych stałych punktów diety:

⅓ szklanki margaryny z puszki

4 łyżki stołowe mleka w proszku

⅓ szklanki brązowego cukru

szklanka wody

szklanka mąki

szklanka kaszy kukurydzianej

3 łyżeczki proszku do pieczenia

sól do smaku

Utrzeć margarynę z cukrem. Dodać mleko w proszku i wodę, mąkę, grysik kukurydziany, proszek do pieczenia i sól, dobrze wymieszać. Wlać do natłuszczonej formy i piec w wiadrze na średnio rozpalonych węglach dwadzieścia pięć minut (piętnaście, jeśli wiatr wieje z taką samą siłą).

Gdy nie mieliśmy mięsa, jedliśmy rozmaite potrawki z suszonej fasoli, kukurydzy, sorgo i kaszy kukurydzianej. Ich mdły smak można było trochę wzbogacić cebulą, curry, chili i meksykańskimi dodatkami, ale często przełykaliśmy jedzenie najszybciej jak się da i popijaliśmy puszką słodkiego koktajlu owocowego, o ile jakiś został w naszej spiżarni ze skrzynki po herbacie.

We wrześniu i październiku, przed nadejściem deszczu, samica strusia składa do dwudziestu kremowych jaj. Każde ma około dwudziestu centymetrów wysokości i czterdzieści centymetrów w obwodzie – z grubsza odpowiada dwu tuzinom kurzych jaj. Choć nigdy nie okradliśmy nietkniętego gniazda, czasem znajdowaliśmy porzucone jajo, gdy drapieżnik przepędził rodziców. Gdybyśmy wiedzieli, jakim skarbem takie jaja są dla hien brunatnych, które nie miały zapasów wody w beczkach ani puszek koktajlu owocowego, nigdy byśmy ich nie tknęli.

Mark wywiercał ręczną wiertarką dziurę z jednego końca jaja. Potem, trzymając je między kolanami, wkładał do niego zakrzywiony drut – uprzednio wysterylizowany nad ogniem – i obracał między dłońmi, mieszając białko i żółtko. Wylewałam część zawartości jajka na patelnię, a potem zaklejałam dziurkę plastrem, po czym zakopywałam jajo w cieniu drzewa. Jeśli jego zawartość nie została zanieczyszczona, mogliśmy jeść każdego ranka jajecznicę albo omlet przez następne dwanaście dni.

Jedynym niebezpieczeństwem było to, że nie wiedzieliśmy, na ile świeże jest porzucone jajo, dopóki nie przebiliśmy jego grubej skorupy. Jeśli Mark nie zachował wystarczającej ostrożności, śmierdzący płyn z zepsutego jajka strzykał mu w twarz. Ja za każdym razem opuszczałam kuchnię, ale po przekleństwach Marka i tak poznawałam, że jajo było nieświeże.

* * *

Ranek, gdy Mark wyjechał do Maun, minął, zanim zdążyłam choćby napocząć górę papierów piętrzących się na stoliku pod jujubą. Zawsze mieliśmy jakieś nagrania do transkrypcji i listy do napisania. Przed wyjściem z kuchni automatycznie odsunęłam czajnik na krawędź kuchenki, żeby woda się nie wygotowała. Oszczędzanie jej weszło nam w krew; inaczej musielibyśmy marnować mnóstwo czasu i pieniędzy na uzupełnianie jej zapasów.

Gdy tylko nad wydmami pojawiały się nisko sunące szaroczarne chmury, Mark i ja zaczynaliśmy biegać wokół namiotu, rozstawiając garnki i rondle, by złapać w nie deszczówkę. Potem zamykaliśmy namiot, przewracaliśmy beczki na benzynę na bok, chowaliśmy worki z mąką i nasze zapiski na przednim siedzeniu land rovera, zakrywaliśmy półkę z jedzeniem płachtami, stawialiśmy skrzynki ze sprzętem na kamieniach i przykrywaliśmy ognisko. W końcu sprawdzaliśmy linki namiotu i uznawaliśmy obóz za zabezpieczony.

Po przejściu ulewy przelewaliśmy wodę z garnków do beczek. Następnie wybieraliśmy do trzystu litrów brązowej wody, w której staliśmy po kostki w obozowisku.

Później, gdy błoto trochę opadało, jechaliśmy do wodopoju na Środkowej Równinie i garnkami i lejkami, zrobionymi z plastikowych butelek, godzinami czerpaliśmy zapasy wody. Nie mogliśmy uniknąć bobków skoczników i oryksów, które unosiły się na powierzchni, ale opadały na dno beczki i nie zagrażały nam zanadto, bo piliśmy tylko przegotowaną wodę. Zawsze zachowywaliśmy ten środek ostrożności.

Był taki miesiąc w 1975 roku, gdy oboje dostaliśmy poważnych skurczy jelit, biegunki i wpadliśmy w letarg. Objawy te utrzymywały się wiele dni. Słabliśmy coraz bardziej i nie mieliśmy pojęcia, co się dzieje. Nasze zapasy wody były na wykończeniu; martwiłam się, że jeśli rozchorujemy się bardziej, nie zdołamy ich uzupełnić. Bez radiostacji nie mogliśmy wezwać pomocy.

Mark wypełzł z namiotu i co chwila przystając dla odpoczynku, zlał resztki wody z beczek do paru wiader. Gdy przechylał ostatnią beczkę, do wiadra spłynęły pióra, a potem cuchnąca maź z rozkładającego się ptaka, który najwyraźniej utonął tu parę tygodni temu. Od tamtej chwili nie piliśmy ani kropli nieprzegotowanej wody, bez względu na to, jak czysta się wydawała, a korki okręcaliśmy szmatkami.

Lionel Palmer – myśliwy, który podsunął nam pomysł wyjazdu na Kalahari – niedawno pożyczył nam małą przyczepę i zapewnił nas, że da się ją wykorzystać do wożenia wody. Tego ranka, gdy znaleźliśmy martwego ptaka, zaciągnęliśmy przyczepę do wodopoju, z którego teraz braliśmy wodę, i załadowaliśmy jedną beczkę do Szarej Gęsi, jedną na jej dach, a trzy na przyczepę. Jedna beczka, wypełniona dwustoma litrami wody, ważyła prawie dwieście pięćdziesiąt kilo, więc Mark ociosał parę kawałków drewna i wsunął je pod resory land rovera, by pomóc im podtrzymywać ciężar.

W drodze powrotnej do obozu nie zdążyliśmy przejechać nawet dwóch kilometrów, gdy nagle z tyłu samochodu rozległ się potworny zgrzyt. Szara Gęś miotnęła się do przodu i stanęła. Jedna beczka z wodą przebiła podłogę przyczepy i oparła się o koło. Wydźwignęliśmy ją, zasłoniliśmy dziurę w dnie zapasowymi deskami i przywiązaliśmy beczkę sznurem, po czym znowu ruszyliśmy.

Cztery kilometry dalej przez dno wypadła druga beczka. Ponownie załataliśmy dziurę i kawałkami poszarpanego sznurka przywiązaliśmy beczkę najlepiej jak umieliśmy, po czym znowu ruszyliśmy, tym razem w ślimaczym tempie.

Ujechaliśmy może siedem lub osiem kilometrów, gdy terenówka przechyliła się na bok z hurgotem beczek. Podbiegliśmy do przyczepy i zobaczyliśmy hak holowniczy wygięty w S, który skręcił się ku ziemi i wyorał w niej bruzdę, gdy wszystkie trzy beczki poleciały naprzód.

Zakurzeni, obsypani nasionami traw, opływający potem, pokonaliśmy trzynaście kilometrów w cztery godziny w pięćdziesięciostopniowym upale. Wyczerpani i osłabieni po chorobie, osunęliśmy się na piasek w cieniu rozpalonego samochodu i oparliśmy pulsujące głowy na kolanach. Nie wiedziałam, jak zdołamy jechać dalej. Mark z zaciśniętymi zębami wpatrywał się w milczeniu w sawannę. Kalahari była nieubłagana – nigdy niczego łatwo nie oddawała.

Po paru chwilach Mark dźwignął się z ziemi i podał mi rękę. Umieścił lewarek pod belką haka holowniczego i podniósł przyczepę razem z land roverem, aż całkiem się wyprostowały. Potem wziął złamany hak w łupki zrobione z rączki korby do land rovera i małych kawałków drewna wyciętych z pobliskiej kępy drzew. Przeorganizowaliśmy ułożenie beczek i ruszyliśmy znowu.

Niemal co kilometr musieliśmy się zatrzymywać, żeby ochłodzić Gęś. Mark polewał wodą chłodnicę, a ja szczotką do włosów zgarniałam gęsty kożuch nasion traw, zatykający odpływ powietrza. Usuwając świecę, przykładając rurę do otwartego cylindra i uruchamiając silnik, przedmuchiwaliśmy zaklejoną osłonę chłodnicy. Zanim mogliśmy ruszyć na nowo, Mark musiał wczołgiwać się pod land rovera i długim śrubokrętem oczyszczać podwozie z osmalonych traw, które się na nim tliły. W buszu samochody często stają w ogniu z powodu zapalenia się trawy w rurze wydechowej.

Znowu ruszyliśmy powolutku i nagle poczuliśmy dym. Mark zahamował i wyskoczyliśmy. Nie na długo wystarczyło oczyszczenie przegrzanej rury wydechowej, która właśnie się zapaliła. Gęsty biały dym buchał spod samochodu. Mark chwycił szlauch i klucz francuski, popędził na tył land rovera i szybko otworzył beczkę. W kłębach bieli pojawiły się pomarańczowe płomienie. Mark przez chwilę zassał rurkę z jednej strony, by wytworzyć

podciśnienie, i opryskał podwozie wodą. Dym stał się czarny,
a ogień zgasł w kłębach pary i popiołu.

Pięć godzin i trzy przebite opony, później dowlekliśmy się do
obozu i padliśmy na piankowe materace pod gwiazdami.

Następnego dnia znikąd pojawiła się przerażająca burza
i wokół nas spadły potoki wody. Nie została nam już ani jedna pusta manierka, którą moglibyśmy napełnić. Kalahari wypiła
wszystko.

* * *

Choć przez te cztery dni wyjazdu Marka do Maun czułam się
kompletnie odizolowana od ludzi, w żadnym razie nie byłam
sama. Pierwszego dnia późnym popołudniem odłożyłam notatki,
ukroiłam kromkę świeżo upieczonego chleba i usiadłam w naszym salonie – zaciszu pod spływającymi w dół gałęziami jujuby.
W ułamku chwili wokół mnie pojawiły się chmary ćwierkających
ptaków. Wódz, toko żółtodzioby o łobuzerskim spojrzeniu, przyglądał mi się z akacji po drugiej stronie ścieżki. Potem zeskoczył
z gałęzi, rozłożył skrzydła i wylądował mi na głowie, trzepocząc
skrzydłami wokół moich uszu. Dwa inne usiadły na ramionach,
a cztery na kolanach – te skubały moje dłonie i palce. Inne unosiły się w powietrzu, dopóki nie zdołały dziobnąć kawałka skórki.
Resztę chleba pokruszyłam i rzuciłam ptakom.

Jedną z pierwszych rzeczy, jaką zrobiliśmy na naszej wysepce
drzew, było wystawienie resztek chleba i małej miseczki z wodą.
Wkrótce w koronach drzew zaroiło się od dziesiątków ptaków –
motylików fioletowouchych, łuskogłowików czarnobrodych,
dzierzyków purpurowych, pokrzewic, mucharek białobrzuchych.
Wczesnym rankiem trawomyszki, ryjówki i afrowiórki śmigały
nam wokół nóg, rywalizując z ptakami o jedzenie. Ale toko zawsze
były naszymi ulubieńcami.

Toko żółtodzioby wygląda jak poskładany z różnych części: żółty zakrzywiony dziób, który wydaje się zbyt wielki w stosunku do jego drobnego czarno-białego ciała, długi czarny ogon, który wygląda jak doklejony na chybił trafił, oraz długie rzęsy, które trzepoczą uwodzicielsko – przeuroczy towarzysz. Rozróżnialiśmy czterdzieści osobników po naturalnych znakach charakterystycznych albo po plamkach czarnej farby, które nałożyłam im na dzioby, gdy brały chleb z moich palców.

Zawsze, gdy gotowałam, „toczki" tłoczyły się wokół kuchni, przysiadały mi na głowie i ramionach, a nawet na patelni, najpierw jedną, potem drugą nogą, rzucając mi paskudne spojrzenia, jakby wiedziały, że to za moją sprawą patelnia jest zbyt rozgrzana. Znajdowały pozostawione w słoikach płatki owsiane i ryż, podważając wieczka zakrzywionymi jak półksiężyce dziobami.

Pewnego dnia siedzieliśmy pod drzwiami, pisząc, gdy gdzieś z góry sfrunęła sóweczka i pochwyciła łuskogłowika – malutkiego ptaszka z wyraźną czarną bródką. Wszystkie ptaki z obozu – nie tylko łuskogłowiki – natychmiast przyfrunęły i usiadły na okolicznych gałęziach, krzycząc z zaniepokojeniem. Ofiara sóweczki skrzeczała i rozpaczliwie trzepotała skrzydełkami, szarpiąc się w szponach napastnika. Potem jeden toko wskoczył na gałąź tuż pod sóweczką, wyciągnął dziób i wyszarpnął łuskogłowika, któremu udało się uciec. Trudno powiedzieć, czy toko usiłował go uratować, czy liczył na łatwą zdobycz; wolę to pierwsze, ale wierzę w drugie.

Kolejnym stałym mieszkańcem obozu był Laramie, samiec jaszczurki, który gnieździł się co noc w pustym pudełku na nocnej szafce ze skrzynki po pomarańczach. Witaliśmy go szczególnie serdecznie ze względu na jego gargantuiczny apetyt na muchy, które nękały nas w namiocie. Z niewyczerpaną cierpliwością i niezwykłą sprawnością dopadał je jedną po drugiej i pożerał z głośnym mlaskaniem. Ale jego ulubionym przysmakiem były termity. Często karmiłam go nimi pincetką, a on zajadał, siedząc na starej blaszanej skrzyni na ubrania przy łóżku.

Ponieważ suwaki namiotów słyną z krótkiego życia, rzadko drzwi i okna naszego namiotu były szczelnie zamknięte. Z tego też powodu nocą częstymi gośćmi bywały u nas myszy. Znajdowały drogę do naszego łóżka, zwłaszcza w zimnej suchej porze. Gdy poczuliśmy ruch pod pościelą, wyskakiwaliśmy z łóżek i miotaliśmy się w ciemnościach, machając przygasającymi latarkami i wytrząsając prześcieradła. Gdy mysz w końcu wyskakiwała z posłania, rzucaliśmy butami, latarkami i książkami we wszystkich kierunkach, dopóki nie znikła.

Przywykliśmy do tych wizyt, ale pewnego razu obudziłam się o świcie, czując wyraźny nacisk na nogi. Wyobraziłam sobie, że to największy szczur świata wdrapał się nam do łóżka i zaczęłam rozpaczliwie wierzgać nogami. Usiadłam w samą porę, by ujrzeć, jak z namiotu wyskakuje smukła mangusta. Zatrzymała się na parę sekund, obejrzała się i spojrzałyśmy sobie w oczy. Tak poznałam Łosia.

Łoś stał się naszym obozowym błazenkiem. Zawsze trzymał się na dystans, może dlatego, że wykopałam go z łóżka. Nigdy nie przyjmował jedzenia z ręki, ale bez żenady zwijał wszystko, co mu wpadło w łapki. Pewnego ranka, gdy piliśmy kawę w cieniu jujuby, Łoś przydreptał ścieżką, ciągnąc za sobą nasz garnek z resztką owsianki. Szedł, nie zaszczycając nas nawet jednym spojrzeniem, z wysoko uniesioną głową i uchem garnka w pyszczku. Przeciągnął garnek ze zgrzytem obok nas i wywlókł go z obozu, by spałaszować śniadanko w porannym słonku.

Ponieważ wszechobecne myszy wiecznie przegryzały pojemniki na żywność, na noc stawialiśmy w kuchni pułapki. Robiliśmy to niechętnie, bo zawsze mogliśmy zabić inne stworzenie niż mysz.

I rzeczywiście, pewnego ranka o świcie dobiegł nas trzask i ujrzeliśmy mucharkę białobrzuchą, miotającą się w pułapce zaciśniętej na głowie. Mark natychmiast ją uwolnił; a ona zaczęła latać, zataczając coraz szersze kręgi. Zaproponowałam, żebyśmy skrócili jej męki, ale Mark uparł się zaczekać i sprawdzić, co będzie dalej.

Ptak w końcu przestał latać w kółko i wylądował dość niezgrabnie na niskiej gałęzi akacji. Od tego momentu Marique wiódł całkiem normalne życie mucharki z wyjątkiem trzech rzeczy: stracił wzrok w lewym oku, pozbył się strachu przed ludźmi i nabrał zwyczaju proszenia nas o jedzenie, trzepocząc skrzydłami jak podlot. Bardziej oswojony niż większość papużek, siadał nam na głowach, w talerzach, wśród książek. Stawał na ścieżce przed nami i energicznie potrząsał skrzydłami, domagając się poczęstunku; niemal widzieliśmy, jak bierze się pod boki i tupie łapką. Pewnie z powodu poczucia winy po wypadku zawsze go karmiliśmy, nawet jeśli oznaczało to porzucenie tego, co akurat robiliśmy, by pójść do kuchni.

Kiedy Marique znalazł sobie partnerkę, ona także oswoiła się z nami, choć nie prosiła o jedzenie. Ale gdy doczekali się piskląt z drugiego lęgu (te z pierwszego zginęły podczas burzy), młode szybko podchwyciły zwyczaje ojca. I tak zachowanie to przenosiło się coraz dalej i dalej i do końca naszego pobytu na Kalahari mucharki z naszego obozu lądowały nam u stóp i potrząsały skrzydłami, prosząc o żywność. Nigdy nie potrafiliśmy im odmówić.

Bliskość dzikich zwierząt była jedną z naszych największych przyjemności, choć miała i gorszą stronę. Pewnego ranka, jeszcze półprzytomna, zdjęłam osłonę ze zniszczonej skrzynki po herbacie. Gdy sięgnęłam do niej po puszkę płatków owsianych, oddech ugrzązł mi w piersi. Na puszkach, centymetry od mojej dłoni spoczywały zwoje długiej, szarej kobry. Na ogół nie boję się gadów, ale wtedy cofnęłam gwałtownie rękę i wrzasnęłam. Na szczęście kobra musiała się chyba wystraszyć tak samo jak ja, bo nie zaatakowała, tylko schowała się między puszkami. Chwilę później pojawił się Mark ze strzelbą. Do tej pory zabił tylko parę najbardziej jadowitych węży, które złożyły nam wizytę, i to tylko dlatego, że uparły się, by pozostać w naszym obozie. Ta kobra stanowiłaby prawdziwe zagrożenie, gdybyśmy pozwolili jej zamieszkać z nami. Mark wycelował broń, a ja wyobraziłam sobie, że wraz z wężem przepada nasz miesięczny zapas jedzenia. Ale kiedy przewróciliśmy skrzynkę na bok, by wytrząsnąć z niej martwą kobrę, znaleźliśmy tylko jedną nieodwracalnie zniszczoną puszkę – jak na złość z koktajlem owocowym.

Boomslangi, żmije sykliwe, czarne mamby i inne jadowite gady często pojawiały się w naszym obozowisku. Fakt, że nigdy nas nie ukąsiły, zawdzięczaliśmy głównie naszemu prywatnemu systemowi alarmowemu. Gdy ptaki zauważały intruza, wszystkie lądowały na gałęzi nad nim, ćwierkając, kwiląc i nawołując z niepokojem. Ponieważ czasem w obozie mieliśmy aż dwieście ptaków, ich wrzask zawsze informował nas, że wąż wybrał się na polowanie. Problem tylko w tym, że wrzeszczały także na sowy, mangusty i jastrzębie, a raz – na gołębia, w dodatku zaobrączkowanego, który jakimś cudem trafił do naszego obozu. Czasem hałasowały godzinami, a nawet całymi dniami, jak w przypadku gołębia – i w końcu ciche węże zaczęły budzić w nas większą sympatię niż gadatliwe ptaki.

Nie tylko małe zwierzęta przychodziły do obozu. Idąc o świcie do kuchni, często zaskakiwaliśmy dwa lub trzy szakale, które wślizgiwały się do namiotu kuchennego. Słysząc nasze kroki, zaczynały się w nim miotać, odbijając się od ścian i gorączkowo szukając wyjścia. Ściany małego namiotu falowały, aż nagle szakale wypryskiwały pod nimi, z uszami położonymi na głowie i machając ogonami.

Podczas pory deszczowej lwy, lamparty, hieny brunatne albo szakale zaglądały do nas niemal codziennie. Gdy kupiliśmy mały namiot kuchenny, usiłowaliśmy go ochronić – podobnie jak cały teren kuchenny – barykadą z beczek, ciernistych gałęzi, zapasowych opon i piecyka. Ale i tak parę razy zerwaliśmy się ze snu, by wypędzić zwierzęta z obozu. W przypadku hien i szakali zawsze zbliżaliśmy się do nich powoli, przemawiając łagodnie, ale czasem lwy i lamparty były mniej skłonne do współpracy.

Pewnej nocy wjechaliśmy do obozu, a z cienia przed maską land rovera wyłonił się lampart. Mark wdepnął hamulce; kot w ostatniej chwili ominął samochód. Kompletnie niewzruszony pomaszerował na środek obozu i jednym bezgłośnym susem wskoczył na beczki z wodą. Przeszedł z jednej na drugą, wdychając zapach wody, aż najwyraźniej przekonany, że nie zdoła się do niej dobrać, zeskoczył i wspiął się zwinnie na akację, wspierającą chwiejną trzcinową konstrukcję, która podczas suchej pory służyła nam jako altana. Powoli stanął na dachu altanki, wtem jego łapy z głośnym trzaskiem zapadły się w trzciny. Lampart szedł dalej, unosząc łapy wysoko, jakby stąpał po płynnej smole, i machając ogonem dla zachowania równowagi, przy każdym kroku przebijając daszek. W końcu objął tylnymi łapami drzewo i zdołał się wygrzebać z plątaniny połamanej i zapadającej się trzciny. Zeskoczył z drzewa i podszedł do naszego namiotu, przez jakiś czas zaglądał do niego długo i uważnie, po czym wspiął się na gałąź wiszącą nad drzwiami i umościł się wygodnie w jej zagłębieniu. Przymknął oczy i od niechcenia liznął przednią łapę długim, różowym językiem. Najwyraźniej zamierzał tu trochę zostać. Wszystko to było bardzo interesujące, ale dochodziła trzecia nad ranem i chcieliśmy spać. Mark podjechał trochę bliżej land roverem, sądząc, że lampart ucieknie, ale ten tylko spojrzał na nas dobrotliwie i leżał dalej z łapami i ogonem zwisającymi z miejscówki nad drzwiami.

Nie chcieliśmy go spłoszyć i nie potrafiliśmy się zmusić do przejścia pod nim, więc oparci sennie o land rovera przyglądaliśmy się mu przez pięćdziesiąt minut, dopóki się nie obudził. W końcu ziewnął, przeciągnął się, zeskoczył i wymaszerował z naszego obozu, ciągnąc za sobą długi ogon. Zesztywniali i zmęczeni zaczęliśmy myć zęby, stojąc obok namiotu.

– Patrz, kto wrócił – szepnął Mark po paru minutach. Odwróciłam się gwałtownie i za land roverem ujrzałam lamparta z uniesionym pyskiem, wpatrującego się w nas bursztynowymi ślepiami. Najwyraźniej nie chciał nam zrobić krzywdy, więc umyliśmy zęby, podczas gdy on siedział sześć metrów od nas, przechylając głowę. Weszliśmy do namiotu, zamknęliśmy go najlepiej jak się dało i położyliśmy się spać. Parę minut później usłyszeliśmy ciche stąpanie lamparta po plastikowej płachcie i jego westchnienie, gdy położył się tuż przy wejściu do namiotu, by się zdrzemnąć.

* * *

Zawsze pamiętałam, że oprócz bycia współpracownicą, jestem też żoną. Mimo brudu, piasku i podartych dżinsowych szortów, starałam się zachować kobiecość. Na ogół codziennie lekko się malowałam, a w wolne wieczory, gdy odpoczywaliśmy przy ognisku, wkładałam bluzkę i spódnicę z afrykańskiej drukowanej bawełny. Pewnego razu Mark poszedł po drewno, a ponieważ nie zamierzaliśmy tej nocy śledzić hien, postanowiłam zrobić się na bóstwo. Wygrzebałam z kufra żółte wałki, umyłam włosy i zakręciłam sobie loki.

Gdy szłam przez obóz w stronę kuchni, toko zeskoczyły z gałęzi tuż nad moją głową, głośno skrzecząc. Rozpoznałam ostrzeżenie i zatrzymałam się gwałtownie, rozglądając się dokoła, ale nie widziałam żadnego węża, który mógłby je przestraszyć. Ostrożnie wróciłam do namiotu po broń i gdy tylko w nim zniknęłam, wrzaski ucichły. Znowu wyszłam i hałas zaczął się na nowo, jak na komendę. Z bronią w ręku szukałam gada, a toko jeden po drugim zaczęły pikować na moją głowę. Nagle ze skurczem upokorzenia rozpoznałam problem. Nigdy tego nie zrozumiałam, ale od tej pory, gdy tylko zakręciłam włosy, musiałam siedzieć w namiocie albo znosić oburzone protesty ptaków.

* * *

Tuż przed zachodem słońca mojego pierwszego samotnego dnia w Deception Valley nałożyłam do miski gotowaną fasolę i usiadłam przed obozowiskiem, by zjeść kolację. Toko szybowały nad moją głową, szukając miejsc na nocleg w lasach na wydmie. Wkrótce potem dwa lelki śmignęły na tle gasnącego nieba i usiadły parę metrów ode mnie. Dreptały wokół, wydając ciche mruczące odgłosy i szukając owadów. Niebo pociemniało. Położyłam się na plecach w trawie koloru słomy i wciskając palce w twardą powierzchnię dna koryta rzeki, zastanawiałam się – tak jak wielc razy przedtem – jak długo Kalahari pozostanie dzika.

Usiadłam. Ukrywałam się w trawie, kiedy w pobliżu pojawiło się trzydzieści skoczników i zatrzymało się jakieś pięćdziesiąt metrów ode mnie. Samiec wydał ostrzegawczy odgłos i wszystkie spojrzały na mnie, poruszając ogonkami i wyginając sztywno szyje. Wstałam, a one wyraźnie się odprężyły, gdy dziwny, skulony kształt w trawie, mogący być drapieżnikiem, przybrał znajomą postać. Znowu zaczęły skubać trawę, ale na wszelki wypadek dyskretnie oddaliły się ode mnie. Nie wiedziały, że jestem tu dla nich. Zniknęły za wydmą.

Poszłam ścieżką prowadzącą z obozu, mówiąc cicho do siebie, aż ostatnie promienie światła całkiem znikły. Być może ludzkie oko nie dostrzega cienkiej granicy między zmierzchem a ciemnością, ale mózg – tak. Jakiś kilometr od obozu poczułam, że noc kładzie mi się na ramionach i plecach. Szybko rozejrzałam się dokoła i jak każdy przyzwoity naczelny wróciłam pomiędzy drzewa.

* * *

Przez następne trzy dni, gdy Mark był w Maun, skończyłam papierkową robotę i nakarmiłam toko prawie połową bochenka chleba. Nadal rozkoszowałam się samotnością w dziczy, ale teraz coraz częściej przerywałam pracę i wybiegałam z namiotu, sądząc, że usłyszałam samochód. Stałam, nasłuchując odległego pomruku silnika, ale docierał do mnie tylko szum wiatru. Spodziewałam się, że Mark wróci lada chwila, więc w piecyku z wiadra upiekłam mu koślawe ciasto bez jajek.

Ponieważ wszystkie notatki były już przepisane, czwarty dzień spędziłam na sprzątaniu obozu. Z wolna traciłam zainteresowanie pracą i w końcu na długi czas usiadłam w towarzystwie toko, mówiąc do siebie. Potem znowu wyszłam z obozu, nasłuchując warkotu samochodu. Może Mark przywiezie mi coś wyjątkowego – na przykład czekoladę albo paczkę od mojej matki. Gdy nie wrócił do piątej, bardzo się rozczarowałam.

Wczesnym wieczorem właśnie gotowałam kolację na ogniu, gdy z oddali nadeszło siedem lwów. Moje serce zaczęło stepować. Szybko postawiłam garnek z potrawką na stole i zanurkowałam głębiej w zagajnik. Wyglądając spomiędzy gałęzi, widziałam sunące ku mnie bezgłośnie długie, przyczajone ciała, oddalone zaledwie o sto metrów. Były to te same lwice i ich dorastające potomstwo, które często widywaliśmy. Wcześniej, gdy odwiedzały obóz, zawsze nieopodal stał samochód; teraz czułam się bezbronna jak żółw bez skorupy. Usiłowałam sobie tłumaczyć: co za różnica, czy samochód lub Mark tu są, czy ich nie ma – lwice i tak nie zamierzały mi nic zrobić. Czułam się jednak jak w pułapce. Przykucnęłam, wpełzłam do namiotu i wyjrzałam przez okno.

Lwy dotarły do obozu i zaczęły się bawić jak wielkie kocięta, dokazując i goniąc się wokół sterty drewna i po kuchni. Nawet gdy znajdowały się za krzakami, poznawałam po odgłosach, co robią. Potem garnek upadł na ziemię i hałasy ucichły. Pewnie lwy znalazły moją kolację.

Wkrótce zrobiło się ciemno i przez jakiś czas nie widziałam ani nie słyszałam moich gości. Gdzie się podziali? Co kombinują? Nagle tuż przed namiotem zadudniły ich kroki. Znowu usiadłam na posłaniu, nie wiedząc, co zrobić. Podczas naszej ostatniej wizyty w Maun pewien myśliwy opowiedział nam, jak lwy z Kahalari zdeptały mu trzy namioty, podczas gdy on i jego klienci kulili się w samochodzie. Myślałam, że przesadza; teraz już mu wierzyłam.

Musiałam coś postanowić. Mój wzrok zatrzymał się na blaszanym kufrze z ubraniami. Bardzo cicho otworzyłam go i wysypałam jego zawartość na łóżko. Gdyby lwy zaczęły się bawić namiotem, zamierzałam wejść do kufra i zamknąć wieko.

Siedziałam w zupełnych ciemnościach na krawędzi łóżka, z jedną ręką na otwartym kufrze, i słuchałam pomruków, stęknięć i tupotu łap na dworze. Nagle znowu zapadła kompletna cisza. Przez wiele minut z zewnątrz nie dobiegał żaden odgłos. Ale przecież musiały tam być. Usłyszałabym, gdyby odeszły. Skulona na łóżku obok kufra wyobraziłam sobie całą siódemkę leżącą w półkolu przed wejściem do namiotu.

Minęło jakieś sto lat i ciągle nic nie słyszałam. Wyczuły mój zapach? Powinnam się schować do kufra czy siedzieć? Trzasnęła gałązka. Ściana namiotu lekko się wydęła. Potem brzęknęła poruszona linka. Przez okno zobaczyłam, że lwica szarpie ją zębami. Ciche kroki w liściach i głośne węszenie: lwy obwąchiwały namiot zaledwie parę centymetrów od miejsca, w którym klęczałam.

Potem z oddali dobiegł głęboki pomruk. Samochód? Boże, niech to będzie samochód! W ciche, wilgotne noce słyszałam go często czterdzieści pięć minut, zanim dotarł do obozu; gdy zjeżdżał między wydmy, zapadały długie chwile ciszy. Odgłosy znowu ustały. Może tylko sobie wyobraziłam ten warkot. Ciche stąpnięcia zbliżały się wzdłuż ściany namiotu do wejścia. Zastanowiłam się, co by było, gdybym teraz wstała i krzyknęła: „Sio! Poszły!", ale nic nie zrobiłam. W obecności Marka byłam o wiele odważniejsza.

I znowu w oddali rozbrzmiał dźwięk silnika – to musiał być Mark. Całą wieczność później odgłos zupełnie zmienił wysokość i zza wydmy wytoczył się land rover, zmierzający wprost na obóz.

Coś przeciągle przesunęło się po ścianie namiotu – tak nagle, aż podskoczyłam.

Mark okrążył Akacjowo i z zaskoczeniem ujrzał obóz pogrążony w kompletnych ciemnościach; nie paliły się latarnie, nie płonął ogień. Włączył latarkę i ujrzał siedem lwów węszących wokół namiotu. Szybko wjechał do obozu, wyłączył silnik i zawołał przez okno:

– Delia, wszystko gra?

– Tak, tak, nic... nic mi nie jest – wyjąkałam. – Dzięki Bogu, że wróciłeś.

Przybycie Marka zepsuło lwom zabawę, więc opuściły obóz i gęsiego poszły na południe wzdłuż koryta rzeki. Poderwałam się, żeby powitać serdecznie Marka, ale przypomniałam sobie, że na łóżku leży sterta ubrań, więc włożyłam je z powrotem do kufra. Nie miałam zamiaru wyjawiać mu swojego planu, który teraz wydawał mi się dość idiotyczny.

– Na pewno wszystko dobrze? – Mark spotkał się ze mną przed namiotem i przytulił mnie do siebie.

– Tak... bo tu jesteś. A ty pewnie umierasz z głodu.

Rozpakowaliśmy land rovera i zrobiłam ucztę z produktów, które przywiózł z Maun. Zjedliśmy kozie mięso, smażone ziemniaki z cebulą, a ja mówiłam bez przerwy, co się wydarzyło przez te cztery dni.

Mark cierpliwie dał mi się wygadać, a potem przekazał mi nowe informacje z Maun. Długą chwilę później, gdy poszliśmy spać, znalazłam pod poduszką tabliczkę czekolady.

7

MAUN: AFRYKAŃSKIE MIASTECZKO

Mark

Lecz szybko, bo skarb nam umknie!
Z mroku sięgamy, głodni
chwili ludzkiej rozmowy
i gazet sprzed tygodni.

Rudyard Kipling

Słońce stało wysoko nad rzeką, gdy samochód przemierzał ostatnie piaszczyste wzniesienie. Szarzy od kurzu i zmęczenia wjechaliśmy w Boteti, otworzyliśmy drzwi i wpadliśmy rozpaleni w chłodną wodę. Poczuliśmy się, jakby opuściła nas gorączka. Choć ostrzegano nas przed wielkimi krokodylami i bilharcjozą – ciężką chorobą pasożytniczą, którą można się zarazić w rzekach lub jeziorach – nic nie mogło nas powstrzymać od rzucenia się do rzeki po skwarze Kalahari. Leżeliśmy na wodzie, tylko głowy wystawały nam nad powierzchnię, ale ciągle rozglądaliśmy się dokoła, szukając charakterystycznych zmarszczek na wodzie, zdradzających obecność krokodyla.

Był marzec 1975 roku; od mojej samotnej wyprawy do Maun upłynęły trzy miesiące i nasza spiżarnia znowu świeciła pustkami. O świcie poprzedniego dnia wyruszyliśmy do wioski. Oprócz zapasów chcieliśmy przywieźć asystenta – kogoś, kto zająłby się dziesiątkami domowych obowiązków, które odciągały nas od badań. Jeśli mieliśmy sprostać wymaganiom naszego rozrastającego się projektu, nie mogliśmy jednocześnie zajmować się transektami, zbieraniem i analizowaniem odchodów, kartografią, dbaniem o samochód, noszeniem wody i drewna, gotowaniem wody do picia, przyrządzaniem posiłków, naprawianiem namiotów i milionem innych zadań związanych z zamieszkiwaniem na pustkowiu. Zabierały nam czas i energię na podążanie co noc za hienami i nawet na sen.

Ale znalezienie miejscowego Afrykańczyka, który zgodziłby się zamieszkać na Kalahari z bardzo małą ilością wody, bez wygód i wśród lwów buszujących w okolicy nie mogło być łatwe, zwłaszcza przy żenującej płacy, jaką mogliśmy mu zaproponować. Musiałby to być ktoś wyjątkowy.

Do Maun zostało nam tylko pół godziny. Leżeliśmy w chłodnej rzece, rozmawiając o spotkaniu z przyjaciółmi w wiosce. Nad naszymi głowami przelatywały klucze kaczuszek afrykańskich i śnieżnobiałych czapli. Upraliśmy ubrania, rozwiesiliśmy je na ciernistych krzakach nad rzeką i znowu zanurzyliśmy się w jej chłodnej toni, płotki skubały nam palce u stóp. Na brzegu stanął siwowłosy staruszek w poncho z podartej koźlej skóry. Prowadził osła do wodopoju. Uśmiechnął się do nas szeroko, pomachał nam ręką i krzyknął do nas w setswana, miejscowym języku. Odpowiedzieliśmy z taką radością, jakby nam wyświadczył przysługę. Dla Delii było to pierwsze od ponad pół roku spotkanie z człowiekiem.

W suchych, zesztywniałych ubraniach pojechaliśmy do wioski, prosto do Riley's – dwóch betonowych budynków z obłażącą białą farbą i zielonymi dachami z blachy falistej, stojących na piaszczystej łasze tuż przy rzece. Za hotelem, barem i sklepem z alkoholem znajdowała się długa weranda z czerwoną woskowaną podłogą – malutka w porównaniu z wysokimi, rozłożystymi figowcami i płynącą obok nich szeroką rzeką Thamalakane.

Riley's to pierwszy hotel przy granicy Botswany Północnej.

Pierwotnie pełnił funkcję składu towarów dla osadników, którzy przybywali tu na przełomie wieków w ciągniętych przez woły wozach, od dziesiątek lat służył jako punkt zaopatrzenia dla ekspedycji na północ do rzeki Zambezi, na zachód do Ghanzi albo na wschód do Francistown. Dziś nadal jest popularnym miejscem spotkań, jednym z trzech lub czterech na całym terenie dystryktu Ngamiland. W Riley's serwowano zimne piwo, placki z mięsem w sobotnie poranki – i lód. Było to najlepsze miejsce na poszukiwanie asystenta i spotkania z przyjaciółmi.

Po wielu miesiącach samotności na pustyni zaczęliśmy dostrzegać subtelne sygnały świadczące, że musimy się spotykać z innymi ludźmi, że pora znowu stanowić część grupy. Rozmyślania o tym, co robią Lionel i Phyllis albo jak miło byłoby wypić z kimś zimne piwo, coraz bardziej przeszkadzały nam się skupić na badaniach.

Radośnie uśmiechnięci zaparkowaliśmy przed Riley's obok szeregu terenówek z wgniecionymi błotnikami, karoseriami porysowanymi przez krzaki i olejem kapiącym z podwozi. Za niską ścianką werandy, przy stolikach z giętego metalu siedzieli myśliwi z safari, kołysząc się na krzesłach. Przed każdym stał rząd pustych puszek po piwie. Spaleni na brąz ranczerzy o krzaczastych brwiach opierali masywne ramiona na stołach, obok nich leżały przepocone, zakurzone kapelusze. Człowiek z plemienia Botawana w czerwono-czarnej tunice i czapce z frędzlami biegał jak szalony z kuflami piwa Lion and Castle.

Dolene Paul, atrakcyjna młoda kobieta z krótkimi, jasnymi włosami, którą poznaliśmy podczas poprzednich wizyt, pomachała do nas z drugiego końca werandy. Urodzona i wychowana pod Maun, wyszła za Simona – Anglika, który ostatnio przyuczał się do zawodu myśliwego. Gdy podeszliśmy do jej stolika, myśliwi powitali nas przyjaznymi kpinami:

– Chrryste! Uważajcie na piwo, idą te cholerne ekologi!

Ściskając dłonie na powitanie, przyłapywałem się na tym, że robię to za długo, lewą ręką unieruchamiając dłoń albo przedramię przyjaciela, a prawą potrząsając. Uśmiechaliśmy się tak szeroko, że policzki nas rozbolały, i witaliśmy się ze wszystkimi raz po raz, powtarzając ich imiona. Potem nagle się zawstydziłem, usiadłem i zamówiłem piwo.

Było wczesne popołudnie, ale nikt się nigdzie nie spieszył, więc popijaliśmy zimne piwo i słuchaliśmy opowieści myśliwych. Delia i ja nieustannie wtrącaliśmy uwagi, które zatrzymywały opowieść, i śmialiśmy się zbyt głośno i za długo z rzeczy, które wszystkim innym musiały się wydawać nudne. Całkiem zapomnieliśmy, o co chodzi w kontaktach towarzyskich.

Rozmowa czasem zbaczała na ciężarówkę Simona, w której należało jeszcze dziś wymienić łożysko sprzęgła. Potem ktoś zamawiał następną kolejkę piwa i temat upadał.

Ponieważ Dolene znała większość miejscowych Afrykańczyków, spytaliśmy, czy zna kogoś, kto potrzebuje pracy i by się nam nadał, kogoś, kto zechciałby z nami zamieszkać w Deception Valley.

– W tej chwili nikt mi nie przychodzi do głowy – powiedziała. – Będzie trudno znaleźć kogoś, kto by chciał pozostawać długo w buszu bez innych Afrykańczyków. Musicie dziś przyjść na *braii* Taty. Może któryś myśliwy albo ranczer zna kogoś takiego.

Braii – albo *braiivlace* – to południowoafrykański grill i choć o nim słyszeliśmy, nigdy na nim nie byliśmy.

Parę godzin później wszyscy zaczęli wstawać, przeciągać się i rozmawiać o wizycie u Taty. Zbliżał się wieczór, ale już nikt nie wspominał o reperowaniu ciężarówki Simona – najwyraźniej mogła poczekać do jutra.

Jadąc do Taty, analizowaliśmy reakcje na nasz widok. „Co myślisz o zachowaniu Larry'ego? Sądzisz, że Willy naprawdę nas lubi?" Delia pouczała mnie: „Staraj się tak strasznie nie cieszyć na widok ludzi".

Tata Riggs – ojciec Dolene – był jednym z pierwszych białych osadników w okolicy i przez wiele lat pracował jako sklepikarz w Sehithwa, wiosce nad jeziorem Ngami, zanim przeprowadził się z rodziną do Maun. Dolene i jej bracia mówili w setswana na długo zanim nauczyli się angielskiego w szkole z internatem w RPA. Później Tata zajmował się inwentaryzacją w Ngamiland Trading Center – sklepie i firmie handlowej w Maun.

Dom Taty – budynek z jasnożółtych cegieł z dachem z blachy falistej, łuszczącymi się fundamentami i zapadniętym gankiem – krył się za sklepem. Szopa z siodłami, kocami i wędzidłami stała koło frontowego narożnika domu. Na piaszczystym podwórzu kury, konie i kozy szczypały rzadką trawkę, a kilkoro czarnych dzieci doglądało bydła. Płot z połamanych trzcin otaczał podwórko, na którym czterech lub pięciu myśliwych i ranczerów z żonami siedziało na poplamionych materacach z wyłażącymi pakułami. Tata Riggs wyszedł nam na powitanie z uśmiechem na spalonej słońcem twarzy. Miał wijące się jak strużyny drewna, sterczące jasne włosy z pasmami siwizny, a skąpy wąs podkreślał mocny zarys jego ust. Gdy Dolene nas przedstawiła, położył ciężką rękę na ramieniu Delii i pokiwał kikutem palca wskazującego, obciętego, by jad węża nie rozprzestrzenił się w jego organizmie.

– Zapamiętajcie sobie – powiedział. – Każdy, kto mieszka w Kalahari, jest zawsze mile widziany w moim domu. Dobrze to sobie zapamiętajcie!

Tata wciągnął nas do swojego kółka przyjaciół i zanim zdążyliśmy się usadowić na materacu, jego syn Cecil – świetnie ujeżdżający konie i dużo pijący kowboj – wcisnął nam w dłonie po zimnym piwie. Delia usiadła, głaszcząc kozę o długiej białej sierści i nerwowych żółtych oczach wpatrzonych w kran z wodą. Słuchaliśmy kolejnych opowieści o polowaniach na lwy, słonie i bawoły, o klientach, którzy nie mieli w ręce strzelby, dopóki nie przyjechali do Afryki, o rannym bawole, który pokaleczył Tony'ego, o największym lwie, największym słoniu, największej strzelbie – czterdziestce piątce. Rozmawiano o kupowaniu i sprzedawaniu bydła, o wojnie rodezyjskiej i o tym, jak Roger walnął Richarda gałęzią drzewa mopane za figle z jego żoną... dużo się śmialiśmy i jeszcze więcej piliśmy. Osły ryczały, psy szczekały, a z chat tubylców płynęła muzyka gumba.

Skrzypnęła brama z zardzewiałej siatki i na podwórko dumnie weszli Lionel Palmer z Eustice'em Wrightem, sędzią i ranczerem jednocześnie. Wydatny brzuch Eustice'a wyzierał ze szpary między guzikami koszuli, a nogawki jego szerokich szortów falowały nad nogami przypominającymi sękate patyki. Z twarzą purpurową z upału i wysiłku padł na materac obok Lionela, zapalił papierosa i zaciągnął się głęboko.

– Wiedziałem, że będziecie tu chlać, wy dranie – wychrypiał, nalewając sobie pół szklanki whisky z butelki, którą przyniósł pod pachą. – Nie mogę uwierzyć, że się zgodziłem was zaszczycić... najgorsze szumowiny w Maun! – Pociągnął spory łyk whisky i beknął. – Chrrrryste! Co ja tu w ogóle robię!

Wszyscy wznieśli okrzyk na jego cześć.

Lionel i Eustice, dwaj najwięksi gwiazdorzy miejscowego towarzystwa, zaczęli opowiadać historie starego Maun.

– Byłeś tu, Simon, gdy tu obecni Lionel i Kenny ukradli kasę z Riley's? Dżizas, Ronnie przez cały tydzień chodził wściekły!

Była to pierwsza kasa w wiosce i Ronnie Kays, barman z Riley's, bardzo się nią szczycił. Lionel, Cecil i Dougie Wright – zawodowi myśliwi – świsnęli ją, wrzucili na tył samochodu Lionela i odjechali. Ronniego ten żart nie ubawił; gdy w końcu kasa została zwrócona, przyśrubował ją do baru. Parę dni później Lionel wraz z resztą kompanii wszedł spokojnie do Riley's z ukrytą za plecami stalową linką. Gdy Ronnie odwrócił się do nich plecami, zarzucili ją na kasę i dali znak komuś czekającemu w terenówce za werandą. Linka się napięła i zdarła kasę z baru na podłogę. Wszyscy byli zgorszeni, gdy Ronnie zgłosił kradzież miejscowemu policjantowi.

– Pamiętam, jak Tata zalał się w pestkę w Palmer's – ciągnął Simon z suchym angielskim akcentem.

– Nie ma w tym nic nadzwyczajnego – roześmiał się Cecil.

– Ale zabraliśmy go do domu i położyliśmy do łóżka z osiołkiem, którego zgarnęliśmy sprzed rzeźni.

– Wydawało mu się, że to Christine!

Wszyscy ryczeli ze śmiechu i klepali Tatę po plecach.

Gdy udało mi się odciągnąć Eustice'a na bok, spytałem go, czy zna kogoś, kto mógłby dla nas pracować.

– Kto, do cholery, chciałby zamieszkać na środku cholernej Kalahari? – rzucił ze śmiechem. – Chyba jakiś pomyleniec!

– To co powiesz? Znajdziesz nam kogoś? – spytałem.

– Ha. To żeś wymyślił! Ci goście nie lubią samotności, rozumiesz, a zwłaszcza gdy wokół grasują lwy. – Eustice zaciągnął się głęboko papierosem. – Moment, ale jest taki jeden, którego wszyscy wołają Mox… w zasadzie go wychowałem. Pracował dla mnie w cholerę długo. Taki raczej milczący, no, chyba że daje w gaz. Wtedy terroryzuje całą wioskę. Chrrryste! Normalnie Attyla Bicz Boży, że niech ręka boska broni. No i to znany w okolicy podrywacz… Jak skubaniec jest na gazie, żadna nie jest bezpieczna. Zaczął codziennie chlać *buljalwę*, więc posłałem go na pastwisko, żeby pracował razem z Willym. Ten by mógł z wami pojechać, a tam, gdzie nie mógłby się dorwać do procentów, pewnie by się nawet sprawdził. Wpadnijcie do mnie jutro tak koło południa, poślę po niego i sami zobaczycie, czy chcecie go zabrać... o ile zgodzi się z wami pojechać.

Tata dźwignął się na nogi i oznajmił, nie zwracając się do nikogo konkretnego, że czas się brać do *braii*. Chwycił kozę za rogi, zaciągnął ją na środek podwórka i jednym ruchem noża poderżnął jej gardło. Zwierzę beknęło krótko i upadło na kolana, bryzgając krwią. Z trudem przełknąłem ślinę i zerknąłem na wstrząśniętą Delię.

Tata i Afrykańczycy zawiesili kozę za nogi i wyciągnęli ją w górę za pomocą sznura i bloczka zawieszonego na drzewie. Pod jej głowę podłożyli połówkę opony na spływającą krew.

– *Gotsa molelo!* – ryknął Tata, przyklękając przy kranie, by obmyć nóż i ręce. Afrykańczycy zrobili ognisko z wielkiej sterty szczap mopane. Wszyscy mężczyźni zebrali się dookoła, ćwiartując kozę nożami, aż wkrótce zmieniła się w stertę mięsa, na której spoczęła oskórowana głowa z wytrzeszczonymi oczami.

Wieczorne cienie zaczęły się wydłużać, a wokół ogniska nie brakowało piwa ani opowieści. Daisy, pochodząca z Botswany żona Eustice'a, wygarnęła z ogniska węgle i postawiła na nich ciężki żeliwny sagan z wodą. Pomarańczowe iskierki posypały się kaskadami w mrok nocy. Gdy woda zaczęła wrzeć, Daisy wsypała do niej garści grysiku i zamieszała dużą drewnianą chochlą. Tymczasem Tata i Cecil wygrzebali z ogniska więcej węgli i położyli na nich wielki kawał koźliny. Gdy grysik się ugotował i zgęstniał na pastę, mięso było już brązowe i skwierczące. Zebraliśmy się razem, by jeść. W świetle ognia tłuszcz błyszczał nam na brodach i palcach.

Było tak, jakbyśmy się cofnęli w czasie. Znowu odtwarzaliśmy ważny etap naszej ewolucji – społecznych mięsożerców. Opowieści o polowaniach, ognisko, picie, braterstwo – wszystko to spadek po pierwszych bezbronnych hominidach, które zeszły z drzew, zostawiając swoje życie roślinożerców za sobą w lasach Afryki, by wyprawić się na sawanny. Choć nie były odpowiednio przystosowane do tropienia i zabijania niebezpiecznych zwierząt, miały wielką przewagę dzięki umiejętności zbiorowego polowania, zarówno ze względu na to, że dzieliły się mięsem, jak i przez rozwinięcie mowy, za pomocą której przekazywały sobie informacje na temat strategii i zwierzyny. Dzieląc się jedzeniem i pomysłami, a także zachęcając i ucząc swoje dzieci, wzmacniały więzy między sobą. Potęga społecznej jedności, a także ewolucja wyższej inteligencji sprawiły, że ludzie stali się najgroźniejszymi mięsożercami, jakich znał świat. Biorąc udział w tym pierwotnym rytuale, przypomniałem sobie, że ta część naszej wrodzonej natury tak naprawdę nie zmieniła się od tysięcy lat.

* * *

Po *braii* Dolene i Simon zaproponowali nam nocleg w Buffalo Cottage. Ich bungalow, stojący na wyspie na rzece, ginął w kaskadach bugenwilli, a znad drzwi łypała na nas głowa bawołu afrykańskiego. Z naszej sypialni rozciągał się imponujący widok na wodę, a na narzucie ze skór szakali czekała na nas czysta pościel i ręczniki. Zanim poszliśmy spać, przesunąłem palcami po jedwabistym czarno-srebrnym futrze. Na zrobienie tej narzuty trzeba było trzydziestu Kapitanów.

Następnego ranka obudził nas zapach herbaty i korzennych ciastek przyniesionych przez bosego miejscowego chłopczyka. Później zjedliśmy śniadanie, tosty z marmoladą pomarańczową i znowu herbatą, w towarzystwie Simona i Dolene. Przyjechało kilku innych myśliwych z przekrwionymi oczami i nieco bełkoczący po wczorajszej nocy, a Simon poprosił o kolejny dzbanek herbaty.

Dostaliśmy zaproszenie na łowienie ryb następnego dnia, ale czuliśmy, że musimy już wracać na Kalahari i z żalem odmówiliśmy.

– No tak, spieprzajcie na tę cholerną Kalahari – rzucił ktoś żartobliwie.

Choć wiedzieliśmy, że przekomarzają się z nami, zabolało nas to i zaniepokoiliśmy się, że jesteśmy nietowarzyscy. Rozmowa znowu wróciła do *braii* Taty i łowienia ryb. Od czasu do czasu ktoś wspominał o naprawie auta Simona. Wycofaliśmy się i ruszyliśmy na zakupy.

Sklepy w Maun to niskie betonowe baraki z blaszanymi dachami, stojące przy głównych ulicach biegnących przez wioskę.

Na ogół musieliśmy odwiedzać każdy z nich, by zgromadzić wszystkie produkty spożywcze i akcesoria potrzebne nam na następne miesiące w Kalahari. Przedmioty tak zwyczajne jak dętki i łatki do opon często okazywały się nieosiągalne i musieliśmy się umówić z kierowcą dostawczaka, żeby kupił je we Francistown i przywiózł nam do wioski. Czasem, gdy żwirowe drogi były nieprzejezdne, czekaliśmy całymi dniami na benzynę i inne podstawowe rzeczy. Dopiero niedawno, wraz z pojawieniem się pierwszych lodówek w niektórych sklepach, stały się osiągalne takie łatwo psujące się produkty jak ser, chleb, jajka i mleko.

Brnęliśmy piaszczystą drogą z głębokimi koleinami od jednego sklepu do drugiego, co chwila wdeptując hamulce, obijając boki land rovera i przepędzając gwizdaniem osły, psy, bydło i dzieci, które czasem wyskakiwały nam przed maskę, jakby chciały, żeby je przejechać. Przed Maun Wholesalers, sklepie zwanym tutaj U Spiro (od imienia Greka, który był jego właścicielem), stał koń przywiązany do balustrady. Na grzbiecie miał siodło z koźlej skóry, zwinięte w rulon wełniane koce i skórzany worek z kozim twarogiem, przytroczony pasami surowej skóry. Sklep składał się z jednego wielkiego pomieszczenia z półkami z surowych desek i masywną drewnianą ladą. Półki pod jedną ze ścian były po sufit zapakowane konserwami, mydłem Sunlight, pudełkami płatków Tiger, zapałkami Lion, paczkami słoniny, puszkami z mlekiem w proszku i innymi artykułami. Były tam koszule, spodnie, tanie tenisówki i bele kolorowych materiałów. Metalowe baryłki z mąką, kaszą kukurydzianą i sorgo stały na przodzie sklepu, a żelazna waga z miedzianą szalką i przesuwanymi ciężarkami stała na drewnianej ladzie. Z belek zwisały siodła, wędzidła, szlauchy, łańcuchy i lampy naftowe.

Do sklepu rozkołysanym krokiem weszły dwie wysokie, poważne kobiety Herero. Pomimo upału były ubrane w kolorowe, powiewne suknie, fioletowe szale i czerwone turbany. Pykając z fajek, podstawiły butelki po coli pod kran w beczce z naftą i je napełniły. To, co się przelało, wpadało do blaszanej wanienki. W sklepie kręcił się tłum mężczyzn, kobiet i dzieci, przechylających się przez ladę, wyciągających pieniądze i wykrzykujących zamówienia ekspedientom.

Delia zaczęła zdejmować puszki z półek. Czarna dziewczyna w sukience zsuwającej się z jednego ramienia oddarła kawałek papieru z szarej torby, zmiotła z niego kukurydziany pył na ladę i zaczęła wypisywać liczby ogryzkiem ołówka. W gąszczu trójnożnych saganów, czajników, wanienek, łopat i oskardów opartych o ścianę znalazłem masywną rękojeść siekiery.

Później, gdy w obozie wyładowywaliśmy nasze skarby, odkryliśmy, że z land rovera skradziono nam trzymiesięczny zapas cukru i mąki, podobnie jak parę innych artykułów. Byliśmy wściekli. Przy naszym ograniczonym budżecie nie było mowy o powrocie do Maun przed kolejną wyznaczoną datą, więc na trzy miesiące zostaliśmy bez chleba – ważnego składnika naszej diety. Ponieważ większość zamków w drzwiach i blokad w oknach land rovera była zepsuta, mogliśmy się ustrzec przed kradzieżą, jedynie nie spuszczając oka z samochodu nawet na minutę. Ale podczas następnej wyprawy do wioski rozwiązałem ten problem raz na zawsze.

Gdy przygotowywaliśmy się do wyruszenia, ptaki w obozie nagle wybuchły kakofonią zaniepokojonego ćwierkania i świergotów. Wkrótce ujrzeliśmy dwie czterometrowe mamby, sunące wśród drzew nad namiotem kuchennym. Najwyraźniej przewidziały na dziś obiad z kilkorga naszych pierzastych przyjaciół. Czarna mamba jest tak jadowita, że tubylcy mają na jej określenie słowo oznaczające dosłownie dwa kroki; ich zdaniem tyle można zrobić po ukąszeniu przez tego gada.

Zastrzeliłem oba węże i zabrałem je z nami do Maun, a potem rzuciłem je zwinięte na stertę zakupów na tyle land rovera. Nieważne, że nie żyły. Pierwszy ciekawski wyrostek, który minął naszą terenówkę, przesuwając palcami po oknie, nagle odskoczył z wrzaskiem i oddalił się galopem przez wioskę. Wkrótce rozeszła się wieść, że Szarej Gęsi lepiej nie tykać.

* * *

W Maun były dwa sklepy mięsne, a właścicielami i sprzedawcami w obu byli Grecy. Nazywano je Jatka i U Brudnego George'a – na tę drugą nazwę sklep zasłużył sobie ze względu na stada much, ogólny brak higieny i tańsze mięso.

Zawsze zaopatrywaliśmy się w Jatce, choć właściwie nie było wielkiej różnicy między nią a U Brudnego George'a. Tylko w tych dwóch miejscach mieszkańcy wioski mogli kupić świeże mięso. Niegdyś żyli z polowania na wielkie stada antylop, które obecnie niemal zupełnie znikły, wyparte przez stada bydła, kóz i owiec. Dwaj wysocy tubylcy w butach i fartuchach umazanych krwią dźwigali połcie żylastego, twardego mięsa od bloków rzeźniczych do wagi na ladzie, odcinając kawałki zgodnie z życzeniem klientów.

Często się zastanawiałem, czy mięso z tego sklepu jest tak marne z powodu braku szacunku miejscowych ranczerów dla kopytnych. Żywa krowa o wiele dobitniej świadczyła o ich bogactwie. Wielu mieszkańców Maun sądziło, że tylko najstarsze i najbardziej podupadłe na zdrowiu sztuki mogą trafić do rzeźnika.

Gdy w końcu skompletowaliśmy wszystkie zapasy, pojechaliśmy na północ do małej farmy Eustice'a przy zakręcie Thamalakane. Jego chatka stała wysoko nad rozległą wstęgą rzeki. Za nią znajdował się duży dziedziniec z wysokimi drzewami i warzywnikiem położonym na skłonie łagodnie spływającym ku wodzie z sitowiem przy brzegu.

Jadąc długim, piaszczystym podjazdem, ujrzeliśmy Eustice'a wychodzącego z bocznych drzwi w pobliżu warzywnika. Smukły, dwudziestoparoletni czarnoskóry mężczyzna średniego wzrostu, w kapeluszu z opadającym rondem, stał pod drzewem. Obok niego leżała płócienna torba. Uścisnąłem mu dłoń. Zauważyłem, że ma silne dłonie i ramiona, a nogi jak u gazeli – długie i smukłe.

Eustice tłumaczył moje wyjaśnienia, że mieszkamy w obozie daleko za rzeką Boteti i że jeśli z nami pojedzie, czeka go trudne życie: bardzo mało wody, żadnych spotkań z ludźmi przez wiele miesięcy, możliwe odwiedziny lwów w obozie i że będzie pracować zasadniczo za wyżywienie, a jedynym schronieniem, jakie mu oferujemy, jest płachta brezentu trzy na dwa i pół metra. Będzie musiał łatać opony i dbać o samochód. Będzie też pomagać w sprzątaniu obozu, asystować mi w noszeniu wody i drewna, a także brać udział w badaniach, jeśli to będzie potrzebne.

Przez całą tę moją przemowę Mox zachowywał się nadzwyczaj nieśmiało. Stał bez ruchu, wpatrując się w ziemię, z rękami niezdarnie zwisającymi wzdłuż boków. Eustice zadawał mu czasem pytanie, na które Mox odpowiadał: *Ee* głosem niewiele donośniejszym od szeptu.

– Co umie robić? – spytałem Eustice'a. – Potrafi załatać oponę albo coś ugotować?

– Twierdzi, że nie umie łatać opon, ale gotować trochę go nauczyłem. Będzie się uczyć od was wszystkiego.

– Czy potrafi tropić zwierzęta?

– Nie, ale… no wiesz, każdy z nich to szybko podchwytuje.

– Mówi po angielsku?

– Nie.

Zerknąłem na Delię. Oboje mieliśmy wątpliwości. Jak pracować z kimś aż tak nieśmiałym, kto wstydzi się nawet na nas spojrzeć, nic nie umie i nie mówi w naszym języku? Eustice wyjaśnił, że Mox przez większość swojego dwudziestoszescioletniego życia zajmował się bydłem za trzydzieści centów dziennie. Mieszka z matką, której oddaje cały zarobek. Jego ojciec handluje skórami dla Safari South.

Nie wiedzieliśmy, jak Mox ma nam pomóc, nie potrafiąc się z nami porozumieć. Gdyby się zgodził jechać z nami, pewnie nie wytrzymałby dłużej niż trzy miesiące. Ale bardzo potrzebowaliśmy pomocnika, a za płacę, jaką mogliśmy mu zaoferować, nie zgodziłby się pracować żaden profesjonalista.

– Spytaj Moxa, czy pojedzie do Kalahari pracować za pięćdziesiąt centów dziennie z wyżywieniem, czyli za dwadzieścia centów więcej niż dostaje teraz. Jeśli będzie się szybko uczyć, a my dostaniemy następny grant, damy mu podwyżkę.

Eustice zatrajkotał coś w setswana, a Mox po raz pierwszy podniósł na mnie oczy. Były przekrwione od miejscowego piwa.

– *Ee* – szepnął ochryple, więc umówiliśmy się na spotkanie następnego ranka w Safari South.

Gdy słońce wzniosło się nad rzekę, skończyliśmy pakować land rovera. Właśnie dziękowaliśmy Dolene i Simonowi za gościnność, kiedy pojawili się inni członkowie wyprawy na ryby – z wędkami, strzelbami, rybackimi krzesłami, starymi materacami i skrzynkami zimnego piwa na tyłach samochodów. Simon namówił ich na herbatę i biszkopty przed odjazdem. Pożegnaliśmy się, a oni znowu zasiedli wokół stołu. Ktoś powiedział, że jeśli wrócą przed zachodem słońca, mogą popracować nad terenówką Simona.

Mox czekał przy piaszczystej drodze, siedząc na zawiniątku z koca. W zawiniątku miał emaliowaną miskę, nóż, ostrzałkę z twardego drewna, złamany grzebień, drewnianą łyżkę, odłamek lusterka i mały woreczek tabaki. Był to cały jego ziemski majątek. Miał na sobie dziurawe niebieskie szorty i rozpiętą koszulę, a także buty bez sznurówek, z wywieszonymi językami. Gdy przy nim przystanęliśmy, wspiął się na dach auta i usiadł na zapasowej oponie.

Koło dziewiątej rano w drodze z Maun minęliśmy Buffalo Cottage. Myśliwi nadal pili herbatę na werandzie, a obok domu stał na cegłach samochód Simona.

Tej nocy rozłożyliśmy śpiwory i naszą przenośną kuchenkę na ziemi na skraju rezerwatu. Mox rozpalił ogień, a Delia zrobiła kolację z koźliny, ciasta kukurydzianego i herbaty. Usiedliśmy w milczeniu, jedząc, szczęśliwi, że znowu jesteśmy w buszu, choć oboje czuliśmy się jakoś samotnie. Brakowało nam tego ciepłego uczucia, które zwykle pozostaje po wizycie przyjaciół.

– Jestem jakaś przybita… jakbym tak naprawdę nigdzie z wyjątkiem Deception Valley nie była u siebie – powiedziała Delia ze smutkiem.

Pojechaliśmy do Maun nie tylko po zapasy, ale także, by nawiązać kontakty towarzyskie. Jednak mimo hojności mieszkańców wioski wróciliśmy rozczarowani i z poczuciem niedosytu, czując, że tak naprawdę nie należymy do żadnej grupy. Po długiej samotności w Kalahari narzucaliśmy się innym z naszą przyjaźnią. Znajomi z Maun nie zareagowali na nas z takim samym entuzjazmem, jak my na nich. Przeciwnie, zachowywali dystans, a my uznaliśmy to za znak, że nas nie akceptują. Ponieważ nie było tu żadnego innego towarzystwa, łaknęliśmy sympatii innej osoby. To poczucie narastało w nas przez lata i stopniowo coraz bardziej zbliżaliśmy się do siebie, odrzucając świat zewnętrzny.

* * *

Dziwnie było siedzieć przy ognisku z obcą osobą. Mox milczał, zupełnie nie absorbując nas swoją obecnością, a jednak ją odczuwaliśmy, jakby był z nami jego cień. Staraliśmy się z nim porozumieć, przypominając sobie wszystkie znane nam słowa w setswana i wspomagając się słownikiem wydanym przez katolickich misjonarzy. Mox nie odzywał się nigdy, chyba że zadaliśmy mu pytanie, a wtedy mówił bardzo cicho, ledwie ośmielając się na nas spojrzeć. Przeważnie ograniczał się do *ee* i *nnya*. Mimo to zdołaliśmy zrozumieć, co wiedział na temat świata.

Choć przez całe życie mieszkał na obrzeżach delty Okawango i na Kalahari, odwiedził deltę tylko parę razy podczas wypraw myśliwskich z Eustice'em, a o Kalahari wiedział bardzo niewiele. Narysowaliśmy patykiem na piasku kółko, usiłując wyjaśnić, że Ziemia jest okrągła, a my pochodzimy z Ameryki, która znajduje się za oceanem na drugim końcu świata, ale Mox uśmiechał się nieśmiało i kręcił głową, marszcząc czoło w zawstydzeniu i zmieszaniu. Nie wiedział, co znaczy „świat" ani „ocean", ani w jego, ani w żadnym innym języku. Nigdy nie widział nawet jeziora, a jego światem było tylko to, co zobaczył na własne oczy.

Dużo później, gdy ogień przygasł, położyłem się na plecach, spoglądając w granatowoczarne, rozgwieżdżone niebo. Czy popełniliśmy błąd? My albo Mox? Dlaczego porzucił bezpieczną wioskę i rodzinę – swoją społeczność – na rzecz nieznanej pustyni Kalahari? Odwróciłem to pytanie, adresując je do samego siebie. Daleko na południu, gdzieś koło Deception Valley, zaryczał lew.

8

KOSTEK

Mark

Król ułatany ze szmat i gałganków*
William Shakespeare

Kołysząc się i uchylając przed gałęziami drzew, z Moxem siedzącym na dachu Szarej Gęsi, wjechaliśmy przez lasy Wschodniej Diuny do Deception Valley. Na skraju rzeki, nadal kilometr od obozu, zauważyliśmy, że coś jest nie tak. Na pełnym gazie, podskakując na kępach trawy, dojechaliśmy do naszej wysepki drzew i znaleźliśmy garnki, ubrania, kawałki szlaucha, worów i skrzynek porozrzucane w promieniu setek metrów. Obóz był zdemolowany. Wielki wir piaskowy? Gwałtowna burza? Co mogło narobić takich szkód? Zacząłem grzebać w resztkach naszych rzeczy i znalazłem ciężki aluminiowy garnek z dziurą w dnie. Była tak duża, jakby przebił ją pocisk kalibru pięćdziesiąt. W chwili, gdy uświadomiłem sobie, że garnek został przebity wielkim zębem, dziewięć kudłatych łbów wychyliło się zza kolczastego żywopłotu na zachód od obozu. Nadal staliśmy obok land rovera, gdy lwy ruszyły ku nam długim szeregiem. Dwie duże lwice prowadziły

---

*Tłum. Leon Ulrich, William Shakespeare, *Hamlet*, Gebethner i Wolff, Kraków 1895.

resztę grupy. Kołysały się przy każdym ruchu, emanując naturalną siłą. Pięć nieco mniejszych, podrastających samic szło pewnym krokiem za nimi. Pochód zamykały dwa roczne samczyki, podgryzające się nawzajem w uszy i ogony. Były to te same lwy, które przegoniłem land roverem na Zachodnią Prerię w nocy, kiedy uwięziły Delię w namiocie. Widywaliśmy je wiele razy w tej części doliny i najwyraźniej to one złupiły nasz obóz.

Niczym ława przysięgłych wkraczająca na salę rozpraw, lwy powoli zajęły swoje miejsca w półkręgu na obrzeżach obozu, nie dalej niż dwanaście lub piętnaście metrów od nas. Liżąc łapy i myjąc pyski, lwice obserwowały nas z leniwym zaciekawieniem, bez widocznego strachu czy agresji. Oprócz ekscytacji i odrobiny lęku z powodu takiej bliskości, czuliśmy też smutek, że wkrótce zwierzęta postanowią odejść.

Mox nie podzielał naszych uczuć. Gdy Delia rozniecila ogień i nastawiła zupę, zacząłem razem z nim powolnymi, ostrożnymi ruchami zbierać resztki naszego obozu. Ale Mox zawsze starał się ukrywać za land roverem i ani na chwilę nie spuszczał lwów z oczu.

Później pojechaliśmy z nim do kolejnej kępy drzew, sto pięćdziesiąt metrów na południe od obozu, by pomóc mu zrobić namiot z płachty brezentu. Związaliśmy razem kilka tyczek, tworząc z nich szkielet, do którego przywiązaliśmy brezent i tak powstała prymitywna, ale przytulna chata. By zabezpieczyć ją przed lwami, zgodnie ze zwyczajem jego plemienia ścięliśmy kilka krzaków „zaczekajek" z groźnymi, podobnymi do szponów kolcami, rozdzierającymi ubrania i ciało nieproszonych gości, którzy się o nie otrą, zmuszając ich do „zaczekania", dopóki się nie wyplączą. Zrobiliśmy z nich ścisłą *bomę* – okrągłe ogrodzenie – zostawiając tylko „furtkę" dla Moxa, którą po wejściu do środka miał zasłonić dużym krzakiem. Delia i ja wróciliśmy do naszego obozu, dając Moxowi czas na zadomowienie się w chacie.

Lwy podniosły się i obserwowały nas, jak wjeżdżamy do obozu, ale potem znowu się położyły. O zachodzie słońca Delia podała parującą kartoflankę, a gdy na czarnej patelni skwierczały placki z mąki kukurydzianej, lwy przyglądały się nam, poruszając się tylko po to, żeby ziewnąć albo polizać sobie przednią łapę.

Było to cenne doświadczenie i starannie obserwowaliśmy, jak reagują na nasze zachowanie; jeśli poruszaliśmy się za szybko albo szliśmy prosto na nie, ich rozszerzone oczy i spięte mięśnie barków wyrażały strach. Uniosły brody i nastawiły uszu, z ciekawością poruszały ogonami, gdy zacząłem ciągnąć gałąź w stronę ogniska. Każdy ich ruch i postawa ciała informowały nas o tym, jak nie budzić w nich strachu, agresji albo niepożądanego zaciekawienia.

Znad wydm napłynęło chłodne wieczorne powietrze i ostatnie kolory zachodzącego słońca zaczęły znikać z nieba za Zachodnią Diuną. Sylwetki wielkich kotów stały się cieniami, rozmyły się i w końcu wtopiły w mrok. W miarę jak ciemności gęstniały, instynkt naukowca w nas ustąpił miejsca bardziej pierwotnym odczuciom. Włączyłem latarkę, żeby zlokalizować lwy. Ku naszemu zdumieniu została tylko jedna duża lwica z dwoma roczniakami; inne po cichu się ulotniły. Pomimo *bomy* z kolczastych krzewów, jaką ustawiliśmy wokół chaty Moxa, musieliśmy sprawdzić, czy nic mu nie grozi.

Omiotłem ciemność promieniem latarki i zobaczyłem świecące bursztynowe oczy – lwy krążyły wokół obozu Moxa! Wskoczyliśmy do terenówki, ale gdy tam dotarliśmy, trzy samice już zdołały pokonać zaporę *bomy* i obwąchiwały brezent. Dwie inne znajdowały się po drugiej stronie drzewa, a ostatnia, największa, siedziała przed wejściem w ciernistym kręgu.

Zatrzymałem land rovera za namiotem i skierowałem na niego latarkę.

– Mox, wszystko w porządku? – szepnąłem najgłośniej jak umiałem.

Nie usłyszałem odpowiedzi.

– Mox! – powtórzyłem głośniej. – Nic ci się nie stało?

– *Ra?*

Głos Moxa nie dochodził z namiotu.

– Gdzie jesteś?

Wtedy zauważyłem, że duża lwica przy *bomie* spogląda na drzewo nad swoją głową. Skierowałem latarkę tam, gdzie patrzyła, i na gałęzi nie wyżej niż dwa i pół metra nad wielkim kotem ujrzałem nagiego, nerwowo uśmiechniętego Moxa!

Powoli wjechałem land roverem między drzewo a lwicę. Cofnęła się bez sprzeciwów, a potem usiadła przy drzwiach z mojej strony, zaglądając z zainteresowaniem przez otwarte okno. Jednym płynnym ruchem, jakby pień drzewa był naoliwiony, Mox ześliznął się z niego, chwycił szorty, włożył je i wskoczył do land rovera.

– *Tau – ha-a.* – Pokręcił głową, drżąc. Powoli odjeżdżaliśmy, a Mox mamrotał coś o Maun. Zostaliśmy w aucie, aż lwy się znudziły i poszły na północ doliny.

Rankiem otworzyłem oczy i poczułem słodki zapach drzewnego dymu unoszący się w obozie. Delia jeszcze spała u mojego boku. Słyszałem Moxa cicho kręcącego się w kuchni; to były przyjemne odgłosy, które obudziły wspomnienia poranków na farmie, kiedy wraz z rodzeństwem budziliśmy się, czując zapach śniadania i słysząc krzątaninę matki na dole. Było jeszcze wcześnie; wyraźne starania Moxa, żeby zabrać się do nowej pracy, na chwilę uciszyły moje obawy, czy wytrzyma na Kalahari. Włożyłem szorty i sandały i wyszedłem z namiotu. Na gałęziach nad ścieżką przysiadły gdaczące toko i trzepoczące mucharki, domagając się porannej porcji kaszy kukurydzianej.

W kuchni zastałem Moxa siedzącego na ziemi wśród odpadków i śmieci, porozrzucanych w nocy przez hieny. Ominął je ostrożnie, po czym umył talerze i ustawił schludnie na stole. Teraz spokojnie czyścił paznokcie u stóp czubkiem naszego najlepszego noża kuchennego.

* * *

Jedliśmy śniadanie, gdy z doliny na północy dobiegł nas ryk lwów. Był już maj 1975 roku i choć na Kalahari nadal spadały czasem deszcze, nieuchronnie zbliżała się pora sucha. Za miesiąc, najdalej sześć tygodni, lwy miały stąd odejść. Nikt nie wiedział, jak daleko ani w którą stronę się wybierały. Zastanawialiśmy się, czy kiedykolwiek wrócą do doliny. A jeśli tak, to czy będą bronić części starej doliny jako swojego terytorium? Jak je rozpoznamy po tak długim czasie, zwłaszcza w nocy, kiedy najprawdopodobniej je spotkamy?

Uświadomiliśmy sobie, że przynajmniej podczas pory deszczowej te drapieżniki były głównymi dostawcami mięsa dla hien, w wielkim stopniu wpływając na dietę i ścieżki padlinożerców. Jeśli hieny brunatne były od nich uzależnione, musieliśmy lepiej poznać lwy z Deception Valley. Choć nadal obserwowaliśmy hieny nocami, postanowiliśmy częściej przyglądać się miejscowym stadom lwów, by się dowiedzieć wszystkiego, co mogliśmy, o ich nawykach i ekologicznych relacjach z hienami.

Najlepszym sposobem na rozróżnienie lwów – o ile by wróciły – było oznaczenie ich uszu klipsami. Gdyby któryś z lwów został zastrzelony, ten kolorowy plastikowy dysk trafiłby do Departamentu Dzikiej Przyrody… albo do naszyjnika jakiegoś Buszmena. W każdym razie moglibyśmy się dowiedzieć, jak daleko od koryta rzeki wyprawiają się stada podczas pory suchej, ile lwów ginie z ręki człowieka i kto za to odpowiada. Określenie, które osobniki trzymają się razem, ujawniłoby coś na temat społecznej organizacji lwów z Kalahari, która nigdy dotąd nie została zbadana ani szczegółowo opisana. Pierwszym problemem było oznaczenie jak największej liczby zwierząt, zanim opuszczą koryto rzeki, prawdopodobnie w ciągu jednego lub dwóch dni – i to w taki sposób, żeby stado ich nie odrzuciło. Przede wszystkim nie chcieliśmy na stałe zmieniać ich naturalnego zachowania.

Przygotowując strzelbę na ładunki usypiające, uzgodniliśmy podstawowe zasady, dzięki którym chcieliśmy zminimalizować traumę lwów podczas ich obezwładnienia. Jeśli tylko byłoby to możliwe, zamierzaliśmy to robić w nocy, by nie narażać ich na leżenie w niemiłosiernym skwarze dnia. Usypialiśmy je tylko wtedy, gdy były zajęte pożeraniem ofiary i wyłącznie po długim przebywaniu w ich obecności, żeby zupełnie do nas przywykły. Nigdy nie ścigaliśmy ich terenówką ani nie zaganialiśmy jak kowboje bydło (co często skutkuje poważnym stresem, odrzuceniem przez stado, a nawet śmiercią). Podawaliśmy im minimalną dawkę narkotyku i działaliśmy cicho i szybko, by nie narażać lwów na niepotrzebny stres. Tak jak w przypadku hien, za sukces uważaliśmy oznakowanego lwa, który nie bał się nas bardziej po niż przed uśpieniem.

Czas nas gonił, więc zamierzaliśmy uśpić jak najwięcej lwów podczas jednej sesji. Mox miał świecić latarką, podczas gdy my będziemy oznaczać zwierzęta. Ale mogliśmy ogarnąć nie więcej niż trzy do pięciu lwów w różnych stadiach uśpienia jednocześnie, a tymczasem pozostałe kręciłyby się w pobliżu w ciemnościach. Nigdy wcześniej nie usypialiśmy lwów i nie wiedzieliśmy, jak zareagują.

Razem z Moxem znaleźliśmy stado leżące na Wyspie Lampartów – kępie akacji i jujub na zachodnim skraju Północnej Równiny przy Wzgórzu Gepardów. Podjechaliśmy do kotów land roverem, powoli zbliżając się coraz bardziej. Gdy byliśmy jakieś piętnaście metrów od nich, podniosły głowy i zaczęły się nerwowo rozglądać za drogą ucieczki. Lwy i inne dzikie stworzenia zachowują się na ogół o wiele spokojniej, jeśli to one decydują – tak jak wtedy, gdy stado wtargnęło do naszego obozu. Teraz to my się do nich zbliżyliśmy i poczuły się trochę zagrożone. Wyłączyłem silnik, natychmiast się uspokoiły. Zaczęły mrugać i ziewać. Przez kilka następnych godzin siedzieliśmy nieruchomo, żeby się do nas przyzwyczaiły. Mieliśmy nadzieję, że zaczną polować. Widywaliśmy te lwy wiele razy i każdemu nadaliśmy imię. Dwie starsze samice nazwaliśmy Błękitka i Dziczka. Błękitka zawsze była zajęta przeżuwaniem opon samochodu; na szczęście były bardzo grube i nigdy żadnej nie przebiła. Dziczka, wielka lwica z zapadniętym grzbietem, była najstarsza w stadzie i z jakiegoś powodu okazywała nam nieco nieufności. Nawet gdy kładła głowę na łapach, żeby odpocząć, nigdy całkiem nie zamykała oczu.

Z pięciu niedorosłych samic Psotka była najbardziej odważna i ciekawska. Miała szeroką pierś i masywną sylwetkę, która zapowiadała, że pewnego dnia wyrośnie na potężne zwierzę. Często skradała się za land roverem jak za ofiarą, powoli zbliżając się do niego od tyłu, gotowa skoczyć, gdybyśmy chcieli odjechać. Ale jeśli stawaliśmy, nagle zatrzymywała się z nosem przy zderzaku, nie umiała sobie poradzić z tą dziwną zwierzyną. Wtedy prostowała się i uderzała łapą w oponę albo skubała zębami błotnik czy reflektor. Raz zapomniałem, że nadal bawi się z nami i włączyłem silnik. Spaliny buchnęły jej w pysk, odskoczyła, a potem syknęła i splunęła na rurę wydechową. Fascynowały ją obracające się koła i nieodmiennie, gdy odjeżdżaliśmy po obserwacji stada, podbiegała z boku do land rovera i patrzyła, jak się obracają, kręciła głową i usiłowała nadążyć za nimi wzrokiem. Potem truchtała za nami przyczajona, jakby szukała miejsca, w które może zadać śmiertelne ugryzienie. Psotka była naszą faworytką.

Fryga nie umiała usiedzieć w miejscu, a gdy stado odwiedzało nasz obóz, wędrowała wokół niego albo odchodziła, żeby przez jakiś czas pobyć sama. Chili, o sierści w kolorze cynamonu, która kiedyś dla żartu na mnie skoczyła, była zadziorna. Sowa miała wielkie, okrągłe oczyska, a Liesa była mała, schludna i ładna. Dwa roczne podrostki, Łobuz i Hombre, nieustannie denerwowały dorosłe samice i ciągle obrywały po nosach.

Tego wieczora, gdy siedzieliśmy z lwami, Dziczka jakby wyczuła, że coś się święci, i odeszła parę metrów dalej pod mały krzak. Inne koty zasnęły, a ona nas obserwowała.

Koło dziewiątej podniosła głowę i ze skupieniem zapatrzyła się w dal; mięśnie jej barków stężały. Inne lwice natychmiast stały się czujne i uważne; spojrzały w tym samym kierunku. Uniosłem latarkę i zobaczyłem strusia, ostrożnie idącego przez krzaki u stóp Diuny Północnej. Zgasiłem światło. Dziczka podniosła się powoli i zaczęła się skradać w stronę dużego ptaka. Sunąc przez trawę płynnie jak wąż, znikła w mroku. Inne samice jedna po drugiej poszły za nią: Delia i ja zostaliśmy sami w świetle księżyca. Nie chcieliśmy podążać za stadem ani świecić latarką, żeby nie przeszkadzać im w polowaniu. Minuty płynęły powoli... niepokoiliśmy się, jak idzie pościg za strusiem.

Jakieś trzy kwadranse później z krzaków na zboczu wydmy dobiegły nas warknięcia i gardłowe pomruki. Lwice nadal stały w kręgu i kłóciły się o strusia, gdy zaparkowaliśmy land rovera blisko ich łupu. Odwróciły się, by łypnąć na nas groźnie, a Dziczka i Chili przyczaiły się jak do skoku i położyły uszy na głowie, najwyraźniej niezadowolone z naszego wścibstwa. Pyski miały umazane krwią i piórami, a rozcapierzonymi łapami przygniatały zaborczo ptaka, z którego wydzierały wielkie kawały czerwonego mięsa. Powoli sięgnąłem do kluczyka w stacyjce i wyłączyłem silnik. Lwy odwróciły się do swojego łupu i zajęły się napełnianiem brzuchów. Znajdowaliśmy się piętnaście metrów od nich, więc raczej nie mogłem spudłować.

Delia trzymała latarkę, a ja manipulowałem pudełkami, strzykawkami i buteleczkami z narkotykiem, starając się zachować maksymalną ciszę. Wszystko leciało mi z rąk, kierownica i dźwignia zmiany biegów nieustannie wchodziły mi w drogę. Miałem wrażenie, że lwy zaglądają do wnętrza samochodu przez otwarte okno; wyjąłem z niego szybę i framugę, żeby swobodnie manewrować strzelbą, gdyby któryś z moich celów przeszedł koło auta. W końcu napełniłem przeznaczoną dla Dziczki strzałkę mieszanką fencyklidyny i ksylazyny. Ponieważ to ona była najbardziej nieufna, uważałem za ważne, by uśpić ją jako pierwszą, by nie zaalarmowała innych. Przez parę minut wpatrywałem się w celownik, mierząc w grzbiet Dziczki, ale leżała po drugiej stronie strusia, za Hombre, który ją zasłaniał. Ręce pociły mi się na kolbie, a wszystko to wydawało się nierealne – strzelanie do stuosiemdziesięciokilowej lwicy z odległości paru metrów.

Zwierzęta syczały na siebie i uderzały się łapami. Potem Dziczka wstała gwałtownie, ogromna w świetle latarki – i przeszła nad Błękitką, która jadła po jej prawej stronie. Wytężyłem wzrok, wymierzyłem i nacisnąłem spust.

Huknął strzał i strzałka trafiła lwicę w bark. Wybuchły warkoty i prychnięcia. Kurz i pióra wzbiły się w powietrze, gdy stado zerwało się i przeskoczyło przez ofiarę, siekąc ogonami jak batami. Przez chwilę pełną napięcia zastygliśmy w obawie, że któreś zwierzę rzuci się na samochód. Kręciły się dokoła, spoglądając na land rovera, na strusia, w mrok, na siebie nawzajem, usiłując namierzyć źródło zamieszania. Nagle Dziczka uderzyła Błękitkę w nos; rachunki zostały wyrównane, napięcie zelżało i lwy wróciły do jedzenia. Oparliśmy się wygodnie i czekaliśmy.

Minęło dziesięć minut i oczy Dziczki zaczęły się otwierać, a jej źrenice się rozszerzyły. Lwica zostawiła ofiarę i powlekła się w gęste zarośla, w których prawie znikła. Mox, który widział w ciemnościach jak kot, miał na nią oko, podczas gdy my usypialiśmy Błękitkę, Frygę i Liesę, po każdym strzale robiąc przerwę, by pozostałe zwierzęta się uspokoiły i wróciły do jedzenia. Wkrótce w promieniu pięćdziesięciu metrów od ofiary leżały cztery lwice; pozostała piątka – młode samice i maluchy – nadal jadły.

Minęło już czterdzieści minut od chwili, gdy Dziczka zasnęła. Lek działał przez godzinę. Szybko pojechaliśmy w miejsce, w którym Mox po raz ostatni widział Dziczkę, i po paru minutach świecenia latarką z dachu terenówki ujrzeliśmy lwicę w pobliżu kępy krzaków. Jej piękne bursztynowe oczy były szeroko otwarte, uszy drgały; nasłuchując warkotu samochodu, lekko uniosła głowę.

Zaparkowałem jakieś dziesięć metrów za nią, wyłączyłem silnik i wysiadłem, nie wiedząc, czy dobrze postępuję. Ponieważ nie miałem pewności, do jakiego stopnia lek obezwładnił Dziczkę, nie spieszyło mi się, by do niej podejść. Pod moimi stopami zaszeleściła sucha trawa i Dziczka poruszyła głową. Skoro słyszała, inne jej zmysły także funkcjonowały, więc dwa razy klasnąłem, by sprawdzić jej odruchy. Nie zareagowała. Zakradłem się za nią ostrożnie i w końcu przykucnąłem koło ogona, gotów w każdej chwili rzucić się biegiem do land rovera. Delikatnie trąciłem stopą masywny zad; w ogóle jej to nie obeszło.

Dałem znak Delii, która oddała latarkę Moxowi, siedzącemu z tyłu land rovera, i wysiadła, żeby przynieść mi sprzęt. Leżąca u naszych stóp lwica miała kolor trawy w porze suchej. Była smukła i silna. Mieliśmy wyrzuty sumienia, że tak ją potraktowaliśmy, choć zaczynała nam ufać. Delia dotknęła wewnętrznej strony przedniej łapy lwicy, szukając pulsu, a ja pospiesznie zaaplikowałem jej do oczu maść chroniącą rogówkę przez wyschnięciem. Dziczka leżała na strzałce, więc wzięliśmy ją za szerokie łapy i posługując się jej nogami jak dźwigniami, przetoczyliśmy ją na drugi bok. Delia opatrzyła małą rankę, a ja wpiąłem lwicy kolczyk w ucho.

Gdy skończyliśmy z Błękitką i Frygą, od pierwszego strzału minęło już półtorej godziny. Dziczka i pozostałe lwice odzyskiwały panowanie nad ciałem. Co więcej, lwy, których nie uśpiliśmy, najadły się już strusim mięsem i zaczynały się bardziej interesować nami i tym, co wyprawialiśmy z członkiniami ich stada. Wszędzie wokół nas krążyły wielkie koty, a my musieliśmy jeszcze oznakować Liesę.

Gdy ją znaleźliśmy, chwiejnie podnosiła się na przednich łapach; już prawie udało jej się wstać. Nigdy nie zdołalibyśmy jej oznakować bez podania dodatkowej dawki trankwilizatora. Ale nie chcieliśmy jej narażać na traumę drugiego strzału, zwłaszcza na oczach pozostałych lwic. Wróciłem do samochodu i przygotowałem strzykawkę.

– Go leba de tau, sintle (obserwuj uważnie lwy) – powiedziałem do Moxa, po czym zdjąłem buty, otworzyłem drzwi i zacząłem się czołgać do Liesy.

* * *

Delia i ja wiedzieliśmy, że to raczej nierozsądne, ale baliśmy się, że jeśli spróbujemy podjechać samochodem do półprzytomnej lwicy, warkot silnika może ją przerazić. A gdyby zaczęła biegać po okolicy, spłoszylibyśmy całe stado.

Nie spiesz się, nie hałasuj, uważaj na dłonie i kolana, myślałem, odczołgując się od land rovera. Mój cień padał przede mną, niemal dosięgając lwicy, która siedziała z odwróconą głową. Wymacywałem drogę w suchych liściach i kępach trawy. Gałązki – kiedy na którąś nadepnąłem – trzaskały jak kapiszony. Im dalej odczołgiwałem się od samochodu, tym jaśniej docierało do mnie, że zachowuję się jak idiota. Kusiło mnie, żeby zawrócić, ale wmówiłem sobie, że lwica – już i tak częściowo oszołomiona – prawdopodobnie nawet nie poczuje zastrzyku. Miałem nadzieję, że Mox i Delia ostrzegą mnie, jeśli inne lwy ze stada zaczną mi zagrażać. Na pierwsze oznaki kłopotów zamierzałem popędzić do land rovera.

Jakieś pięć metrów od lwicy pod kolanem chrupnęło mi parę suchych liści. Liesa odwróciła się gwałtownie i spojrzała wprost na mnie. Zastygłem, czekając, że straci zainteresowanie, ale ona przeszywała mnie spojrzeniem żółtych oczu, nastawiając uszy, chwiejąc się niepewnie, ze śliną skapującą z włosów na podbródku. Bałem się zrobić choćby najmniejszy ruch; jej półprzytomne oczy zaczęły się zwężać.

– *Tau, Morena*! – szepnął gorączkowo Mox od land rovera, ostrzegając mnie przed nadejściem kolejnej lwicy.

Po prawej, jakieś dwadzieścia metrów dalej, jedna z lwic, do których nie strzeliliśmy, zbliżała się przez krzaki przyczajona, z nisko opuszczoną głową i drgającym ogonem. Wgniotłem brzuch w ostre źdźbła kępy trawy i przycisnąłem policzek do piasku, usiłując zniknąć. Krew tętniła mi w uszach.

Land rover stał za daleko, żebym mógł do niego pobiec; zaczajona lwica znajdowała się zbyt blisko mnie. Przykryłem dłonią kark i zamknąłem oczy, starając się nie oddychać. Piasek i popiół wchodziły mi do nosa. W Maun widziałem wykrzywione ramiona dwóch zaprzyjaźnionych myśliwych, którzy postąpili nieostrożnie z lwami, a także szeroką, gruźlastą bliznę, sięgającą od biodra po pierś małego Buszmena, którego lew wywlókł z chaty. Czekałem, rozpłaszczony na ziemi.

– Mox! Zaświeć jej w oczy! – szepnęła Delia.

Mox, który prawie nie mówił po angielsku, jakimś cudem zrozumiał. Skierował promień światła latarki prosto w oczy przyczajonej lwicy. Zatrzymała się, nieco się wyprostowała i zmrużyła ślepia.

Liesa chyba usłyszała nadejście swojej towarzyszki ze stada, bo spojrzała w jej kierunku. Wykorzystałem tę szansę, powoli podniosłem się na kolana i zacząłem się wycofywać w stronę samochodu, starając się nie szeleścić suchą trawą. Druga lwica unosiła i opuszczała głowę, nadal usiłując mnie dostrzec przez jaskrawe światło. Ruszyła naprzód. Znowu padłem plackiem na ziemię. Mox uparcie świecił jej w oczy, aż stanęła, mrugając, nie dalej niż dziesięć metrów ode mnie. Czułem się jak mysz pod nosem domowego mruczka. Podniosłem się z ziemi i zacząłem się wycofywać. Nogi uginały mi się ze strachu. Gdy zrównałem się z przednim zderzakiem, skoczyłem w drzwi i osunąłem się na siedzenie. Roztrzęsionymi dłońmi wytarłem z twarzy brud i pot.

Druga lwica w końcu znudziła się mną i wróciła do strusia. Po tym, co przeszedłem, miałem jakoś mniej oporów przed przestraszeniem Liesy. Podjechałem do niej samochodem i zatrzymałem się tuż przy jej zadzie, sięgnąłem przez okno i podałem jej drugą dawkę leku. Jakieś dziesięć minut później była już oznakowana. Zaczekaliśmy przy strusiu, aż wszystkie lwice doszły do siebie, i wróciliśmy do obozu, żeby się przespać.

Następnego wieczora całe stado – z wyjątkiem Dziczki – weszło do obozu i otoczyło land rovera, obwąchując jego opony, zderzaki i maskownicę. Zdawały się nie dostrzegać niebieskich klipsów z oznaczeniami. Stały się Błękitnym Stadem.

* * *

Chociaż nie znosiliśmy strzelać do zwierząt, przynajmniej raz nauczyliśmy się dzięki temu czegoś o społecznej więzi między samcami. Tatko i Brat przemierzyli razem wielkie połacie Kalahari, nie mogąc znaleźć własnego stada. Młode samce, często bracia, niejednokrotnie trzymają się razem, gdy dorosną, a ta dwójka stała się nierozłączna.

Unieruchomienie Tatki przyszło nam z łatwością. Po strzale osunął się na ziemię i zasnął na boku, ze strzałką zwisającą mu z barku. Brat przyglądał się ze skupieniem, jak jego kompan traci zwinność, a potem zasypia. Przeniósł wzrok z Tatki na nas, a potem znowu na Tatkę, jakby usiłował sobie to jakoś wytłumaczyć. Następnie, ignorując zaparkowany osiem metrów dalej samochód, podszedł do powalonego lwa i obwąchiwał go tak długo, aż znalazł strzałkę. Chwycił ją w przednie zęby, cofnął się i pociągnął. Gruzełek skóry przywarł do igły, a potem się oderwał. Brat przeżuł strzałkę, wypluł jej kawałki, podszedł do swojego towarzysza i polizał małą rankę po wkłuciu. Potarł głową głowę Tatki, cicho gruchając. Potem, przysiadłszy, zębami delikatnie ujął kark Tatki i zaczął go podnosić. Jednak lew okazał się za ciężki. Brat chwycił Tatkę za zad i ponowił manewr. Potem wrócił do karku, nie przestając gruchać. Krążył tak piętnaście minut, starając się podnieść swojego towarzysza.

Czy chciał go postawić na nogi? Tak to wyglądało, choć nie mogliśmy mieć pewności. Wiemy, że słonie czasem próbują podnieść powalonego członka rodziny, zatem takie założenie nie wydawało się nieuzasadnione.

Ten widok bardzo nas wzruszył, ale Brat zachowywał się tak natarczywie, że baliśmy się, czy w końcu nie przegryzie szyi Tatce. Powoli do niego podjechałem i odsunąłem go na tyle, żebyśmy mogli oznaczyć, zważyć i zmierzyć Tatkę. Potem unieruchomionego lwa przetoczyliśmy na brezent, którego końce przywiązaliśmy do land rovera, i zaciągnęliśmy go w cień drzewa, gdzie mógł w chłodzie dojść do siebie. Brat poszedł za nami, położył się w pobliżu i czekał, dopóki Tatko nie odzyskał przytomności. Wtedy gorliwie potarł łbem i pyskiem całe ciało swojego towarzysza.

* * *

— *Tau, Morena!*

Był wczesny ranek zaledwie parę dni po tym, jak oznakowaliśmy Błękitne Stado. Poprzedniej nocy do późna jeździliśmy za hienami i spaliśmy twardo w namiocie, kiedy Mox nas obudził,

Nasz pracownik stał w plamie słonecznego światła tuż za wejściem, wskazując lwa znajdującego się jakieś trzysta metrów na
wschód od obozu. Widzieliśmy w oddali chwiejącą się sylwetkę,
pochyloną nad liczącymi miesiące szczątkami oryksa. Lew szarpał
pojedyncze ocalałe kości i wysuszoną skórę. W normalnych oko-
licznościach nawet nie spojrzałby na tak bezwartościowe pożywienie – wysuszone, twarde i niezdatne do niczego. Ale ten samiec
ze wszystkich sił starał się zaciągnąć skamieniałe szczątki w cień
Bezgłowego Tria – kępy drzew naprzeciwko obozu. Przez lornetkę
polową stwierdziliśmy, że lew jest okropnie wynędzniały i bardzo
słaby. Szczątki oryksa nie mogły ważyć więcej niż piętnaście kilo,
a jednak samiec nie potrafił ich przenieść dalej niż parę metrów.
Potem musiał się położyć i odpocząć, ciężko ziając. Raz po raz stawał nad szczątkami, starając się je pociągnąć dalej – bez wielkiego
sukcesu. Odwracał się, brał w zęby wysuszoną jak papier skórę
i ciągnął w drugą stronę – z tym samym rezultatem. Po każdym
wysiłku tracił siły, aż w końcu upadł, bliski śmierci z wygłodzenia.

Ubraliśmy się, wskoczyliśmy do samochodu i powoli do niego
podjechaliśmy. Spojrzał na nas obojętnie, ledwie nas dostrzegając.
Jego stan nas przeraził. Z niegdyś dumnego lwa pozostał szkielet.
Żebra rysowały się wyraźnie pod skórą, która zwisała z niego wielkimi fałdami. Mógłbym go objąć w pasie obiema rękami. Musiał
cierpieć głód od tygodni.

Z ogromnym wysiłkiem wstał i powlókł się ku Bezgłowemu
Triu. Dopiero wtedy zauważyliśmy kolce jeżozwierza, głęboko
tkwiące w jego szyi, barkach i bokach. Usiłując zdobyć pożywienie, prawdopodobnie zaliczył wpadkę podczas polowania. Dotarł
do cienia kępy drzew i osunął się na ziemię, jakby wielka, koścista
głowa i rozczochrana grzywa były dla niego za ciężkie.

Zostawiliśmy go tam, ale późnym popołudniem wróciliśmy ze
strzelbą i strzałkami. Chcieliśmy zbadać lwa dokładniej i określić

jego wiek i szanse na przetrwanie. Nawet się nie wzdrygnął, gdy strzałka go trafiła. Po chwili zasnął. Zaczęliśmy usuwać kolce z jątrzących się ran. Niektóre tkwiły mu piętnaście centymetrów pod skórą.

Jednego Delia nie mogła wyciągnąć – utknął w poduszce prawej przedniej łapy, a ponieważ lew leżał na prawym boku, lewa łapa ciągle nam przeszkadzała. Mox przyglądał nam się z oddali z ręką na błotniku land rovera.

– Mox, *tla kwano* – chodź i to przytrzymaj – zawołała Delia, usiłując odsunąć ciężką łapę wielkiego kota. Mox przyczłapał niechętnie, z rozbieganym spojrzeniem.

Wtedy tego nie wiedzieliśmy, ale w dzieciństwie mówiono mu w plemieniu, że jeśli dotknie lwa, ręka mu zgnije. Wierzył w to, a jednak podszedł.

Delia zauważyła jego niechęć i zawołała zachęcająco:

– Mox, *go siami, go siami* (wszystko w porządku)!

Uśmiechnęła się. Mox ujął wielką, puszystą łapę, jakby lew miał w każdej chwili się ocknąć, i delikatnie ją odciągnął. Gdy Delia usunęła kolec, Mox przyłożył swoją dłoń do potężnej, pokrytej odciskami łapy. Trzymał ją tak przez parę sekund, a potem podniósł głowę z cieniem uśmiechu w oczach.

Zapadł zmierzch. Prawie skończyliśmy wyjmować kolce i smarować rany maścią. Miałem problemy ze złamanym kolcem, który utkwił w chrząstce tuż pod kolanem prawej tylnej łapy. Stawiał opór, więc z land rovera przyniosłem szczypce, uchwyciłem kolec i parę razy szarpnąłem. Choć ciągnąłem, szczypce ciągle się wyślizgiwały. Robiło się coraz ciemniej, poprosiłem Moxa, żeby włączył latarkę. W odpowiednim oświetleniu odkryłem, że ciągnąłem nie za kolec, lecz za piszczel. Lew miał poważnie złamaną łapę.

Stanęliśmy przed dylematem: zgodnie z zasadami obiektywnego naukowego podejścia, powinniśmy po prostu skazać lwa na śmierć. Nawet gdybyśmy starali się mu pomóc, żadne z nas nie miało lekarskiego wykształcenia, by nastawić złamanie. Co więcej, ciemności utrudniały nam zadanie. Lew jednak był już znieczulony, a po stanie jego zębów poznaliśmy, że jest w kwiecie wieku – miał nie więcej niż pięć lub sześć lat. Dlatego postanowiliśmy zrobić, co w naszej mocy, wiedząc, że prawdopodobnie i tak nie przeżyje.

Dzikie zwierzę nie zniosłoby łupków na nodze. Mogliśmy jedynie rozciąć nogę w miejscu złamania, odciąć odstający kawałek kości, zszyć przerwany mięsień, wszystko zdezynfekować i zaszyć ranę. Jeśli jakimś cudem zdołamy skłonić lwa, żeby nie wstawał przez parę dni, kość mogłaby się zacząć zrastać.

Pojechaliśmy do obozu i zebraliśmy zaimprowizowane narzędzia chirurgiczne: złamane ostrze piły, żyletkę jako skalpel, szczotkę do talerzy jako przyrząd do oczyszczenia rany i zwykłą igłę z nitką do założenia szwów.

Gdy wróciliśmy, było już zupełnie ciemno. Mox trzymał latarkę, a my rozcięliśmy ranę, oczyściliśmy ją i zdezynfekowaliśmy, po czym odciąłem jakiś centymetr pękniętej kości. Zaszyliśmy mięśnie i skórę, podaliśmy końską dawkę antybiotyku, a potem wpięliśmy w ucho lwa pomarańczowy klips z numerem 001. Wyprostowaliśmy się i spojrzeliśmy na tę żałosną ruinę niegdyś wspaniałego zwierzęcia. Postanowiliśmy nazwać go Kostkiem – o ile przeżyje.

A jeśli miał przeżyć, potrzebował natychmiast jedzenia i wody, żeby nie obciążać nogi podczas polowania. Ze starej kłusowniczej strzelby, pożyczonej nam przez Departament Dzikiej Przyrody, zastrzeliłem antylopika i położyliśmy go pod głową nadal śpiącego lwa, by mięso było bezpieczne przed szakalami i hienami. Kilka godzin później Kostek zaczął się pożywiać – początkowo powoli, potem pochłaniając wielkie, czerwone kawały mięsa.

Do świtu pożarł całego antylopika i spał twardo, gdy słońce wyłoniło się zza Wschodniej Diuny.

Kostek potrzebował dużo więcej pożywienia i na pewno próbowałby je zdobyć, gdybyśmy nie dali mu kolejnej antylopy. Wczesnym rankiem zastrzeliłem stupięćdziesięciokilowego oryksa i przywlokłem go na dziesięciometrowym łańcuchu, przyczepionym do land rovera. Lwy – a zwłaszcza lwy z Kalahari – lubią wciągać swoje ofiary w cień. Gdybym zostawił zwierzę zbyt daleko od Kostka, pewnie próbowałby wstać i je przenieść, być może nieodwracalnie uszkadzając sobie nogę. Powstał problem, jak podsunąć mu jedzenie praktycznie pod nos, jednocześnie nie płosząc go ani nie prowokując do ataku. Kostek był już całkiem przytomny, a osłabiony i bezbronny niewątpliwie zareagowałby bardziej drażliwie niż zwykle.

Dociągnąłem oryksa nie dalej niż dwadzieścia metrów od niego, gdy zaczął się denerwować. Wysiadłem z land rovera, odczepiłem łańcuch i odjechałem. Kostek wstał i pokuśtykał do ciężkiego zwierzęcia. Stanął nad nim okrakiem i zaczął je ciągnąć za kark, opierając się na chorej nodze. Szwy się rozciągnęły, a z rany chlusnęła krew. Ból musiał być dojmujący.

Przez półtorej godziny lew starał się wciągnąć oryksa w cień. Przesuwał go po trochu i stawał, dysząc z wyczerpania. Udało mu się przesunąć zwierzę o dziewięć metrów, gdy siły go opuściły. Poczołgał się w cień drzewa i upadł, kompletnie wyczerpany. Był to ogromny, choć mozolny wysiłek – i wiedzieliśmy, że będzie go powtarzać tak długo, aż oryks znajdzie się tuż przy nim.

Przez następną godzinę centymetr po centymetrze przesuwałem land rovera w stronę oryksa. Na nowo przymocowałem łańcuch. Powoli przyciągnęliśmy oryksa bliżej Kostka, wyłączając silnik, gdy lew zaczynał się niepokoić. Zatoczyłem łuk wokół drzewa, aż w końcu oryks znalazł się cztery metry od niego. Lew coraz bardziej się irytował. Wycofałem samochód, otworzyłem drzwi i zakradłem się na tył. Powoli, zasłonięty tylnym kołem, wyciągnąłem ręce i zacząłem rozsupływać łańcuch. Pot spływał mi po twarzy. Tymczasem Kostek, którego mięśnie barków drgały i falowały, a oczy rozszerzyły się ze strachu i rozdrażnienia, obserwował moje nerwowe poczynania. Usiłowałem nie spoglądać mu w oczy ani nie robić gwałtownych ruchów, które mogłyby wyzwolić jego agresję. Łańcuch w końcu się rozplątał, a ja wśliznąłem się do szoferki land rovera i odjechałem.

Obserwowaliśmy z daleka, jak Kostek – nadal niezadowolony z położenia oryksa i jakby nieczuły na ból – dociągnął zwierzę pod sam pień drzewa.

Z obozu widzieliśmy go leżącego w Bezgłowym Trio. Każdego ranka i wieczora siedzieliśmy w samochodzie obok niego, patrząc, jak przybiera na wadze i odzyskuje utracone siły. Codziennie coraz bardziej się z nami oswajał, a my nabieraliśmy nadziei na jego przeżycie. Przestał narażać nogę – wstawał tylko po to, żeby się najeść albo zmienić pozycję pod drzewem. Ale nie mogliśmy zabijać dla niego więcej antylop i uważaliśmy, że kiedy znowu będzie musiał wyruszyć na polowanie, osłabiona noga z pewnością nie wytrzyma pościgu. Nigdy nie zdołałby przetrwać o własnych siłach.

Dziewiątej nocy po operacji obudziły nas jego ryki, dobiegające od strony doliny. Kostek oddalił się na południe starym korytem rzeki. Wątpiliśmy, czy kiedykolwiek go zobaczymy.

* * *

Od odejścia Kostka minęło dziesięć dni. Nigdzie nie widzieliśmy śladu po nim. Pewnego ranka Mox i ja tropiliśmy hienę, którą zgubiliśmy poprzedniej nocy. My dwaj szukaliśmy tropów, a Delia jechała za nami land roverem, robiąc notatki na temat

zwyczajów hien brunatnych, dotyczących przemieszczania się
i szukania pożywienia – wszystkie były zawarte w szyfrze śladów
łap w piasku. Była to mozolna, nudna praca w upale i kolczastych chaszczach i przygnębiało nas, jak musimy się naszarpać,
by zdobyć strzępki informacji. Była to jedyna metoda określenia,
jak daleko zapuszczają się hieny od koryta rzeki i co robią w zaroślach, zbyt gęstych, byśmy mogli nadążyć za nimi w nocy. Mox
i ja szliśmy ramię w ramię, często zatrzymując się, by porozmawiać o miejscu, w którym hiena odpoczywała, jadła i spotykała
się z innymi – albo ścigała postrzałki. Jeśli z jakiegoś powodu
zgubiliśmy trop, często wracaliśmy po śladach, by zebrać więcej
informacji. Nie staraliśmy się dogonić zwierzęcia, więc nie miało
dla nas znaczenia, w którą stronę szliśmy, bylebyśmy tylko dowiedzieli się, gdzie było i co robiło. Ale kiedy wracaliśmy, Mox
tracił całe zainteresowanie. Często widzieliśmy, jak stoi z rękami
założonymi na plecach, gapiąc się w roztargnieniu w dal. Staraliśmy się mu wszystko wytłumaczyć, ale nie widział sensu w „tropieniu wstecz". W ogóle uważał nas za dziwaków, bo chcieliśmy
tropić hieny. Dla wielu Afrykańczyków – i innych ludzi – hieny
to dopust boży. Mox nie potrafił pojąć, po co ktokolwiek miałby
godzinami je tropić.

Tego ranka w ślad za hieną dotarliśmy do Ścieżki Lampartów. Nie była to łatwa droga; często musieliśmy się przedzierać
na czworakach, by dostrzec choć jeden ślad pazura w twardej ziemi. Ślady doprowadziły nas na północny zachód, gdzie w mięk-
kim piasku, blisko szczytu wydmy, tropy hieny przecinały się ze
świeżymi śladami wielkiego samca lwa. Rzadko mieliśmy kontakt
z samcami w tej okolicy i trochę się niepokoiliśmy.

Idąc za lwem, powoli przemieszczaliśmy się przez las ku
skomplikowanemu systemowi nor postrzałek. Mox i ja szliśmy
ramię w ramię, rozglądając się w poszukiwaniu tropów. Nagle

zauważyłem płaską, klinowatą głowę bardzo dużej żmii sykliwej. Gad był ściśle zwinięty, a Mox właśnie zamierzał go przydepnąć. Nie miałem czasu na ostrzeżenia; uderzyłem go w pierś, przewracając na wznak. W tej samej chwili żmija syknęła głośno; odskoczyłem. Mox uśmiechnął się do mnie, ale oczy miał rozszerzone ze strachu, gdy ominęliśmy gada szerokim łukiem i poszliśmy dalej. Tuż za żmiją tropy lwa się pogłębiły – ścigał jeżozwierza. Ruszyliśmy za nim dalej, zaczął kropić deszczyk. W piasku odczytywaliśmy historię polowania: jeżozwierz przebiegł po niskim, zniszczonym kopcu termitów i ostro skręcił na południe. Biegnący za nim lew pośliznął się niezdarnie na zdradliwym gliniastym błocie i upadł, ale musiał szybko dojść do siebie, bo dwieście metrów dalej znaleźliśmy stertę kolców i plamę krwi.

Poczułem na ramieniu rękę Moxa.

– *Tau, kwa!* – szepnął.

Pod krzakiem akacji, sto metrów dalej siedział wielki lew, spoglądając przez welon deszczu na rozległy las i dolinę za nim – afrykański krajobraz, którego nie dotyka upływ czasu.

Mox i ja dołączyliśmy do Delii w land roverze. Podjechaliśmy do lwa, który odwrócił się i spojrzał na nas. Potem dostrzegliśmy w jego lewym uchu pomarańczowy klips z numerem 001. Kostek bardzo nabrał ciała, a choć jego noga nie odzyskała w pełni sprawności, na ranie pojawił się strup i wszystko najwyraźniej szło ku lepszemu. Oczywiście Kostek był naszpikowany kolcami jeżozwierza; być może przez swoje kalectwo nie mógł tropić większej zwierzyny.

Posiedzieliśmy z nim przez długą chwilę, zadowoleni, że tym razem wtrąciliśmy się w sprawy Natury. W końcu lew wstał, przeciągnął się i odszedł. Jedyną oznaką zdradzającą jego perypetie był ślad sztywności, od czasu do czasu zakłócający sprężysty krok. Przyjrzałem się uważniej jego tropom i zauważyłem nieznaczne przekrzywienie prawej tylnej łapy – znak rozpoznawczy, który miał mu towarzyszyć przez całe życie. Od tej pory wszędzie mogliśmy rozpoznać ślady Kostka.

* * *

Pewnego ranka liczyliśmy antylopy w korycie rzeki, gdy ujrzeliśmy Kostka przy młodym samcu oryksa, którego przed chwilą zabił. Od czasu, gdy zostawiliśmy go w deszczu, minęły trzy tygodnie i zdecydowanie nabrał ciała. Byliśmy zdumieni, że udało mu się powalić tak silne i groźne zwierzę nieco ponad miesiąc po operacji, podczas której usunęliśmy mu z nogi centymetr roztrzaskanej kości. Gdy słońce wspięło się wyżej, zaczął się pożądliwie przyglądać naszemu zacienionemu obozowi, oddalonemu o czterysta metrów. Dysząc z upału, zaczął wlec oryksa do drzew, a wokół niego kręciły się szakale, atakując jak kamikaze, by wyszarpać trochę mięsa. Choć lew odpoczywał co jakieś trzydzieści metrów, to nie kulał, więc zyskaliśmy nadzieję, że przetrwa. Zabicie oryksa było ostatecznym sprawdzianem i świadectwem wyjątkowych zdolności regeneracyjnych lwów z Kalahari.

Kostek spędził następne dwa dni pod drzewem oddalonym dwadzieścia metrów od naszego obozu, pożerając swoją zdobycz. Wieczorami siadywaliśmy w samochodzie w pobliskim korycie rzeki, patrzyliśmy, jak zajada, i śmialiśmy się, gdy przetaczał się na grzbiet i wyciągał łapy do nieba.

* * *

Pewnej nocy podążaliśmy za Gwiazdką, naszą ulubioną hieną brunatną, przez koryto rzeki, gdy nagle zatrzymała się i zjeżyła sierść – każdy włosek wydawał się sterczeć osobno. Nagle rzuciła się galopem na zachód; Błękitne Stado polowało. Psotka i Błękitka potruchtały do land rovera i stanęły, zaglądając do środka przez połówkę drzwi. Czasami czuliśmy się z tym trochę nieswojo – nie wiedzieliśmy, czy nastrój im się nagle nie zmieni. Ale one zawsze były skłonne do zabaw w naszej obecności.

Po wstępnym rozpoznaniu Psotka i Błękitka najwyraźniej się zmęczyły straszeniem nas i bez ostrzeżenia rzuciły się żartobliwie na Szelmę, przewracając ją, a potem ścigając z tętentem wielkich łap wokół land rovera. Ich nastrój udzielił się innym, a dwa małe samce, Łobuz i Hombre, dołączyły do zabawy. Po chwili wszystkie lwy hasały w jasnym świetle księżyca i tylko Dziczka jak zwykle pozostała zdystansowana.

Nagle cała dziewiątka przestała się bawić i ustawiła się w rzędzie, patrząc na północ. Przesunąłem promień światła latarki i ujrzałem w jego blasku Kostka, który wkroczył w blask ciężkim, sztywnym truchtem, kołysząc na boki masywną głową i grzywą. Podszedł do czekającego stada i stanął nieruchomo, a każda z samic powitała go, płynnie wtulając się w jego ciało, zaczynając od policzka, a potem przesuwając się wzdłuż boku aż do muśnięcia żylastego ogona z kępką sierści na końcu. Po wylewnych powitaniach stado położyło się razem spokojnie. Kostek znajdował się parę metrów dalej. Pan Błękitnego Stada objął swoje włości.

Przybycie Kostka zmieniło nastrój samic. Ich skłonność do zabaw ustąpiła miejsca spokojnej rzeczowości, z którą wpatrywały się w noc. Jakiś czas później Dziczka wstała i cicho odeszła, a wkrótce potem podążyły za nią Szelma i Psotka. Po nich odeszły Błękitka i Fryga i w końcu całe stado znikło w gęstniejących ciemnościach – długa procesja z Łobuzem, Hombre i Kostkiem zamykającymi pochód. Księżyc zachodził za Zachodnią Diuną.

Stado przeniosło się dalej, do Ostatniego Przystanku – małej kępy drzew na skraju Północnej Równiny, w której często zostawiało ślady zapachowe i odpoczywało przed opuszczeniem doliny. W bladym świetle świtu lwy poszły powoli ku stadu siedmiu rudych gnu skubiących srebrzyste krzaki na zachodnim zboczu Północnej Diuny. Stary byk o rogach startych tak, że wyglądały jak wypolerowane wyrostki, stał w pewnym oddaleniu, zlizując bogatą w minerały glinę z kopca termitów. Lwice położyły uszy płasko na głowach, przyczaiły się nisko przy ziemi i ruszyły tyralierą do stada, przemykając przez chaszcze. Niemal godzinę później stały szeregiem ciągnącym się przez jakieś sto metrów, nadal siedemdziesiąt lub osiemdziesiąt metrów od gnu, ale coraz bardziej się do nich zbliżając. Łobuz i Hombre trzymali się daleko z tyłu razem z Kostkiem. Ale gdy lwice poszły na północ, gnu skręciły na wschód; drapieżniki mogły stracić swoją szansę, gdyby w porę się nie zorientowały. Dziczka i Psotka wyszły z szeregu i znikły w trawie za swoimi koleżankami, by ustawić się przed antylopami. Liesa, Błękitka i Fryga powoli ruszyły do przodu.

Czekały… potem przekradły się zza krzaków do kępy trawy, a stamtąd znów za krzaki… i znowu czekały… Stado cierpliwie zbliżało się do zwierzyny. Gnu coś wyczuły. Spojrzały na lwy, spłoszone zaczęły pląsać i ryczeć na alarm. Potem stado oddaliło się galopem.

Stary byk biegł na czele. Gdy mijał krzak akacji, zza osłony gałęzi wyprysnęła potężna łapa Dziczki, która wbiła pazury w bark gnu. Samiec zniknął w chaszczach z ochrypłym stęknięciem, dziko wierzgając nogami. Inne gnu uciekły na szczyt wydmy i stanęły wpatrzone w dół, prychając i strzepując ogonami. Po paru sekundach wszystkie lwy runęły na upolowanego byka. Słyszeliśmy charkot i darcie mięsa.

Kostek także usłyszał to zamieszanie i zbliżył się truchtem z Łobuzem i Hombre, dreptającymi za nim przez wysoką trawę. Na widok mięsa przyspieszył, wpadł z warkotem między lwice, rozpędzając je, i objąwszy gnu wielkimi łapami, zaczął się samotnie pożywiać. Samice z Łobuzem i Hombre przyglądały mu się z odległości dziesięciu metrów.

Ale wkrótce Błękitka zaczęła się zbliżać, obserwując Kostka i przypadając do ziemi, kiedy tylko ten na nią zerknął. Gdy znalazła się osiem metrów od zwierzyny, zbliżyła się do niej powoli, szerokim łukiem. Kostek przestał jeść. Ochrypły warkot zabulgotał mu w gardle, uniósł wargi, ukazując ośmiocentymetrowe kły. Błękitka splunęła na niego. Kostek ryknął i rzucił się na nią, rozbryzgując piasek. Chlasnął ją łapą w nos. Lwica ryknęła i znowu przypadła do ziemi, kładąc uszy płasko na głowie. Kostek wrócił do gnu i dwadzieścia minut później samice, a za nimi Łobuz i Hombre, powoli odeszły. Tej nocy, gdy ich samiec był zajęty pożeraniem gnu, lwice zabiły i zjadły czterdziestokilowego skocznika na Południowej Równinie.

* * *

Był koniec maja 1975 roku; od ostatniego deszczu upłynął prawie miesiąc. Niebo było blade i bezchmurne, chłodne noce przesycała słodka woń złotych traw, a poranny wiatr przenikał na wylot. Wszystko to zapowiadało nachodzącą zimę. Ciężka gliniasta ziemia koryta rzeki prawie całkiem wyschła, a stada oryksów i gnu rozproszyły się i odeszły.

Lwy pojawiały się coraz rzadziej; w końcu znikły. Brakowało nam ich ryków, które nocny wiatr przynosił z doliny. Zastanawialiśmy się, dokąd zawędrowały i czy kiedykolwiek jeszcze zobaczymy Kostka i Błękitne Stado. Wiedzieliśmy, że prawdopodobnie minie ponad osiem miesięcy, zanim po deszczach zazielenią się trawy i pojawią się większe antylopy – pod koniec 1975 lub na początku 1976 roku. Do tej pory lwy nie mogły wrócić. Zaczęliśmy się skupiać na hienach brunatnych, usiłując poznać każdy aspekt ich egzystencji.

9

DRAPIEŻNI RYWALE

Mark

Hej, zamilknął warkot bębnów, zmilkły dźwięczne zele*
Omar Chajjam

Delia wbiła mi łokieć w żebra.

– Słyszałeś? – szepnęła.

– Co słyszałem? – jęknąłem, dźwigając ciężką głowę.

– Bębny!

– Bębny?

– Szybko, musimy odpowiedzieć!

Był jasny, mroźny poranek. Delia wyczołgała się ze śpiwora i – mając na sobie tylko majtki – uniosła klapę namiotu i pospiesznie wyszła. Skuliła się, nasłuchując. Z ust buchała jej para.

– Może za długo siedzisz w buszu – zażartowałem. Potem i ja usłyszałem: *tam, tam, tam-tam-tamtam…* Bardzo niski dźwięk, jakby ktoś uderzał w wielki kocioł.

– Jak mogę im odpowiedzieć? – spytała, przeszukując kuchnię. Podsunąłem – nie na serio – dwudziestolitrowe wiadro, którego używaliśmy jako pieca. Delia wzięła je pod pachę i zaczęła

---

* *Rubajjaty Omara Chajjama*, tłum. A. Gawroński, wyd. Armoryka, Sandomierz 2015.

łomotać w dno, naśladując rytm bębnów. Po każdej serii nasłuchiwała odpowiedzi. Ale bębny umilkły. Delia jeszcze parę razy atakowała wiadro, a ja ukryłem się z głową w śpiworze, żeby nie słyszeć tego łomotu. W końcu dała za wygraną i wczołgała się do śpiwora, drżąca i skruszona.

Przez wiele dni o wschodzie i zachodzie słońca słyszeliśmy bębny. Myśleliśmy, że to polujący Buszmeni, bo po raz pierwszy usłyszeliśmy ich na południe od obozu, a potem – na zachód i północ. Wyglądało na to, że przemierzają dolinę, unikając rejonów koryta rzeki, gdzie moglibyśmy ich zobaczyć. Delia trzymała wiadro zawsze pod ręką, ale gdy odpowiadała bębnom, ich dźwięk za każdym razem milkł.

Doszliśmy do wniosku, że Delia wystraszyła myśliwych, więc kiedy pewnego wieczora znowu usłyszeliśmy bębny, rzuciliśmy wszystko i wskoczyliśmy do land rovera. Myśliwi powiedzieli nam, że nieliczni prawdziwie dzicy Buszmeni, którzy tu pozostali, są nieśmiałym ludem, unikającym kontaktu z cywilizacją. Mielibyśmy szczęście, gdybyśmy ich w ogóle dostrzegli z daleka.

Pojechaliśmy powoli w stronę, z której dochodziło dudnienie bębnów, wychylając się przez okna land rovera i za każdym razem sprawdzając na kompasie współrzędne. Przejęci wyobrażaliśmy sobie, że lada chwila wyłonimy się zza krzaków i ujrzymy małych czarnych tubylców ubranych w zwierzęce skóry, z łukami i strzałami na plecach, zebranych wokół małego ogniska, na którym pieką mięso skocznika. A może jeden z myśliwych biłby w bęben, podczas gdy inni tańczyliby w kręgu? Zastanawialiśmy się, co by zrobili na nasz widok i czy powinniśmy przywieźć ze sobą cukier albo tytoń w darze.

Byliśmy niemal tuż przy źródle dźwięku, powoli przejeżdżałem przez wielką kępę krzewów, gdy nagle zahamowałem. Parę metrów od nas przez wysokie trawy kroczył duży samiec dropia

olbrzymiego z nastroszonymi piórami na rozdętej szyi, przeszywając nas oczkami jak paciorki: *bum, bum, bum-bumbum! bum, bum, bum-bumbum! bum, bum, bum-bumbum!*
Był to jego zew godowy.

Zostawiliśmy pląsającego dropia i zawróciliśmy do obozu, obiecując sobie nawzajem, że nigdy nikomu o tym nie powiemy.

* * *

Nocami podczas pory suchej w 1975 roku podążaliśmy za Gwiazdką, Łatką, Zjawą i innymi hienami brunatnymi, które udawało nam się znaleźć na otwartym terenie koryta rzeki. Jeśli odpuściliśmy sobie choć jedną noc obserwacji, czuliśmy się w obowiązku – bez względu na przyczynę – zapisać to w dzienniku: „Alternator się zepsuł, gwałtowna burza piaskowa – podążanie za hienami jest niemożliwe" albo „Dziś musieliśmy przywieźć wodę; wróciliśmy za późno na hieny". Musieliśmy dowiedzieć się jak najwięcej w możliwie najkrótszym czasie nie tylko ze względu na ich przetrwanie, ale także nasze. Nadal musieliśmy udowodnić wartość naszych badań, jeśli zamierzaliśmy pozostać w dolinie.

Szczególnie fascynowała nas relacja hien z innymi mięsożercami, którzy byli dla nich dostarczycielami pożywienia. Na razie nie dowiedzieliśmy się, który gatunek potrafią zdominować na tyle, by kraść im zdobycz. Resztki z posiłków lwów stanowiły sporą część ich diety podczas pory deszczowej, ale hiena próbująca odebrać zdobycz lwu długo by nie pożyła. Mogły tylko czekać, aż wielkie koty same odejdą od resztek upolowanego zwierzęcia. I choć hieny często zagarniały zdobycze szakali, to ich interakcje z lampartami, likaonami, hienami cętkowanymi i gepardami były całkowicie nieznane. Zamierzaliśmy zbadać te fundamentalne zachowania podczas pory suchej, gdy lwów nie było w okolicy.

Pewnego wieczoru sporządzaliśmy spis antylop i było już niemal zupełnie ciemno, gdy zaparkowaliśmy w obozie. Ognisko Moxa płonęło blado pod wielką akacją. Włączyłem latarkę. Jeśli mieliśmy szczęście, jedna z hien, które chcieliśmy obserwować, mogłaby akurat przechodzić obok, co by nam zaoszczędziło wiele godzin poszukiwań. Gdy przesunąłem promieniem światła wzdłuż koryta rzeki, spomiędzy gałęzi drzewa między obozem Moxa i naszym mrugnęły wielkie żółte oczy. Lampart, którego nazwaliśmy Różową Panterą, leżał na gałęzi jakieś cztery metry nad ziemią, ze zwisającym ogonem. Nie zaszczycił nas najmniejszą uwagą, najwyraźniej pochłonięty obserwowaniem czegoś na północ od Wzgórza Gepardów.

Skierowałem tam światło i ujrzałem kudłatą sylwetkę hieny brunatnej. Była to Gwiazdka, zbliżała się ku nam zygzakiem, z nosem przy ziemi. Za parę sekund mogłaby się znaleźć dokładnie pod Różową Panterą.

– Mark, on ją zaatakuje! – szepnęła Delia.

Ponieważ jednym z naszych celów było poznanie relacji hien brunatnych i lampartów, nie zamierzałem interweniować. Delia pochyliła się naprzód z rękami zaciśniętymi na dzienniku z notatkami. Gdyby lampart naprawdę zaatakował Gwiazdkę, nie miałem wątpliwości – będąc świadkiem, jak hieny odciągają ciężkie kawały oryksów – że wywiązałaby się piekielna walka. Sądziłem jednak, że hiena wyczuje albo zobaczy kota i ominie drzewo. Myliłem się.

Gwiazdka znalazła się dokładnie pod Różową Panterą. Kot spojrzał z góry na hienę, lekko poruszając czubkiem ogona, po czym ostrożnie się przyczaił. Gwiazdka zaczęła okrążać drzewo, nadal węsząc tuż przy ziemi. Lampart nawet nie drgnął. Minęło pół minuty. Mógł zaatakować w każdej chwili, a wtedy rozerwałby Gwiazdkę na strzępy, zanim zdążyłaby podnieść głowę.

Gdy Gwiazdka wyszła spod drzewa i ruszyła na południe ku Wyspie Orłów, Delia odetchnęła przeciągle i opadła na oparcie krzesła. Hiena oddaliła się na jakieś dwieście metrów, gdy lampart zeskoczył na ziemię i poszedł na zachód. Wówczas hiena odwróciła się, węsząc, i nagle go zobaczyła. Sierść na grzbiecie zjeżyła się jej jak kolce jeżozwierza; Gwiazdka pochyliła głowę i ruszyła do ataku. Prawie go dopadła, lecz lampart rzucił się ku akacji, z której przed chwilą zeskoczył. Rozpędził się, wyprężył ciało, by zrobić kolejny sus, wtedy otwarte szczęki Gwiazdki znalazły się o centymetry od jego powiewającego ogona. Lampart błyskawicznie wskoczył na akację, aż kora brysnęła mu spod pazurów. Sycząc i warcząc, dotarł na bezpieczną gałąź w chwili, gdy Gwiazdka po raz ostatni kłapnęła zębami za jego ogonem. Stała oparta przednimi łapami o drzewo i skowyczała raz po raz, jakby nie mogła się pogodzić z porażką, podczas gdy lampart łypał na nią groźnie z góry. W końcu odeszła. Lampart odczekał, aż znalazła się w bezpiecznej odległości, pospiesznie zeskoczył i zniknął w wysokich trawach Zachodniej Prerii.

To musiał być jakiś wybryk natury, mówiliśmy sobie, jakiś wyjątek. Przecież tępopyskie hieny brunatne nie mają w zwyczaju w pojedynkę dominować lamparta? Ale konflikt Różowej Pantery z hienami na tym się nie skończył.

Kilka tygodni później, gdy jedliśmy kolację przy ognisku, z ciemności tuż za naszą wyspą drzew dobiegł jękliwy charkot agonii konającego skocznika. Poszliśmy do land rovera, by sprawdzić, co się dzieje, gdy nagle do obozu wtargnął lampart – Różowa Pantera – z pyskiem i piersią umazanymi krwią. Drapieżnik zatrzymał się jakieś trzy metry od nas, obejrzał się przez ramię, a potem wskoczył na najbliższe drzewo. Najwyraźniej przed chwilą zabił antylopę. Ale dlaczego ją zostawił?

Po drugiej stronie obozu znaleźliśmy Zjawę, hienę stojącą najniżej w hierarchii klanu. Wgryzała się w brzuch skocznika.

Po dwudziestu minutach spomiędzy drzew wyłonił się lampart i ruszył ku hienie. Ta nie zwróciła na niego większej uwagi, zajadając antylopę, którą mu odebrała. Lampart stulił uszy, położył się w trawie i przyglądał się, siekąc ogonem, jak Zjawa bezczelnie pożera jego zdobycz. Potem, jakby nie mógł dłużej znieść tego widoku, poderwał się, uniósł ogon i w trzech susach znalazł się przy Zjawie.

Masywna hiena bez chwili wahania przeskoczyła skocznika i ze zjeżoną sierścią i rozdziawioną paszczą rzuciła się na Różową Panterę. Lampart znowu uniósł ogon i oboje popędzili do obozu, kot śmignął na drzewo tuż obok naszej kuchni. Zjawa siedziała pod nim przez parę minut, przyglądając się, jak Różowa Pantera liże łapy, a potem wróciła do zwierzyny. Dołączył do niej Ivey, dominujący samiec klanu, i oboje dokończyli skocznika. Lampart po cichu się ulotnił.

Dodatkowym plusem, oprócz nowych informacji na temat tej interakcji, była świadomość, że i Zjawa, i Różowa Pantera bez najmniejszego wahania wybrały sobie nasz obóz na miejsce walk. Chcieliśmy się wtopić w krajobraz doliny – to było potwierdzeniem naszego sukcesu.

Nabraliśmy szacunku dla hien. Być może były padlinożercami, ale nie czekały biernie na resztki po drapieżniku. Często okradały całkiem groźnych konkurentów. Najwyraźniej lampart wzdraga się przed walką z hieną brunatną, której masywne barki i kark mogą przyjąć wiele ukąszeń i ran, podczas gdy jedno kłapnięcie szczęk hieny może złamać kość lampartowi – a nawet odebrać mu życie. W przypadku Różowej Pantery utrata łupu była mniej kosztowna niż utrata nogi.

Hieny były równie sprawne, jak odważne. W czasie deszczów tak bardzo skupiały się na lwach, że terytorium klanu niemal idealnie pokrywało się z terytorium Błękitnego Stada. Znały ścieżki i wysoko położone miejsca, ulubione przez lwy i lamparty, i uważnie śledziły ich zachowanie, parę razy w nocy podchodząc do nich pod wiatr, by zwęszyć, czy drapieżniki coś upolowały. Wczesnymi rankami lub wieczorami z pomocą stad kołujących sępów znajdowały zabite zwierzęta i – czego byliśmy świadkami – namierzały inne, podążając za wołaniem szakali osaczających lamparty. Jeśli jakiś lampart nie zdążył uciec ze swoją zdobyczą na drzewo, zanim pojawiła się hiena, wkrótce tracił pożywienie.

Dowiedzieliśmy się, że hieny nie tylko podporządkowują sobie lamparty, ale także odpędzają gepardy od upolowanej zwierzyny. Gepardy są słabiej umięśnione niż lamparty i znacznie bardziej płochliwe. Na Kalahari, inaczej niż ich pobratymcy z Afryki Wschodniej, gepardy często polują nocami, kiedy hieny brunatne szukają pożywienia. Natomiast hieny cętkowane przepędzają hieny brunatne od pożywienia, choć sporadycznie zapędzają się w dolinę i rzadko przychodzi im rywalizować z mniejszymi brunatnymi kuzynkami.

Stado likaonów to najwyraźniej za dużo dla jednej hieny brunatnej. Pewnego razu w nocy Gwiazdka podeszła do skocznika, którego gepard zabił koło Akacjowa. Była pochłonięta odrywaniem nogi, gdy do zwierzyny przypadł Bandyta – likaon – wraz z dwoma innymi ze swojej watahy i ją przepędzili. Dwie minuty później Gwiazdka wróciła i znów zaczęła ciągnąć antylopę za nogę, podczas gdy likaony jadły inną część skocznika. Nagle, bez ostrzeżenia, Bandyta przeskoczył przez zwierzynę i ukąsił Gwiazdkę w zad. Ta zaskowyczała i uciekła galopem, a w tej samej chwili nadciągnęła reszta zgrai Bandyty. Nie minęło siedem minut, a likaony pożarły czterdziestopięciokilową antylopę, nie zostawiając z niej nic oprócz rogów, czaszki, kręgosłupa i żuchwy. Gwiazdce nie dostał się ani kęs mięsa, a kości mogła schrupać dopiero po odejściu psów.

Hieny brunatne zajmują właściwie całkiem wysokie miejsce w hierarchii, jeśli chodzi o odbieranie drapieżnikom ich łupu. Na czele stoją lwy, potem hieny cętkowane, następnie likaony, hieny brunatne, lamparty, gepardy i szakale (dwa ostatnie niemalże zajmują to samo miejsce). Ale ponieważ lwy znikają z Kalahari na całą porę suchą, a likaony i hieny cętkowane rzadko się tam pojawiają bez względu na porę, to hieny brunatne są często najbardziej dominującymi drapieżnikami. Nie mają nic wspólnego z płochliwymi, przyczajonymi stworzeniami, za jakie biorą je ludzie.

* * *

Było już późno, gdy po całonocnej obserwacji wjechaliśmy do obozu. Zrobiliśmy po parę pajacyków, co pomogło nam rozruszać zdrętwiałe nogi. Potem nalaliśmy trochę wody do miednicy, ochlapaliśmy twarze i poszliśmy spać. Uraziło mnie nieco, że Delia zaproponowała, żebym wystawił buty na zewnątrz.

Moje tenisówki były dziurawe jak ser szwajcarski, ale od dawna służyły mi w kraju, w którym nawet najlepsze obuwie długo nie wytrzyma. Przy każdym kroku dziury trochę się rozchodziły, co pozytywnie wpływało na wentylację i podwyższało komfort noszenia. Ale dla dobra harmonii domowego ogniska – i dla świeższego powietrza – postawiłem je na tropiku nad namiotem, skąd szakale nie mogły ich zdjąć.

Gdy wstałem o świcie, Mox na czworakach pochylał się nad ogniem, usiłując go rozniecić. Stada skoczników kręciły się niespokojnie w pobliżu, pobekując nosowo; gdzieś w korycie rzeki musiał się skradać drapieżnik. Rozchyliłem klapy namiotu, włożyłem wyziębione, podarte tenisówki i wyszedłem w mroźny poranek.

Słońce powoli zbliżało się do Wschodniej Diuny. Powietrze było zupełnie nieruchome, mroźne i świeże – jeden z tych szczególnych poranków, kiedy chce się działać.

Zabrałem do kieszeni żylaste paski biltongu i poszedłem do samochodu. Straciliśmy z oczu Bandytę i jego watahę w buszu na Północnym Wzgórzu, ale może teraz zjawi się, żeby zapolować na skoczniki pasące się na Środkowej Równinie.

Delia miała notatki do przepisania, więc poprosiłem Moxa, żeby mi towarzyszył, to mogła być dla niego rozrywka po obowiązkach w obozie. Nasz pomocnik, jak zwykle milczący, usiadł w land roverze obok mnie i złożył ręce na kolanach. Gdy jechaliśmy, jego bystre oczy dostrzegały wszystko, ale twarz pozostawała bez wyrazu.

Przetoczyliśmy się wśród skoczników skubiących wysychające trawy. Był czerwiec, kiedy w Kalahari wypada zimna pora sucha. Oryksy, gnu i stada innych szerokopyskich roślinożerców – tych, które usuwają nadmiar suchych traw – opuściły dolinę. Skoczniki z coraz większym trudem znajdowały resztki zielonych źdźbeł. Jak inne antylopy, tak i one zmieniły obyczaje, przenosząc się wieczorami na piaszczyste tereny. Tam pasły się na zieleńszych trawach i skubały liście, które czasem z parnego wieczornego powietrza absorbowały wilgoć stanowiącą do czterdziestu procent ich wagi. O świcie wracały znowu na otwartą przestrzeń koryta rzeki, gdzie odpoczywały i kontaktowały się ze sobą aż do wieczora.

Później, podczas ciepłej suchej pory, gdy wilgotność względna spada do najniższego poziomu, pożary znowu będą przechodzić przez pustynię, wypalając z liści ostatni ślad wilgoci. Żeby przetrwać, rozproszone stada antylop będą jeść kwiaty akacji i dzikie melony – o ile je znajdą – lub grzebać głęboko w piasku kopytami w poszukiwaniu mięsistych korzeni. Jest coś żałosnego w widoku pięknego samca oryksa, powalonego na kolana, z głową po szyję w głębokiej dziurze, przeżuwającego zdrewniałe włókna, by dostać się do wilgoci i składników odżywczych, których potrzebuje, by przeżyć. Antylopy są wyjątkowo dobrze dostosowane do tego kapryśnego środowiska. Żyjąc i rozmnażając się w wielkich stadach w czasach obfitości, podczas trudnych pór suszy wiodą niemal samotnicze życie, wygrzebując korzenie z jałowej ziemi.

Gdy tego ranka jechaliśmy między skocznikami, coś nagle przykuło ich uwagę. Jak opiłki żelaza przyciągane przez magnes wszystkie zwróciły się na północ. Uniosłem lornetkę i ujrzałem Bandytę ze stadem, człapiącym za nim w niezbornym szeregu. Podążały do wyschniętego wodopoju jakieś dwa kilometry dalej, sunąc przez wysuszoną, spękaną ziemię i węsząc w poszukiwaniu wody wśród grudek i szczelin w glinie. Jednak do nadejścia życiodajnego deszczu pozostało jeszcze osiem miesięcy. Do tego czasu, podobnie jak inne drapieżniki, likaony miały czerpać wilgoć tylko z płynów ustrojowych swoich ofiar.

Bandyta stanął na wapiennej krawędzi wodopoju i przyjrzał się stadu skoczników w dolinie. Potem odwrócił się i pobiegł do innych psów, dotknął nosem ich nosów z uniesionym z emocji ogonem, budząc w nich ochotę na polowanie.

Wataha stłoczyła się razem, pysk w pysk, merdając ogonami i zmieniając się w zorganizowaną maszynerię do polowania. Bandyta popędził pierwszy, prowadząc pozostałych do stada.

Po paru minutach likaony powaliły skocznika, a kiedy Mox i ja przybyliśmy na miejsce, zwierzę było już rozszarpane. Bandyta i inne dorosłe osobniki odstąpiły od zdobyczy, by roczne szczeniaki mogły zjeść pierwsze, jak to jest w zwyczaju likaonów. Gdy młode pożywiały się przez jakieś pięć minut, starsze likaony dołączyły do nich i dokończyły resztki zwierzęcia. Potem wszystkie wytarły umazane szkarłatem pyski w trawie i zaczęły się tarzać, żeby oczyścić sierść.

Następnie kilka z nich wpadło na pomysł, by zabawić się w sztafetę, jako pałeczki używając nogi skocznika. Przyglądaliśmy się tym cyrkowym sztuczkom: pląsające, rozbawione wędrowne likaony o łaciatej sierści, postrzępionych uszach i ogonach jak wiechy trawy. W końcu słońce zaczęło palić mocniej i trójka lika-onów położyła się w cieniu land rovera.

Piętnaście metrów dalej w niskiej trawie leżała żuchwa skoczni-ka. Gdybyśmy mogli ją zdobyć, określilibyśmy wiek zwierzęcia. Ale powinienem po nią iść natychmiast, bo któryś z likaonów z pewno-ścią by ją zabrał. Likaony słynęły z ataków na ludzi, więc wziąłem aparat fotograficzny, powoli otworzyłem drzwi i wysiadłem. Mox kręcił głową, mrucząc: *A-a*. *A-a*, gdy powoli zakradłem się na przód samochodu, gotów w razie potrzeby salwować się ucieczką.

Przeszedłem parę metrów. Dwa likaony ścigały się między mną i land roverem. Jeden gryzł drugiego w ucho. Trzy inne śmignę-ły przede mną – z pyska jednego z nich zwisała noga skocznika. Idąc w otoczeniu pląsającej wokół mnie watahy, czułem przypływ uniesienia i wrażenie swobody, jakbym stał się jednym z nich.

Zacząłem robić im zdjęcia, najszybciej jak umiałem. Likaony biegały, skakały i obracały się wokół własnej osi, nadmiernie po-budzone, a ich złoto-czarna sierść migotała jak w kalejdoskopie w łagodnym porannym świetle. Najwyraźniej kompletnie im nie przeszkadzałem. Ale kiedy przykucnąłem, żeby podnieść żuchwę skocznika, nastrój stada nagle się zmienił. Młody samiec odwró-cił się do mnie, najpierw uniósł głowę bardzo wysoko, potem ją pochylił, jakby dopiero teraz mnie zobaczył. Powoli podszedł do mnie na trzy metry. Spojrzał mi prosto w twarz oczami jak czarne opale. Głośne „Uurragh!" dobiegło mu z głębin piersi i reszta wa-tahy natychmiast odwróciła się w moją stronę. W sekundę likaony utworzyły wokół mnie ścisłe półkole – ciało przy ciele, z ogonami zadartymi na plecy. Zbliżały się, warcząc. Krople potu wystąpiły mi na twarz. Posunąłem się za daleko. Sprint do samochodu nie wchodził w grę, ale gdybym czegoś natychmiast nie zrobił, mogły-by mnie zaatakować.

Wyprostowałem się. Efekt był piorunujący: wszystkie zwierzę-ta nagle się odprężyły, jakbym podał im trankwilizator. Opuściły ogony, rozproszyły się i powędrowały każdy w swoją stronę. Nie-które wróciły do zabawy. Kilka łypnęło na mnie spode łba, jakby pytały: „No i po co wykręcasz takie numery?".

Obejrzałem się na siedzącego w samochodzie Moxa. Biedak, odkąd zaczął dla nas pracować, dwa razy uciekał na drzewo przed lwem, a raz przed oryksem. Nie mógł zrozumieć, jak można być aż takim idiotą, żeby wchodzić między likaony.

Nauczyłem się manipulować watahą. Kiedy kucałem albo sia-dałem, wydawałem się im bezpośrednim zagrożeniem; podbiegały i chwytały zębami statyw aparatu, po czym uciekały. Jeśli stawały się zbyt rozdrażnione, wstawałem, a wtedy cofały się i uspokajały. Po paru minutach takich eksperymentów ciekawość w pewnym stopniu kazała im zapomnieć o zagrożeniu. Interesowała mnie ich reakcja na moją pozycję, więc postanowiłem się położyć.

Powoli osunąłem się na ziemię i usiadłem; znowu ten sam młody samiec wszczął alarm. Przytruchtało do mnie sześć war-czących likaonów z ogonami zadartymi na grzbiety i ze zjeżoną sierścią. Gdy były jakieś dwa metry ode mnie, położyłem się na plecach, z aparatem na brzuchu. Dziwne, ale ta postawa obudziła więcej zaciekawienia niż strachu i dwa samce ostrożnie zbliżyły się do mojej głowy, trzymając nosy przy ziemi. Dwa inne zajęły się moimi stopami. Te po lewej stronie ograniczyły się do zastraszania statywu. Wszystkie cuchnęły pod niebiosa, jak ser limburski.

Nie martwiłem się likaonami u stóp, ale trudno było mi ob-serwować te dwa, które zbliżały się do mojej głowy. Nagle cała czwórka przypadła do mnie z obu stron, szybko wciągnęły mój zapach i uciekły. Okazało się, że jeśli od czasu do czasu poruszę stopami i głową, zachowają ostrożność i jedynie przyskoczą do mnie, by mnie szybko powąchać.

Machałem palcami i głową, żeby utrzymać je na dystans, a jednocześnie je fotografowałem. Udało mi się zdobyć piękne ujęcie mojej stopy tuż pod brodą likaona. Wszystko było dobrze, dopóki parę razy nie dotknął nosem mojego palca u nogi. Przechylił głowę, a jego pysk przybrał osobliwy wyraz – jakby zdumienia. Potem likaon odwrócił się i zaczął zasypywać moją stopę piaskiem, jakby chciał zakopać tenisówki.

10

LWY W DESZCZU
Mark

Deception Valley, styczeń 1976

Drodzy Rodzice,

Nie mogliśmy wiedzieć, co czeka nas w Kalahari. Deszcz nie padał przez cały wrzesień, październik, listopad i grudzień, a na początku stycznia na niebie nie było ani jednej chmurki. Temperatura przekraczała czterdzieści osiem stopni w cieniu, a wiatr dął nad suchą, pokrytą pyłem doliną, jakby buchał z rozpalonego pieca. Podobnie jak podczas poprzedniej pory suchej, całymi tygodniami mogliśmy tylko leżeć, oszołomieni upałem i przykryci mokrymi ręcznikami. Staraliśmy się oszczędzać siły, żeby pracować w nocy, ale o zachodzie słońca byliśmy osłabieni gorącem. Jedliśmy sól w tabletkach jak cukierki, nieustannie bolały nas stawy. Wegetowaliśmy. Słońce i wiatr jakby się uparły odrzeć suchą Kalahari z ostatnich oznak życia.

Ale jeśli nam upał dawał się we znaki, o wiele gorzej znosiły go zwierzęta. W starym korycie rzeki nie było żadnych antylop, tylko parę afrowiórek i ptaków grzebało w piasku w poszukiwaniu pożywienia. W piaszczystym gruncie oryksy kopytami wykopywały dziury, szukając soczystych, mięsistych korzeni i kłączy, z których mogły pobrać dość wilgoci i składników odżywczych, żeby utrzymać się przy życiu. Żyrafy stały z rozstawionymi nogami nad wyschniętymi wodopojami, ryjąc pyskami w rozprażonym pyle. Nocami zapadała głucha cisza i tylko czasem rozlegał się pisk dropika albo wycie samotnego szakala.

Potem w połowie stycznia codziennie zaczęły się pojawiać śnieżnobiałe obłoczki, łagodzące niemiłosierny żar pustynnego nieba. Ale znikły jak zjawy w potwornym upale, który w kleszczach trzymał Kalahari. Raz po raz chmury rzucały wyzwanie układowi wysokiego ciśnienia, przez który okolica cierpiała suszę. Codziennie rosły, aż w końcu piętrzyły się na niebie niczym ogromne katedry. Jakby spodziewając się deszczu, w korycie rzeki pojawiły się małe stadka skoczników; bezgłośne, rozedrgane fale południowego skwaru zniekształcały ich sylwetki. Antylopy zdawały się rozumieć język odległych, grzmiących chmur. Niebo pod chmurami poznaczone było smugami deszczu; czuliśmy już jego zapach. Stojąc na skraju obozu, telepatycznie przyzywaliśmy deszcz, ale się nie zjawiał.

Potem pewnego popołudnia chmury wróciły – ciemne, nabrzmiałe góry wznosiły się nad naszą doliną. Czarne burzowe masywy spłynęły nisko i potoczyły się ku rzece. Drzewa wydawały się drżeć, a my czuliśmy w piersiach wibracje grzmotu. Błyskawica przecięła niebo, skłębione chmury sunęły nad wydmami, a porywisty wiatr zgarniał piasek ze zboczy. Słodki zapach deszczu czuć było wszędzie i burza niczym lawina runęła na złaknioną wody pustynię. Nie mogliśmy się opanować. Śmiejąc się i śpiewając, wybiegliśmy z obozu na spotkanie z chłoszczącą ścianą wichru i deszczu. Tańczyliśmy, a nawet tarzaliśmy się w błocie. Burza oznaczała dla nas odrodzenie ducha, a dla Kalahari – nowe życie. Padało i padało – ta burza rozpoczęła porę deszczową na Kalahari. Nic dziwnego, że w języku setswana najważniejszym słowem jest „pula". Oznacza deszcz i jest jednocześnie powitaniem i nazwą botswańskiej waluty.

Z pewnością jednym z cudów świata jest widok Kalahari zmieniającej się ze spieczonej pustyni w bujny raj. Miliony lat życie na pustyni dostosowało się do tych ekstremalnych warunków i dramatycznych zmian. Zwierzęta i rośliny nie marnują czasu i od razu zabierają się do rozmnażania, by wykorzystać krótki i nieprzewidywalny okres deszczów. Każda żywa istota – od konika polnego po żyrafę, szakala i oryksa – czym prędzej wydaje na świat swoje młode, zanim znowu nastanie susza. Zwierzęcy behawiorysta miałby trudny orzech do zgryzienia, gdyby polecono mu opisać wyraz pyska samca skocznika, który po samotnych miesiącach spędzonych na pylistej pustyni nagle widzi dwa tysiące samic, w podskokach zmierzających w jego stronę.

Pewnego ranka przed świtem nad dolinę wtargnęła kolejna gwałtowna burza. Wyjący wicher smagał ziemię biczami deszczu, błyskawice rzucały cienie miotających się drzew na wydymającą się ścianę namiotu. Wkrótce nogi pryczy były już zanurzone w wodzie na dwadzieścia centymetrów, a my leżeliśmy, słuchając symfonii na grzmoty, wicher i bębnienie deszczu o namiot. Po burzy Kalahari stała w chlupoczącej ciszy, jakby skupiona na piciu życiodajnej wody. Jedynym dźwiękiem było „puk-puk-puk" wody skapującej z gałęzi drzew na namiot. Potem w dolinie w ciszy świtu rozległ się pierwszy w tym sezonie ryk lwa.

W błocie po kostki poczłapaliśmy do samochodu i ruszyliśmy na północ wzdłuż koryta rzeki tam, skąd dochodził ryk. Północna Równina przy gruncie była spowita cienką warstwą mgły, a gdy tylko nad Wschodnią Diuną wzeszło słońce, ze złocistej ściany wirującego oparu wynurzył się wielki lew. Zatrzymaliśmy się w pewnej odległości, na wypadek gdyby był to jakiś obcy, nieprzyzwyczajony do nas samiec. Lew uniósł głowę i zbliżył się do nas, ciężko dysząc. Gdy zaryczał, w powietrzu uniosła się chmura pary. Zatrzymał się dwa metry od land rovera, nasłuchując odpowiedzi na swoje wezwania. A potem to zobaczyliśmy – wpięty w ucho pomarańczowy klips z numerem 001. To był Kostek!

Nie potraficie sobie wyobrazić tego uczucia, a my nie umiemy go opisać. Kostek patrzył na nas przez parę długich chwil, a potem ruszył na południe, rycząc. Zastanawialiśmy się, gdzie się podziewał od czerwca, jak daleko zawędrował przez tych osiem miesięcy i w którym kierunku. Czy szukał samic z Błękitnego Stada? Na razie ich nie widzieliśmy, ale nie traciliśmy nadziei. Pojechaliśmy za nim do obozu; on wygrzewał się na słońcu, my zjedliśmy śniadanie.

Nasze badania idą dobrze, jesteśmy zdrowi. Napiszemy do was za parę tygodni, gdy pojedziemy do Maun po zapasy. Mamy nadzieję, że będzie tam na nas czekał list od Was. Bardzo za Wami tęsknimy.

Serdeczności,
Delia i Mark

* * *

Trzask, a potem odgłos pękającego drewna gwałtownie poderwał mnie z posłania. Przez tiul moskitiery widziałem księżyc w pełni, zachodzący za wydmami na zachód od doliny... Musiał się zbliżać poranek. Spojrzałem na Delię, nadal mocno śpiącą. Tej nocy wstawaliśmy już trzy razy, żeby nakłonić hieny do opuszczenia obozu. Teraz znowu wróciły i najwyraźniej roznosiły coś na strzępy. Półprzytomny i wściekły jak nieszczęście, poderwałem się, nie zawracając sobie głowy ubieraniem się ani zapaleniem lampy gazowej i wąską ścieżką pogalopowałem w ciemnościach. Tym razem postanowiłem im to wytłumaczyć tak, żeby już na pewno zrozumiały. Zobaczyłem przed sobą ciemną sylwetkę i usłyszałem zgrzyt zębów na drewnianej ramie, na której suszyliśmy odchody lwów i hien. Machając rękami i przeklinając szeptem, ruszyłem ku intruzowi, tupnąłem nogą i warknąłem:

– Zjeżdżaj, do diabła! Wynoś się...

I nagle ugryzłem się w język, bo dotarło do mnie, że sylwetka jest o wiele za duża, by mogła należeć do hieny brunatnej. Lwica odwróciła się z gardłowym warkotem i przyczaiła się przede mną, trzymając ramę w pysku i smagając na boki żylastym ogonem.

Przysięgliśmy sobie, że nigdy nie postawimy lwów w sytuacji zagrożenia. Na wpół uśpiony złamałem kardynalną zasadę. Po plecach przebiegł mi dreszcz, gdy spojrzeliśmy sobie nawzajem w oczy przez mrok. Zacząłem się pocić mimo zimnego nocnego powietrza. Wokół nas panowała grobowa cisza; słychać było tylko oddech zwierzęcia i świst ogona w trawie. Byliśmy tak blisko siebie, że mogłem położyć rękę na głowie lwicy, ale nie potrafiłem jej rozpoznać.

– Psotka, diablico, to ty? – spytałem szeptem.

Lwica nawet nie drgnęła i moje słowa zginęły w ciszy. Gdzieś w korycie rzeki krzyknęła sieweczka. Starałem się nie oddychać. Nie widziałem pyska lwicy, więc nie miałem żadnych wskazówek, czego się spodziewać. Wydała z siebie głos tylko z zaskoczenia i jako ostrzeżenie. Przysiadła na zadzie. Mogła skoczyć i rozpruć mnie od gardła po pas, albo rzucić mnie w zarośla jak szmacianą lalkę. Gdybym się poruszył, mogłaby zaatakować; gdybym stał nieruchomo, istniała szansa, że odwróci się i odejdzie.

Głos Delii brzmiał bardzo cicho, jakby dochodził z daleka.

– Mark, wszystko w porządku?

Zbyt przerażony, żeby się odezwać, powoli zrobiłem krok wstecz. Lwica z głośnym, wysilonym stęknięciem poderwała się, obróciła i z ramą w pysku wybiegła z obozu. Wracając do namiotu w ciemnościach, usłyszałem tupot ciężkich łap i stęknięcia.

Ukląkłem, by zapalić lampę gazową. Delia uniosła się na łokciu.

– Mark, co robisz?

– Nie mogę im pozwolić, żeby rozniosły obóz.

– Ale uważaj – poprosiła, gdy ruszyłem ścieżką do kuchni. Trzymałem lampę nisko i osłaniałem oczy ręką, żeby widzieć drogę przed sobą. Wydawało się, że lwy odeszły, a może ich głosy zagłuszało syczenie lampy. Minąłem namiot kuchenny i obszedłem szereg beczek z wodą. Trzy lwice z Błękitnego Stada skradały się ku mnie, oddalone tylko o dziesięć metrów. Psotka jak zwykle szła na czele. Po mojej prawej stronie trzy inne wchodziły do obozu ścieżką prowadzącą do kuchni, a Łobuz i Hombre przedzierali się przez krzaki za beczkami.

Lwy, które są nieco zaciekawione, i te, które ogarnęła pasja niszczenia, mają zupełnie inną postawę. Wszystkie zwierzęta z Błękitnego Stada były napięte, z postawionymi uszami, nisko przyczajone, z siekącymi ogonami. Rzadko widywałem je w takim nastroju, kiedy ciekawość mieszała się z rozbrykaniem i sporą dawką drapieżnych instynktów. Prawdopodobnie wracały z polowania w korycie rzeki.

W poprzedniej porze deszczowej lwy odwiedzały nas przy wielu okazjach i za każdym razem mniej bały się i nas, i otoczenia. Za to coraz trudnej przychodziło nam je przekonać do opuszczenia obozu bez niszczenia czegoś ważnego. Przy pierwszych dwóch wizytach wystarczyło, że uruchomiłem silnik samochodu, podniosłem głos albo powoli zamachałem rękami, żeby je spłoszyć. Ale potem musieliśmy stosować silniejsze środki.

Teraz zbliżały się do mnie, patrząc mi prosto w oczy. Potrzebne były bardziej sugestywne argumenty, żeby wypędzić je z obozu, zanim zaczną w nim buszować. Gdyby się dowiedziały, jak liche są nasze namioty i jak fajnie jest je rozrywać, mogłyby je roznieść na strzępy.

Psotka, Szelma i Fryga były już dwa metry ode mnie.

– Dość, to już za daleko! – krzyknąłem roztrzęsionym głosem. Jednocześnie zrobiłem krok naprzód i machnąłem lampą tuż przed nosami lwów. Już wcześniej zastosowałem ten środek zniechęcający i odniosłem sukces, ale tym razem lwy tylko przypadły do ziemi, zmiatając ogonami kurz ze ścieżki. Dwie inne grupy zbliżały się do mnie z obu stron i znajdowały się jakieś trzy i pół metra ode mnie.

Zdenerwowany cofnąłem się parę kroków. Potem zauważyłem aluminiowy pręt namiotowy oparty o drzewo obok beczki z wodą. Pewien, że to rozwiąże sprawę, uderzyłem nim mocno w pustą beczkę. *Bang!* I znowu lwy tylko przypadły do ziemi. Gdy ponownie do mnie ruszyły, chwyciłem leżący obok ścieżki ciężki kawał drewna na rozpałkę. Wiedziałem, że to na nic, ale nie miałem innego wyjścia, więc zamachnąłem się i rzuciłem nim w Psotkę stojącą trzy metry ode mnie. Drewno obróciło się w powietrzu, po czym uderzyłoby ją prosto w pysk, gdyby w ostatniej chwili lwica nie zasłoniła się wielką łapą jak rękawicą baseballową. Ze zdumiewającą szybkością zablokowała pocisk poduszką łapy i przygniotła go do ziemi. Patrzyła na mnie przez chwilę, a potem wzięła drewno w pysk i truchtem opuściła obóz. Mój rozpaczliwy czyn jakoś rozładował napięcie; reszta lwów popędziła za Psotką.

Szybko wróciłem do namiotu, machając lampą na boki. Delia czekała na mnie niespokojnie. Gdy odgarnąłem klapę namiotu, żeby wejść do środka, światło lampy zalśniło w bursztynie oczu gromady lwów stojących wokół land rovera, którego zaparkowaliśmy tuż przy namiocie.

– Lwy mają cholernie dziwny nastrój – szepnąłem. – Lepiej wsiadajmy do samochodu. Choć nie wiem, jak właściwie mamy to zrobić.

Delia włożyła dżinsy i koszulę, a ja obserwowałem wielkie koty, bawiące się wokół land rovera. Jeden gryzł oponę. Kostek stał tuż przed lewym przednim błotnikiem, sięgając głową ponad maskę samochodu. Gdy odwrócił się bokiem do mnie, ujrzałem grubą bliznę nad kolanem prawej zadniej łapy.

Czekaliśmy, przykucnięci, za narożnikiem namiotu; niektóre lwy położyły się wokół samochodu. Tymczasem inny drapieżnik ukradł nam łopatę leżącą przy ognisku, zaś kolejny wypadł z kuchni z wielką puszką mleka w proszku.

Jakieś pół godziny później Kostek ryknął i całe stado dołączyło do niego chórem. Nadal rycząc, dwie lwice leżące najbliżej drzwi po stronie kierowcy przeszły na tył. Przekradliśmy się wzdłuż ściany namiotu i cicho wśliznęliśmy się do land rovera.

Poranne słońce wzeszło nad Wschodnią Diuną. Drzemałem z czołem opartym o kierownicę, a Delia opierała się o mnie, otulona płaszczem po szyję. Głuchy odgłos masakrowanej gumy i ruch kierownicy sprawiły, że gwałtownie podniosłem głowę. Wychyliłem się z okna i ujrzałem Psotkę leżącą na boku przy przednim kole. Długie kły zatapiała w oponie. Fryga, Liesa, Szelma, Zmorka, Błękitka, Dziczka, Łobuz, Hombre i Kostek, zmęczeni po nocnych breweriach, leżeli wokół land rovera, wygrzewając się w słońcu. Błękitne Stado wróciło do Deception Valley.

Łobuz i Hombre bardzo urośli pomimo surowych warunków długiej pory suchej; obaj pysznili się kudłatymi, rozwichrzonymi grzywami. Młode samice utraciły niemal wszystkie młodzieńcze cętki, a ich przednie łapy, piersi i szyje stały się masywniejsze. Już dojrzewały, choć najwyraźniej były jeszcze dziećmi.

* * *

Dopóki trwała krótka pora deszczowa, musieliśmy się dowiedzieć jak najwięcej o lwach z Błękitnego Stada: jak duże było ich terytorium, czym się odżywiały, jak ich polowania wpływały na przemieszczanie się i nawyki żywieniowe hien brunatnych. Interesowało nas także, na ile ich relacje społeczne można było porównać z obyczajami lwów żyjących w bardziej umiarkowanym klimacie równiny Serengeti. Za dwa do czterech miesięcy – zależnie od tego, jak długo potrwają deszcze i do kiedy wielkie antylopy pozostaną w dolinie – lwy miały znowu odejść.

Ale nawet gdy znajdowały się w pobliżu Deception Valley, większość czasu spędzały w lasach na zboczach wydm i w buszu, gdzie bardzo trudno było je obserwować – szczególnie nocą, gdy były najbardziej aktywne. Jeśli nie wpadliśmy na nie, podążając za hienami, mogliśmy ich szukać, wyłącznie kierując się ich rykiem. Na ogół szliśmy spać po godzinach nocnej pracy, a słysząc ryk lwa, zrywaliśmy się z łóżek, przeklinając i szukając latarki. Ten, kto namacał ją pierwszy, pędził do samochodu, by za pomocą kompasu zlokalizować dźwięk. Mieliśmy nie więcej niż czterdzieści sekund, zanim pierwszy cykl ryków ucichł. Jeśli wtedy nie udawało nam się ich namierzyć, nieodmiennie wydawało nam się, że lew już się nie odezwie. Staliśmy nadzy w ciemnościach, często z otartymi lub pokłutymi łydkami i palcami od przedzierania się przez ciągnący się od drzew do samochodu tor przeszkód z ciernistymi chaszczami, ostrymi śledziami namiotowymi i linkami. Ale gdy tylko się kładliśmy, w dolinie rozlegał się kolejny ryk.

Jeśli udało nam się namierzyć lwa, ubieraliśmy się i wsiadaliśmy do land rovera. Delia trzymała kompas na kolanach i pilotowała. Mniej więcej w połowie przypadków udawało nam się znaleźć lwa, chyba że ryczał, będąc w ruchu, co często się im zdarza. Nasza technika była prymitywna, ale dzięki niej zaczęliśmy zdobywać wiarygodne informacje o wędrówkach Błękitnego Stada w dolinie podczas pory deszczowej i o tym, czym żywią się antylopy.

Niemal każdego wieczora na ryki Błękitnego Stada odpowiadały lwy mieszkające dalej na południe w dolinie. Coraz bardziej nas one ciekawiły, zwłaszcza że obserwacja tylko jednej grupy lwów nie mogła nam dać wiarygodnego obrazu życia lwów z Kalahari. Musieliśmy pojechać na południe, by zlokalizować i obserwować jak najwięcej stad.

Ta myśl początkowo trochę nas onieśmieliła, ponieważ nigdy wcześniej nie wybraliśmy się na taką ekspedycję i nie byliśmy do niej odpowiednio wyposażeni. Musieliśmy znaleźć drogę w głąb Kalahari wzdłuż płytkiego, krętego koryta rzecznego, miejscami całkiem niewidocznego i zasłoniętego przez wydmy. Samotni w naszym starym, sfatygowanym land roverze, bez żadnego zapasowego pojazdu, bez komunikacji radiowej, z niewielkimi zapasami wody i jedzenia, mogliśmy łatwo zgubić drogę do obozu i błąkać się całymi dniami.

Mimo to postanowiliśmy to zrobić. Zapakowaliśmy do land rovera wodę, garnki, paliwo, zapasowe części, podstawowe produkty żywnościowe i posłania. Naszą jedyną tubkę kleju do opon zawinąłem w plastikowy worek po nawozie, żeby zabezpieczyć ją przed przedziurawieniem w skrzynce z narzędziami, a klej przed wyparowaniem. Przewidywałem, że kolczaste zarośla na pewno będą miejscami gęste, więc musieliśmy się liczyć z przebiciem jednej lub dwóch opon. Mogłem załatać małe przecieki w chłodnicy plastikowym workiem po nawozie, należało wepchnąć go w ożebrowanie i podpalić – jak radził stary buszmeński tropiciel, który nie wiedział zbyt wiele, ale wiedział, jak wrócić z Kalahari.

Pewnego ranka wyruszyliśmy na południe wzdłuż koryta rzeki. Zostawiliśmy Moxa stojącego na skraju obozu z kartką w ręce. Na kartce znajdował się tekst:

Do wszystkich, których to dotyczy,
   6 kwietnia 1976 roku wyjechaliśmy z obozu, by zbadać Deception Valley na południe od tego miejsca. Jeśli od czasu naszego wyjazdu minęło więcej niż dwa tygodnie, proszę pojechać do Maun i poprosić kogoś, by przysłał nad dolinę samolot zwiadowczy.

Dziękujemy,
Mark i Delia Owensowie

Było wysoce nieprawdopodobne, by ktokolwiek oprócz Moxa zobaczył nasze gryzmoły, ale czuliśmy się lepiej, zostawiając ten list. Poleciliśmy Moxowi, by poszedł po śladach land rovera na wschód od rezerwatu do wodopoju, jeśli nie wrócimy, gdy słońce wzejdzie i zajdzie czternaście razy.

Jechaliśmy na południe, przez jakieś dwa kilometry towarzyszyły nam znajome zarysy Zachodniej Diuny z malowniczymi lasami akacjowymi. Potem zostały za nami. Ich miejsce zajął obcy widok. Koryto rzeki stało się wąskie i niewyraźne. Wkrótce wszystko, co znaliśmy, znikło, a my jechaliśmy ku płaskiemu horyzontowi pełnemu ciernistych krzaków, trawy i piasku.

Parę kilometrów dalej zwężone koryto rzeki rozszerzyło się i ukazało rozległą równinę, na której setki oryksów i gnu i tysiące skoczników pasły się w bujnej trawie. „Równina Skoczników" – napisaliśmy po raz pierwszy w naszym dzienniku. Inne antylopy popijały wodę z płytkich wodopojów, mających parę metrów średnicy, w błocie taplały się srebrzanki hotentockie. Białe bociany – imigranci z Europy – i północnoafrykańskie bociany o białych brzuchach przechadzały się, łowiąc koniki polne. Kaniuki zwyczajne i kanie egipskie, orły sawannowe, sępy uszate i pustułki unosiły się i krążyły w powietrzu, szakale i otocjony truchtały po sawannie, skacząc na myszy i zgarniając koniki polne ze źdźbeł trawy.

Powoli jechaliśmy przez równiny między stadami, by w końcu znowu znaleźć się w korycie rzeki. Żyrafy z ciekawością pochylały ku nam szyje spomiędzy krzaków porastających niskie wydmy po obu stronach rzeki. Jeszcze nigdy nie widzieliśmy tak wielu antylop – mijały nas niezliczone stada.

Skręciliśmy i drogę zagrodziła nam wielka stożkowata wydma zwieńczona osadzoną na bakier czapką drzew. Wydawało się, że nie można jej okrążyć, pozostając na dnie koryta rzeki, więc wjechaliśmy po jej zboczu na szczyt i stanęliśmy owiewani wiatrem. Widok bezkresnej sawanny uświadomił nam, jak bardzo jesteśmy mali. Dalsza część koryta rzeki rozgałęziała się w kilku kierunkach jak rozpleciona lina. Nie całkiem wiedzieliśmy, którą z tych odnóg powinniśmy pojechać.

Ze skrzynki w samochodzie wyjąłem postrzępione zdjęcie – zestawienie maleńkich fotografii z lotu ptaka, zrobionych dawno temu przez brytyjskie lotnictwo. Podczas układania tego kolażu krawędzie mniejszych zdjęć nie zostały dokładnie dopasowane; były rozsypane jak kawałki puzzli. Ta powiększona mozaika była nieostra i nieprecyzyjna, ale tylko taką mapą dysponowaliśmy. Wynikało z niej, że środkowe rozwidlenie rzeki było najprawdopodobniej kontynuacją Deception Valley, więc wzięliśmy na nie kurs, zatrzymując się, by w błocie przy wodopojach szukać śladów lwów, zbierać odchody w kępach drzew i badać miejsca, w których posilały się upolowaną zwierzyną.

Usiłowaliśmy kontrolować naszą pozycję, ale w wielu miejscach stare koryto było płytkie i pokryte takimi samymi roślinami jak graniczące z nim piaszczyste tereny. Od czasu do czasu zatrzymywaliśmy się, zaniepokojeni, że straciliśmy orientację w terenie. Stawaliśmy na dachu land rovera, by spojrzeć na równinę z góry, i znowu znajdowaliśmy wąskie koryto, ledwie widoczne w falujących trawach. W każdym tymczasowym obozie robiłem pomiary za pomocą starego sekstansu lotniczego pochodzącego z bombowca z czasów drugiej wojny światowej, ale bez dokładnej mapy niewiele nam to pomagało.

We wspomnieniach te noce poza naszym stałym obozem wydają się jakby pocztówkami z innego świata. Leżeliśmy na plecach pod gwiazdami i planetami, jak brylanty iskrzącymi się w atramentowoczarnej przestrzeni, niezaćmionymi przez światła cywilizacji. Meteoryty zostawiały niebieskobiałe smugi na niebie, a satelity, dzieła ludzkich rąk, pospiesznie sunęły przez kosmos, zajęte własnymi misjami.

Nikt na świecie nie wiedział, gdzie jesteśmy; my też właściwie tego nie wiedzieliśmy.

* * *

Rulon lotniczych zdjęć furkotał na wietrze, a ja usiłowałem go przytrzymać na masce samochodu. Mrużąc oczy w oślepiającym słońcu, studiowaliśmy nieco ocieniony teren, równinę prawdopodobnie znajdującą się jakieś trzydzieści kilometrów od naszej obecnej pozycji.

– Ogromna! Musi mieć kilka kilometrów długości.

Na zdjęciach z lotu ptaka równiny wyglądały na o wiele większe niż te na Kalahari.

– I pewnie jest tam mnóstwo antylop – dodała Delia. – Hien i lwów też.

Ze względu na ograniczone zapasy jedzenia, wody i benzyny, niechętnie myśleliśmy o opuszczeniu koryta rzeki w poszukiwaniu równin; było ono naszym jedynym punktem orientacyjnym i pomocą w nawigacji. Jednak musieliśmy się dowiedzieć, w jakim stopniu zwierzęta korzystają z równin. Gdybyśmy pojechali na południe i zapisywali odczyty licznika, łatwo byłoby nam znaleźć drogę powrotną – zwłaszcza że moglibyśmy podążać po naszych śladach w trawie. Upewniliśmy się, ile mamy zapasów, po czym skręciliśmy na południe, ku wielkim, okrągłym wgłębieniom terenu, które widzieliśmy na mapie.

Jechaliśmy powoli. Ziemia była pełna dziur, kęp trawy i suchych krzaków. Manewrując między nimi, pokonywaliśmy trzy do pięciu kilometrów w ciągu godziny. Co kilkaset metrów stawałem przed land roverem, i trzymając kompas, starałem się namierzyć jakieś drzewo, wydmę czy inny punkt orientacyjny.

Powoli posuwaliśmy się naprzód, ale brnący w grząskim piasku i kolczastych krzakach samochód zaczął spalać o wiele więcej benzyny. Jazda po ubitej ziemi i po niższej trawie w korycie rzeki była o wiele szybsza. Jeszcze bardziej niepokoiło mnie tempo, w jakim zużywaliśmy wodę. Co pół kilometra musieliśmy się zatrzymywać, czyścić chłodnicę z nasion traw i oblewać ją paroma szklankami wody, żeby ochłodzić silnik. Gdy tak wlekliśmy się przed siebie, miałem nadzieję, że równiny będą tam, gdzie je widzieliśmy na zdjęciach lotniczych. Zacząłem się zastanawiać, czy opuszczenie koryta rzeki to na pewno był dobry pomysł.

Parę godzin później stanęliśmy – rozpaleni, rozdrażnieni, ze skórą swędzącą od nasion traw i kurzu. Już dawno dotarliśmy do miejsca, w którym powinna się znajdować równina, a nawet, być może, ją minęliśmy. Po kolejnym zerknięciu na zdjęcia pojechaliśmy dalej na południe, potem na wschód, potem na zachód, coraz mniej pewni, gdzie się znajdujemy i gdzie znajdują się równiny. W końcu zgubiliśmy własne ślady zmierzające z północy na południe od koryta rzeki. Wdrapałem się na czubek ciernistego drzewa; chwiejąc się na wietrze i wytężając wzrok, przez lornetkę widziałem tylko falujące piaszczyste tereny ciągnące się we wszystkich kierunkach. Każde wzniesienie, każda kępa drzew czy krzaków wyglądała jednocześnie zadziwiająco znajomo i obco.

Zszedłem na ziemię, podrapany do krwi, w podartym ubraniu. Jeszcze raz wbiliśmy wzrok w zdjęcia lotnicze i w końcu dostrzegliśmy, że krawędzie równiny są niewyraźne, mgliste, niepodobne do tych w pobliżu naszego obozu, które dobrze znaliśmy. Usiłowałem zrozumieć, co się stało.

– Nie wierzę… Nie wierzę! – jęknąłem. – Wiesz, co to jest? Pyłek! Tyle godzin jechaliśmy w stronę cholernej drobinki kurzu!

Przed laty specjaliści RAF-u od rozpoznania powietrznego stali się nieostrożni i do ich aparatu dostał się pyłek, który odcisnął się na kliszy. Powiększony wyglądał niemal identycznie jak równiny Kalahari. Szukaliśmy czegoś, co nie istniało.

Żeby wrócić, nie wystarczyło po prostu skierować się na północ do koryta rzeki. Dolina w wielu miejscach była pozbawiona jakichkolwiek cech charakterystycznych, więc gdybyśmy nie odnaleźli śladów naszych opon, moglibyśmy swobodnie minąć Deception Valley, nawet o tym nie wiedząc. Po drodze przestaliśmy notować kierunek i przejechane kilometry; żadne z nas nie pamiętało, czy ostatnio oddaliliśmy się na wschód, czy na zachód od naszych śladów biegnących z północy na południe. Nie zdołaliśmy ich znaleźć na obszarze ośmiu czy dziewięciu kilometrów kwadratowych.

W końcu ruszyłem powoli na zachód. Delia przycupnięta na dachu samochodu szukała śladów opon prowadzących do Deception Valley. Jednak po paru minutach wpatrywania się w morze falujących traw wszystko zaczęło nam się mienić w oczach do tego stopnia, że nie zauważylibyśmy tych śladów, nawet gdybyśmy przy nich zaparkowali. Po czterdziestu minutach i pięciu kilometrach znowu skręciliśmy na wschód, wciąż szukając. Nasze wysiłki były beznadziejne i zużywaliśmy o wiele za dużo cennej benzyny i wody. Pojechaliśmy na północ.

Delia siedziała na zapasowej oponie na dachu, skąd mogła dostrzec koryto rzeki. Musiała je dostrzec. Przez okna i z wywietrzników na kolana spadały mi łodyżki traw, łuski nasion i koniki polne. W ustach wyschło mi od żaru silnika i pustyni. Sięgnąłem na siedzenie za siebie, pociągnąłem łyk gorącej wody z plastikowej butelki i podałem ją Delii.

Mimo woli zastanawiałem się, jak daleko można przejść pieszo z miejsca, w którym się znajdowaliśmy – gdziekolwiek to było. Gdy kiedyś Lionel Palmer wraz z miejscowym tropicielem śladów polowali na lwy w pobliżu granicy rezerwatu, ujrzeli na piasku coś, co wyglądało jak ludzka głowa. Znaleźli bliskiego śmierci czternasto-letniego tubylca. Napoili go wodą, a gdy doszedł do siebie, powie-dział, że przez trzy dni wędrował pieszo od jednego wodopoju do drugiego. Zgubił się i po jakimś czasie zabrakło mu wody w bukła-ku z koźlej skóry. Szedł tylko nocą, za dnia zagrzebując się w piasku, by się ochłodzić i nie tracić wilgoci. Po dwóch nocach zakopał się po raz ostatni i pewnie już by tam pozostał, gdyby nie Lionel. My pewnie też nie przetrwalibyśmy dłużej niż dwa dni.

Minęliśmy kilka płytkich obniżeń terenu okolonych kru-chymi, srebrnolistnymi krzakami *Catophractes*, które rosną na obrzeżach solnisk na Kalahari i kamienistych wyschniętych koryt rzecznych. Mieliśmy nadzieję, że krzak świadczy o tym, iż znaleź-liśmy nasze koryto. Zahamowałem i oboje stanęliśmy na dachu. Osłaniając oczy przed rażącym światłem, usiłowaliśmy rozróżnić szczegóły wydm wokół płytkiego zagłębienia, ale żadna z nich nie stykała się z płaskim, otwartym, krętym korytem rzeki.

Im dłużej jechałem, tym bardziej czułem się przekonany, że już minęliśmy Deception Valley w miejscu pozbawionym cech charakterystycznych i teraz zmierzamy donikąd. Zatrzymaliśmy się, obgadaliśmy to i postanowiliśmy, że będziemy jechać w tym kierunku jeszcze tylko przez pięć kilometrów. Jeśli nadal nie znaj-dziemy koryta rzeki, zawrócimy pod kątem i ruszymy w innym kierunku, licząc, że dotrzemy do miejsca, w którym stare koryto będzie głębsze i lepiej widoczne.

Jechałem pochylony nad kierownicą, z ramionami zesztyw-niałymi ze zmęczenia i napięcia. Obejrzałem się na nasz ostatni, do połowy pusty kanister z wodą. Nagle Delia krzyknęła i zało-motała w dach.

— Mark! Widzę nasze ślady! Po lewej!

Udało jej się dostrzec ledwie widoczne ślady opon w niskiej trawie na małej równinie. Chwyciłem butelkę wody i podałem jej jak zasłużoną nagrodę. Tak nam ulżyło na widok tych dwóch linii, wskazujących nam drogę powrotną, że zatrzymaliśmy się przy nich na noc. Następnego ranka wróciliśmy wzdłuż nich do doliny. Nie było nas w obozie tylko pięć dni, ale szukając nieistniejącej równiny, zużyliśmy mnóstwo wody. Logika podpowiadała, żeby wracać prosto do obozu i dotrzeć do wodopoju w Równinie Skoczników, ale ta część doliny nadal nas ciekawiła, więc pojechaliśmy dalej, szukając miejsca, w którym moglibyśmy napełnić kanistry. W tej okolicy deszcz nie padał już od jakiegoś czasu i kilka niecek, jakie znaleźliśmy, wypełniało tylko błoto i ślady zwierząt. Kalahari wysychała.

W południe następnego dnia koryto rzeki stało się płytkie, czasem zasypane porośniętym krzakami piaskiem. Coraz trudniej było nam jechać wzdłuż niego. Dotarliśmy do zagajnika przy wapiennej równinie. Jej szare, błotniste dno pokrywała trzycentymetrowa warstwa wody, na której unosiły się bobki antylop. Nam to miejsce wydało się oazą. Wykopałem głębszą dziurę; czekając, aż napłynie do niej woda, usiedliśmy w cieniu drzewa, pijąc herbatę i żując paski biltonga. Potem garnkami nabraliśmy wodę i przez moją koszulę przecedziliśmy ją do kanistrów. Później wykopałem kolejną dziurę i wykąpaliśmy się w niej, siedząc na błotnistym dnie. Wysuszyliśmy się na wietrze i rozsmarowaliśmy smalec na twarzach i ramionach, żeby złagodzić pieczenie poparzonej skóry.

Następnego dnia prastare koryto rzeki wtopiło się w pustynię, więc zawróciliśmy do obozu. Parę dni później wjechaliśmy na szczyt dużej, stożkowatej wydmy na skraju doliny, zjechaliśmy z niej po drugiej stronie i dotarliśmy do Równiny Skoczników.

– Lwy!

Delia wskazała kępę akacji: dwa samce i pięć samic spało w koronie powalonego drzewa obok zabitej żyrafy. Samce o ciemnej sierści i gęstych, kruczoczarnych grzywach ze złocistymi aureolami wokół pysków uniosły głowy, spojrzały na nas i ziewnęły szeroko. Nazwaliśmy je Szatan i Morena (co w języku setswana oznacza „szacowny mężczyzna"). Największa samica otrzymała imię Happy, a pozostałe – Dixie, Pysia, Taco i Słonko. Cegła, chudy podrostek, uzupełniał stado. Pod pobliskimi drzewami rozstawiliśmy nasz nylonowy namiocik i następnej nocy byliśmy już w stanie oznakować niektóre lwy. Wszystkie doszły już do siebie i odespawszy kaca po trankwilizatorze, zaczęły się znowu pożywiać żyrafą. Tej samej nocy przez parę godzin przeczesywaliśmy koryto rzeki, szukając hien brunatnych. Po strzelaniu strzałkami do lwów byłem zmęczony, ale Delia uparła się, chciała znaleźć choć jedną hienę, więc pojechała dalej sama, a ja wczołgałem się do namiotu, żeby złapać trochę snu.

Byłem zbyt nakręcony, by zasnąć. Zapaliłem latarnię i ustawiłem ją przed moskitierą, żeby owady nie wpełzały do namiotu, oparłem się na łokciu i zacząłem robić zapiski w dzienniku. Nieco później usłyszałem jakiś dźwięk – jakby ktoś klepał się po nodze. Dopiero po chwili dotarło do mnie, że to lew potrząsa głową. Powoli wyciągnąłem rękę i zgasiłem latarnię. W obecności mojego gościa czułem się trochę niepewnie, bo nie znaliśmy tych lwów tak jak Błękitnego Stada. Księżyc był już prawie w pełni, ale nagle zasłonił go wielki, mroczny kształt. Szatan stał parę centymetrów ode mnie.

Potężne zwierzę prawie czterometrowej długości i ponad półtorametrowej wysokości mogło jednym pacnięciem łapy rozgnieść namiot jak bańkę mydlaną. Cień się poruszył; jęknęły linki namiotu. Lew potknął się o jedną z nich.

Przez parę bardzo długich chwil Szatan stał nieruchomo. Widziałem jego rozwichrzoną grzywę na tle nylonowej ściany. Trawa chrzęściła mu pod łapami, gdy obszedł namiot, kierując się do wejścia do niego. Po chwili postawił przednią łapę dokładnie przede mną; patrzyłem wprost na jego obwisły brzuch. Wtem brzuch się napiął, lew uniósł głowę i nad doliną popłynął ryk: *Aaauuu-a, aaauuu-a, aaauuu-a, aaaauuu-a-a-a.* Gdy skończył, znieruchomiał, z nastawionymi uszami nasłuchując odpowiedzi dwóch lwów znajdujących się gdzieś w pobliżu. Potem podszedł do nich, dołączył do chóru, i wszystkie trzy leżały razem w blasku księżyca.

Po paru chwilach usłyszałem warkot nadjeżdżającego land rovera.

– Przyjechałam, gdy tylko usłyszałam ich ryk – powiedziała Delia, rozsuwając zamek moskitiery i wślizgując się do mnie. Nadal byłem poruszony spotkaniem z Szatanem.

– Niewiarygodne... niewiarygodne! – tylko tyle zdołałem wykrztusić. Dopiero po świcie lwy odeszły na zachód, nadal rycząc do Kostka i Błękitnego Stada, które odpowiadało im z doliny dziesięć kilometrów dalej na północ.

* * *

Znajdowaliśmy Błękitne Stado i Stado z Równiny Skoczników tak często, jak tylko się dało. Wiedzieliśmy, że odejdą pod koniec deszczów. Z obserwacją Błękitnego Stada nie mieliśmy wielkich problemów, ponieważ nasz obóz stanowił ulubioną rozrywkę lwów w trakcie ich przemarszu przez dolinę.

Nasza relacja z tymi zwierzętami stopniowo się zmieniała. Gdy nauczyliśmy się rozpoznawać, po pyskach i postawie, ich nastrój i zamiary, a one utraciły nieco zainteresowania nami, okazało się, że nie musimy się ich obawiać, o ile nie stworzymy sytuacji, która wyda im się ryzykowna lub groźna. Nie chcę przez to powiedzieć, że stały się domowymi mruczkami; mieliśmy świadomość, że to nadal dzikie i potencjalnie niebezpieczne drapieżniki. Ale nawet gdy wpadaliśmy na nie podczas ich odwiedzin w naszym obozie, nigdy nie zrobiły nam żadnej krzywdy. Już nie uciekaliśmy do samochodu, gdy wkraczały do obozu, lecz siedzieliśmy cicho pod drzewem jujuby albo przy ognisku, zaś one krążyły wokół nas. Ponieważ nie czuliśmy się zagrożeni, mogliśmy w pełni doceniać i cieszyć się tymi bliskimi spotkaniami. Nie ograniczaliśmy się tylko do obserwowania lwów. Poznaliśmy je tak, jak dane było niewielu osobom, i uważaliśmy to za wyjątkowy przywilej.

Gdy rozpoczynaliśmy nasze badania, większość informacji o dziko żyjących lwach pochodziła z badań doktora George'a Schallera nad stadami z Afryki Wschodniej, zwłaszcza tych z Serengeti. Nasze obserwacje zaczęły ujawniać, że lwy w innych części Afryki niekoniecznie zachowują się tak samo.

Część terenu wykorzystywanego przez stado to areał osobniczy i może się nakładać na teren innych stad*. Terytorium – mniejsza część areału – to coś, czego się broni przed intruzami: lwami z innych stad i samotnikami. W Serengeti stado może zmieniać swoje terytorium w granicach areału, by dostosować się do zmian w zagęszczeniu zwierzyny łownej. Nadal jednak bronią terytorium przed obcymi.

Zachowania i obyczaje lwów z Kalahari podczas pory deszczowej było podobne do całorocznego zachowania i obyczajów populacji z Serengeti. Tropiąc lwy z Błękitnego Stada, dowiedzieliśmy się, że podczas deszczów ich areał jest porównywalny rozmiarami z areałem zajmowanym przez stada z Serengeti – średnio dwieście kilometrów kwadratowych. Ponieważ zwierzyna łowna w obu miejscach jest inna, dieta tych dwóch grup lwów też bardzo różni się od siebie – te z Serengeti żywią się głównie gnu i zebrami, natomiast pokarmem lwów z Kalahari są skoczniki, antylopiki,

---

* Schaller, str. 33.

antylopy krowie, kudu i żyrafy. Gnu urozmaicają ich dietę, gdy są dostępne.

Każde stado lwów z Afryki Wschodniej składa się ze spokrewnionych ze sobą dorosłych samic (babek, matek, sióstr i córek), ich młodych oraz od jednego do trzech dominujących samców, którzy nie są spokrewnieni ze starszymi lwicami. Samice przeważnie pozostają w tym samym stadzie do śmierci, choć niektóre są zmuszone do wędrownego życia, jeśli stado zbyt się rozrośnie. Gdy młode lwy kończą trzy lata, dominujący samiec wyrzuca je ze stada. Zaczynają wędrować, nie mając własnego terytorium, aż w wieku pięciu lub sześciu lat osiągną pełne rozmiary ciała i grzywy. Dwa do pięciu takich samców tworzą sojusze lub koalicje, w których często znajdują się bracia lub przyrodni bracia, i po wspólnym wypędzeniu starszych samców z terenu stada przejmują harem samic.

W czasie pory deszczowej także stada z Kalahari składały się z kilku zaprzyjaźnionych samic. Jednak różnica – o czym mieliśmy się przekonać później – polegała na tym, że w odróżnieniu od stad z Serengeti, często bywały niespokrewnione ze sobą.

Mimo to zachowania tych dwóch grup są bardzo podobne: zarówno w stadach z Serengeti, jak i z Kalahari jest dużo kontaktu fizycznego i bliskości. Podczas dziennej drzemki Psotka często przewracała się na drugi bok i kładła łapę na barku Błękitki; Błękitka wtulała pysk w bok Dziczki; ogon Dziczki opadał na ucho Szelmy i tak dalej. Wszyscy mieli kontakt ze wszystkimi – z wyjątkiem Kostka, który zwykle leżał oddalony o parę metrów. Samice również polowały wspólnie. Wieczorem i o wschodzie słońca, gdy nie były zajęte snem, polowaniem czy jedzeniem, nawzajem lizały sobie pyski i dokazywały.

Pod jednym względem podobieństwo lwów z pustyni Kalahari i tych z Serengeti jest uderzające – to związek z ilością opadów na danym terenie. Ponieważ w Serengeti zwykle spada dwa razy więcej deszczu niż na Kalahari, żyje tam większa populacja dużej zwierzyny łownej. Co więcej, zwykle istnieją tam całoroczne wodopoje. Na Kalahari, tak jak opisaliśmy, gdy antylopy przemieszczają się dalej od wyschniętego koryta rzeki, lwy znikają na całe miesiące i przestają bronić swoich terytoriów. Intrygowało nas pytanie, jak bardzo rozszerza się ich zasięg, co jedzą i gdzie znajdują wodę, ale przede wszystkim ciekawiło nas, jak ich zachowania społeczne zmieniają się w reakcji na ograniczoną ilość zwierzyny łownej i inne ekologiczne ograniczenia. Pragnęliśmy znaleźć odpowiedzi na te pytania, by dotrzeć do nowych i ekscytujących odkryć na temat lwów jako takich, a zwłaszcza lwów żyjących na pustyni.

* * *

Z biegiem czasu zaczęliśmy coraz więcej dowiadywać się na temat porozumiewania się lwów między sobą. Gdy członkowie stada znajdowali się blisko siebie, sygnalizowali swoje nastroje i zamiary połączeniem ruchów uszu, brwi, warg, ogona i postawy ciała. Nawet ich źrenice mogły przekazać ważną informację.

Pewnego ranka, gdy Błękitka odpoczywała wraz ze stadem na Wyspie Wielkanocnej, zauważyła samotnego oryksa, starego byka, który wkroczył do koryta rzecznego od strony Południowej Równiny. Lwica nadstawiła uszu, rozszerzyła oczy, uniosła głowę i zaczęła lekko poruszać czubkiem ogona. Parę sekund później Szelma i Fryga podchwyciły jej sygnały i spojrzały w tym samym kierunku – tak jakby Błękitka powiedziała im: „Widzę tam coś ciekawego".

Po tym jak samice zabiły oryksa, zjawił się Kostek, jak zwykle zamierzając odebrać łup swoim samicom. Psotka stanęła przed nim z oczami zwężonymi jak szparki. Rozchyliła pysk, obnażyła zęby, zmarszczyła nos, splunęła i warknęła. Wydawała się komunikować: „Nie zamierzam zaatakować cię pierwsza, ale nie waż się dotknąć mojego oryksa". Niestety, Kostek zabrał go mimo jej pogróżek.

Lwy, gdy wdadzą się w konflikt podczas jedzenia, przepraszają się za pomocą skomplikowanego rytuału z lizaniem pysków i ocieraniem się głowami. Kiedy zliżą już z siebie całą krew, do grupy powraca spokój.

Lew często lokalizuje innych i ogłasza swoje prawo do terytorium za pomocą ryku. Robi wtedy głęboki wdech, napina brzuch, by skompresować powietrze, a potem przepuszcza je przez struny głosowe, a dźwięk wybucha mu z gardła z taką siłą, że słychać go na wielką odległość. Czasem, gdy Błękitne Stado zbierało się wokół land rovera i ryczało unisono, metalowa podłoga samochodu aż drżała od wibracji.

Ryk lwa składa się z trzech etapów. Pierwszy to jeden lub dwa ciche jęki, które narastają i przeradzają się w cztery do sześciu pełnych ryków, a po nich następuje szereg stęknięć. Zarówno samce, jak i samice zwykle ryczą na stojąco, z pyskami skierowanymi do przodu równolegle do ziemi lub nieco uniesionymi. Mogą także ryczeć, leżąc na boku albo biegnąc.

Zauważyliśmy, że lwy z Kalahari najczęściej ryczą, gdy powietrze jest nieruchome i wilgotne, a zatem najlepiej przenosi dźwięk. Niemal zawsze ryczały po burzy i w nocy, gdy względna wilgotność powietrza osiągała najwyższy poziom, od około czwartej nad ranem do pół godziny po wschodzie słońca. W dolinie – i opisanych warunkach – słyszalny przez ludzkie względnie niewyspecjalizowane ucho dźwięk niesie się aż do dziesięciu kilometrów. Czasem Błękitne Stado także ryczało, najwyraźniej odpowiadając na poranne lub wieczorne głosy szakali, które również lubiły się odzywać po burzach.

Podczas pory suchej słyszeliśmy lwy oddalone najwyżej trzy kilometry. Rzadko się odzywały o tej porze roku, być może dlatego, że duże antylopy były zbyt rozproszone, by opłacało się im wydatkować energię na obronę terytorium; być może stratą energii było także komunikowanie się przy suchym powietrzu. Niewykluczone, że podgrupy stad odeszły tak daleko w poszukiwaniu pożywienia, iż pewnie nawet nie usłyszałyby swojego ryku.

To, czy członkowie stada potrafią się odnaleźć na podstawie ryku, zależy od tego, czy ten, który go usłyszał, postanowi odpowiedzieć. Kostek nieustannie oddzielał się od swoich lwic, zwłaszcza gdy zabierał im łup. Samice szły dalej, aż znalazły kolejną zwierzynę, często wiele kilometrów. Dwa lub trzy dni później – po zjedzeniu upolowanego zwierzęcia Kostek stawał przed problemem, jak odnaleźć swoje stado. Szedł w kierunku, w którym oddaliły się lwice, rycząc i nasłuchując odpowiedzi. W czasie deszczów, gdy rozmiar terytorium był względnie mały, jego ryk niósł się przez całe jego włości i Kostek odnajdował swoje samice. Na ogół mu odpowiadały i stado znowu było w komplecie.

Ale czasami lwicom nie spieszyło się do spotkania z samcem. Parę razy zdarzyło się, że szedł wzdłuż koryta rzeki, rycząc i w odległości kilkuset metrów mijał miejsce, w którym samice leżały cicho w krzakach. Wzywał je raz po raz, węsząc i rozglądając się we wszystkich kierunkach, i w końcu odchodził w głąb doliny, ale jego stado z jakiegoś powodu nie odpowiadało na jego sygnały – być może, by chronić zdobycz. W czasie rui to samice wzywały Kostka. Typowy przypadek: „Nie dzwoń do nas, my odezwiemy się do ciebie".

Lwy potrafią kwilić delikatnie jak małe dzieci. Członkowie stada na zmianę wydają dźwięk – *aaaauuu* – gdy poruszają się przez gęstwinę. Najwyraźniej pomaga on namierzyć się nawzajem, a także pocieszyć się w niepewnych sytuacjach. Czasem w nocy potrafiliśmy znaleźć stado, kiedy zatrzymywaliśmy samochód i nasłuchiwaliśmy tych czułych nawoływań. Zanim Błękitne Stado poczuło się zupełnie swobodnie w naszym obozie, często budziły nas ich gruchania, gdy lwy szły przez zagajnik, oglądając namioty, beczki z wodą i inne nieznane sobie urządzenia.

Trzecim sposobem porozumiewania się lwów są ślady zapachowe. Błękitne Stado szło w nocy po śladach zapachowych, często nakładających się na ślady antylop albo naszego samochodu. Na większości terenów trasę można było znaleźć wyłącznie po zapachu – nie było tam żadnej widocznej ścieżki. Idąc jednym z takich szlaków, Kostek zatrzymywał się często przy krzaku czy małym drzewie, unosił głowę do najniższych gałęzi, zamykał oczy i ocierał się o liście policzkami i grzywą, jakby rozkoszował się zapachem pozostawionego śladu. Być może także sam zostawiał własny. Potem się odwracał, unosił ogon i rozpryskiwał na gałęziach urynę zmieszaną z wydzielinami z dwóch gruczołów odbytowych. Niektóre krzaki i drzewka wydawały się szczególnie pociągające – w tym krzak akacji koło okna naszego namiotu. Kostek nie potrafił go minąć, nie zwilżając go po drodze. Dla naszych niewyrafinowanych nosów ten odór utrzymywał się parę minut po jego odejściu. Samice także oznaczały krzaki, ale rzadko.

Czasami krzaki takie stawały się także wizualnymi znakami rozpoznawczymi. Kostek nigdy nie zaniedbał opryskania kilkumetrowej albicji na Północnej Równinie. Samice z Błękitnego Stada zdzierały z niej korę pazurami, ostrząc je sobie przy okazji i łamiąc gałęzie, ponieważ nie potrafiły sobie odmówić zabawy nimi – wszystkie jednocześnie. Gdy trzy lub cztery wspinały się do korony drzewa, kolejna usiłowała wdrapać się po pniu. Jedna zawsze zsuwała się z gałęzi i zawisała na niej, a ta, która przybyła ostatnia, stawała nad nią. Ze wszystkich stron z biednego drzewa sterczały zadki i ogony, aż w końcu następowało nieuniknione:

gałąź się łamała i lwice spadały na ziemię. W końcu z albicji został ogryzek drzewa, który Kostek niemiłosiernie spryskiwał za każdym razem, gdy przechodził obok.

Kolejnym sposobem zostawiania znaków, stosowanym przez samice i samce lwów, jest drapanie. Osobnik wygina grzbiet, obniża zad i przesuwa tylnymi łapami po ziemi, rozdzierając ją pazurami i jednocześnie skrapiając uryną. Lwy oznaczają w ten sposób terytorium, a robiąc takie rysy, często ryczą, by powiadomić inne stada. Dwa młode samce, które niedawno przejęły nowe terytorium, przez trzy tygodnie na czterystumetrowym pasie koryta rzeki zostawiły dwadzieścia sześć zadrapań. Podrostki często spryskiwały te same krzaki, co Kostek. Był to sposób na to, by każdy lew z doliny wiedział, kto teraz jest właścicielem tej posiadłości.

Oprócz oznaczania terytorium, zapach prawdopodobnie identyfikuje lwa, który zostawił ślad, i wskazuje, jak dawno temu to zrobił. Przekazuje także informację o kondycji samicy w rui. George Schaller odnotował, że lwy z Serengeti potrafią się nawzajem odnaleźć na podstawie zapachu i zauważył jednego samca, który podążał za dwoma innymi przez kilometr, kierując się zapachem. Lwom z Kalahari wychodziło to gorzej, zwłaszcza w porze suchej, być może dlatego, że w suchym pustynnym powietrzu zapach szybciej się ulatnia. Kiedyś widzieliśmy, jak Kostek krąży z nosem przy ziemi niczym posokowiec, szukając Psotki, która odeszła od niego zaledwie przed trzydziestoma minutami, by znaleźć głębszy cień. Leżała dwieście metrów od niego! A on ciągle gubił jej trop i wracał do miejsca, które dawniej zajmowali, choć wystarczyłoby, żeby spojrzał we właściwym kierunku. W końcu prawie się o nią potknął, wtedy położył uszy płasko na głowie, zmrużył oczy i uciekł spojrzeniem w bok. Gdybym nie wiedział, że to niemożliwe, dałbym sobie rękę uciąć, że jest zażenowany.

Kiedy Kostek czuł zapach samicy, unosił głowę i odsłaniał zęby. Potem, gdy powietrze przechodziło mu przez krtań, marszczył nos. Ten odruch, określany terminem *flehmen*, to jakby „smakowanie" zapachu albo raczej określanie jego chemicznego składu poprzez przepuszczanie go przez umiejscowioną na podniebieniu specjalną komorę pełną komórek czuciowych. Zachowujący się tak lew przypomina mi konesera, który podczas smakowania wina nabiera powietrze ustami i wydycha je przez nos, by lepiej doświadczyć bukietu i smaku trunku.

* * *

Lwy na ogół zabijają antylopę, dusząc ją. Najpierw przewracają ją lub ściągają na ziemię, potem chwytają za gardło albo czasem zaciskają szczęki na jej pysku. Zawsze byłem ciekawy, jak im się udaje zrobić to z żyrafą, która może ważyć ponad tonę i której gardło znajduje się do pięciu metrów nad ziemią. Pewnego popołudnia Błękitne Stado zaprezentowało nam swoją technikę polowania na żyrafy. Od paru dni lwy nie zjadły nic oprócz cielaka oryksa i młodego skocznika – to niewiele dla gromady głodnych lwów, ważących w sumie ponad półtorej tony. Po całym dniu na Wyspie Drzew na Południowej Równinie zaczęły polować w lasach Zachodniej Diuny. Kropił deszczyk i lwy położyły się po obu stronach szlaku, którym antylopy przechodziły od skamieniałej rzeki na sawannę. Unosiły głowy i nadstawiały uszu, by podchwycić nawet najcichszy dźwięk, a każdy z nich spoglądał w nieco innym kierunku. Przez niemal dwie godziny trwały prawie zupełnie nieruchomo niczym posagi. Lwy z Kalahari, zamiast się skradać za zwierzyną, wolały czekać przy jej ścieżkach, zwłaszcza w miejscach, w których mogły się ukryć.

Nagle wszystkie samice przysiadły i wyprężyły się do przodu, napinając potężne mięśnie. U stóp wydmy pojawił się wielki samiec żyrafy, skubiący zielone liście akacji z czubków drzew. Dziczka i Psotka znajdowały się najbliżej; powoli uniosły się, pozostając nadal blisko ziemi i każda ruszyła od innej strony do niepodejrzewającej niczego żyrafy. Liesa, Fryga, Szelma, Zmorka i Błękitka ustawiły się łukiem w poprzek szlaku. Przez następną godzinę powoli skradały się ku swojej ofierze, kryjąc się w trawie, krzakach i drzewach. Jednocześnie Dziczka i Psotka zdołały zaczaić się za żyrafą na tym samym szlaku, ale dalej na zachód.

Pięć współpracujących ze sobą lwic znalazło się trzydzieści metrów od samca żyrafy. Ten nagle odwrócił się i ruszył galopem ku wydmie, zarzuciwszy na zad mocno zawinięty ogon. Spod kopyt wielkości talerzy bryzgała ziemia. Gdy już wyglądało na to, że tonowy byk je stratuje, Dziczka i Psotka wyprysnęły z zasadzki. Byk zahamował, usiłując uskoczyć przed lwicami atakującymi z przodu i tyłu, ale pośliznął się na mokrym piasku. Runął jak wieża, wprost na Dziczkę i Psotkę. Inne lwice natychmiast rzuciły się na niego, rwąc zębami i pazurami jego brzuch i boki. Byk znowu rzucił się naprzód, usiłując uciec, ale Błękitka zacisnęła szczęki na jego prawej tylnej nodze tuż nad kopytem, zaparła się i pociągnęła.

Byk brnął do przodu jeszcze przez dwadzieścia pięć metrów, błyskając białkami oczu i dysząc, ciągnąc za sobą wczepioną w jego nogę lwicę. Pazury Błękitki rozorywały trawę i zostawiały głębokie ślady w piasku. Inne lwice pobiegły po obu stronach byka, chlastając go pazurami, aż w końcu wnętrzności wylały mu się z ciała. Wtedy upadł, słabym wierzganiem broniąc się jeszcze przed stadem drapieżników.

Kostek nie miał szans odpędzić głodnych samic od tej góry mięsa; było ich zbyt wiele przy tak wielkiej zwierzynie. Ale w czasie tego tygodnia, który Błękitne Stado spędziło przy zabitej żyrafie, zauważyliśmy, że relacje Kostka i dwóch młodych samców,

Łobuza i Hombre, krańcowo się zmieniły. Młodzi mieli teraz prawie trzy lata, a rozczochrane kępy włosów zapowiadały, że wkrótce pojawią się u nich grzywy. Sama ich obecność drażniła Kostka. Początkowo wcale nie pozwalał im jeść i odpędzał ich warknięciami, gdy ośmielili się za bardzo zbliżyć. Dopiero gdy się nasycił, zdołali uszczknąć parę kęsów.

Ograniczając im dostęp do pożywienia, Kostek wymuszał na nich niezależność; wkrótce będą musieli opuścić stado i rozpocząć wędrowne życie. Dwa lub trzy następne lata miały być dla nich krytycznym okresem – czekały ich polowania bez pomocy samic. W nadchodzącej suchej porze zwierzyna trafia się rzadko, a na pustyni nie ma się gdzie ukryć. Co gorsze, młodym lwom brakowało doświadczenia w sztuce polowania. Mogłyby umrzeć z głodu – jak wiele niedoświadczonych młodych samców – zanim staną się na tyle duże i agresywne, by zagarnąć stado samic i terytorium. Musiały jakoś przetrwać razem aż do nadejścia deszczów, gdy polowanie stanie się łatwiejsze.

Na pustyni Kalahari dla młodych lwich samców nauczenie się samodzielnego polowania może być ważniejsze niż w bardziej umiarkowanym klimacie, na przykład w Afryce Wschodniej. Jako dorośli mieli być częściej i na dłużej rozdzieleni ze swoim stadem niż samce w okolicach, gdzie zwierzyna jest łatwiej dostępna, a terytoria stad są na ogół dużo mniejsze. Gdy na Kalahari samiec zagarnia zdobycz swoich samic, a one muszą szukać łupu od nowa, często zajmuje im to kilka dni. W tym czasie samiec musi polować sam, ograniczając się do nieco mniejszej zwierzyny, jak skoczniki, młode oryksy i antylopiki.

Łobuz i Hombre szybko rośli i w miarę upływu tygodni coraz rzadziej wycofywali się z konfrontacji z Kostkiem. Często chwytali kawałki mięsa, warcząc i zastraszając go – pysk w pysk – zanim zmuszał ich do odwrotu. Rozwijali w sobie agresję, która przyda im się, gdy kiedyś będą chcieli przejąć terytorium stada i jego samice.

* * *

Podczas tych pierwszych lat, obserwując polowania Błękitnego Stada i Stada z Równiny Skoczników, wiele dowiedzieliśmy się o diecie lwów z Kalahari w porze deszczowej. By uzupełnić zgromadzone informacje, zbieraliśmy, suszyliśmy, rozcieraliśmy, sortowaliśmy, ważyliśmy i identyfikowaliśmy kawałki rogów, kopyt, odłamków kości i sierści zebranych w dziesiątkach miejsc, które zajmowały lwy. Pewnego dnia zawołałem Moxa na skraj obozu, gdzie siedzieliśmy z twarzami obwiązanymi bandanami w otaczającej nas cuchnącej chmurze białego pyłu z rozbijanych młotkami lwich fekaliów. Mox zjawił się, gdy wsypywałem sproszkowane resztki odchodów na zapasowy talerz obiadowy. Gdy zrozumiał, co się dzieje, zasłonił usta ręką – *Au!* – pokręcił głową i popatrzył na nas w osłupieniu.

Wkrótce, pomimo wstępnych protestów, i on zniknął we własnej białej chmurze, rozbijając i rozcierając stertę fekaliów. Jakieś dwa dni później zauważyłem, że przestał przynosić do naszego obozu swój emaliowany talerz do umycia z innymi.

11

HISTORIA PANA VAN DER WESTHUIZENA

Delia

Niełatwo jest pamiętać,
że w gasnącym świetle dnia
cienie zawsze wskazują w stronę świtu.

Winston O. Abbott

Długimi, posuwistymi ruchami Mark zdarł srebrnoszare liście z cienkiej gałęzi. Bardzo powoli zanurzył patyk w beczce z benzyną, wyciągnął i zaznaczył miejsce, w którym kończył się ciemny ślad.

– To musi nam wystarczyć na osiem tygodni.

Był maj 1976 roku, dwadzieścia jeden miesięcy od otrzymania grantu na 3800 dolarów z National Geographic. Pieniądze znowu nam się kończyły. Jeżeli wkrótce nie otrzymalibyśmy kolejnego grantu, musielibyśmy zostawić nasze badania i zająć się zarabianiem pieniędzy na powrót do domu. Rozpaczliwie potrzebowaliśmy także funduszy na sprzęt do namierzania hien i lwów, za którymi trudno nam było podążać w gęstej sawannie, gdzie spędzały większość pory suchej. W tym habitacie mogliśmy na ogół jeździć za hienami przez jakąś godzinę, zanim je zgubiliśmy. Na razie nie mieliśmy pojęcia, dokąd odchodzą lwy w gorących miesiącach. Zrobiliśmy chyba wszystko, co mogliśmy, nie posiadając bardziej wyrafinowanego sprzętu.

Parę dni później tuż nad czubkami drzew śmignął samolot. Okrążył nasze obozowisko i zapikował nad nim jak atakujący ptak.

Wybiegliśmy w samą porę, by ujrzeć, jak z okna samolotu wypada małe zawiniątko, a samolot kołysze skrzydłami w pozdrowieniu i odlatuje. Nasza związana sznurkiem korespondencja z Maun leżała w trawie. Nigdy się nie dowiedzieliśmy, kto wyświadczył nam tę przysługę.

W paczce znaleźliśmy ręcznie spisaną wiadomość od Richarda Flattery'ego, nowego kierownika banku w Maun, że niejaki pan van der Westhuizen wkrótce zjawi się w wiosce z pewną kwotą na nasz projekt. Nazwisko van der Westhuizen nosił dyrektor Południowoafrykańskiej Fundacji Przyrodniczej, do której złożyliśmy wniosek o grant na dwadzieścia tysięcy dolarów. Postanowiliśmy zrobić sobie święto i uczciliśmy je naleśnikami z syropem własnej roboty.

Następnego dnia spakowaliśmy się i ruszyliśmy do wioski, zanim słońce wzniosło się nad Wschodnią Diunę. Zapadła noc, gdy wjechaliśmy w labirynt lepianek rozświetlonych łagodnym światłem ognia migoczącego na paleniskach i otulonych zwiewnym welonem dymu. Dom Flattery'ego miał płaski dach i stał naprzeciwko płotu z trzciny otaczającego dom Taty Riggsa. Przez ażurowe drzwi, załatane różnymi kawałkami siatki, widzieliśmy Richarda czyszczącego rybę nad wiadrem. Jego żona Nellie smażyła świeżą rybę na kuchence gazowej.

– Miło mi poznać… dużo o was słyszałem… tak, pan van der Westhuizen ma dla was pieniądze. Wszystko wam opowiemy – zostańcie, zjedzcie coś, wypijcie zimne piwo.

Do posiłku złożonego ze smażonej ryby, ziemniaków i świeżego chleba usiedliśmy w małym salonie o belkowanym suficie, który mógłby przynależeć do angielskiej chatki, gdyby nie wyrastający z podłogi, tętniący życiem kopiec termitów.

Jak się okazało, Richard nie wiedział zbyt wiele o grancie – tylko tyle, że pan van der Westhuizen przyjedzie do Maun następnego dnia rano. Po przyjemnym wieczorze poprosiliśmy Richarda, by w naszym imieniu zaprosił naszego przyszłego dobroczyńcę na obiad w Rivierze – obskurnym lokalu na brzegach rzeki Thamalakane.

Właściciel Riviery – restaurator z Selebi Phikwe – pozwalał nam korzystać z kempingu podczas naszych wycieczek po prowiant. Kompleks składał się z pięciu zrujnowanych chat z trzciny i słomy, przyklejonych do stromych brzegów rzeki jak porzucone ptasie gniazda. Największa, w której mieszkaliśmy, miała częściowo zapadnięty dach i przechylała się mocno ku rzece, napinając kable przymocowujące ją do masywnego figowca. Te nędzne chaty – choć nam po życiu na pustyni wydawały się wspaniałe – niemal całkiem ginęły w wysokiej trawie. Przyciągnęliśmy dwa zardzewiałe łóżka polowe spod zawalonego dachu, otrzepaliśmy poplamione materace i zawiesiliśmy moskitierę – więcej cer niż siatki – na belce nad naszymi śpiworami.

Mark Muller, młody pilot, także mieszkał na kempingu w jednej z mniejszych chat. Następnego ranka przed świtem obudził nas głośny zgrzyt. To Muller uruchamiał swojego starożytnego land rovera, pozbawiony dachu relikt przypominający niemiecki wóz sztabowy z czasów drugiej wojny światowej. Zostawił go na jałowym biegu na szczycie zbocza i wrócił po coś do chaty. Zaraz potem samochód z chrzęstem przebił trzcinową ścianę naszej chaty i zatrzymał się trzy metry od śpiworów. Chata zakołysała się dramatycznie, sypiąc trzciną i belkami ze strzechy. Oboje poderwaliśmy się, sądząc, że dom lada chwila runie, ale on powoli znieruchomiał. Muller przygalopował do nas, mamrocząc coś niezrozumiale. Rzucił: „Przepraszam", wycofał samochód z naszej sypialni i odjechał.

Zaczęliśmy się przygotowywać do wyjątkowego spotkania z panem van der Westhuizenem. Mark zapakował drewnem przerdzewiały przycupnięty pod figowcem pękaty piecyk, po czym poszedł na zakupy, a ja, zalewając się łzami wyciskanymi mi z oczu przez kłęby dymu lecącego z komina, upiekłam bochenek chleba pomarańczowego. Koło południa przygotowaliśmy obiad złożony z zimnej baraniny w plasterkach, świeżych owoców i gorącego chleba – nasz najbardziej ekstrawagancki posiłek od przybycia do Botswany.

Siedząc na blaszanych skrzyniach na trzcinowej werandzie, zjedliśmy posiłek z panem van der Westhuizenem – siwiejącym, lekko utykającym mężczyzną o cichym głosie. W szerokiej, leniwie płynącej rzece, w trzcinach parę kroków od nas pluskały łyski, a grupa pawianów podeszła do przeciwnego brzegu, by się napić.

Pan van der Westhuizen wypytywał nas o badania, a my popadaliśmy w coraz większe osłupienie. Najwyraźniej prawie nic nie wiedział o naturze naszej pracy.

W końcu Mark spytał:

– Czytał pan naszą ofertę?

– Ofertę?

– Tę, którą przesłaliśmy do Południowoafrykańskiej Fundacji Przyrodniczej?

– Słucham? Ach... to chyba nieporozumienie. Nie jestem z Fundacji Przyrodniczej.

Pan van der Westhuizen wyjaśnił, że jest architektem z Johannesburga, który dowiedział się o naszych badaniach i chciał nam ofiarować dwieście dolarów z własnej kieszeni.

Za dwieście dolarów mogliśmy najwyżej napełnić benzyną nasz zapasowy zbiornik i pokryć koszt wycieczki do Maun. Usiłowaliśmy ukryć nasze przerażenie, mówiąc, że bardzo doceniamy ten gest i że nie mógłby nas spotkać w lepszym momencie, ale to nie miało sensu. Prawie nie słyszeliśmy tego, co mówił potem. Po bardzo długim czasie pan van der Westhuizen odjechał swoją lśniącą nową terenówką, a my zostaliśmy, wpatrzeni w rzekę.

* * *

Moją głowę miażdżyło jakieś imadło, a od góry wbijał się w nią ostry klin, który rozszczepiał mi mózg. Nawet gdy trzymałam głowę na poduszce, czułam nieznośny ból. Usiłowałam wstać, ale ogarnęła mnie fala mdłości. Mark spał niespokojnie obok mnie pod cienką moskitierą. Trąciłam go, nie poruszając głową.

– Mark... tabletki... chyba mam malarię.

Mark dotknął mojego czoła, wstał i przyniósł mi sześć gorzkich tabletek chlorochiny z naszej apteczki. Przełknęłam je z wielkim trudem. Zaniósł mnie na materac na podłodze jednej z mniejszych chat, która nie miała dziur w ścianach. Nie było powodu wieźć mnie do misyjnej kliniki w Maun – i tak nie mieli lepszego leku na malarię niż chlorochina, a mogłam się tam zarazić gruźlicą albo czymś gorszym. Podczas pory deszczowej Maun tkwiło w szponach malarii. Jak mówili myśliwi, „albo weźmiesz pigułki, wypocisz się i dojdziesz do siebie, albo umrzesz".

W chacie było wilgotno i ciemno. Leżałam pod ciężkimi, drapiącymi wełnianymi kocami, ale byłam straszliwie zziębnięta i spocona. Mark położył się obok mnie i usiłował ochronić mnie przed dreszczami, ale nie mogłam się rozgrzać. Krew łomotała mi w skroniach, a oślepiające światło z malutkiego okienka raniło mi oczy.

Potem moje ciało zaczęło płonąć. Odepchnęłam Marka z całej siły i odrzuciłam koce. Pościel była wilgotna, a ohydny smród nie pozwalał mi oddychać. Mój umysł bardzo długo dryfował w ciemnościach, a potem ogarnęło mnie poczucie spokoju. Zobaczyłam dom i dęby ze zwisającymi festonami oplątwy – budynek z czerwonej cegły, w którym się wychowałam, i fort z sosnowych bali, który chronił przed wyimaginowanymi Indianami. Ale kiedy usiłowałam skupić myśli, zaczęłam się rzucać i krzyczeć. Dom znajdował się daleko stąd. *Ram-pam-pam. Ram-pam-pam. Nie odejdziesz stąd i nie wrócisz tam. Ram-pam-pam.* Dużo później światło wpadające przez okno chatki stało się łagodniejsze, a mój umysł zaczął się oczyszczać. *Puk-puk-puk-puk.* Jakoś uda nam się zostać w Afryce, jakoś nam się wszystko uda. *Puk-puk-puk.* Mark pisał na pożyczonej maszynie, ustawionej na blaszanym kufrze koło mojego materaca. Podszedł do mnie. Poczułam pieszczotę świeżej, czystej pościeli i przytulnego ciepła. Znajomy uśmiech, pocałunek, gorąca zupa i bardzo, bardzo zimna woda powitały mnie znowu wśród żywych. Usiłowałam wstać, ale mocna ręka chwyciła mnie za ramię i położyła na posłaniu... odpoczywaj!

W dni, gdy odlatywałam z powodu gorączki, Mark nie odstępował mnie na krok. Pisał wnioski do organizacji ekologicznych z całego świata, opisując nasze postępy i potrzeby. Gdy poczułam się dużo lepiej, pewnego rana pojechał do Maun, żeby nadać plik grubych kopert. Czekałam na jego powrót oparta na poduszkach. Nadal trochę kręciło mi się w głowie, ale dobrze było usiąść. Patrzyłam na dwa sierpodudki śmigające w koronach figowców za oknem. Godzinę później usłyszałam warkot land rovera, sunącego przez grząski piasek.

– Cześć, skarbie. Dobrze, że siedzisz – powiedział Mark cicho. Usiadł na brzegu łóżka. – Lepiej ci?

– Aha, chyba wkrótce możemy wrócić na pustynię – odparłam z uśmiechem.

– Nie ma się co spieszyć. – Mark podszedł do okienka.

– Nikt do nas nie napisał? Żadnych wieści z domu? – spytałam.

– Hm... nie. – Mark spoglądał niewidzącym wzrokiem na rzekę za drzewami.

– A to nie jest list od Helen? – Rozpoznałam spersonalizowaną kopertę mojej siostry, wystającą z tylnej kieszeni jego szortów.

Mark odruchowo chwycił się za kieszeń. Odwrócił się i podszedł do łóżka z bolesnym grymasem.

– Kochanie… Nie chciałem ci mówić, dopóki nie wydobrzejesz. Złe wieści. Chodzi o twojego tatę. Zmarł na atak serca sześć tygodni temu.

Osunęłam się na posłanie.

– A… a co z mamą? – powiedział ktoś, chyba ja. – Przecież nie mamy pieniędzy na powrót do domu.

Ojciec był jednym z naszych najżarliwszych fanów. Pisał listy podnoszące nas na duchu, wysyłał adresy i materiały źródłowe, nie wspominając już o wycinkach z gazet o meczach, które przez miesiące zalegały w naszej skrzynce pocztowej w Safari South.

Mark położył się obok mnie. Jedną z najtrudniejszych do zniesienia rzeczy podczas tych siedmiu lat w Afryce była nieobecność w domu w takich momentach. Podczas naszych badań zmarły matka i babka Marka. Ja także straciłam babcię. Nie było mnie na ślubie mojego brata bliźniaka. Zmagaliśmy się z wyrzutami sumienia, bo nie było nas w domu, by wspierać rodzinę w trudnych czasach albo świętować radosne wydarzenia.

– Skarbie, jeśli chcesz wracać, zdobędę pieniądze – powiedział Mark.

– Niech nam się uda… to najlepsze, co możemy zrobić – szepnęłam.

Gdy w końcu odzyskałam siły na tyle, żeby pojechać do wioski na spotkanie z lekarzem, usłyszałam, że złapałam nie tylko malarię, ale także zapalenie wątroby, mononukleozę i anemię.

– Nie wolno pani wracać na Kalahari co najmniej przez miesiąc – oznajmił lekarz surowo z mocnym szwedzkim akcentem, spoglądając na mnie nad okularami. – Musi pani odpoczywać, bo choroba wróci. Gdyby to się wydarzyło tam, miałaby pani poważne kłopoty.

Ale w obozie mogłam wypoczywać tak samo jak w wilgotnej chacie nad rzeką, a musieliśmy zrobić jak najwięcej badań, zanim skończą nam się pieniądze. Dlatego nie przekazałam uwag lekarza Markowi i udałam, że czuję się lepiej niż w rzeczywistości. Trzy dni później byliśmy gotowi ruszać do Deception Valley.

Nasi przyjaciele z Safari South – zawsze gotowi do pomocy – pożyczyli nam krótkofalową radiostację. Oznaczało to, że codziennie w południe – przynajmniej w sezonie safari – mogliśmy się kontaktować z myśliwymi albo kimś z biura w Maun. Po raz pierwszy od rozpoczęcia naszego projektu otrzymaliśmy szansę kontaktowania się ze światem zewnętrznym. Ale o ile nie dostalibyśmy szybko grantu, miała to być nasza ostatnia wyprawa na Kalahari.

W obozie zaczęliśmy sobie jeszcze oszczędniej racjonować benzynę, jedzenie i wodę. Przy założeniu, że na wyprawy w ślad za hienami będziemy zużywać tylko pięć litrów benzyny na noc i cztery litry wody na dzień, mogliśmy wytrzymać trzy miesiące. Wtedy powinniśmy już wiedzieć, czy przyznano nam jakiś grant. W tym czasie mogliśmy zdobyć twarde dane na temat lwów i hien brunatnych.

Początkowo byłam zbyt słaba, by znieść wycieczki w trzęsącym się samochodzie, więc odpoczywałam w obozie, a Mark sam jeździł za hienami czy lwami. W końcu powoli doszłam do siebie i przez osiem wyczerpujących tygodni pracowaliśmy z dzikim entuzjazmem, wiedząc, że wkrótce będziemy musieli pożegnać się z Deception Valley.

* * *

– Zero zero dziewięć, słyszysz mnie? – w krótkofalówce rozległ się zniekształcony głos Phyllis Palmer.

– Słyszę, Phyllis, mów.

– Delio, Hans Veit, dyrektor Towarzystwa Ochrony Przyrody Okawango, jest w Maun. Chciałby się z wami spotkać, żeby porozmawiać o ewentualnym grancie na wasz projekt. Możecie przyjechać?

Spojrzeliśmy na siebie sceptycznie. Mogło się to okazać kolejnym wariantem historii z panem van der Westhuizenem, ale jaki mieliśmy wybór?

– Jasne. Skontaktujemy się, jak tylko dotrzemy na miejsce. Dzięki.

Dwa dni później w Maun z ulgą przekonaliśmy się, że Hans Veit naprawdę był dyrektorem Towarzystwa Ochrony Przyrody Okawango i że grant na nasze badania był całkiem prawdopodobny. Ale zanim zostanie podjęta ostateczna decyzja, musielibyśmy pojechać do Johannesburga na dalsze rozmowy z komitetem towarzystwa.

Pojechaliśmy do Johannesburga i wynegocjowaliśmy grant na dwa lata badań w Kalahari. Te fundusze pozwoliły nam na zakup lepszego samochodu z drugiej ręki, namiotu i co najważniejsze, na podróż do USA i z powrotem, by zobaczyć nasze rodziny, skonsultować się z amerykańskimi badaczami i kupić bardzo potrzebny sprzęt namierzający lwy i hieny brunatne. Możliwość skutecznego podążania za drapieżnikami podczas długiej pory suchej była ważnym punktem zwrotnym naszego projektu.

Ale pierwszą rzeczą, jaką zrobiliśmy w Johannesburgu, była wizyta w piekarni. Stojąc przed szklanymi gablotami pełnymi różowo-żółtych lukrowanych ciasteczek, czekolad pełnych orzechów, ciastek zwieńczonych wisienkami i puchatych ptysiów, zamówiliśmy po dwie sztuki z całego asortymentu. Niosąc piramidę związanych sznurkiem schludnych białych pudełeczek, poszliśmy do zielonego parku i usiedliśmy na słońcu. Przez jakiś czas wdychaliśmy słodką woń świeżych wypieków, po czym zjedliśmy po kęsie każdego i spałaszowaliśmy te, które posmakowały nam najbardziej. Śmiejąc się i rozmawiając, z ustami pobielonymi cukrem pudrem, położyliśmy się na plecach, żeby dać wytchnienie obolałym żołądkom.

12

POWRÓT DO DECEPTION VALLEY

Mark

I każdy z nich mówił, że nic się nie boi,
choć morze ciemnieje, choć morze się burzy,
że podróż daleka wciąż jeszcze się dłuży,
a sito się kręci w kółeczko.

Edward Lear *Dżamble**

W październiku 1976 roku wróciliśmy samolotem z Nowego Jorku do Johannesburga i zastaliśmy miasto trzęsące się od paskudnych wieści o wojnie rodezyjskiej. Konflikt zaczął się przedostawać przez granicę z Botswaną w pobliżu Francistown. Dalej na południu, wzdłuż jedynej dużej drogi biegnącej na wschód i na północ, terroryści ustawiali blokady na sześciusetkilometrowej drodze do Maun i strzelali do podróżnych. Od naszego wyjazdu z Deception Valley minęły cztery szalone tygodnie. Chcieliśmy już wrócić i zacząć zakładać zwierzętom urządzenia namierzające. Jednak niebezpiecznie byłoby wkraczać na terytorium Botswany w takim czasie. Kiedy wyjeżdżaliśmy z Johannesburga do Stanów Zjednoczonych, protesty w Soweto

---

*Tłum. Andrzej Nowicki, *Dong co ma świecący nos i inne wierszyki pana Leara*, wyd. Drzewo Babel 1999.

nadal się tliły, a teraz na północy, a może i w całej południowej Afryce pojawiła się groźba zupełnej anarchii.

Przez kilka miesięcy Botswana opierała się wciągnięciu w konflikt na swoich granicach, ale teraz plotka głosiła, że w pobliżu Francistown i wioski Selebi Phikwe stanęły obozy treningowe terrorystów. W ciągu minionych miesięcy w Maun zaczęli się pojawiać uchodźcy z Angoli – wielu z nich podejrzewano, że są terrorystami, a stosunek rdzennych mieszkańców do białych zmienił się na gorsze. Raz robiącą zakupy w centrum handlowym Ngamiland Delię zaczepiła grupa mężczyzn. Jeszcze dwa lata temu coś takiego byłoby nie do pomyślenia. Atmosfera strachu i podejrzeń unosiła się w osadzie jak wieczorny dym z piecyków. Maun, choć tak odległe, zostało skażone światową polityką.

W odpowiedzi na groźby ze strony Rodezji Botswana pospiesznie utworzyła Botswańskie Siły Obronne (BDF). Wraz z oddziałami policji ta źle wyposażona prowizoryczna armia miała przeczesywać tereny, szukając buntowników, którzy podobno przedzierali się tu z Rodezji i Republiki Południowej Afryki. Słyszeliśmy wiele opowieści o niewinnych ludziach zranionych lub zabitych przez terrorystów, BDF lub policję – nikt nie wiedział, kto był za to odpowiedzialny.

Obiecaliśmy sobie i naszym rodzinom, że jeśli sytuacja polityczna stanie się zbyt groźna, odłożymy nasz wyjazd na pustynię albo w ogóle opuścimy kraj. Ale pakując się, zaczęliśmy sobie wmawiać, że możemy tak czekać w nieskończoność i usłyszeć jedynie plotki i że gdy dotrzemy do naszego obozu w Kalahari, będziemy bezpieczni na odludziu. Najgorsze incydenty terrorystyczne wydarzały się wokół Francistown na granicy z Rodezją, ale my w drodze do Maun postanowiliśmy przekroczyć ją w środku dnia, kiedy naszym zdaniem bylibyśmy najmniej narażeni na kłopoty. Kupiliśmy z drugiej ręki toyotę land cruisera, załadowaliśmy do niej górę zapasów i wyruszyliśmy w drugą podróż na północ.

Wczesnym popołudniem pierwszego dnia dotarliśmy do granicy z Botswaną, gdzie szosa gwałtownie zmieniała się z pokrytej tłuczniem na żwirową, jak zwykle z głębokimi koleinami i garbami. Oprócz nas nie było innych podróżnych. Jechaliśmy samotnie, wzbijając za sobą kurz. Pod oponami zgrzytały nam sypkie kamienie. Przemykaliśmy obok mizernych poletek kukurydzy i pojedynczych lepianek otoczonych ogrodzeniami z ciernistych krzewów. Nikt do nas nie machał, a jeśli w ogóle ktoś na nas spojrzał, to spode łba.

Na pustym zakręcie drogi przed nami wyrósł drewniany szlaban ze świeżo ściętej i nadal pokrytej korą gałęzi. Na poboczu stało dziesięciu lub piętnastu czarnoskórych mężczyzn – policjanci, terroryści czy żołnierze? Nie mieli mundurów, ale to niewiele znaczyło. Kilku miało oliwkowozielone karabiny maszynowe wiszące na poziomie pasa. Przeszły mnie ciarki strachu. Zacisnąłem palce na kierownicy. Chciałem jechać dalej, ale oni stanęli na drodze, twarzą do nas, z bronią w pogotowiu. Nie miałem wyjścia – musiałem się zatrzymać.

Zablokowaliśmy drzwi, a ja opuściłem okno od mojej strony, nie gasząc silnika, ze stopą na pedale gazu. Gdyby kazali nam wysiąść, staranowałbym zaporę. Młody czarnoskóry z przekrwionymi oczami podszedł do nas chwiejnie, mierząc z broni w drzwi. Wepchnął twarz przez otwarte okno; poczułem od niego zapach *bujalwy*, miejscowego piwa. Inni zaglądali na tył samochodu, unosili brezent, rozmawiając z ożywieniem, wskazywali skrzynki z jedzeniem w puszkach, nowy namiot i inne przedmioty. Młody przy moim oknie zaczął mnie zasypywać pytaniami, nie zdejmując palca ze spustu: Kim jesteśmy? Dokąd jedziemy? Po co? Czyj to samochód? Dlaczego ma rejestrację z RPA? Po co nam aż tyle mleka w proszku i cukru?

Po chwili mężczyźni stojący z tyłu zaczęli się naradzać na poboczu drogi, mówiąc wszystko w języku, którego nie rozumiałem,

młody do nich dołączył. Powstrzymałem pokusę wdepnięcia gazu
i pryśnięcia. Nie widziałem nigdzie pojazdów, które mogłyby nas
ścigać, ale bałem się, że mężczyźni otworzą ogień.

– Nie wysiadaj z samochodu… jeśli dam ci znak, kładź się na
podłodze! – szepnąłem do Delii.

Mężczyźni spojrzeli na nas, gdy do samochodu przytruchtał
nastolatek o twardym spojrzeniu, nadal mierzący z broni w moje
drzwiczki. Pochylił się przez okno, przeszywając mnie wzrokiem
w milczeniu. Żołądek mi się ścisnął na myśl o wszystkich tych
opowieściach, które słyszeliśmy w Johannesburgu. Młody na-
uczyciel z Europy, jadący do szkoły w północnej Botswanie,
został wywleczony z autobusu i okrutnie pobity. Napastnicy
zmasakrowali mu twarz kolbami strzelb, bo nie podobała im się
jego broda. Przed wyjazdem Delia błagała mnie, żebym zgolił
swoją. „To tylko plotki", uspokajałem ją. Teraz nie byłem tego
taki pewien.

– Ty jedź. – Słowa padły powoli i niewyraźnie. Nie byłem
pewien, czy dobrze zrozumiałem.

– Jadę, *siami* – okej? – spytałem.

W milczeniu cofnął się od samochodu. Nie spuszczając z niego oczu, powoli puściłem sprzęgło. Mężczyźni wpatrywali się
w nas, gdy powoli ruszyliśmy. Wdepnąłem gaz do dechy, przyspieszając, na ile mogłem. W lusterku wstecznym widziałem, że
za nami patrzą. Ciarki przeszły mi po plecach. Zaledwie parę dni
temu dziewczyna dostała strzał w plecy, gdy wraz z rodzicami od-
jeżdżała z podobnej blokady na drodze.

– Głowa w dół! – krzyknąłem do Delii i sam pochyliłem się
nad kierownicą, prując w stronę zakrętu.

Parę kilometrów dalej zatrzymałem się i przez chwilę tuliłem
Delię do siebie. Oboje byliśmy śmiertelnie wyczerpani po tym spotkaniu. Gdy odzyskaliśmy nieco sił, rozłożyłem mapę Botswany.

– Musimy się trzymać jak najdalej głównej drogi – powiedziałem, spoglądając na symbolizującą Kalahari wielką białą plamę na środku. – Musi istnieć jakiś sposób, żeby się tam dostać, nawet gdybyśmy musieli jechać po wertepach.

Ale z tego miejsca do Deception Valley było prawie trzysta kilometrów. Nawet z zapasem dwustu litrów paliwa w naszym nowym rezerwowym zbiorniku i czterdziestoma litrami wody w kanistrach nie mieliśmy szans tego dokonać.

– Mark, a co z tymi starymi koleinami, o których kiedyś wspominał Bergie – z tymi biegnącymi z południowego wschodu?

– To jakiś pomysł… Jeśli je znajdziemy, pojedziemy ich śladem.

Zjechaliśmy z drogi i zagłębiliśmy się na jakieś dwieście metrów w zarośla, gdzie przespaliśmy całą noc twardym snem, opatuleni naszym nowym żółtym namiotem, bo baliśmy się, że ktoś go zauważy, jeśli go postawimy. Następnego dnia w małej wiosce na skraju Kalahari minęliśmy łachę białego wapienia, przejechaliśmy przez *kraal* i okrążyliśmy sklep. Nagle znaleźliśmy się na pustyni, przez którą wiodło coś w rodzaju bydlęcej ścieżki. Wiła się w kilku różnych kierunkach po suchych równinach, ale nasz kompas wskazywał, że zbliżamy się do Deception Valley, do której nadal zostało nam trzysta kilometrów przez pustynię.

Noc zastała nas kilometry od ostatniej drogi, wioski, kontaktu z człowiekiem. Od tej pory mierzyliśmy trasę upływem czasu, a porę dnia i nocy pozycjami słońca, księżyca i gwiazd. Zdjąłem zegarek i położyłem go w popielniczce; posługiwał się językiem z innego świata.

Nie bojąc się już, że zostaniemy zauważeni, rozpaliliśmy ognisko i usiedliśmy, cicho rozmawiając o tym, jak dobrze jest wrócić. Gdzieś nieopodal rozległ się ryk lwa. Powoli przestałem czuć w piersi napięcie i rozluźniłem się po raz pierwszy od tygodni. Stres i pułapki sztucznego ludzkiego świata – tłum na lotnisku,

W porze deszczowej czerpaliśmy wodę z tych samych błotnistych kałuż, z których piły zwierzęta.

W porze suchej musieliśmy przywozić wodę spoza rezerwatu, co wymagało całodziennej podróży przez pustynię.

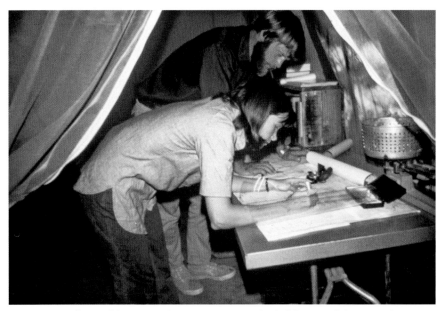

Dane analizowaliśmy ręcznie w naszym namiocie biurowo-laboratoryjnym.
Nie mieliśmy prądu ani komputera.

Mark rozkoszuje się rzadkim luksusem: kąpielą w czterech litrach wody.
Wyjąwszy krótką porę deszczową musieliśmy przywozić wodę z wodopoju
oddalonego o siedemdziesiąt kilometrów.

Po uśpieniu tego wynędzniałego lwa okazało się, że ma złamaną nogę. Wyleczyliśmy go i nadaliśmy mu imię; tak oto Kostek stał się naszym głównym obiektem badań, często odwiedzającym nas w obozie.

Zbierając informacje o lwach zapuszczaliśmy się samochodem i samolotem daleko w głąb Kalahari. Aby zważyć uśpione zwierzę, wciągaliśmy je na drzwi oparte na czterech wagach (na zdjęciu) i sumowaliśmy odczyty.

Wkładamy obrożę z nadajnikiem lwicy,
którą spotkaliśmy daleko poza obozem.

Delia wkłada obrożę Różowej Panterze.

Bimbo spogląda przez gałęzie na Marka.

Mark obserwuje Moffeta, pożerającego upolowanego jeżozwierza.
Lwy znały nas tak długo, że na ogół nas ignorowały.

Czarnuszka, która po raz pierwszy ruszyła na wyprawę ze wspólnego legowiska, zaskakuje Delię, wychodzącą z chaty kąpielowej.

Czarnuszka wita Delię podczas obserwacji.

Toko żółtodziobe należały do naszych ulubieńców.

Różowa Pantera lubiła sypiać na drzewie nad naszym obozem, a raz zasnęła na wyciągnięcie ręki od otwartego namiotu.

Jeden z lwów, którym założyliśmy obroże, obserwuje duże stado oryksów.

Lwy z Błękitnego Stada myją sobie nawzajem pyski po posiłku.

Błękitka odpoczywa ze swoimi młodymi

Starbuck podbiega, by posilić się skocznikiem, upolowanym podczas suchej pory przez samice z dwóch różnych stad.

Kapitan odstrasza sępy od resztek żywności

Dwa otocjony wielkouche nieopodal naszego obozu.

Stado oryksów w nieczęstych porannych mgłach Kalahari. Oryksy to jedne z największych zwierząt, na jakie polują lwy.

Cisza przed burzą. Jeśli pojawi się drapieżnik, skoczniki będą się przed nim ostrzegać, wyskakując wysoko w powietrze

Leżący na brzuchu Mark obserwuje Bandytę i inne likaony, całkowicie obojętne na jego obecność.

Żyrafy rzadko zapuszczają się na teren Kalahari, dlatego stanowią wyjątkową zdobycz. Czasem skubały liście akacji w naszym obozie.

Likaony pożerają upolowanego skocznika.

Jako pierwsi odkryliśmy, że samice hien brunatnych wychowują swoje młode we wspólnym legowisku. Jest to pierwsze na świecie zdjęcie, które je przedstawia.

O zachodzie słońca Czarnuszka wyrusza poza bezpieczne wspólne legowisko. W takich sytuacjach jest bardziej narażona na ataki drapieżników, na przykład lampartów.

korki w mieście, wojny, afery – znalazły się poza nami. Pierwotna, nieskalana Afryka znowu przytuliła nas do siebie. Usiedliśmy na posłaniu, zastanawiając się, czy w dolinie były jakieś deszcze i jak Mox radził sobie w wiosce pod naszą nieobecność.

Gęste kolczaste zarośla, rozpalony grząski piasek – czekająca nas droga w piekielnym skwarze zapowiadała się niełatwo. Jechaliśmy coraz dalej i dalej, a ścieżka zaczęła ginąć w trawie i krzakach. Czy całkiem zaniknie? Otumanieni pięćdziesięciostopniowym upałem twarze i karki wycieraliśmy mokrą ściereczką przy każdym postoju, który robiliśmy dla ochłodzenia dymiącej chłodnicy. Delia jechała, trzymając stopy na kartonowym pudełku. Na metalowej podłodze można by usmażyć stek.

– Czuję benzynę! – Zahamowałem i wyskoczyliśmy. Z samochodu na wszystkie strony tryskała benzyna. Wielki dodatkowy zbiornik przechylił się, przewód paliwowy wypadł i bezcenne paliwo wsiąkało w piasek.

– Szybko! Daj jakiś pojemnik!

Oboje rzuciliśmy się ratować nasz dobytek, ale nic nie mieściło więcej niż cztery litry benzyny. Zanurkowałem pod toyotę i wbiłem palec w dziurę, którą wywierciłem, by przeprowadzić przewód paliwowy, ale zbiornik odsunął się od niej i przywarł do stalowej ściany; nie mogłem dosięgnąć otworu, przez który tryskało paliwo.

Chwyciłem paczkę kitu ze skrzynki narzędziowej w kabinie i znowu padłem na piasek, przemoczony chlustającą benzyną. Gorączkowo usiłowałem przecisnąć grudkę kitu przez mały otwór, ale nie mogłem się dostać do otworu w zbiorniku, a zresztą nawet gdyby mi się to udało, nie zdołałbym go zalepić kitem – tryskająca benzyna skutecznie mi to uniemożliwiała.

Zbiornik był przyśrubowany na tyle terenówki, przewód paliwowy biegł pod spodem; nad nim znajdowały się żelazne

drzwi i mnóstwo zapasów. W przypływie paniki zaczęliśmy wy-
rzucać na ziemię skrzynki z puszkami, kanistry wody, narzędzia
i inny sprzęt. A tymczasem benzyna nadal płynęła strumieniem.
Chwyciłem klucz ze skrzynki narzędziowej i – podczas gdy Delia
zrzucała rzeczy z samochodu – usiadłem okrakiem na zbiorniku,
niezdarnie i gorączkowo starając się odśrubować żelazną kratę
i stalowe klamry przymocowujące ją do auta.

Mijały minuty; kapanie benzyny w piasek doprowadzało nas
do obłędu. Gorączkowo pracując nad zbiornikiem, powtarzałem
sobie w kółko: Na pewno coś przeoczyłeś... Myśl!

W końcu odśrubowałem zbiornik, ale choć się starałem,
obejmując jego mokre, śliskie dno, nie potrafiłem go podnieść.
Wbiłem pod niego łopatę i próbowałem podważyć – ani drgnął.
W tenisówkach chlupotała mi benzyna i po raz pierwszy zaświtała
mi myśl o wybuchu.

W końcu opanowałem się, przestałem się siłować ze zbiornikiem i zacząłem myśleć jaśniej.

– Wylej wodę z jednego kanistra, musimy do niego nalać
benzyny! – krzyknąłem.

Zza przedniego siedzenia wyciągnąłem zwój rurki, wbiłem jeden jej koniec do zbiornika, drugi zassałem. Benzyna wypełniła
mi usta. Krztusząc się i plując, włożyłem rurkę do kanistra. Gdy
napełniliśmy drugi, wskoczyłem na terenówkę, chwyciłem zbiornik i pociągnąłem. Teraz był już lżejszy. W końcu udało nam się
go podnieść i postawić pionowo. Paliwo uciekało przez pęknięcie;
gdy wyschło, uszczelniliśmy je kitem. Reszta benzyny była bezpieczna.

Usiedliśmy z tyłu samochodu, wyczerpani, ze ściśniętymi gard-
łami. Nadal usiłowałem się pozbyć smaku benzyny. Potem zorien-
towałem się, że opróżniliśmy oba kanistry. W panice, usiłując ratować paliwo, wylaliśmy całą wodę.

W dodatku nie byłem pewien, czy wystarczy nam benzyny, żeby dojechać do Deception Valley. Nie wiedzieliśmy, jak głęboki jest piasek przed nami, nie mogliśmy przewidzieć, jak szybko będziemy zużywać paliwo. Gdyby skończyła nam się benzyna, musielibyśmy iść pieszo, a nawet poruszając się tylko w nocy, gdy temperatura spadała, bez wody nie udałoby się nam dotrzeć dalej niż trzydzieści kilometrów. Przesunąłem dłonią po boku zbiornika, usiłując wyczuć chłód zdradzający poziom płynu. Gdybyśmy choć mieli pewność, że jedziemy w dobrym kierunku...

Siedzieliśmy w cieniu auta i zakopaliśmy bose stopy głęboko w chłodnym piasku. Mieliśmy do wyboru: albo jechać dalej bez wody i z ograniczoną ilością benzyny, albo zawrócić i ruszyć główną drogą przez Francistown, ryzykując spotkanie z terrorystami albo wojskiem. Nagle Delia pobiegła do kabiny i przechyliła do przodu oparcie przedniego siedzenia. Przed wyjazdem z Johannesburga napełniła wodą dwulitrową butelkę i tam ją schowała. Mała pociecha – dla nas zostałoby parę łyków, resztę musielibyśmy oszczędzać na chłodnicę.

Zbierając rozrzucone puszki z owocami, pomyślałem o owocowym syropie – możemy go pić w drodze do Deception Valley. A zatem postanowiliśmy jechać dalej, przywiązaliśmy stojący pionowo dodatkowy zbiornik do terenówki, z powrotem załadowaliśmy zapasy i usiedliśmy w cieniu, czekając na nadejście nocy i chłodu. O zachodzie słońca umieściliśmy parę puszek z owocami za siedzeniem, w dwóch pozostałych scyzorykiem przebiłem dziurki w wieczkach. Wyruszyliśmy wieczorem, gasząc pragnienie lepkim i słodkim sokiem.

Całymi godzinami ścigaliśmy żółte plamy naszych reflektorów, zafascynowani niekończącym się morzem traw falującym wokół nas. W końcu z opadającymi głowami, zbyt senni, żeby jechać dalej, zatrzymaliśmy się. Stanęliśmy obok szlaku, głęboko wdychając chłodne nocne powietrze. Słodki zapach traw i krzaków koił i odświeżał. Znowu sprawdziliśmy kierunek kompasem i jechaliśmy aż do wschodu słońca, a potem spaliśmy w koleinach pod samochodem, aż upał stał się nieznośny.

Następnej nocy za każdym razem, gdy zatrzymywałem się, by przelać trochę benzyny z zapasowego zbiornika do głównego, niepokoiłem się coraz bardziej. Nad ranem poziom paliwa bardzo się obniżył.

O wschodzie słońca jechaliśmy nadal, a ja pomyślałem, że powinniśmy byli w nocy zbierać wodę w rozłożony brezent, na którym osadziłaby się rosa. Gdyby zrobiło się jeszcze gorzej, mieliśmy lusterko, którym moglibyśmy wysyłać sygnały samolotowi – o ile jakiś by nad nami przeleciał – i jedzenie na tyle auta. Jechaliśmy wolniej niż zwykle, a bez szczegółowej mapy nie wiedzieliśmy, ile jeszcze zostało nam do Deception Valley.

* * *

Wczesnym popołudniem pod koniec listopada w końcu usiedliśmy na szczycie Wschodniej Diuny, osłaniając oczy przed słońcem i spoglądając na Deception Valley. Powinniśmy szaleć z uniesienia, ale zbyt wiele przeszliśmy i oszołomiło nas to, co ukazało się naszym oczom. Poniżej otulone mgiełką upału, między skrzącymi się wydmami rozciągało się koryto prastarej rzeki. Ani jedna mrówka, ani jedno źdźbło trawy, ani jedno żywe stworzenie nie ostało się na jego pustej i rozpalonej powierzchni – połaci szarej ziemi usianej wybielonymi kośćmi i kawałkami białego wapienia.

Mimo wszystko mieliśmy nadzieję, że w dolinie znajdziemy ulgę od upału, suszy i porywistego wiatru. Tymczasem i tutaj wszystko wyglądało tak jak gdzie indziej.

Żadne z nas się nie odezwało.

Przez spieczone równiny przesuwały się piaskowe wiry, jakby ziemia była zbyt gorąca, by piasek mógł jej dotykać. Poparzeni słońcem, ze spieczonymi ustami i zaczerwienionymi oczami powoli przeszliśmy przez koryto rzeki i zatrzymaliśmy się przy resztkach obozu: stercie skręconych, czasem obdartych z kory patyków, wybielonym na słońcu płótnie i złomowisku zardzewiałych puszek, leżących pod warstwą połamanych patyków i piasku. Z gałęzi drzewa na postrzępionym sznurku zwisała półka, a osłona przeciwsłoneczna, którą zrobiliśmy, zmieniła się w stertę potrzaskanych trzcin. Na stojące na obrzeżach obozu beczki na wodę wiatr nanosił półkoliste warstewki piasku. Tylko jego wycie mąciło upiorną ciszę, która nas powitała.

Usiłowaliśmy nie wpadać w kompletną rozpacz. Jak zwykle niepoprawni optymiści mieliśmy nadzieję na deszcz. Nic takiego się nie stało. Był tylko wicher, kolczaste krzaki, piasek i upał. Na wietrze trzepotał podarty pasek brezentu, nadal przytwierdzony do wygiętej ramy namiotu. Obwiązaliśmy twarze szmatami, by osłonić się przed kłującymi ziarenkami piasku niesionymi wichrem, i powoli zbieraliśmy – tu garnek, tam puszkę. Co my tu robimy i dlaczego? – w myślach zadawaliśmy sobie pytanie.

Zachód słońca… upał ustąpił, wiatr ucichł. Pustynia stała w otępiałym milczeniu. Czerwone słońce, które przez zasłonę kurzu i piasku wydawało się jakby wzdęte i przekrzywione, zachodziło dostojnie za Zachodnią Diuną. Z lasu na terytorium Kapitana dobiegł rozdzierający zew szakala. Zrozumieliśmy, dlaczego tu wróciliśmy.

* * *

Od tej pory nasze całe badania miały zależeć od działania sprzętu namierzającego, ale tak jak ze strzałkami, żadne z nas nigdy wcześniej się tym nie zajmowało. Radiotelemetria była nadal w powijakach, a inni badacze uważali ją za kapryśną i w wielu przypadkach sprawiającą zbyt wiele kłopotów.

„Wypróbować sprzęt w warunkach jak najbardziej zbliżonych do sytuacji badawczej", przeczytaliśmy instrukcję. Delia odeszła czterysta metrów od obozu, zapięła sobie obrożę radiolokacyjną i ruszyła na czworakach przez koryto rzeki, symulując ruchy żerującej hieny. Właśnie poruszałem pokrętłami i przyciskami w nowym odbiorniku, ustawiając antenę w kierunku Delii, gdy za plecami usłyszałem ciche szuranie stóp Moxa. Parę dni po powrocie do doliny pojechaliśmy do Maun i przywieźliśmy go do obozu.

Odwróciłem się i spojrzałem na niego. Stał z miotłą w ręku, gotowy do sprzątnięcia naszego namiotu. Na jego twarzy pojawił się dziwny wyraz, gdy bystrymi oczami spojrzał najpierw na oddaloną od nas Delię, a potem na odbiornik z anteną w moich dłoniach. Założyłem sobie dużą obrożę na szyję.

– Radio – bez przewodu – dla *peri* – hieny – tutaj.

Pokazałem mu gruzeł różowego akrylu dentystycznego, którym nadajnik był przyczepiony do grubego pasa.

Mox przeniósł wzrok z obroży na Delię i z powrotem na mnie.

– Bez przewodu! – powtórzyłem z naciskiem, unosząc nadajnik i wyciągając antenę z obroży.

– *Au!* Pani… *peri? Peri*…muzyka? – spytał cicho.

Rzucił kolejne spojrzenie na Delię i uniósł rękę do gardła. Kąciki ust zadrgały mu, walcząc z początkami uśmiechu. Prychnął i odwrócił się ode mnie. Choć często chciało mu się śmiać, zawsze udawało mu się opanować – chyba z obawy, że uznamy to za oznakę braku szacunku. Teraz znowu prychnął, pokręcił głową i wszedł do namiotu. Przypomniałem sobie o jego zdaniu na temat śledzenia hien.

Trzymałem antenę i odbiornik na różne sposoby w odległości nie większej niż czterysta metrów – czyli znacznie mniejszej niż zasięg dwóch kilometrów, jaki obiecywał wytwórca – ale nie mogłem usłyszeć dźwięku nadawanego przez nadajnik na szyi Delii. Siedzieliśmy w korycie rzeki, oparłszy głowy na kolanach. Nasz projekt otrzymał miażdżący cios. Mogliśmy tylko odesłać sprzęt do naprawy, choć oznaczało to dodatkową wycieczkę do Maun i miesiące zwłoki. Spakowaliśmy go i daliśmy pilotowi, który przetransportował sprzęt do RPA.

Tymczasem wróciliśmy do starej metody szukania hien brunatnych. Jednak wiedząc, jak ograniczone są nasze szanse znalezienia ich w ten sposób, z trudem zmuszaliśmy się do długich godzin jazdy po wertepach i omiatania pustego koryta rzeki światłem latarki. Śpiewaliśmy piosenki i recytowaliśmy wiersze, żeby nie zasnąć.

* * *

Nadejście pory deszczowej w początkach roku 1977 przyniosło wyczekiwaną ulgę od upałów. Stada antylop znowu powoli wróciły w dolinę, a pewnego ranka z lasu na Zachodniej Diunie przyleciało rozgdakane stado toko, które wylądowały na stoliku i zaczęły żebrać o okruszki. Zanim jeszcze dotknęły łapkami blatu, Delia zerwała się z krzesła i przyniosła miskę żółtej kaszy kukurydzianej.

Raz z samego rana obudził nas ryk lwa i z posłania ujrzeliśmy wielkiego samca kroczącego dumnie korytem rzeki w stronę obozu. Oparci na łokciach, patrzyliśmy przez siatkowe okno namiotu, jak stado tysiąca pięciuset skoczników rozdzieliło się starannie na dwie połowy. Lew przeszedł spokojnie powstałym korytarzem. Antylopy wiedziały, że nie poluje.

Gdy znalazł się trzydzieści metrów od obozu, dostrzegliśmy pomarańczowy klips z numerem 001 tkwiący w jego uchu. Kostek znowu wrócił do Deception Valley! Zatrzymał się przy krzaku akacji koło naszego okna, obrzucił nas nieuważnym spojrzeniem, uniósł długi, zakończony kitką ogon, opryskał dolne gałęzie krzaka moczem i zostawił ślad zapachowy. Ryknął jeszcze raz i zaczął nasłuchiwać – z uniesioną głową i nastawionymi uszami wpatrując się w dal na północ, skąd odpowiedział mu chór lwów. Ruszył szybko w tamtą stronę, a my pojechaliśmy za nim.

Przy wodopoju na Środkowej Równinie lew stanął, spoglądając na zbliżający się długi szereg lwów. Delia uniosła lornetkę polową.

– Mark, to Błękitne Stado!

Kostek przez chwilę szedł ku nim, po czym położył się nonszalancko. Stado przytruchtało do niego; każda lwica otarła się o Kostka policzkiem, a potem całym ciałem. Następnie Psotka, Zmorka, Fryga, Szelma i Błękitka podeszły wprost do naszej terenówki, obwąchały ją i zabrały się do przeżuwania opon, aż w końcu musiałem rozkołysać samochód, żeby je zniechęcić. Dziczka, której grzbiet zapadł się jeszcze niżej, trzymała się na dystans od tych brewerii; obserwowała je z bezpiecznej odległości.

Przez jakiś czas siedzieliśmy wśród lwów, po czym wróciliśmy. Gdy ruszaliśmy, Psotka – zafascynowana obracającymi się kołami tak samo jak w czasach, gdy była malutka – ruszyła truchtem z nosem tuż przy tylnym zderzaku. Pozostałe lwy pobiegły za nami długim szeregiem. Mox stał na skraju obozu i wycierając talerz, przyglądał się nam, a na jego twarzy gościł rzadko widywany uśmiech. Pewnie wyglądaliśmy jak z bajki o szczurołapie.

Stado z Psotką na czele wtargnęło do obozu. Kostek położył się koło ogniska. Mox jak zwykle wymknął się z zagajnika, okrążył go i dosiadł się do nas w aucie. Już zdążył przywyknąć do niespodziewanych wizyt lwów, lampartów i hien i bardzo go bawił objazdowy cyrk Błękitnego Stada. Psotka chwyciła szlauch z beczki z wodą. Trzymając głowę wysoko, tak jakby zabiła dorodnego węża, zawadiackim krokiem opuściła obóz. Inne – prychając, rzucając się do nagłego biegu, robiąc uniki i piruety – bawiły się razem. Błękitka skoczyła na wlokący się po ziemi koniec szlaucha, ale Psotka pociągnęła go w swoją stronę i wąż pękł na pół. Szelma i Fryga porwały oba kawałki i wkrótce ze szlaucha została tylko kupka zielonych strzępków. Po wszystkim lwy zostawiły nas z problemem, jak teraz pobierać wodę z beczek, i pomaszerowały do Lwiego Zacisza – krzaków rosnących dwieście metrów dalej na zachód – by tam przespać dzień.

Obserwowaliśmy lwy zawsze, gdy znajdowaliśmy je w pobliżu koryta rzeki, ale raz, wczesnym rankiem pod koniec maja 1977 roku, pojechaliśmy za Błękitnym Stadem na północ doliny. Wtedy widzieliśmy lwy po raz ostatni tego roku. Sprawdziły się nasze obawy, że opuszczą dolinę, zanim nasz sprzęt telemetryczny wróci z naprawy. Straciliśmy cały sezon badań.

* * *

Gdy nasz sprzęt wrócił, nie działał lepiej niż poprzednio. Pozostało nam już tylko jedno: skoro lwy znikły, mogliśmy improwizować z nim na hienach. Nie mieliśmy ani pieniędzy, ani czasu, by kupić inne obroże.

Jedynym sposobem zwiększenia zasięgu transmiterów było wyniesienie wyżej okrągłej anteny odbiornika. Trzymanie jej za oknem nie wystarczało, więc przywiązaliśmy ją do tyczki namiotowej, do której dosztukowaliśmy inne – i w ten sposób antena uniosła się sześć do siedmiu metrów nad terenówką. Delia i ja stanęliśmy na samochodzie, ucząc się techniki szybkiego podnoszenia i opuszczania anteny, by dotrzymać kroku poruszającej się hienie. Tymczasem Mox uważnie obserwował sytuację z miejsca, w którym akurat pracował.

Pewnej nocy uśpiliśmy Gwiazdkę, założyliśmy jej obrożę z radiolokatorem i położyliśmy ją delikatnie pod jujubą w Wyspie Krzaków – gęstych zaroślach w pobliżu obozu, gdzie z oddali mogliśmy sprawdzać, co się z nią dzieje. Obserwowaliśmy ją aż do świtu, zaniepokojeni, czy odzyska przytomność i odejdzie w gęstwinę, żebyśmy mogli wypróbować nową metodę.

Po szybkim wypadzie do obozu, by coś przegryźć, wróciliśmy i okazało się, że Gwiazdka znikła. Nie panikowaliśmy. Nie mogła odejść daleko, a my powinniśmy ją łatwo znaleźć dzięki obroży. Delia weszła na pakę i zaczęła kołysać anteną. Nastawiłem odbiornik na częstotliwość Gwiazdki. Natychmiast usłyszałem w słuchawkach piszczenie.

– Mamy sygnał! Nie... w lewo... teraz w prawo... jeszcze trochę... Jest! To on. Zapisz współrzędne i jedziemy.

Ruszyliśmy na zachód przez gęsty busz, rozglądając się za Gwiazdką. Minęło parę minut i nadal jej nie zobaczyliśmy, więc stanąłem i uniosłem antenę.

– Chyba przyspieszyła. Sygnał jest ledwie słyszalny. – Wdrapałem się na samochód i potykając się o szczękającą stertę namiotowych rurek, zacząłem je składać. Gdy antena wzniosła się na jakieś pięć metrów, wiatr, który w suchych miesiącach powracał jak w zegarku, nagle się przebudził i wprawił maszt anteny w dramatyczny taniec, wyginając go w środku. Starałem się go utrzymać w górze, a Delia z plątaniną linek w dłoniach, z twarzą czerwoną i wykrzywioną z determinacji, biegała tam i z powrotem przez kolczaste krzaki, które darły jej ubranie i drapały do krwi, usiłując zgadnąć, w którą stronę obróci się teraz maszt.

Powiew wiatru skierował maszt na zachód i wygiął go jak nitkę spaghetti.

– Chodź na tę stronę, szybko, nie dam rady go utrzymać! – warknąłem.

– Idę, IDĘ!

– Trzymaj to. Dobrze, mam sygnał. Jedziemy.

Złożyliśmy prowizoryczny maszt i ruszyliśmy przez busz w stronę sygnału Gwiazdki, ale po kilkuset metrach znowu usłyszeliśmy tylko biały szum.

– Musimy umieścić tę cholerną antenę wyżej.

Zacząłem dodawać tyczki do masztu, a Delia usiłowała unieruchomić linami kołyszącą się antenę. Była bliska łez, a ja – wściekły jak diabli, nie na nią, ale z poczucia bezsilności.

Antena wznosiła się już siedem metrów nad terenówką i ledwie mogliśmy ją utrzymać; wiatr z każdą chwilą przybierał na sile. Nagle wydarzyło się najgorsze. Maszt zakołysał się gwałtownie, złamał się, a antena poleciała w krzaki. Delia stała ze łzami w oczach, trzymając zwisające linki, a ja wściekle patrzyłem na maszt zgięty w pół jak rurka do napojów.

– Lecimy na szczyt wydmy! – rzuciłem. – Jeśli stamtąd nie złapiemy sygnału, to już nigdzie nam się to nie uda!

Znowu wrzuciliśmy części anteny do auta. Podskakując na wertepach i przedzierając się przez zarośla, wjechaliśmy na szczyt Zachodniej Diuny, ponad trzydzieści pięć metrów wyżej, i ponownie złożyliśmy te części masztu, które się nie wygięły. Nadal nie było sygnału. Byliśmy zdruzgotani. Tak długo czekaliśmy na ten sprzęt i okazał się do niczego.

Wracaliśmy w ponurym milczeniu. Gdy zbliżyliśmy się do obozu, zobaczyliśmy Moxa stojącego koło namiotu. Machał rękami i wskazywał na wschód, z trudem ukrywając uśmiech. Jakieś sto metrów dalej ujrzeliśmy Gwiazdkę idącą korytem rzeki w dokładnie przeciwnym kierunku, niż obraliśmy.

Daliśmy sobie spokój z montowaniem anteny na maszcie. Trzymałem ją wystawioną przez okno terenówki i pilnowałem sygnału, usiłując pozostać w zasięgu transmitera hieny. Nie mając pojęcia, gdzie Gwiazdka sypia za dnia, bez powodzenia staraliśmy się ją namierzyć za pomocą radiolokacji, kilometrami jeżdżąc na wschód i zachód po wydmach w dolinie. Gdy ta metoda zawiodła, wróciliśmy do starego sposobu: znowu godzinami co noc przeczesywaliśmy koryto rzeki. W końcu namierzyliśmy Gwiazdkę i za pomocą odbiornika fal radiowych mogliśmy podążać za nią przez sawannę. Zatem dopóki pozostawaliśmy w odstępie dwustu lub trzystu metrów od niej, słyszeliśmy jej sygnał i mimo ograniczeń sprzętu wykorzystywaliśmy go do naszych celów.

Następnej nocy po tym, jak założyliśmy Gwiazdce obrożę, znaleźliśmy ją na Północnym Wzgórzu. Postanowiliśmy, że będziemy jej towarzyszyć, gdziekolwiek pójdzie, choć nie mieliśmy pojęcia, jak daleko od obozu nas zaprowadzi ani w którym kierunku. Zapakowaliśmy zapas jedzenia, wody i sprzęt kempingowy. Niewykluczone, że ranek zastanie nas siedemdziesiąt kilometrów od obozu.

Gwiazdka skręciła na wschód i znikła w wysokiej trawie i krzakach. Od tej pory nie widzieliśmy jej przez następne dwanaście godzin. Podążaliśmy jednak za jej słabym sygnałem przez koszmarną plątaninę kolczastych chaszczy i gęstych lasów na Wschodnią Diunę, a potem przez jej szczyt na północ w zaroślach. Przejeżdżaliśmy po pniakach, kłodach i przez ściany krzaków wybujałych na cztery metry i stanowiących tak nieprzebytą przeszkodę, że czasem, gdy napieraliśmy na nie maską, przednie koła naszej terenówki się unosiły. Po dwóch czy trzech nocach takich wyczynów toyota straciła kable elektryczne, rurę wydechową i linkę hamulcową. Przez parę tygodni obywaliśmy się bez nich, po czym znalazłem czas, by zamknąć je w osłonce z grubego gumowego węża i przymocować drutami do podwozia. Gałęzie, kora i całe konary spadały nam na maskę, a krzaki rysowały boki samochodu. Gdy tylko mogłem, wystawiałem przez okno latarkę albo antenę radiową, żeby sprawdzić, co znajduje się przed nami albo by odświeżyć sygnał Gwiazdki. Delia zapisywała odczyty z kompasu, kilometraż i robiła notatki na temat habitatu i zachowania hieny. Nigdy nie potrafiłem zrozumieć, jak jej się udawało jednocześnie trzymać latarkę, kompas i czytelnie pisać w podskakującym na wertepach samochodzie.

Ponieważ w okolicy nie było już resztek lwich łupów, Gwiazdka szukała najgęstszych zarośli, gdzie miała większe niż w otwartym terenie szanse na przyłapanie lamparta, cywety, serwala czy szakala nad świeżo zabitą ofiarą. Nigdy nie odpoczywała, więc my też nie mogliśmy. Zadrapania i siniaki po takiej nocy utrzymywały się przez kilka dni. Ale po raz pierwszy od trzech lat, gdy rozpoczęliśmy badania, zaczęliśmy zdobywać informacje o tym, jak hieny brunatne żyją podczas pory suchej na terenie oddalonym od koryta rzeki.

Pewnego razu tuż po świcie Gwiazdka wyłoniła się z lasu na otwartą, porośniętą wysoką trawą polanę na zboczu wydmy. Widzieliśmy ją ze szczytu. Węszyła właśnie wśród traw, gdy przed nią pojawiły się dwie wysokie, smukłe sylwetki, jak latarnie wyrastające z trawy i krzaków. Gwiazdka zamarła, potem opuściła głowę i zaczęła się skradać. Latarnie wydłużyły się jeszcze bardziej, a potem w polu widzenia pojawiły się dwa wstające z ziemi strusie, które strzepnęły skrzydłami i czujnie rozejrzały się dokoła. Nagle samica rzuciła się do ucieczki, potrząsając piórami. Wielki czarny samiec rozłożył skrzydła i ruszył na Gwiazdkę, zgrzytając wielkimi szponami po kamieniach i ciężko stąpając po ziemi. Hiena najeżyła się i biegiem ruszyła mu na spotkanie. Gdy nadal dzieliło ich parę metrów, struś skręcił w lewo i opuścił skrzydło, ciągnąc je za sobą, jakby stracił nad nim władzę. Potem upadł jak kula czarno-białych piór. Gwiazdka nie nabrała się na ten podstęp, więc wstał i zaczął zataczać kręgi, nadal ciągnąc za sobą „złamane" skrzydło. Technika prezentowała się spektakularnie, ale Gwiazdka była na to za cwana. Zaczęła buszować po okolicy z nosem przy ziemi, aż w końcu znalazła gniazdo. Podczas suchej pory był to dla niej raj na ziemi.

Stanęła wśród jaj – kremowych kul wielkości melonów – i szeroko otworzyła pysk, usiłując podnieść jedno z nich. Gładkie jajo wyśliznęło się jej z zębów i szczęki zamknęły się z kłapnięciem.

Spróbowała jeszcze raz, tym razem nie podnosząc jajka, lecz całym ciężarem napierając na nie, aż kły przebiły skorupkę i z jaja wypłynęła odżywcza zawartość. Wychłeptała trzy jajka, a osiem innych wyniosła i w różnych kryjówkach schowała na później. Słońce zastało nas siedzących na szczycie wydmy daleko za obozem. Skubaliśmy biltongi i popijaliśmy zimną kawę, przecedzoną przez szmatkę, żeby pozbyć się kawałków szkła ze stłuczonego termosu. Załatałem dwie przebite opony, a Delia przejrzała swoje zapiski, żebyśmy mogli wyznaczyć trasę powrotną do obozu. Gwiazdka prowadziła nas zygzakiem przez ponad trzydzieści pięć kilometrów. Nie mieliśmy pojęcia, ile zajmie nam powrót.

Tak wiele informacji zebraliśmy podczas tych pierwszych wypraw za Gwiazdką, że wkrótce założyliśmy obroże Zjawie, Łatce i Iveyowi. Po nocnych obserwacjach odpoczywaliśmy – na ile się dało w upale – a potem zaczynaliśmy od nowa. Wkrótce po paru takich sesjach każde z nas było gotowe rzucić to drugie lwom na pożarcie. Dwie noce wypoczynku zwykle uciszały te atawistyczne ciągoty, ale ponieważ upał uniemożliwiał sen za dnia, nieustannie padaliśmy ze zmęczenia.

Od samego początku fascynowało nas tajemnicze życie hien brunatnych. Te szczątkowe informacje o zasięgu ich wypraw, zachowaniu społecznym i zwyczajach odnośnie do zdobywania pokarmu, które zgromadziliśmy, podążając za nimi z latarką w czasie pory deszczowej, tylko zrodziły nowe pytania i zaostrzyły nasz apetyt. Nasze nadajniki, choć niewystarczające, dały nam wgląd w życie hien podczas pory suchej. Podążając za ich sygnałami, szybko nabraliśmy wielkiego podziwu dla tych twardych, zdolnych do adaptacji padlinożerców, potrafiących znaleźć pożywienie w tak surowych i nieprzewidywalnych warunkach.

Nieustannie nas zadziwiało, jak Gwiazdce udaje się przeżyć straszny czas suszy. Ponieważ w suchych miesiącach padlina trafia się rzadko, a stanowi podstawę diety hien brunatnych, muszą one niemal dwukrotnie powiększać promień swoich poszukiwań w stosunku do pory deszczowej. Przebywają wielkie odległości, by zaspokoić głód. Wliczając wszystkie zygzaki podczas poszukiwania pożywienia, Gwiazdka wielokrotnie pokonywała nocą do pięćdziesięciu kilometrów. W czasie tych nocnych maratonów musiała tracić mnóstwo energii na przedzieranie się przez zarośla i brnięcie w grząskim piasku, a przecież często prawie nic nie jadła. Zdarzało się, że przez całą noc jej jedynym pożywieniem było pojedyncze kopyto, róg, skrawek wyschniętej skóry albo parę wybielonych przez słońce odłamków kości – w sumie pewnie nie więcej niż kilogram pożywienia – przed miesiącami porzucone przcz lwy, szakale, sępy albo inne hieny.

Hieny brunatne słyną także ze zdolności wytrzymywania przez całe miesiące – a podczas suszy nawet lata – bez picia. Upolowane samodzielnie przez nie stworzenia stanowią zaledwie nieco ponad szesnaście procent ich diety, ale podczas pory suchej hieny od czasu do czasu polują na drobną zwierzynę – wykopują z nor postrzałki i inne gryzonie, a czasem kradną upolowane ptaki lub antylopy szakalom, lampartom bądź gepardom. Potrzebują mięsa zarówno dla pożywienia, jak i dla wilgoci, bo choć hiena potrafi zjeść kość, znajduje w niej mało płynów, nawet gdy kość jest świeża. Jeśli rok jest wystarczająco deszczowy, by pojawiły się dzikie melony, hieny zjadają je, żeby się napić.

Podczas gdy my badaliśmy zachowanie hien brunatnych, Gus Mills* prowadził szczegółową obserwację zachowań hien szukających pożywienia w południowej części Kalahari. Na temat tego gatunku nadal istniało wiele pytań bez odpowiedzi – na przykład panujący wśród nich typ struktury społecznej. Mills i jego koledzy

---

* Mills, 1978, str. 113–41.

opisywali hienę brunatną jako gatunek samotniczy*, ale my często widywaliśmy nawet pięć osobników spotykających się i kontaktujących ze sobą podczas żerowania na resztkach zwierzyny pozostawionej przez lwy. Wiedzieliśmy, że przynajmniej podczas pory deszczowej żyją w klanach z hierarchią społeczną. Może gdy lwy i wielkie antylopy, będące ich zwierzyną łowną, opuszczą dolinę na czas pory suchej, kontakty między hienami brunatnymi się zakończą, bo będzie mniej zwierzęcych szczątków, nad którymi mogłyby się spotykać; być może wtedy każdy osobnik odchodzi na własne terytorium.

Śledząc je za pomocą radiolokacji, dowiedzieliśmy się, że członkowie klanu spotykają się rzadziej w miesiącach suchych i że pojedyncze osobniki szukają pożywienia samotnie. Ale choć często były oddalone od siebie kilka kilometrów, kontaktowały się ze sobą za pomocą śladów zapachowych na ścieżkach wspólnego terytorium. Co za tym idzie, grupa zachowywała społeczną hierarchię przez długie miesiące suszy. Mimo to nadal nie wiedzieliśmy, dlaczego hieny tracą czas i siły na wszystkie te towarzyskie spotkania. Skoro musiały się rozdzielić i szukać pożywienia po całej okolicy, dlaczego starały się ze sobą kontaktować? Odpowiedź na to pytanie pozostawała jedną z najważniejszych podczas naszych badań hien brunatnych.

Pewnego dnia Ivey, dominujący samiec klanu, przedzierał się przez krzaki i lasy na szczycie Wschodniej Diuny. Kluczył zygzakiem, by zwiększyć szanse na zwietrzenie zapachu zwierzyny zabitej przez drapieżnika. Według standardów padlinożercy nie była to zła noc; Ivey już zdążył odpędzić szakala od niedawno zabitej perlicy i pożywić się nogą kudu, którą schował sobie parę dni wcześniej. Nie był już głodny; musiał tylko zapachem oznaczyć

---

*Skinner, 1976, str. 262–69; Mills, 1976, str. 36–42.

wschodnie granice terytorium klanu, by uznać nocną wyprawę za zakończoną.

Nagle jego nozdrza wypełnił obcy zapach. Ivey zamarł w pół kroku, zjeżony; z kępy krzaków akacji, niespełna piętnaście metrów dalej, wyszedł Makduf, wielki samiec z peleryną jasnych włosów na masywnym karku i szerokich barkach, z wysoko uniesioną wielką, masywną głową. Na widok Iveya jakby jeszcze bardziej urósł. Obaj stanęli naprzeciwko siebie, grzebiąc w ziemi przednimi łapami. Przez kilka sekund mierzyli się wzrokiem. Potem Ivey opuścił głowę i zaatakował. Makduf stał nieruchomo i czekał. Rzucili się sobie do gardeł z przerażającym skowytem i szczekaniem, napierając na siebie barkami i pyskami w chmurze kurzu i łamiących się krzaków. Obcy pierwszy zaliczył punkt. Skoczył na Iveya, chwycił go za głowę i potrząsnął gwałtownie. Z pyska Iveya trysnęła krew. Samiec odskoczył z wrzaskiem, usiłując wyszarpnąć się z miażdżącego chwytu i kalecząc się przy tym jeszcze bardziej. Jak strażnik idący z więźniem, Makduf oprowadził go wkoło, potrząsając nim, po czym rzucił go na ziemię. Chciał go chwycić znowu, ale Ivey nagle obrócił się i złapał Makdufa za gardło. Kręcąc się i potykając jak zawodnicy sumo, szarpali się za szyje i pyski, robiąc przerwy tylko dla nabrania tchu. W końcu w imponującym pokazie siły Makduf odwrócił się i wyrwał z paszczy Iveya. Potem rzucił się pędem do ucieczki, a Ivey ścigał go, kąsając w nogi. Ale zamiast opuścić terytorium, Makduf tylko je okrążył i dwa samce znikły w zaroślach, walcząc w biegu.

Kilka dni później znowu zobaczyliśmy Iveya. Szyję i pysk miał mocno pokąsane, ale gruba skóra hieny brunatnej potrafi znieść takie traktowanie i wiedzieliśmy, że wkrótce się zagoi. Ivey i Makduf stoczyli jeszcze więcej walk; przeważnie wygrywał je Makduf, a Iveya widywaliśmy coraz rzadziej, aż w końcu zniknął.

Makduf był jakby wszędzie – żywił się z Łatką i Gwiazdką, patrolował terytorium, oznaczając je w całej dolinie. Klan zyskał nowego dominującego samca.

Hieny brunatne mają coś, co nas bardziej zastanawiało. Po niemal dwu i pół roku obserwowania poszczególnych osobników nocami bardzo niewiele wiedzieliśmy o ich rozrodzie i nigdy nie dostrzegliśmy młodych. Gdzie się ukrywały? Widzieliśmy przy Pogo i Hawkinsie wiele dorosłych samic, ale nie potrafiliśmy zgadnąć, która jest ich matką. Nasze badanie nie byłoby kompletne bez określenia, jak często rodzą się młode hieny, ile z nich przeżywa i jak są wychowywane.

Pewnej nocy podczas pory suchej w 1977 roku przy resztkach oryksa zobaczyliśmy Zjawę i natychmiast – z wielką radością – zauważyliśmy, że jej sutki są ciężkie od mleka. Po raz pierwszy nadarzyła się okazja, by podążyć za hieną do jej młodych. Zjawa chwyciła nogę oryksa i szybko znikła w zaroślach. Pojechaliśmy tuż za nią. U stóp Zachodniej Diuny, w pobliżu Szlaku Lampartów jej sygnał zmienił wysokość i nagle zniknął.

– Weszła do legowiska! – oznajmiłem, sądząc, że musiała się znaleźć pod ziemią, gdzie sygnał radiowy zanikł. Trzy godziny później nadal nie było śladu ani po niej, ani po jej sygnale. Zaskoczeni i rozczarowani, że nie znamy położenia jej legowiska, zawiesiliśmy na krzaku kawałek papieru toaletowego, żeby oznaczyć to miejsce, po czym pojechaliśmy do obozu.

O świcie wróciliśmy, nasłuchując sygnału i czekając na jakieś ślady obecności Zjawy. Tuż po wschodzie słońca jej sygnał znowu się pojawił. Stawał się coraz bliższy i głośniejszy; Zjawa zbliżała się do legowiska. Gdy sygnał przestał się poruszać, ustaliliśmy jego położenie z trzech różnych punktów. Potem zniknął niczym duch. Minęły dwie godziny, a my nadal nie widzieliśmy ani nie słyszeliśmy żadnych śladów obecności hieny.

Postanowiliśmy znaleźć to legowisko. Jechałem powoli przez zarośla, a Delia obserwowała okolicę z dachu, by się upewnić, że nie zbliżyliśmy się na tyle, że wystraszymy matkę. Zapukała w dach, stanąłem. Przed nami znajdowało się wejście do małej jamy wykopanej w środku kolonii postrzałek. Na kopcu ziemi ujrzeliśmy ślady szczenięcych łapek. Wychyliłem się przez okno, rozwiesiłem na krzaku kolejne kawałki bibułki i cicho się wycofałem.

Siedzieliśmy przy jamie przez dziesięć kolejnych dni i o ile mi wiadomo, Zjawa nie wróciła. Nie mogliśmy tego zrozumieć. Zastanawialiśmy się, czy zjadła swoje szczeniaki, czy je opuściła. Może za bardzo ją zdenerwowaliśmy w trudnym okresie macierzyństwa, a możc odstręczył ją nasz zapach.

David Macdonald* dowiedział się, że dominujące samice lisa rudego nękają stojące nisko w hierarchii samice z małymi i zmuszają je do opuszczenia własnego potomstwa. Zjawa miała najniższy status w klanie Deception Valley i Łatka lub Gwiazdka mogły ją dręczyć. Cokolwiek było tego przyczyną, szansa na znalezienie jamy hieny wymknęła nam się z rąk.

Kilka miesięcy później mieliśmy niemal identyczne doświadczenie z Łatką, samicą stojącą najwyżej w hierarchii klanu, która także doprowadziła nas do swojego legowiska. Ale podobnie jak Zjawa, ona także przestała się tam pojawiać, zanim zdołaliśmy dostrzec jej młode. Nie mogliśmy pojąć, co samice hien brunatnych wyczyniają ze swoimi szczeniakami. Wtedy nie mogliśmy wiedzieć, że odpowiedź na to pytanie jest blisko związana z zagadką, dlaczego te zwierzęta utrzymują ze sobą kontakty towarzyskie.

---

*Macdonald, str. 69–71.

13

ODEJŚCIE Z DOLINY
Mark

Spoglądam w dół. Wszystko się zmieniło.
Cokolwiek straciłem, za czymkolwiek płakałem,
było dziką, łagodną istotą, małe ciemne oczy
pełne ukradkowej miłości.

James Wright

To chyba szelest jego łap wyrwał mnie ze snu. Otworzyłem oczy
i ujrzałem Kostka stojącego parę metrów dalej i opryskującego
akację tuż przy siatkowym okienku w namiocie.
– Dzień dobry szanownemu panu – powiedziałem. – Jaki
piękny poranek! Co pan tu porabia tak późno w sezonie? – Lew
odwrócił pysk w stronę okna i obserwował nas przez parę sekund
z ogonem nadal uniesionym ku gałęziom. Potem podreptał ścieżką przez obóz. Poszliśmy za nim boso, patrząc, jak obwąchuje klapę namiotu-jadalni i idzie do ogniska. Mox zmywał talerze, od-
wrócony tyłem, gdy Kostek przeszedł koło stołu. Nagle kuchnię
wypełniło ponaddwustudwudziestopięciokilowe cielsko.
Gwizdnąłem cicho. Mox obejrzał się przez ramię, upuścił bla-
szany talerz i ścierkę w wodę i prysnął w krzaki. Po chwili wyłonił
się za nami.
– *Tau, ha-a* – zaśmiał się cicho.

Nauczył się kochać lwy tak jak my i nawet powiadamiał nas, skąd słyszał ich ryk w nocy.

– *Msadi* Błękitka – *huuooaa* – *kwa, kgakala ya bosigo* – mówił rano, wskazując wydmy. (Zeszłej nocy pani Błękitka ryknęła tam, daleko stąd).

Kostek podszedł do stołu i zabrał z niego dużą puszkę mleka w proszku. Kłami przebił metal i biały pióropusz wystrzelił mu obok nosa. Lew kichnął, potrząsnął łbem i kichnął jeszcze raz. Na kuchni gotowała się woda w czajniku; Kostek dotknął go nosem i odskoczył. Przeszedł ścieżką do trzcinowej *bomy* kąpielowej. Stanął w niej, wypełniając wysokim zadem wąskie wejście, uniósł głowę do stolika i znalazł zostawioną przeze mnie po myciu różową plastikową wanienkę z resztkami wody. Miałem ręce umazane smarem, więc trzeba było mnóstwo detergentu, żeby je doczyścić. Kostek zaczął pić czarną, spienioną wodę, rozchlapując ją ogromnym różowym językiem, tak że spieniła się jeszcze bardziej. Im dłużej pił, tym bardziej pieniła się woda, aż białe kłęby zakryły mu nos. Gdy wreszcie skończył, podniósł głowę, westchnął głęboko i beknął, wydmuchując wielką bańkę, która zawisła mu na czubku nosa. Po kolejnym kichnięciu pękła, a on otrząsnął pysk z mydlin.

Wziął w zęby wanienkę – wyglądała jak wielki różowy dziób – i truchtem opuścił z nią obóz. Ruszył na północ wzdłuż koryta rzeki, pogryzając plastik i zostawiając za sobą różowe kawałki. Powędrował do Północnego Drzewa, potem na wschód na wydmy, a w końcu położył się w wysokiej żółciutkiej trawie w kolorze jego grzywy, grzejąc się w jesiennym słońcu.

Później znowu ruszył na wschód.

– Chciałbym wiedzieć, dokąd idziesz – powiedziałem.

Ale był czerwiec 1977, nasz sprzęt radiolokacyjny jeszcze nie wrócił z naprawy i nie mogliśmy go śledzić. Pora sucha trwała w najlepsze, nigdzie na całej Kalahari nie było wody.

Zastanawialiśmy się, czy Kostek poszedł do rzeki Boteti i czy spotka się tam z resztą Błękitnego Stada. Miały upłynąć całe miesiące, zanim deszcze i wędrujące stada antylop znowu sprowadzą go do Deception Valley.

– Trzymaj się, wędrowcze – powiedziała cicho Delia, gdy Kostek odwrócił się i odszedł przez sawannę.

* * *

Wrzesień 1977 roku znowu przyniósł upały, a my ledwie żyliśmy po paru miesiącach śledzenia hien z nadajnikami. Od ostatniej wizyty Kostka w czerwcu nie widzieliśmy lwów, więc nie mogliśmy założyć im obroży. Brakowało nam wszystkiego. Pojechaliśmy do Maun, by uzupełnić zapasy i odpocząć. W drodze powrotnej na północno-wschodnim skraju rezerwatu spotkaliśmy Lionela Palmera i dwoje klientów z Illinois, których zabrał na polowanie – pewnego aptekarza i jego żonę. Zgrzani i zmęczeni chętnie przyjęliśmy zaproszenie na nocleg w ich obozowisku dwa kilometry od granicy rezerwatu.

Obozowisko znajdowało się na polanie, na skraju pasa akacji, które całymi kilometrami ciągnęły się na zachód wzdłuż koryta rzeki w stronę rezerwatu. W cieniu drzew stało pięć dużych namiotów sypialnych z ciężkiego płótna. Leżaki i małe stoliki koktajlowe stały wokół ogniska na środku piaszczystego placyku. Namiot kuchenny znajdował się parę metrów dalej pod wielką akacją, schludny i elegancki. Stał w nim długi stół oraz zamrażarka i lodówka na benzynę. Na terenie kuchni, za trzcinowym, chroniącym przed wiatrem ogrodzeniem, miejscowi krzątali się przy gotowaniu i pieczeniu chleba w wielkiej metalowej skrzynce, do połowy zagrzebanej w ziemi i obłożonej rozpalonymi węglami. Jeden młodzieniec siedział i brzdąkał na kalimbie wielkości dłoni, z metalowymi strunami, z których każda wydawała inny dźwięk.

Kolejny plótł kosz z pęków trawy. Szafki pełne były importowanej szwedzkiej szynki, amerykańskiego majonezu i konserwowych owoców morza.

Skórowanie i solenie trofeów odbywało się na krańcu obozowiska, sto metrów od namiotu-jadalni. Wisiały tam tuziny skór, a na drzewach siedziały niecierpliwie czekające sępy. Sterty rogatych czaszek wisiały na drucie, opatrzone metalowymi plakietkami, każda z nazwiskiem i adresem klienta.

Gdy się zatrzymaliśmy, kilku czarnoskórych kelnerów w czerwonych marynarkach i czapkach z frędzlami krzyknęło: *„Dumella"* i klasnęło w dłonie na powitanie. Jeden z nich zaprowadził nas do naszej kwatery, ciemnozielonego namiotu trzy na cztery i pół metra z dużymi siatkowymi oknami i moskitierą. Po obu stronach wejścia stały płócienne umywalki, a na środku – stolik z lustrem, puszka sprayu na owady, latarka, świeża kostka mydła oraz myjka i ręcznik, ładnie ułożone w rządku. Wewnątrz znajdowały się dwa wysokie żelazne łóżka z grubymi materacami, czystą pościelą i grubymi kocami. Dwa krzesła, kolejny stolik z następną puszką sprayu i latarka czekały pod tylną ścianą namiotu.

– Wyobraź sobie taki obóz w Deception Valley – powiedziała Delia.

– Hmmm... Ale pewnie oni nigdy nie widzieli lwa spryskującego krzaki tuż pod ich oknem.

– Słusznie. Nigdy bym tego nie zamieniła na nic. Zresztą powycinali wszystkie krzaki i wyrwali trawę.

– *Tisade metse!* – zawołał Lionel ze swojego namiotu do Syandy, wysokiego, roześmianego Kenijczyka z siwiejącymi włosami, który kierował obsługą. Syanda przekazał polecenie i wkrótce młody mężczyzna, przydeptujący sobie nogawki za dużego niebieskiego kombinezonu, przyniósł do kabiny kąpielowej dwa dwudziestolitrowe wiadra gorącej wody. Z gałęzi drzewa zwisało puste wiaderko z przylutowaną do dna główką prysznica. Opuścił je, wypełnił parującą wodą i wciągnął nad kabinę, gdzie na ziemi leżała drewniana krata, żeby kąpiący się nie brudził stóp piaskiem. Przebrani w świeże rzeczy spotkaliśmy się z pozostałymi przy ognisku. Na stole przykrytym obrusem pyszniły się równo ustawione rzędy kieliszków, kubełek z lodem, butelki whisky Chivas Regal i południowoafrykańskiego wina oraz napoje bezalkoholowe. Nandi, jeden z pracowników obozu, połamał tlące się resztki trzech gałęzi, pozostałe po porannym ognisku, i płomienie odżyły.

Aptekarz Wes był mężczyzną w średnim wieku o mięsistej twarzy, gęstych, czarnych włosach i delikatnych, niemal kobiecych dłoniach. Jego żona Anne, nauczycielka, była mała, schludna i przyjemna. Wystąpili w khaki od stóp do głów: kurtki khaki z dziesiątkami kieszeni, kapelusze khaki, koszule i spodnie khaki, pasy na naboje i buty khaki. Przywieźli do obozu torby i walizki pełne sprayu na owady, tubek kremu przeciwsłonecznego i butelek lotionu. Podobnie do większości klientów safari, wyglądali jak wyjęci prosto z katalogu ubrań sportowych. Ale byli sympatyczni i szczerze ich polubiliśmy.

Syanda z białą lnianą ścierką na ramieniu przyniósł półmisek z wędzonymi ostrygami, małżami gotowanymi w winie i smażoną siekaną wątróbką skocznika. Wypiliśmy, zjedliśmy przystawki i wysłuchaliśmy szczegółowej relacji o polowaniu na gnu, które odbyło się tego dnia. Zza drzew na zachodzie dobiegł zew szakala.

Jakiś czas później Syanda zaanonsował obiad. Porcelana i kieliszki do wina odbijały żółte płomyki wysokich lamp gazowych na długim stole jadalnym. Dwaj kelnerzy, którzy do tej pory stali wyprostowani pod ścianą, przynieśli wazę dymiącej zupy na ogonach oryksów. Głównym daniem dnia były steki z elanda, smażona cebula, faszerowane ziemniaki, szparagi i świeżo upieczony chleb z masłem, a do tego zimne wino. Posiłek uzupełniała kawa, ser i pudding żurawinowy. Przy naszej małej pomocy Lionel wykończył zapas kosztownych win, które klienci przywieźli ze sobą na safari.

Ostatnie płomienie już wygasły na żarzących się resztkach ogniska, gdy zachęcona przez Lionela kobieta poprosiła, żebyśmy opowiedzieli historię Kostka, który stał się już niemal legendą w północnej Botswanie.

Anna z troską słuchała o bliskim śmierci Kostku, pokłutym kolcami jeżozwierza, z kością wystającą przez przebitą skórę. Oboje z Wesem chłonęli każde słowo opowieści, wpatrzeni w nas jak w obraz. Zafascynowały ich szczegóły operacji oczyszczania rany i usuwania odłamków kości oraz zszywania mięśni i skóry. Cudowne uzdrowienie Kostka i jego powrót, by objąć panowanie and Błękitnym Stadem, jak również wyjątkowa relacja z nami sprawiły, że w jej oczach zaiskrzyły się łzy. Skończyliśmy opowiadać; przy ognisku zapanowało długie milczenie.

– Nigdy nie słyszałem piękniejszej historii. Dziękuję, że nam ją opowiedzieliście – powiedziała w końcu Anna.

Następnego ranka obudził nas świst grubego suwaka klapy namiotu.

– *Dumella!* – powitał nas Nandi, na szafce między łóżkami stawiając tacę z herbatą ze śmietanką i cukrem. Gdy ją piliśmy, kolejny służący przydźwigał bardzo gorącą wodę, którą napełnił płócienne umywalki i rozłożył ręczniki i myjki. Na śniadanie, podane w namiocie-jadalni, składały się świeże owoce, kiełbasa, bekon, jajka, tosty, ser, dżem i kawa. Za te luksusy w buszu klienci płacili od siedmiuset pięćdziesięciu do tysiąca dolarów dziennie.

Było jeszcze wcześnie, gdy zostawiliśmy myśliwych na szlaku w pobliżu granic rezerwatu. Wes siedział na specjalnym krzesełku zamontowanym na tyle terenówki, z gotową do strzału strzelbą na stojaku. Pomachaliśmy im na pożegnanie i skręciliśmy na południowy wschód ku naszemu obozowi.

Tuż przed południem, parę minut przed naszym umówionym połączeniem radiowym z biurem Safari South w Maun, wjechaliśmy na szczyt Wschodniej Diuny nad Deception Valley. W obozie postawiłem krótkofalówkę na błotniku i podpiąłem ją do akumulatora. Ożyła z trzaskiem, a Delia stanęła nad nią, czekając na połączenie. Poszedłem do namiotu-jadalni i zacząłem przepisywać notatki.

– Zero zero dziewięć, zero zero dziewięć, tu cztery trzy dwa, słyszycie mnie? – odezwał się Dougie Wright, myśliwy z obozu Lionela, do którego właśnie przybył z kolejnymi klientami.

– Cztery trzy dwa, tu zero zero dziewięć. Cześć, Dougie. Co u ciebie? – odpowiedziała Delia.

– Niestety, chyba mam dla was złe wiadomości.

– Tak? O co chodzi?

– Lionel i Wes zastrzelili dziś jednego z waszych lwów.

– O… rozumiem. – Ledwie słyszałem głos Delii. – Wiesz, jaki kolor i numer miał klips w jego uchu?

– Hm… miał w lewym uchu pomarańczowy klips z numerem zero zero jeden.

– Mark! Boże! To Kostek! Zastrzelili Kostka! – krzyknęła Delia załamującym się głosem i upuściła mikrofon. Wybiegłem z namiotu, ale kiedy dotarłem do samochodu, jej już tam nie było. Biegła przez koryto rzeki.

– Nie, nie, nie, nie, nie!

Wiatr przywiał ku mnie jej szloch.

14

SZOPA Z TROFEAMI

Mark

Gdy spoglądam wstecz, a muszę to zrobić, żeby znaleźć siły na kontynuowanie mojej podróży, widzę kamienie milowe ciągnące się aż po horyzont i pełgający ogień z opuszczonych obozowisk, nad którymi na ciężkich skrzydłach kołują padlinożerne anioły.

Stanley Kunitz

Szopa – stara, mroczna i zatęchła – była pełna zwierzęcych skór – sztywnych, solonych, ze skurczonymi uszami i włochatymi pasami, które zostały z ogonów. Na jednych widniała pojedyncza dziura, na innych kilka.

Półki na bambusowych ścianach eksponowały sterty wybielonych czaszek gnu, zebr, bawołów, impali, kudu, lampartów, szakali i dziesiątek innych. Także lwów. Każda była opatrzona czerwoną metalową tabliczką wiszącą na przewleczonym przez oczodół drucie w miejscu, gdzie niegdyś znajdowało się przejrzyste, jasne oko.

Znaleźliśmy jego skórę na stercie innych. Pomarańczowy klips z numerem 001 był ledwie widoczny w skurczonym uchu. Ze złamanym sercem dłubałem śrubokrętem w fałdach chrząstki, ale nie udało mi się wydobyć znacznika. Gdy wyciągnęliśmy spomiędzy innych jego skórę, płaską i sztywną, z włosami drapiącymi jak druty, na stopy posypały nam się kryształy soli. Blizna na złamanej nodze nadal była widoczna nad kolanem. W pośpiechu i niezdarnie dokonaliśmy pomiarów dla dobra nauki, zapisaliśmy je w notesie i wyszliśmy na jasne słońce. W oczach Delii błyszczały łzy, a ja długo nie mogłem znaleźć słów.

Kostek zginął w porze suchej, gdy na Kalahari nie było wody. Ponad tysiąc oryksów przeszło przez lasy wzdłuż koryta rzeki w dolinie na wschód od rezerwatu na tereny, gdzie polowania były dozwolone. Kostek najwyraźniej tropił te antylopy, bo na Kalahari płonęły trawy i zwierzyna trafiała się bardzo rzadko.

Znaleźli go odpoczywającego pod krzakiem z Łobuzem i lwicą z Błękitnego Stada, parę metrów od granicy rezerwatu. Kostek uniósł głowę, słysząc warkot samochodu. Wes i Lionel podjechali do niego na pięćdziesiąt metrów, zatrzymali się, spojrzeli przez lornetkę i strzelili mu prosto w serce. Gdyby go widzieli śpiącego obok naszego obozu, wiedzieliby, że człowiek mógłby podejść do niego i oprzeć mu lufę na czole. Czy nie widzieli pomarańczowego klipsa? Nawet gdyby widzieli, nie miałoby to znaczenia. Niestety, lwy nie rozumieją ludzkich reguł; gdy opuszczały granice rezerwatu, szukając pożywienia, same stawały się łupem.

Po strzale lwica uciekła w krzaki, ale Łobuz pozostał u boku Kostka, warcząc wyzywająco i atakując, gdy myśliwi chcieli zabrać swoje trofeum. Zdołali go odstraszyć dopiero strzałami w powietrze. Wtedy zabrali Kostka na pakę.

Wiadomość o śmierci Kostka złamała nam serce. Staliśmy pod jujubą, przeklinając, płacząc i trzymając się w objęciach, a ból docierał do nas powoli. Na wiele dni ugrzęźliśmy w depresji. Jeśli widzieli jego klips, nie mogliśmy pojąć, jak mogli go zastrzelić, skoro zaledwie parę godzin wcześniej tak ich wzruszyła jego historia. W końcu nadeszła rozpacz: Kostek był symbolem tego, na co liczyliśmy i w co wierzyliśmy, jeśli chodzi o relację człowieka ze zwierzęciem. Po jego śmierci wszystko, co staraliśmy się osiągnąć dla ochrony dzikich zwierząt na terenie Kalahari, wydawało się stracone. Był naszym pierwszym pacjentem, potem przyjacielem i maskotką. Jeden z naszych przyjaciół zabił drugiego.

Jako biolodzy z wykształcenia wiedzieliśmy, że nie możemy nikogo osobiście obarczać winą za śmierć Kostka. Został zabity zgodnie z prawem i myśliwi nie zawinili, że opuścił rezerwat. Poza tym starannie przemyślana strategia odławiania zwierząt może być użytecznym narzędziem w kontrolowaniu populacji niektórych gatunków. Na nieszczęście rządy wielu krajów uważają, że dzikie zwierzęta warto ochraniać tylko wtedy, gdy opłaca się na nie polować lub je oglądać. Wiedząc, że tak właśnie jest w Botswanie, usiłowaliśmy się przemóc i w bardziej racjonalny sposób przyjąć do wiadomości śmierć Kostka.

Choć nigdy nie byliśmy przeciwni polowaniom jako takim, niektórzy znani nam myśliwi otwarcie przyznawali, że regularnie łamią botswańskie prawo dotyczące polowań i innych rozrywek. Opisywali jazdę samochodami za zwierzętami, zabijanie kilku kolejnych antylop, aż w końcu klient dostawał taką, która mu się spodobała, podpalanie trawy, by łatwiej było im tropić zwierzynę i wypłoszyć lwy z zarośli, polowanie w rezerwacie i na terenach, na których limit zwierząt został już wyczerpany. Nie wiedzieliśmy, czy koloryzują, ale nasza przyjaźń ochłodła.

Ze względu na powinność ekologa, zachęcaliśmy władze do pilnowania przestrzegania prawa przez myśliwych i gwałtownie protestowaliśmy, gdy któryś z nich zastrzelił zwierzę w granicach rezerwatu. Zalecaliśmy także, żeby zmniejszono liczbę lwów do odstrzału i podwyższono opłaty dla myśliwych. Niektórzy myśliwi nie potrafili tego zrozumieć i sądzili, że działamy wbrew ich interesom, choć tak nam pomagali przez lata. Ale nie wszyscy podzielali ich zdanie ani nie uczestniczyli w nielegalnych praktykach.

Niektórzy pozostali naszymi przyjaciółmi aż do dnia naszego wyjazdu z Botswany.

Botswański Departament Dzikiej Przyrody ma najmniejszy budżet ze wszystkich agencji rządowych, cierpi na dramatyczny brak pracowników i nie może skutecznie patrolować dużych, odległych terenów. Urzędnicy powiedzieli nam, że tylko w jednym roku ranczerzy, myśliwi z safari i z miejscowych plemion zabijają legalnie ponad sześćset lwów, głównie samców. Dodatkowo wielką, nieokreśloną liczbę samców dla ich skór zabijają kłusownicy na czarny rynek.

Na nieszczęście rząd Botswany zachęcał do wytrzebienia wszystkich drapieżników poza parkami i rezerwatami, wprowadzając drastyczne prawo kontroli drapieżników. Pozwala ono na strzelanie do nich na terenach rancz, jeśli stanowią zagrożenie dla bydła, plonów, rur z wodą bądź ogrodzeń, bez względu na to, czy rzeczywiście atakowały zwierzęta domowe. Jest to wystarczający powód, by miejscowa ludność zabijała każdego drapieżnika, który zapuści się poza granice rezerwatów i parków narodowych. Inne nowe prawo pozwala ranczerowi na zatrzymanie skóry drapieżnika, który zabił jego bydło. W 1978 roku rynkowa cena skóry lwa wynosiła około trzystu pula (jakieś trzysta dolarów). Prawo uważa za drapieżniki dwa zagrożone gatunki: gepardy i hieny brunatne, jak również lwy, lamparty, krokodyle, hieny cętkowane, pawiany, małpy i szakale.

Myśliwi z safari powiedzieli nam, że „zabijalne" lwy – czyli te, które mają pełne grzywy – szybko stają się rzadkością w najbardziej pustynnych rejonach łowieckich, a w innych zostały dosłownie wytrzebione. Niektórzy klienci strzelali do młodych samców z zaledwie zaczątkami grzyw – tylko dlatego, że kupili licencję i nie mogli znaleźć starszych osobników.

Byliśmy wstrząśnięci. Martwiliśmy się, jak długo wytrzymają lwy z Kalahari przy tak wysokim odsetku śmiertelności, zwłaszcza że ginęły głównie samce. Dobro całej populacji byłoby zagrożone. Badania Briana Bertrama nad lwami z Serengeti* wskazywały, że płodność samic, które straciły swoich samców, spada na długi czas po dołączeniu do stada nowych samców. Obcy lew może nawet zabić lwiątka, które nie są jego, żeby samica szybciej weszła w okres rui i urodziła jego potomstwo. Jeśli po zastrzeleniu samców lwice z Kalahari doświadczyłyby podobnego załamania jak te z Serengeti, populacja byłaby zagrożona. Musieliśmy zrobić coś, by to sprawdzić.

Ponieważ nigdy przedtem w środkowej części Kalahari nie prowadzono podobnych badań, brakowało nam najbardziej podstawowej wiedzy na temat populacji lwów. Nikt, włącznie z Departamentem Dzikiej Przyrody, nie miał najbledszego wyobrażenia, ile lwów zamieszkuje ten teren. I choć badaliśmy ich obyczaje przy każdej okazji, lwy w okolicach koryta rzeki, gdzie mogliśmy je znaleźć i obserwować, bywały zaledwie dwa lub trzy miesiące w roku. Przez ten krótki czas byliśmy w stanie zdobyć bardzo mało informacji, które przysłużyłyby się ochronie tego gatunku. Z naszych uczuć dla Kostka wzięła się potrzeba – wręcz obsesja – by zrobić coś więcej. Postanowiliśmy dowiedzieć się, ile lwów przebywa na terenie środkowej części Kalahari, co jedzą i czy jest tego wystarczająco dużo, jakiego habitatu i zwierzyny im potrzeba i co – jeśli w ogóle – zagraża przetrwaniu populacji. Najważniejsze było dla nas określenie, ile lwów co roku ginie i trafia w niewolę, ile umiera z powodów naturalnych i ile młodych przeżywa.

Ponieważ Kalahari jest pustynią, jednym z najważniejszych i najbardziej intrygujących pytań wydawało nam się to, jak lwy – i inne drapieżniki – zaspokajają pragnienie. W tym wielkim rezerwacie nie ma żadnych zbiorników wodnych z wyjątkiem tych, które powstają

---

* Bertram, str. 59.

po krótkotrwałych opadach. Ale czy lwy muszą pić? Widzieliśmy, że potrafią się obywać bez picia do dziewięciu dni, a możliwe, że nawet dłużej. Ale nawet jeśli, to prawdopodobnie co roku byłyby zmuszone opuścić bezpieczny rezerwat na parę miesięcy, by znaleźć jakieś źródło wody. Może Kostek został zastrzelony w drodze do rzeki Boteti? Jeśli tak, to rezerwat pomimo swoich rozmiarów był zbyt mały, by zapewnić lwom odpowiednie schronienie podczas pory suchej.

Nawet gdybyśmy mogli dowiedzieć się tych rzeczy o lwach, by pomóc ich populacji z Kalahari, musielibyśmy przekonać rząd Botswany, że drapieżniki są cennym bogactwem, które może przynosić więcej zysków, jeśli jest chronione. W tamtym okresie wielu urzędników sądziło, że skoro drapieżniki polują na bydło, są szkodnikami i należy je zniszczyć.

Badanie lwów, zakrojone na wielką skalę na tysiącach kilometrów kwadratowych nieznanej dziczy, byłoby niemożliwe, o ile nie utrzymywalibyśmy codziennego kontaktu z obiektami naszych badań przez cały rok. Można było tego dokonać tylko za pomocą samolotu i sprzętu radiolokacyjnego. Sama myśl, że moglibyśmy otrzymać samolot, wydawała się obrazoburcza. Żadne z nas nie umiało latać, a ja tylko parę razy w życiu siedziałem w małym samolocie. Co więcej, posiadanie i używanie samolotu jest w Afryce kosmicznie drogie. Mając tylko terenówkę, praktycznie głodowaliśmy, by wszystkie pieniądze szły na nasze badania. Absurdem byłoby sądzić, że moglibyśmy zebrać dość pieniędzy na samolot. Ale musieliśmy spróbować.

15

ECHO WHISKY GOLF
Mark

*Dopiero gdy zatrzymujemy się, by się zastanowić, wykraczamy
poza granice naszego małego życia.*

Rod McKuen

W gorące popołudnie pod koniec października 1977 roku staliśmy na piaszczystym szlaku w Maun, czytając list od doktora Richarda Fausta, dyrektora Frankfurckiego Towarzystwa Zoologicznego w Niemczech Zachodnich. Byłem zelektryzowany wieściami, że towarzystwo na serio zastanawia się nad naszą prośbą o samolot. Chciało jednak znać numer mojej licencji pilota i liczbę przelatanych godzin. Przed odpisaniem musiałem się jakoś nauczyć pilotować samolot.

Odstawiliśmy Moxa do wioski, popędziliśmy do obozu, wrzuciliśmy do samochodu najlepsze ubrania i ruszyliśmy do Johannesburga. Kilka dni później o czwartej nad ranem, zakurzeni i brudni, cicho wjechaliśmy za bramę domu Roya i Marianne Liebenbergów w Benoni, przedmieściu Johannesburga. Roya, kapitana południowoafrykańskich linii lotniczych, poznaliśmy w Maun jakiś rok temu, gdy przyleciał z turystami nad deltę Okawango. Zainteresowały go nasze badania i zaproponował, że nauczy mnie latać, gdybym kiedyś tego potrzebował. Licząc, że Roy pamięta o swojej obietnicy, rozłożyliśmy nasze śpiwory na ziemi, by złapać trochę snu przed świtem.

O wpół do szóstej nad ranem przeszedł nad nami mleczarz z drucianym koszykiem pełnym brzęczących butelek, a parę godzin później Roy i Marianne wyłonili się z domu i na swoim trawniku ujrzeli terenówkę i dwa podłużne tobołki. Kapitan Liebenberg, mężczyzna w średnim wieku, schludny, łagodny i precyzyjny, pociągnął się za ostro zarysowany nos i ukrył uśmiech w czarnym zaroście na okrągłej twarzy. Ledwie zdążyliśmy się wygrzebać ze śpiworów, a już oddał nam do dyspozycji swój domek gościnny na czas nauki latania.

Sześć tygodni później, po wielu dniach czekania, aż przeminie brzydka pogoda, niemal skończyłem trening. Napisaliśmy do doktora Fausta, że niedługo dostanę licencję i że mam czterdzieści jeden przelatanych godzin. Zapewniłem, że Roy odpowiednio przygotował mnie do latania nad buszem.

Nie wierzyliśmy własnym oczom, gdy otrzymaliśmy wiadomość, że grant został zaaprobowany, a pieniądze – wysłane. Świadomość, że ktoś, kogo nigdy nie widzieliśmy na oczy, tak wierzył w nas i nasze możliwości, była bardzo krzepiąca. Porozglądaliśmy się na rynku i kupiliśmy dziesięcioletnią biało-niebieską cessnę z wymalowanymi pod skrzydłami literami EWG – Echo Whisky Golf.

Pierwszy szał radości przeminął i ustąpił miejsca poważnym wątpliwościom. Byliśmy tak zdeterminowani, żeby zdobyć samolot i nauczyć się latać, że nie zastanowiliśmy się wystarczająco nad następną fazą projektu: dotarciem z samolotem do obozu. Z niepokojem i radością uświadomiłem sobie, że wkrótce będę musiał polecieć nad Kalahari, terenem tak oddalonym i pozbawionym znaków szczególnych, że prawo Botswany zakazywało latać tam pilotom z mniej niż pięciuset godzinami na liczniku. Przez następny rok, dopóki nie zdobyłem wymaganej liczby godzin, musieliśmy unikać przelatywania w pobliżu Gaborone. Gdyby urzędnicy lotnictwa cywilnego dowiedzieli się, że latamy samolotem nad pustynią, pewnie by nas uziemili i nasz projekt w Deception Valley dobiegłby końca.

Inne problemy wydawały się jeszcze trudniejsze do rozwiązania: gdy Echo Whisky Golf trafił do naszego obozowiska, musieliśmy nie tylko dbać o niego, ale jeszcze znaleźć jakiś sposób na sprowadzenie tysięcy litrów paliwa. Oprócz problemów logistycznych, samo nauczenie się latania nad pustynią tak, żeby się nad nią nie zgubić, byłoby poważnym wyzwaniem.

Świtem następnego dnia po tym jak otrzymałem licencję pilota, wstałem gotowy do pierwszego lotu nad Kalahari. Był to dopiero mój trzeci samotny lot i Roy denerwował się tym bardziej niż ja.

– Tylko nie zapomnij, za drogą z Gaborone do Francistown nie będzie już znaków rozpoznawczych, według których możesz się kierować. Zanim polecisz dalej, upewnij się, jaką masz pozycję względem torów kolejowych.

Jeszcze raz sprawdził, czy mam ołówek zawieszony na szyi i czy w ogonie samolotu jest schowana czarna plastikowa folia do zbierania wody w sytuacji awaryjnej.

Pocałowałem Delię na pożegnanie i uścisnąłem dłoń Royowi. Oni mieli pojechać do obozu terenówką z przyczepą, prowadząc ciężarówkę z botswańskiego Departamentu Dzikiej Przyrody z beczkami pełnymi paliwa lotniczego. Patrzyli niespokojnie, jak wsiadam do cessny i toczę się nią przez pole na porośnięty trawą pas startowy. Potem, gdy zawróciłem i zacząłem się rozpędzać przed startem, Roy rzucił się ku mnie biegiem, machając gorączkowo ramionami i wskazując rękaw lotniskowy. Kierowałem się w niewłaściwą stronę. Odmachałem i uśmiechając się z zażenowaniem, odwróciłem samolot i przyspieszyłem. Z rykiem i podmuchem zimnego powietrza uniosłem się w gładkie poranne niebo. Poczucie wolności i uniesienie podziałały na mnie jak narkotyk. Euforia nie trwała długo. Na wysokości dziesięciu metrów samolot zaczął lecieć na ukos – a przynajmniej tak mi się wydawało. Wzniosłem się na silny prąd boczny. Skorygowałem kurs, patrząc na szczyt góry przede mną, po czym zszedłem w dół tuż poniżej warstwy chmur na wysokości pięciuset metrów. Przez radio Międzynarodowe Lotnisko imienia Jana Smutsa powiedziało, że stratusy będą się podnosić i że pogoda sprzyja lotowi do Botswany. Mapy wskazywały, że teren obniża się za Johannesburgiem i rozluźniłem się nieco, wiedząc, że w pobliżu Kalahari będę miał więcej przestrzeni między chmurami i ziemią.

Pół godziny później głosy z radia ucichły i słyszałem już tylko szum silnika i świst wiatru. Przeleciałem między dwoma szczytami w paśmie Waterberga i wkrótce ostatnie ślady cywilizacji znikły, a pode mną rozciągała się Kalahari. Za cztery godziny w tej niewiarygodnie rozległej dziczy miałem odnaleźć malutką wysepkę drzew z dwoma namiotami. Bez pomocy przyrządów nawigacyjnych czy możliwości sprawdzenia mojej pozycji na mapie pełnej białych plam, było to trochę jak próby przewleczenia rozcapierzonej nici przez uszko igły. Mogłem tylko kierować się wskazaniami kompasu i liczyć, że wziąłem dobrą poprawkę na wiatr boczny, który usiłował zepchnąć mnie z kursu.

Tymczasem chmury, zamiast się podnieść, zaczęły się obniżać i kropić deszczem. By pozostać poniżej nich, powoli obniżyłem maszynę.

– Leć wysoko, żebyś zobaczył Prawdziwą Dolinę Złudzenia – poradził Roy. – Pamiętaj, to jedyny znak rozpoznawczy, po którym zorientujesz się w położeniu obozu.

Ale chmury zmuszały mnie do stopniowego wytracania wysokości, aż w końcu zobaczyłem przemykające pode mną, gnące się na wietrze trawy i faliste, porośnięte krzakami wydmy. Ponieważ nie byłem w stanie utrzymać wysokości, mogłem minąć Deception Valley i nawet jej nie zauważyć. Lecąc godzinami bez żadnej możliwości wyrównania kursu, czułem się zawieszony w czasie i przestrzeni.

Byłem w powietrzu jakieś trzy godziny, gdy nagle kokpit zalały wyziewy benzyny. Cienki strumień paliwa wylatywał spod lewego skrzydła tuż przy kabinie i ciekł po tylnym oknie. Żołądek mi się skręcił. Poprzedni właściciel obiecał wymienić przeżarte gumowe zbiorniki paliwa w skrzydłach, a ja jak idiota uwierzyłem mu na słowo.

Strumień stał się większy, nie płynął już tylko za moim oknem, ale i po skrzydle, aż po klapy, rozbryzgując się w powietrzu. Wskaźnik paliwa w lewym zbiorniku spadał. Przełączyłem się na korzystanie wyłącznie z niego w nadziei, że spalę jak najwięcej benzyny, zanim wycieknie do końca.

Nie wiedziałem, czy w prawym zbiorniku zostało tyle paliwa, by donieść mnie do obozu, wiedziałam za to, że najmniejsza iskierka zmieni samolot w kulę ognia. Otworzyłem okna, żeby przewietrzyć kokpit.

W tej samej chwili przeciekający zbiornik pękł. Zielona benzyna trysnęła ze skrzydła i spłynęła po kadłubie aż na ogon. Szybko przełączyłem się na zbiornik po prawej stronie i przechyliłem samolot na bok, szukając miejsca do lądowania. Nie widziałem nic z wyjątkiem krzaków i niskich drzew. Usiłowałem wysłać sygnał alarmowy przez radio, ale słyszałem tylko trzaski. Byłem zbyt nisko, żeby sygnał dotarł daleko, a zresztą i tak w promieniu setek kilometrów nie było nikogo, kto by usłyszał moje wołanie o pomoc.

Wyziewy były coraz mocniejsze; głowa zaczęła mnie boleć. Wyrównałem kurs i zacząłem się rozglądać, sprawdzając, czy paliwo nie przecieka do kokpitu. Wykładzina w położonej z tyłu przestrzeni ładunkowej była wilgotna. Wysokooktanowa benzyna przeciekała przez okno na akumulator za składanym siedzeniem. Choć już wyłączyłem główne zasilanie, ryzyko wybuchu i pożaru było wysokie. Co gorsze, nie mogłem na to nic poradzić.

Zszedłem tuż nad sawannę, żeby mieć jakąś szansę na wypadek, gdyby pojawił się ogień i potrzeba awaryjnego lądowania – o ile samolot by nie wybuchł. Po jakimś czasie wskazówka poziomu paliwa w uszkodzonym zbiorniku szybko spadła na czerwone pole, aż w końcu zatrzymała się na zerze. Strumień paliwa cieknący spod skrzydła stawał się wątlejszy, w miarę jak przebity zbiornik pozbywał się wybuchowej zawartości. Skoro niebezpieczeństwo wybuchu stało się mniejsze, moją główną troską było to, czy w drugim zbiorniku zostało dość paliwa, żebym mógł dotrzeć do obozu. Liczyłem i liczyłem, aż z ołówka został ogryzek. Gdy do mojego szacowanego czasu przybycia zostało pół godziny, wskaźnik zaczął drżeć tuż nad słowem PUSTY. W końcu zatrzymał się na nim i już tam został. Każda minuta ciągnęła się jak godzina. Nieustannie kołysałem samolotem, by usłyszeć chlupot paliwa w zbiorniku.

Upewnić się, czy wszystkie układy elektryczne i paliwowe są wyłączone, odblokować drzwi, spróbować wylądować ze ściągniętym do oporu wolantem… Procedura awaryjnego lądowania odtwarzała mi się w głowie raz po raz.

Mocno chwyciłem wolant. Kark mi zesztywniał od wyciągania szyi i wypatrywania jakiejkolwiek cechy charakterystycznej w jednostajnej sawannie. Dziesiątki razy wydawało mi się, że warkot silnika zmienia wysokość i że czuję jakąś dziwną wibrację. Gdyby silnik przestał pracować, nie miałbym gdzie wylądować.

Tuż przed szacowanym czasem przybycia zobaczyłem coś za wirującym śmigłem. Byłem pewien, że wyobraźnia znowu mnie ponosi – we mgle pojawiła się okrągła, szara równina z zawieszoną nad nią strzępiastą chmurką. Znajdowała się tuż po mojej prawej stronie. Nie zmieniłem kursu, bojąc się popełnić błąd i zmarnować cenne paliwo, ale nagle pode mną ukazało się płytkie koryto rzeki w dolinie. Zwolniłem i poszybowałem nad wilgotną, woskową powierzchnią równiny. Wskaźnik paliwa płonął na czerwono. Gdyby teraz silnik się zatrzymał, wylądowałbym i poszedł pieszo do obozu.

Deszcze padały tu obficie; na równinie stało kilkadziesiąt żyraf, spoglądając z zaciekawieniem na samolot, który musiał im się wydawać wielkim ptakiem. Powoli szybowałem przez dolinę nad stadami skoczników, oryksów i gnu pasących się w bujnej zielonej trawie. Potem znalazłem się nad Równiną Gepardów, Wyspą Środkową, Wyspą Szakali, Wyspą Drzew, Wyspą Krzaków i w końcu nad obozem. Wszystkie wodopoje wzdłuż koryta rzeki były pełne, ale powierzchnia lądowiska, które zrobiliśmy na miesiące, zanim stało się pewne, że kupimy samolot – wydawała się wystarczająco twarda, by na niej wylądować. Ryknęło ostrzeżenie przed przeciągnięciem, koła podskoczyły na wertepach i wjechałem do obozu. Echo Whisky Golf znalazł się w domu.

Gwałtowna burza rozpłaszczyła nam namioty. Wszędzie stała woda i chlupotało błoto. Potrzebowałem tu Moxa. Podniosłem jeden koniec namiotu, wypędziłem spod łóżka dwumetrową kobrę, przespałem się na przemoczonym materacu, następnie napełniłem niezniszczony zbiornik paliwem z beczki, którą wcześniej przetransportowaliśmy do obozu; zamierzałem wykorzystywać tylko jeden, dopóki nie wymienię tego zniszczonego. Ponieważ na razie nie umiałem latać nad Kalahari, czułem się z tym trochę niezręcznie, ale nie mogłem czekać, aż nowy zbiornik dotrze do nas ze Stanów. Wsiadłem do samolotu i poleciałem do Maun.

W czasie naszego pobytu w Johannesburgu Mox bez umiaru korzystał z uroków życia w wiosce. Znalazłem go siedzącego obok swojego *rondavela*, z głową zwisającą między kolanami po nocy pijaństwa. Oczy miał przekrwione i zmrużone jak szparki, a od palenia przaśnego tytoniu, który zawijał w paski szarego pakowego papieru, nabawił się brzydkiego kaszlu. Na mój widok podniósł się chwiejnie, wziął swoje rzeczy i wrzucił je na tył pożyczonej terenówki.

Gdy przybyliśmy na miejscowy pas startowy, do Moxa chyba dotarło, że będzie moim pierwszym pasażerem, bo wytrzeźwiał w parę sekund. Usiłował mi wyjaśnić, że jeszcze nigdy nie siedział w *fa-ly*, a ja usiłowałem go nie zrozumieć, bo gdyby odmówił wyruszenia ze mną, nie umiałbym go inaczej odstawić do obozu. Mox uderzył się w głowę o skrzydło i zanim oprzytomniał, przypiąłem go pasami do siedzenia i ruszyliśmy. Uruchomiłem silnik i Echo Whisky Golf skoczył naprzód, pożerając pas. Żaden latający nad buszem samolot nie jest cichy, zwłaszcza podczas startu, a ten ryknął jak sam diabeł. Moxowi omal oczy nie wyszły z orbit; wczepiał się palcami w siedzenie, drzwi i deskę rozdzielczą. Ciągle krzyczałem: *„Go siami! Go siami!"* (Wszystko w porządku! Wszystko w porządku!), a potem nagle znaleźliśmy się w powietrzu i wznosiliśmy się coraz wyżej. Wprowadziłem samolot w przechył, żeby ustalić kurs. Gdy Mox zobaczył swoją szybko malejącą wioskę i rzekę, uśmiechnął się szeroko i zaczął wskazywać chaty znajomych. Pokazałem mu kontrolki i zademonstrowałem, co pokazują. Każdy ruch moich rąk i stóp skutkował innym wrażeniem. Z każdym nowym manewrem Mox chichotał. Latanie tak mu się spodobało i tak był dumny ze statusu, jaki nadało mu wśród członków jego plemienia – którzy poruszali się pieszo lub na osłach – że niektórzy myśliwi ochrzcili go Neilem Armstrongiem.

Przez następne trzy dni sprzątaliśmy obóz. Trzeciej nocy o wpół do drugiej obudził mnie warkot silnika. Zanim zdążyłem się ubrać, Delia i Roy już stali koło namiotu. Początkowo nie poznałem naszej terenówki – oblepiona plackami zaschniętego błota i trawy wyglądała jak krzywa cegła.

Roy i Delia wygramolili się powoli z szoferki i stanęli w rażącym blasku reflektorów. Włosy mieli zlepione błotem z nasionami traw, oczy zapadnięte z wyczerpania. Po naszym radosnym – choć upaćkanym – powitaniu wyjaśnili, że czterotonowa ciężarówka z paliwem z Departamentu Dzikiej Przyrody ugrzęzła na amen w błocie sto kilometrów na wschód. Trzeba było ją wykopać, żeby przetransportować piętnaście zbiorników z benzyną do obozu. Co więcej, musieli wyładować z samochodu wszystkie nasze zakupy, żeby mógł przejechać przez błoto. Zostawili worki z mąką, kaszą kukurydzianą i cukrem, skrzynki konserwowej żywności oraz nowe namioty i wyposażenie samolotu na mokrej ziemi koło przyczepy, którą przywieźli ze sobą.

Przez najbliższe pięć dni świt zastawał Moxa i mnie telepiących się przez wysoką trawę i krzaki sawanny w drodze do unieruchomionej w błocie ciężarówki z paliwem. Wraz z kierowcą czterotonowego bedforda oraz jego asystentem przerzuciliśmy tony błota, które wygarnęliśmy spod kół i które zastąpiliśmy tonami kamieni, ale rozmiękły grunt pochłaniał wszystko i kiedy w końcu przygotowaliśmy ciężarówkę do wyciągnięcia, spadł deszcz i ziemia znowu stała się śliska jak smar. Co noc przetaczaliśmy przez bagno beczkę lub dwie, ładowaliśmy ją na naszą toyotę i wracaliśmy z nią do obozu. Kierowcy rozbili obóz w pobliżu, więc dostarczaliśmy im jedzenie.

Piątego dnia dotarliśmy na trzęsawisko i przekonaliśmy się, że ciężarówka znikła, a zbiorniki z naszym paliwem lotniczym leżą na ziemi. Nigdy więcej nie zobaczyliśmy samochodu ani jego kierowców, a Departament Dzikiej Przyrody nigdy więcej nie proponował nam pomocy w przetransportowaniu paliwa lotniczego do obozu.

Postanowiliśmy dowieźć resztę paliwa za jednym razem. Mox i ja załadowaliśmy dziesięć z jedenastu zbiorników na pakę toyoty i przyczepę, a ostatni przytwierdziliśmy łańcuchami do przedniego zderzaka. Potem ruszyliśmy do Deception Valley.

Ledwie przekroczyliśmy granicę rezerwatu, jakieś czterdzieści pięć kilometrów od obozu, gdy terenówka nagle wyskoczyła w powietrze ze zgrzytem rozdzieranego metalu i przechyliła się na prawy bok. Szarpnięcie rzuciło Moxa na podłogę, ja uderzyłem głową w dach, usiłując odzyskać panowanie nad samochodem. Udawało mi się go utrzymać prosto, dopóki nie przebił się przez gąszcz krzaków, wpadł w poślizg, koła z lewej strony oderwały się od ziemi i znowu mocno na nią upadły. Zbiorniki z paliwem przesunęły się i myślałem, że się przewrócimy. Skręciłem w lewo i zahamowałem. Zatrzymaliśmy się w fontannie piasku, liści i połamanych gałązek.

Oszołomiony i posiniaczony wystawiłem głowę przez okno. Na końcu długiej, głębokiej bruzdy leżał wgnieciony zbiornik z paliwem, bluzgający wysokooktanową benzyną w powietrze. Mox, mamrocząc coś w setswana, zbierał się z podłogi. Błyskając białkami rozszerzonych ze strachu oczu, trzęsącymi się rękami sięgnął po woreczek z tytoniem i oderwał pasek szarego papieru z torby.

– *Nnya!* Benzyna – *mellelo* – ogień! – krzyknąłem i chwyciłem go za rękę.

Zbiornik przymocowany do przedniego zderzaka odczepił się i przejechaliśmy po nim. Dobrze, że nie wybuchł. Zaklajstrowałem kitem dziurę, wydźwignęliśmy beczkę z bruzdy i podnieśliśmy z ziemi sfatygowany przewód spalinowy, który beczka wydarła z toyoty. Mox wyklepał młotkiem wygięty amortyzator i pokuśtykaliśmy do obozu. Mox głęboko zaciągał się pomarszczonym skrętem.

Następnego ranka musiałem cessną odstawić Roya do RPA, więc ja i Delia runęliśmy na posłania wcześniej niż zwykle, a Roy położył się na suchym kawałku podłogi w namiocie-spiżarni. Mox dostał własny nowiutki namiot, który przywieźliśmy mu z Johannesburga.

Nie zdążyliśmy zasnąć, gdy od strony pasa startowego dobiegł nas ryk lwów. Zerwaliśmy się na równe nogi. Może to Błękitne Stado? Ale nie pojawiło się, odkąd Kostek został zastrzelony, a ponieważ Łobuz i jedna z samic byli świadkami tej sceny, baliśmy się, że utraciliśmy ich zaufanie.

Na samym środku pasa startowego zamiast Błękitnego Stada leżały dwa nieznane nam młode samce. Mrużyły oczy w świetle latarki, a jasne kępki ich grzyw wyglądały jak meszek na brodzie piętnastoletniego chłopca. Były podobne do siebie jak dwie krople wody, więc podejrzewaliśmy, że to bracia. Jeden z nich miał na biodrze wyraźną bliznę w kształcie litery J. Nasze nadejście w niczym im nie przeszkodziło; znowu zaczęły ryczeć, podnosząc spory hałas.

Wróciliśmy do obozu nieco rozczarowani. Padłem na posłanie i pomyślałem, że te dwa młodziki z pewnością nie zawłaszczyły z premedytacją terytorium Błękitnego Stada. Nigdy nie mogłyby zająć miejsca Kostka.

16

PUSTYNNI WĘDROWCY

Mark

Mogliśmy, jak rzeka, swobodnie wędrować.

Aldo Leopold

Napisanie wniosku o grant to jedno, ale znalezienie lwów, założenie im obroży i podążanie za nimi na obszarze tysięcy kilometrów kwadratowych to coś zupełnie innego. Zanim zdobyliśmy samolot i przetransportowaliśmy paliwo do obozu, minął już styczeń 1978 roku. Nie mieliśmy pojęcia, jak długo będziemy zakładać obroże lwom, ale ścigaliśmy się z czasem, bo nadchodziła pora sucha i lwy miały zniknąć na osiem lub więcej miesięcy na rozległej sawannie z dala od pradawnego koryta rzecznego. W nasz projekt zainwestowały wielkie międzynarodowe organizacje ochrony przyrody, a teraz musieliśmy dowieść, że nasze obietnice są możliwe do zrealizowania. Gdybyśmy ponieśli klęskę, nie dostalibyśmy więcej grantów.

Plan zakładał usypianie lwów i hien brunatnych z całego terenu Deception Valley w celu założenia im obroży z urządzeniem namierzającym. Zamierzaliśmy także nie pomijać stad z dawnych koryt rzecznych w Passarge Valley i Hidden Valley na północy. Pierwszym naszym problemem było, jak zaleźć te szybko przemieszczające się drapieżniki w tak odległym terytorium i jak je powalić na ziemię, żeby założyć im obroże. Mogliśmy je zauważyć tylko wczesnym rankiem na otwartej trawiastej równinie.

Przez następne półtora miesiąca wstawaliśmy codziennie o świcie, spożywaliśmy w pośpiechu miskę surowych płatków owsianych z mlekiem w proszku, wypychaliśmy kieszenie paskami biltonga i biegliśmy do Echo Whisky Golfa, stojącego w zimnej rosie na tle rozjaśniającego się nieba.

– Zasilanie włączone, włącznik główny włączony, przepustnica otwarta. – Delia drżała za zaparowaną szybą.

– Kontakt! – Wprawiłem śmigło w ruch i cofnąłem się o parę kroków. Obłoczek białego dymu, kaszlnięcie, ryk i Echo Whisky Golf ocknął się z drzemki.

Boeing – skocznik, który uznał lądowisko za swoje terytorium – grzebnął kopytem, oddał mocz, zwilżając ziemię, i nonszalancko potruchtał na bok, a my ruszyliśmy, by wystartować. Boeing przyzwyczaił się do nas, więc musieliśmy bardzo uważać, żeby go nie przejechać podczas startowania i lądowania.

Obóz mignął pod nami; Mox właśnie rozniecał ogień, dym wił się wśród drzew. Powoli poszybowaliśmy na północ Deception Valley, z czołami przyciśniętymi do szyb wypatrując lwów w korycie rzeki.

Odkąd mieliśmy samolot do dyspozycji, skończyły się czasy, gdy pełzaliśmy jak żółwie, powoli wlokąc metalową skorupę land rovera. Teraz, gdy mogliśmy już sięgnąć wzrokiem za najbliższe wzgórze, widok na Kalahari nie był ograniczony do paru kilometrów kwadratowych sawanny. O wschodzie i zachodzie słońca unosiliśmy się nad krętym korytem prastarej rzeki, rzucaliśmy długi cień na brązy i zielenie piaszczystych połaci. Odkrywaliśmy i nazywaliśmy wiele nowych równin i dolin – fragmenty prastarych koryt rzecznych, dawno temu przedzielonych piaskami niesionymi wiatrem. Ukryta Dolina, Rajska Równina, Równina

Krokodyli – to wszystko kryło się za wydmami. Niedawno bardzo padało i teraz koryto rzeczne było spowite zielonym aksamitem z długim, roziskrzonym naszyjnikiem wodopojów.

Od samego początku Echo Whisky Golf dał nam jasno do zrozumienia, że nie podoba mu się życie w buszu. Spalił sobie alternator i przez ponad dwa miesiące, zanim nie zdobyliśmy części zamiennych, musiałem go uruchamiać ręcznie. Silnik działał dzięki prądowi z iskrowników, ale bez akumulatora nie mogliśmy korzystać z radia ani kompasu.

Kalahari wyglądała monotonnie i tylko jedno małe miejsce koło obozu można było uznać za punkt orientacyjny. Lataliśmy wzdłuż dawnych koryt rzecznych, żeby się nie zgubić, ale były płytkie i miejscami niedostrzegalne; czasem ciemne cienie chmur jak kleksy kryły je przed naszym wzrokiem. Co do kompasu, przekonaliśmy się, że bardzo go potrzebujemy, kiedy podczas pierwszego wspólnego lotu do Maun pomyłkowo wylądowaliśmy w Makalamabedi, wiosce leżącej ponad sześćdziesiąt kilometrów na wschód od naszego kursu.

Podczas wypraw w szafce w ogonie samolotu zawsze mieliśmy zapas jedzenia i sprzęt potrzebny do przeżycia. Rzadko mogliśmy przewidzieć, w którym kierunku się oddalimy od Deception Valley, ani jak długo nas nie będzie, a nikt oprócz Moxa nie znał naszego planu lotu. Przez te pierwsze dni z Echo Whisky Golfem ciągle byłem rozdrażniony, ale teraz uświadamiam sobie, że żyłem w ciągłym stresie, latając samolotem z tyloma mechanicznymi utrudnieniami w tak odludnym rejonie. Gdybyśmy gdzieś musieli lądować awaryjnie, mieliśmy małe szanse na to, że ktoś nas odnajdzie. I zawsze istniało ryzyko połamania kół na dziurach w ziemi. Często musieliśmy lądować i startować w wysokiej trawie, gdzie roiło się od jam borsuków, lisów albo postrzałek. Później nauczyłem się je dostrzegać, latałem tak nisko nad ziemią, że koła samolotu lekko jej dotykały – w ten sposób „wyczuwałem" teren przed posadzeniem na nim cessny.

* * *

– Lwy! Tam, w tej kępie drzew! – zawołała Delia, przekrzykując silnik. Przechyliłem mocno samolot i przelecieliśmy nisko nad drzewami o płaskich koronach. Poniżej nas – jakiś kilometr od Tau Pan – w Hidden Valley (Ukrytej Dolinie) nad upolowanym gnu zebrało się stado lwów. Wytraciłem prędkość i wciągnąłem klapę. Musnęliśmy czubek pobliskiego drzewa, wielkiej, rozwidlonej akacji, Delia rzuciła w gałęzie kawałek papieru toaletowego, odnotowałem współrzędne, po czym ruszyliśmy do obozu. Spakowaliśmy do samochodu namioty, jedzenie, wodę, strzelbę, strzałki do usypiania i aparaty fotograficzne. Następnie Delia pojechała w stronę lwów. Patrzyłem za nią, aż terenówka znikła w drżącej ścianie upału; pierwszy raz Delia wyprawiła się w głąb Kalahari sama.

Kilka godzin później, gdy Delia powinna już dotrzeć do miejsca, w którym widzieliśmy lwy, wystartowałem i poleciałem za nią, wypatrując w dole białej sylwetki toyoty. W końcu ją zauważyłem, pełznącą jak żuczek wśród buszu. Choć była już blisko rozwidlonej akacji, zeszła z kursu. Gdyby go nie skorygowała, mogła całkiem ominąć dolinę. Zszedłem w dół i przeleciałem tuż nad samochodem, kierując się dokładnie w stronę drzewa. Delia stanęła, sprawdziła odczyt kompasu, zmieniła kurs i ruszyła. Uspokojony, że się nie zgubi, poleciałem do drzew, przy których tego ranka znaleźliśmy lwy. Resztki gnu nadal tam były, ale lwy przepadły. Zacząłem powoli zataczać kręgi w nadziei, że znajdę stado.

Delia dotarła do rozwidlonej akacji i jeżdżąc w obie strony po względnie równej części terenu, przygotowała mi lądowisko. Potem zaczęła chodzić z łopatą, zasypując dziury i ścinając największe nierówności oraz co wyższe trawy, które uszkodziłyby samolot.

Odeszła na trzysta metrów od auta i upewniła się, że mogę lądować bezpiecznie, po czym wróciła do terenówki. Podniosła głowę i znalazła lwy; po posiłku przeniosły się między drzewa na skraju koryta rzecznego. Delia była tak zajęta wyrównywaniem terenu, że ich nie zauważyła. Teraz szły wprost na nią gęsiego – najbliższy znajdował się niespełna pięćdziesiąt metrów od niej i odcinał jej drogę do toyoty. Nie mając żadnego innego schronienia w promieniu wielu kilometrów, Delia stała jak skamieniała. Błękitnemu Stadu na ogół mogliśmy ufać, ale tych lwów nie znaliśmy i niemal na pewno było to ich pierwsze spotkanie z człowiekiem.

Lwy ruszyły wolniej i z większym rozmysłem do Delii, przyglądając się jej w skupieniu, unosząc i opuszczając łby, śledząc każdy jej ruch. Delia słyszała warkot samolotu zataczającego leniwie kręgi na niebie nie dalej niż kilometr od niej, ale nie mogła dać mi żadnego sygnału.

Powoli zaczęła się odsuwać. Starała się odczytać zamiary lwów z ich mowy ciała, ale uświadomiła sobie, że cofając się, zachęca je do napierania, więc zmusiła się, by stanąć nieruchomo. Lwy szły dalej, a gdy zbliżyły się na trzydzieści metrów, strach zawrócił Delię w czasy pierwotne. Uniosła łopatę jak maczugę, a z głębin jej piersi wydarł się dźwięk tak dziki, że mogłaby go wydać neandertalka.

Jak na komendę lwy stanęły i powoli usiadły długim rzędem, wyciągając głowy i szyje i przyglądając się dwunożnemu stworzeniu z bronią.

Ze strachu, że lwy pójdą za nią, Delia nie cofnęła się, ale musiała je wyminąć, by dotrzeć do bezpiecznej terenówki. Im dłużej pozostawała w bezruchu, tym bardziej prawdopodobne było, że lwice do niej podejdą. Powoli zrobiła krok, potem dwa, w końcu ukosem minęła lwy, trzymając łopatę na wysokości talii i nie spuszczając oczu ze stada. Drapieżniki śledziły ją czujnie jak radar, powoli obracając głowy, w miarę jak długim łukiem przemieszczała się ku toyocie.

Delia okrążyła stado i już się od niego oddalała, gdy nagle jedna z lwic wstała i szybko podeszła do niej z pochyloną głową. Delia opanowała chęć, by rzucić się do ucieczki, tupnęła, krzyknęła i machnęła łopatą wysoko nad głową. Lwica zatrzymała się z uniesioną łapą. Delia znieruchomiała. Lwica usiadła. Delia znowu zaczęła się wycofywać do terenówki, a lwica ponownie poszła za nią. Delia krzyknęła i uderzyła łopatą o ziemię. Lwica usiadła. Jeszcze raz drapieżnik i potomkini małp powtórzyli cały rytuał z takim samym skutkiem, ale teraz Delia była już blisko auta. Gdy znalazła się o dziesięć metrów od niego, rzuciła łopatą w lwicę i ruszyła biegiem do samochodu. Lwica skoczyła na łopatę i zajęła się jej obwąchiwaniem, a w tym czasie Delia otworzyła drzwi i wdrapała się do bezpiecznego wnętrza samochodu. Przez parę minut leżała na siedzeniu, dygocząc.

Warkot samolotu rozbrzmiał głośniej i Echo Whisky Gold spłynął w dół, by wylądować. Lwy przyglądały mu się w skupieniu. Posadziłem cessnę obok toyoty i wyłączyłem silnik.

– Świetnie! Znalazłaś lwy! – rzuciłem wesoło.

Potem zobaczyłem Delię, bladą, wielkooką, opartą brodą o framugę okna. Wyskoczyłem z samolotu, podbiegłem do niej i mocno ją przytuliłem.

Tego wieczora uśpiliśmy trzy lwy i założyliśmy im obroże. Nazwaliśmy to stado Tau. Następnego dnia, lecąc nisko nad naszą częścią doliny, przez parę godzin szukaliśmy Błękitnego Stada w jego ulubionych miejscach wypoczynku. Nie widzieliśmy go od czasu śmierci Kostka i teraz także nie znaleźliśmy nawet śladu jego obecności. Po spotkaniu z myśliwymi lwy mogły już nigdy nie wrócić do Deception Valley.

Zamiast nich znaleźliśmy Stado z Równiny Skoczników, którego terytorium znajdowało się na południe od obozu. Wczesnym rankiem założyliśmy obroże z nadajnikami Szatanowi, dominującemu samcowi, i samicy, którą nazwaliśmy Happy. Gdy lwy dochodziły do siebie, rozbiliśmy mały obóz pod skrzydłem samolotu, zaledwie sto metrów od nich. Delia powiesiła na skrzydle moskitierę i rozwinęła posłania, a ja przyniosłem kanister z wodą i zestaw kuchenny i roznieciłem mały ogień. Wkrótce czajnik buchał już parą i podskakiwał na węglach, a na patelni smażyło się suszone mięso z ziemniakami i cebulą.

Ogień przygasł, księżyc wyjrzał zza wydm, zalewając dolinę srebrzystym blaskiem. Siedząc pod szerokim skrzydłem Echo Whisky Golfa, widzieliśmy stada skoczników pasące się w korycie rzecznym. Gdy już wśliznęliśmy się do śpiworów, zaczęły ryczeć lwy.

Jakiś czas później coś kazało mi się obudzić. Księżyc zaszedł, a chmury zasnuły gwiazdy. Odnalazłem w ciemności latarkę. Jak zwykle miała prawie zupełnie rozładowane baterie, a bladożółte światło ledwie rozpraszało ciemności, lecz gdy powoli przesunąłem promieniem dokoła, wokół samolotu ujrzałem błysk dziewięciu par wielkich oczu. Stojące w półkolu dwadzieścia pięć metrów dalej lwy ze Stada z Równiny Skoczników obserwowały nas z zaciekawieniem.

Echo Whisky Golf nieustannie zwracał na siebie uwagę lwów. Miałem wrażenie, że z rozkoszą zatopiłyby zęby w jego ogonie i oponach. Pewnie w ich oczach samolot wyglądał jak ogromna skrzydlata puszka mleka w proszku. Delia i ja siedzieliśmy przez jakąś godzinę, rozmawiając cicho i od czasu do czasu włączając latarkę, by sprawdzić, gdzie są lwy i co robią. W końcu drapieżniki jeden po drugim zniknęły w mroku.

Jakiś czas później obok nas przegalopowało stado skoczników, słyszeliśmy stęknięcia i świszczące dźwięki zaniepokojenia. Potem rozległ się głęboki, charkoczący jęk, a po nim mlaskanie, siorbanie, trzaski – odgłos uczty lwów. W mdłym świetle latarki jakieś trzydzieści metrów od skrzydła samolotu udało nam się dostrzec

Stado z Równiny Skoczników, kłócące się o udział w upolowanej zwierzynie. Nie mogliśmy zasnąć, dopóki nie skończyły jeść.

Promienie porannego słońca przesiewały się już przez zawieszoną na skrzydle moskitierę, gdy obudziliśmy się na dźwięk kroków Szatana w mokrej trawie. Gęsta grzywa falowała na potężnych barkach przy każdym nonszalanckim kroku, obroża z nadajnikiem niemal ginęła w kruczoczarnych włosach. Samiec położył się pod drzewkiem i przyglądał się nam sennie, gdy parzyliśmy kawę i piekliśmy na ogniu paski biltonga.

Spędziliśmy cały dzień, leniuchując pod skrzydłem samolotu i obserwując śpiące lwy. Obroże zdawały się im zupełnie nie przeszkadzać; nosiły je jak lekkie naszyjniki. Koło czwartej po południu wystartowaliśmy samolotem, by sprawdzić z powietrza działanie nadajników i poszukać innych lwów na południe od doliny. Z radością przekonaliśmy się, że sygnał Szatana odbieramy nawet z sześćdziesięciu kilometrów.

Zawróciliśmy do Równiny Skoczników, gdy zaniepokoił mnie widok ściany czarnych chmur. Byliśmy zajęci sprzętem i nie zauważyliśmy, że za nami zbiera się na burzę. Musieliśmy wylądować i zabezpieczyć samolot, zanim nawałnica dotrze o doliny, więc przyspieszyłem, na ile miałem odwagę, i opuściłem nos samolotu, ścigając się z czasem.

Nagle zaczęło nami gwałtownie rzucać; wpadliśmy w wicher, forpocztę burzy. Powiewająca trawa wskazywała, że wiatr dmie z prędkością co najmniej sześćdziesięciu kilometrów na godzinę, a na dole, gdy dotrzemy do doliny, będzie wiać w poprzek wąskiego koryta rzeki. Musieliśmy wylądować przy wietrze bocznym i chronić samolot, by nie obrócił się w powietrzu albo na ziemi, a także nie zarył w niej skrzydłem. Lekcje pilotażu nie przygotowały mnie do tego; mgliście przypomniałem sobie z instrukcji ostrzeżenie przed lądowaniem przy wietrze bocznym, wiejącym z prędkością większą niż trzydzieści pięć kilometrów na godzinę.

Dotarliśmy do doliny, gdy pierwsze grube krople deszczu plasnęły o szybę.

– Ustaw siedzenie pionowo, zaciągnij pas bezpieczeństwa i połóż głowę na kolanach! – krzyknąłem do Delii, przekrzykując bębnienie gradu odbijającego się od kadłuba. Ledwie widziałem ślady opon, które oznaczały bezpieczne, pozbawione dziur miejsce do lądowania. Wprowadziłem samolot w niebezpieczny przechył i zeszliśmy w dół. Przygotowałem Echo Whisky Golfa do podejścia krabowego w kaskadach gradu i deszczu, niesionych przez niewiarygodnie silny wiatr. Trzymałem orczyk do oporu w lewo i przechyliłem skrzydło mocno w dół.

W końcu zaczęliśmy się jakby zniżać ku naszemu pasowi, ale utrzymanie samolotu w tej samej pozycji w porywistych podmuchach wiatru wymagało ekwilibrystycznych umiejętności. Najpierw za mały przechył, potem za duży – oddalaliśmy się od miejsca lądowania i koryta rzecznego. Obróciłem samolot jeszcze bardziej. Wyglądało jakbyśmy chcieli wylądować w poprzek!

Musiałem wyprostować samolot i opuścić mocno prawe skrzydło w chwili, gdy prawe koło dotknęło ziemi. Gdybym zbyt szybko się wyprostował, wicher zepchnąłby nas w bok i albo stracilibyśmy koła, albo byśmy się przewrócili. Zamierzałem zahamować i odwrócić się pod wiatr, gdy tylko lewe koło uderzy w ziemię, a my wystarczająco zwolnimy.

Przesunęliśmy się bokiem nad kępą akacji. Ziemia pędziła nam na spotkanie. Gdy mknęliśmy tuż nad trawą, zwolniłem i spróbowałem ustawić samolot wzdłuż pasa. Ryknęło ostrzeżenie o przeciągnięciu. Potem nagle wiatr wstrzymał oddech; bez jego siły wszystkie moje manewry były niewłaściwe. Prawe koło z głośnym trzaskiem uderzyło w ziemię. Zanim zdołałem zareagować, samolot wyrwał mi się spod kontroli.

Usiłowałem odzyskać prędkość i wysokość, ale powiew wichru uderzył w skrzydło i poniósł samolot ku wydmom za korytem rzecznym. Rzuciłem okiem na Delię; nadal trzymała głowę między kolanami.

* * *

Wiatr był zbyt silny. Musiałbym wylądować w pędzie i z uniesionym ogonem. Raz jeszcze podszedłem do lądowania, utrzymując równomierną prędkość pod wiatr. Teraz znalazłem się tuż nad ziemią, ale za daleko od lądowiska. Dodałem trochę gazu i lekko się unieśliśmy. Znowu zerwał się wiatr; powtórzyłem manewry. Wydawało mi się, że jestem na właściwym kursie, ale deszcz lał tak gęsty, że nic nie widziałem. Wyjrzałem przez boczne okienko i ujrzałem w dole mglistą linię. Wytraciłem trochę prędkości i poczułem drżenie prawego koła. Wylądowałem! Ale samolot zbyt mocno się rozkołysał i nie potrafiłem tego zniwelować ani orczykiem, ani hamulcem. Wyprysnęliśmy z lądowiska w trawę ku drzewom, gdzie leżały lwy. Mocno oparty o oba hamulce, wysunąwszy główne koła, modliłem się, żeby nie trafić na dziury w ziemi. Za zasłoną deszczu majaczyły zarysy drzew, ale wiatr wiejący z naprzeciwka pomógł mi wyhamować. W końcu zatrzymałem się z poślizgiem.

Delia już była obok samolotu, wywlekając tyczki i liny z tylnej ładowni. Wyłączyłem silnik i wyskoczyłem na siekący deszcz. Zakotwiczyliśmy Echo Whisky Golfa. Pod skrzydłem samolotu rozbiliśmy namiot, walcząc z wydymającym się brezentem, i na przenośnej kuchence podgrzaliśmy sobie herbatę i zupę. Niesiony porywistym wiatrem deszcz smagał nasz namiot przez całą noc, samolot kołysał się i skrzypiał, ale w śpiworach było nam ciepło i dobrze.

W ciągu następnych tygodni lataliśmy nad Kalahari, zakładając obroże lwom ze stad coraz dalszych od obozu. Delia, kierując się kompasem, często jeździła godzinami, by spotkać się ze mną na jakiejś odległej równinie czy w wyschniętym korycie rzecznym. Kiedy nie mogliśmy namierzyć lwów z powietrza, sadzaliśmy Echo Whisky Golfa w pobliżu stada antylop i spędzaliśmy noc pod skrzydłem samolotu, czekając, aż pojawi się polujące stado. A wracając do naszego obozu, zawsze szukaliśmy Błękitnego Stada.

Zbliżał się koniec marca; pora deszczowa miała potrwać najwyżej miesiąc. Antylopy zaczęły opuszczać dolinę i znalezienie Błękitnego Stada stawało się coraz trudniejsze. Stanowiły naszą najważniejszą grupę, ponieważ znajdowały się najbliżej obozu i znaliśmy je najlepiej, ale na razie nie wyposażyliśmy ich w nadajniki. Może myśliwi lub ranczerzy zabili inne lwy ze stada? Wracając, za każdym razem niespokojnie pytaliśmy Moxa, czy je widział: „*Wa ultwa de tau bosigo ya maa-bane?*".

„*Nnya*", brzmiała odpowiedź.

Ale pewnego ranka, po nocy spędzonej pod skrzydłem samolotu w Passarge Valley, wylądowaliśmy w dolinie i ujrzeliśmy rozpromienionego Moxa stojącego przy ognisku. Wskazał ślady lwów odciśnięte wszędzie na ziemi, a potem poprowadził nas przez obóz, odgrywając pantomimę przetykaną angielskimi i setswańskimi słowami. Podszedł na paluszkach do łaźni i kuchni, potem dotknął szczeliny między dwoma drewnianymi słupami, gdzie suszył się długi szereg pasków biltonga. Uszczypnął się w ucho, wskazał na moją błękitną koszulę i pociągnął się palcami za brodę, co oznaczało, że były to lwy z niebieskimi znacznikami w uszach oraz dwa młode samce z rozwichrzonymi grzywami. W końcu palcem narysował w piasku literę J i poklepał się po pośladku. Jeden z samców miał na biodrze bliznę w kształcie litery J. Były to te same samce, które parę tygodni temu towarzyszyły Delii, Royowi i mnie na pasie startowym.

Całą naszą trójką zapakowaliśmy się do terenówki i przejechaliśmy czterysta metrów do Wyspy Krzaków, gdzie Mox widział stado. Jechaliśmy powoli, dając lwom doskonałą okazję, żeby zauważyły nas i land cruisera. Gdy się zbliżyliśmy, usiadły, a my przyglądaliśmy się im uważnie, szukając oznak strachu lub agresji. Nie musieliśmy się martwić. Jak zawsze Psotka i Błękitka podeszły prosto do samochodu, by podgryzać opony i zaglądać do środka przez półdrzwiczki. Ich pyski i oczy w kolorze żywicy mieliśmy na wyciągnięcie ręki. Kusiło mnie, żeby zdjąć kleszcza znad oka Psotki, ale na szczęście rozum mi wrócił. Dwa młode samce, które ochrzciliśmy imionami Muffin i Moffet, leżały parę metrów od lwic. Choć tak młode – miały tylko cztery lata – najwyraźniej uznały się za władców Błękitnego Stada i terytorium. Tylko czas mógł pokazać, czy obronią swoje pozycje w starciu ze starszymi i większymi rywalami.

Siedzieliśmy ze stadem wylegującym się w cieniu samochodu. Było jak za dawnych czasów, ale Psotka, Fryga, Liesa, Zmorka i Szelma stały się całkiem dorosłe. Wraz z Błękitką i starą Dziczką stanowiły imponującą grupę.

Założyliśmy obroże Błękitnemu Stadu i nadajniki nosiło już ponad szesnaście osobników z pięciu różnych stad, których terytoria ciągnęły się wzdłuż dawnych koryt rzecznych w Deception Valley, Passarge Valley i Hidden Valley. Mogliśmy je namierzać z samolotu lub terenówki. Dzięki powiązaniom lwów z obrożami z ich kompanami ze stada, często już zakolczykowanymi, mieliśmy bezpośredni kontakt z ponad trzydziestoma sześcioma osobnikami. Zaopatrzyliśmy w nadajniki także sześć hien brunatnych z klanu z Równiny Złudzenia oraz z klanu z okolic Równiny Gepardów. Teraz, gdy wszystkie obroże były już założone, musieliśmy tylko codziennie do końca pory deszczowej śledzić lwy z samolotu, a potem udokumentować ich trasę migracji. Przez całą porę suchą hieny brunatne pozostawały blisko doliny, dzięki czemu łatwo było je obserwować z powietrza. Napięcie ostatnich tygodni zaczęło nas opuszczać. Udało się! Położyliśmy podstawy pod nasze powietrzne badania lwów i hien brunatnych.

Rankiem w dniu, w którym założyliśmy obrożę ostatniej hienie, zrobiliśmy sobie wolne do końca dnia i ruszyliśmy do obozu. Kiedy zaparkowaliśmy między dwoma namiotami, powitało nas zamieszanie i trzepot skrzydeł. Wódz, Brzydal, Wielki Czerwony i czterdzieści innych toko usiadło na linkach namiotowych, domagając się codziennej racji kaszy kukurydzianej. Delia ruszyła ścieżką, śpiewając. Brzydal usiadł jej na ramieniu i uszczypnął ją w ucho żółtym, zakrzywionym dziobem. Wódz balansował na czubku głowy Delii. Całe stado podążało za nią do kuchni, gdzie Marique, samiec mucharki białobrzuchej, usiadł na ziemi tuż przed nią, potrząsając skrzydłami i wprawiając całe ciałko w drżenie, by wybłagać swoją porcję. Musiałem zaczekać, aż Delia skończy karmić jakieś sto ptaków, ryjówkę Williama i jaszczurkę Laramiego. Potem i ja doczekałem się swojej kolejki i posiłku.

Po południu usiedliśmy w korycie rzecznym w pobliżu obozu, patrząc, jak pomarańczowe słońce zmieniało srebrzyste wiechy traw w morze ognia, nim znikło za Zachodnią Diuną. Wkrótce później w dolinie rozległy się żałosne wołania Kapitana, Sundance'a, Szczurzego Ogona, Kulawki i innych szakali. Śpiewały kołysankę pięknej pustce Kalahari, powoli układającej się do snu wokół nas. Kolor wysączył się z nieba i czarna sylweta Zachodniej Diuny szybko wtopiła się w mrok. Klik-klik-klik gekonów – dźwięk przypominający uderzające o siebie szklane kulki – oraz żałosne lamenty siewek obwieściły nadejście nocy. W końcu, gdy nad wydmami powiało chłodem, wróciliśmy do obozu.

Mox rozpalił ognisko i usmażył steki z antylopy, po czym wrócił do swojego namiotu.

– *Go siami, Ra* – zawołał cicho, co oznaczało, że skończył pracę i życzy nam dobrej nocy. Ciche szuranie jego butów na glinianej ścieżce do obozu brzmiało swojsko, przyjaźnie, po domowemu. Cieszyłem się, że Mox z nami jest.

Nie chcieliśmy jeszcze jeść. Długą chwilę siedzieliśmy w milczeniu, wpatrując się w roztańczony ogień. Płomienie nieco przygasły i zobaczyliśmy to, co kryło się za nimi. Na szczapach, tuż obok sterty drew, leżeli Muffin i Moffet. Nieco wcześniej dołączyli do nas, a teraz przyglądali się nam i słuchali naszej cichej rozmowy. Musieliśmy sobie powtarzać, że to dzikie zwierzęta. W takich chwilach czuliśmy coś, czego nie dało się wyrazić za pomocą zwykłych opisów uczuć. Był to amalgamat różnych emocji: ekscytacji, wdzięczności, ciepła, przyjaźni.

Później lwy wstały, przeciągnęły się i poszły między te same drzewa, które Kostek tak często znaczył. Nie dalej niż dziesięć metrów od nas odwróciły się, uniosły ogony i spryskały gałęzie swoim zapachem. Poszliśmy za nimi z latarkami, gdy weszły spacerkiem do kuchni. Stały w plecionej trójbocznej trzcinowej *bomie,* wydawały się wielkie jak konie. Muff przechylił głowę i położył pysk na stole. Mógłbym pogłaskać go po głowie, gdy mięsistym językiem polizał steki, które Mox zostawił nam na kolację.

Tymczasem Moff obwąchiwał półki. Dotarł do wiszącego wysoko dwunastokilowego worka mąki, chwycił go zębami i pociągnął. Worek rozdarł się, a biały pył zasypał lwu pysk i grzywę. Moff cofnął się, kichnął i otrząsnął się, rozpylając mąkę po całej kuchni. Potem chwycił worek i truchtem opuścił obóz, znacząc drogę długą, białą linią. Muffin poszedł za nim. Razem rozdarli worek na strzępy i położyli się spokojnie obok kuchni jak wielkie kopce piasku w świetle księżyca. Naśladując ich ciche pomruki, podeszliśmy na palcach i usiedliśmy jakieś dwa metry od nich, słuchając, jak burczy im w brzuchach. Pół godziny później oba lwy wstały, ryknęły i odeszły na północ.

* * *

Codziennie o wschodzie słońca wznosiliśmy się w nieruchome, chłodne powietrze, by zlokalizować nasze lwy i hieny. Obróciłem fotel Delii, żeby siedziała twarzą do tyłu, mając skrzynkę z prowiantem za stół roboczy. Dostrajała się do częstotliwości danego zwierzęcia, nasłuchiwała jego sygnału w słuchawkach, przełączając się między dwiema antenami, i kierowała mnie w jego stronę. Gdy sygnał stawał się najsilniejszy, oznaczało to, że jesteśmy dokładnie nad namierzanym zwierzęciem. Zapisywaliśmy odczyty kompasu dwóch lub trzech charakterystycznych miejsc, by nanieść naszą pozycję na lotnicze zdjęcia terenu Deception Valley i odnotować codzienne miejsce pobytu każdego badanego zwierzęcia.

Ustaliwszy koordynaty, schodziliśmy tuż nad ziemię. Gwałtownie pikując i na powrót się wznosząc, przez grawitację wciskani w siedzenia, mogliśmy dostrzec lwy. Delia notowała uwagi na temat typu ich habitatu, liczby lwów w grupie, rodzaju upolowanej zwierzyny, o ile jakaś była, oraz terenu, na którym koncentrowały się stada zwierząt łownych, a wszystko to robiła odwrócona w stronę kołyszącego się w dół i w górę ogona samolotu. Nie wiem, jak jej się to udawało; ja po pięciu minutach pożegnałbym się ze swoim zadaniem. A jednak ona latała ze mną codziennie przez ponad dwa i pół miesiąca.

Kiedy zdobyłem nieco wprawy i potrafiłem już bezpiecznie latać nisko, jednocześnie nagrywając na taśmę swoje obserwacje i obsługując radionadajnik, zacząłem się wyprawiać samotnie. Ja leciałem, a Delia odwiedzała hieny albo pracowała w obozie nad danymi. Parę lat później, gdy kupiliśmy radionadajnik do obozu, często pozostawaliśmy w kontakcie, więc gdybym musiał przymusowo lądować, Delia wiedziałaby, gdzie mnie szukać.

Z naszych obserwacji zaczęło się wyłaniać fascynujące odkrycie: związek Błękitnego Stada z klanem hien brunatnych z Równiny Złudzenia. Hieny zawsze podążały za lwami, gdziekolwiek by się one udały w czasie pory deszczowej. Błękitne Stado rzadko zabijało zwierzę inne niż to, które znajdowały Gwiazdka, Łatka czy któraś inna hiena z klanu. Stało się oczywiste, że hieny brunatne bardzo polegają na lwach, jeśli chodzi o znajdowanie jedzenia, i że terytorium klanu niemal całkowicie pokrywa się z terytorium Błękitnego Stada podczas pory deszczowej. Nawet ich ślady zapachowe często znajdowały się w tym samym miejscu. Z góry dolina i koryto rzeczne wyglądały jak tablica gry planszowej, na której hieny z niezwykłą sprawnością podążały za lwami, by dostać się do resztek porzuconego przez nie łupu. Wszystkie były uczestnikami gry o przetrwanie.

Początkowo baliśmy się, że samolot wystraszy lwy, uniemożliwiając ich obserwację. Nie musieliśmy się martwić. Już wkrótce lataliśmy do trzydziestu metrów nad trawą, nie płosząc zwierząt. Z tej wysokości, o ile lecieliśmy szybko, mogliśmy dostrzec obrożę lwa i kolor znacznika w jego uchu. Lwy reagowały na samolot różnie. Muffin często robił śmieszne miny, łypał w górę okiem, nie unosząc głowy. Szatan przyczajał się i dla żartu gonił samolot, a jeśli przelecieliśmy nad jego głową, wspinał się na tylne łapy, przednie łapy zaś wyciągał w górę. Czasem, gdy lwy odpoczywały w korycie rzecznym, lądowaliśmy przy nich, a potem robiliśmy sobie piknik w cieniu skrzydła i po prostu na nie patrzyliśmy.

* * *

Muffin i Moffet ważyli już ponad dwieście dwadzieścia kilo i choć ich grzywy nie były w pełni rozwinięte, stało się jasne, że oba młode samce zamierzają zachować swoje prawa do terytorium Błękitnego Stada w Deception Valley. Co noc i co ranek przechadzały się wzdłuż koryta rzecznego, rycząc, drapiąc ziemię i opryskując swoim zapachem drzewa, krzewy i trawę.

Pewnego ranka w męskim przymierzu powstało pęknięcie. Do obozu wkroczyła Błękitka z podążającymi za nią dwoma samcami. Była w rui i robiła wszystko, żeby skusić swoich kawalerów. Kołysała się przed nimi zachęcająco, muskając ich nosy pędzelkiem na końcu ogona. Gdy dwa samce zalecają się do samicy, zwykle jeden ustępuje – albo obaj dzielą się jej łaskami. Ale wkrótce stało się jasne, że w tym przypadku sprawa nie została uregulowana.

Błękitka leżała przez parę minut koło samolotu, po czym ruszyła do obozu Moxa, a Muff i Moff zbliżyli się do niej razem, jakby chcieli ją pokryć. Wpadli na siebie. Warcząc i prychając, wspięli się na tylne łapy i zaczęli się bić i gryźć. Błękitka pobiegła na drugą stronę zagajnika i schowała się za krzakiem. Muffin dopadł ją pierwszy i odwrócił się gwałtownie, by stawić czoła Moffetowi. Znowu wdali się w bójkę i tym razem Błękitka prysnęła w gęste zarośla na skraju koryta rzecznego.

Po drugim starciu Muffin miał przeciętą lewą brew i zakrwawiony pysk. Oba lwy węszyły w trawie, starając się znaleźć samicę, zanim zrobi to rywal.

Może na tym by się skończyło, gdyby Błękitka – trofeum – nie wybrała akurat tego momentu, by wyjrzeć z zarośli. Muffin zauważył ją i ruszył do niej truchtem, ale zanim zdołał się zbliżyć, Moffet nadbiegł galopem z tyłu. Raz jeszcze zaczęli dziko walczyć, przetaczać się w trawie, wyrywając ją z korzeniami ciosami potężnych łap.

W końcu Muffin ustalił swoje prawo do Błękitki, która była już mocno zniechęcona tym zamieszaniem, i położył się naprzeciwko niej w palącym słońcu. Moffet poszedł odpocząć w cieniu drzewa. Błękitka czuła się coraz gorzej w upale i zaczęła zerkać na miejsce, w którym odpoczywał Moff. Kiedy wstała, by dołączyć do drugiego samca, Muff odsłonił zęby, zmarszczył brwi i warknął groźnie. Błękitka skuliła się i chcąc nie chcąc, leżała, ciężko dysząc w skwarze. Wreszcie sytuacja znalazła rozwiązanie, gdy Moffet poszedł w głębszy cień nieco dalej. Wtedy Muff pozwolił swojej lwicy wstać i oboje przenieśli się w miejsce opuszczone przez Moffeta.

Przez kilka dni, gdy Muffin adorował Błękitkę – i jeszcze tydzień później – samce nie kontaktowały się ze sobą, choć do tej pory prawie się nie rozstawały. Dziesięć dni po konflikcie wczesnym rankiem obudził nas ryk zbliżającego się do obozu Muffina. Samiec opryskał małą akację koło kuchni, po czym ruszył na północ wzdłuż koryta rzecznego. Na jego zew odpowiedział inny lew z głębi doliny i obaj ruszyli ku sobie, nieustannie rycząc. Gdy Moffet wyłonił się z krzaków koło Północnego Drzewa, oba samce ruszyły do siebie truchtem. Raz po raz pocierały o siebie policzkami, całymi ciałami i ogonami, jakby usiłowały zatrzeć wspomnienie konfliktu. Potem zaległy obok siebie w porannym słońcu. Muffin położył łapę na barkach Moffeta. Trzeba było czegoś więcej niż kłótni o samicę, by przerwać łączącą ich więź.

* * *

Spędziliśmy całe lata na przedzieraniu się terenówką przez krzaki, by zbierać urywki informacji o lwach i hienach brunatnych. Teraz, gdy mogliśmy korzystać z samolotu i sprzętu radiolokacyjnego, nasze dzienniki zaczęły pęcznieć od danych. Wiedzieliśmy, gdzie Muffin, Moffet, Błękitka i reszta stada znajdują się danego dnia i jak daleko oddalili się od Stada z Równiny Skoczników oraz czterech innych. Żeby się dowiedzieć, czy któryś z lwów zabił dużą sztukę zwierzyny, po prostu startowaliśmy, znajdowaliśmy jego częstotliwość i przelatywaliśmy mu nad głową. Dosłownie w stu procentach przypadków udawało mi się znaleźć każde zwierzę z obrożą i na ogół potrafiłem rozpoznać, w jakim towarzystwie i habitacie przebywa, jak daleko wyprawia się nocą i czy ma młode. Znalezienie wszystkich naszych zwierząt podczas pory deszczowej było kwestią najwyżej dwóch godzin. Spełnione marzenie każdego badacza.

17

MŁODE FRYGI

Delia

...to, co się nie przebudzi, daje życie temu, co się budzi... w ten sposób znowu będzie żyć tej wiosny – i zawsze...

Gwen Frostic

Pewnego ranka Mark, latając EWG, zatoczył kółko nad dwoma samcami, by się upewnić, że wzrok go nie myli. Pod tym samym drzewem, nie dalej niż półtora metra od siebie, leżeli Muffin i Szatan, rywale ze Stada Błękitnego i Stada z Równiny Skoczników. Każdy z czołem opartym na wyciągniętej łapie, wspaniale spokojny, przeszywał wzrokiem przeciwnika. Moffeta nigdzie nie było widać.

Mark wrócił do obozu i razem pojechaliśmy do lwów. Zastaliśmy je w tej samej pozycji, mierzące się spojrzeniem. Było już południe i cień drzewa się przesunął, a lwy nadal leżały w prażącym słońcu. Oczy Muffina powoli zaczęły się zamykać, głowa mu opadła sennie, w końcu oparł się skronią o ziemię. Natychmiast z głębi piersi Szatana dobiegł basowy pomruk i Muffin czym prędzej się wyprostował, gotów do podjęcia wyzwania.

Ten pojedynek na spojrzenia trwał przez całe popołudnie. Gdy tylko któryś z przeciwników się zmęczył i musiał zmienić pozycję, z jego gardła dobiegał niski pomruk. W miarę jak pomruk przybierał na sile, lew przesuwał zad, ledwie poruszając głową i nie odrywając wzroku od przeciwnika.

Tuż po zachodzie słońca oba samce powoli wstały, warcząc i nadal mierząc się spojrzeniem. Krok po kroku ostrożnie oddaliły się od siebie, po czym w końcu odwróciły się i znikły, każdy na swoim terytorium. Bez rozlewu krwi wypróbowały nawzajem swoją siłę; wyszedł im remis.

Samce, które nawiązują przymierze ze swoim rodzeństwem lub przyjaciółmi, tak jak Muffin i Moffet, mogą łatwiej zdobyć i utrzymać panowania nad stadem i terytorium niż samotnicy*. Gdyby Szatan stanął przeciwko Muffinowi i Moffetowi, nie miałby szans.

* * *

Granice sąsiadujących ze sobą terytoriów nie były ściśle respektowane: członkowie Stada z Równiny Skoczników oraz Stada Błękitnego od czasu do czasu polowali na Równinie Gepardów, na granicy dwóch terytoriów, o ile drugiego stada nie było w pobliżu. Podczas pory deszczowej samce jednak poświęcały dużo czasu i energii na obronę swoich terytoriów. Ryczały, drapały, zostawiały ślady zapachowe i walczyły – jeśli powstała taka konieczność – o zachowanie prawa do terenu, a co za tym idzie, do zwierzyny i samic w okresie rozrodczym. Muffin i Moffet godzinami ryczeli i oznaczali swoje granice, szczególnie w okresie tuż po zawładnięciu terytorium Błękitnego Stada.

Pewnego ranka Mark wykręcił im brzydki numer. Muffin i Moffet leżeli, wygrzewając się w słońcu na Południowej Równinie. Wcześniej nagraliśmy ryk Moffeta odpowiadającego Szatanowi. Teraz Mark zaparkował toyotę jakieś dziesięć metrów od

---

* Bygott, Bertram i Hanby, str. 839–41.

miejsca, w którym Muffin i Moffet w najlepsze wylegiwali się z głowami na łapach, zamkniętymi oczami, wygrzewając się w cudownym cieple wschodzącego słońca. Mark wystawił magnetofon przez otwarte okno i go włączył.

Gdy Moffet usłyszał własny głos, poderwał się na równe nogi i odwrócił się w stronę samochodu. Mark natychmiast wyłączył magnetofon, ale biednego Moffeta nie dało się wyłączyć. Wstrząśnięty obcym głosem, wyciskając potężne ryki z głębi brzucha, zrobił parę kroków w kierunku terenówki i zatrzymał się z nastawionymi uszami i uniesioną głową, przeszywając mrok spojrzeniem. Nie otrzymał odpowiedzi, więc ryknął jeszcze raz i spojrzał na Muffina, jakby chciał powiedzieć: „No chodź! Bierz się do roboty! Ktoś chce zawłaszczyć nasze terytorium!". Ale Muffin nadal leżał z głową na łapach i nie zaszczycił go uwagą. Moff odśpiewał czwartą zwrotkę ryków, podszedł do Muffa i znowu ryknął. Ten, jakby nie miał wyboru, wstał i bez przekonania dodał swój głos do chóru. Potem obaj, rycząc i przystając tylko po to, żeby wydrapać swój znak, szybkim krokiem ruszyli tuż obok terenówki w kierunku wyimaginowanego intruza.

Parę dni później Muffin i Moffet przebywali w południowej części swojego terenu, gdy znad wydm dobiegł ryk Szatana. Zatrzymali się gwałtownie, nasłuchując, a potem ryknęli, tylnymi łapami rozgrzebując piasek. Przez trzy godziny samce ryczały, zbliżając się powoli do siebie.

Kilka godzin przed świtem Szatan przestał odpowiadać na wyzwanie i nad doliną zapanowała cisza. Muffin i Moffet zabili po jednym gnu z małego stada na granicy między terytorium Błękitnego Stada i Stada z Równiny Skoczników. Właśnie się pożywiali, gdy na polanę za nimi wkroczył Szatan. Stanął, przyglądając się im z odległości dwudziestu metrów, aż Muffin i Moffet się odwrócili. W ich oczach błysnęła agresja.

Z potężnym rykiem, w fontannach piasku, lwy przeskoczyły nad upolowaną zwierzyną i rzuciły się na Szatana, wpadając na niego i przesuwając go o kilka metrów. Szatan zaparł się tylnymi łapami, ryjąc głębokie koleiny w piasku. Z wyciągniętymi pazurami zamachnął się ciężką łapą, mocno uderzył Moffeta, aż jego głowa odchyliła się na bok. Potem, stając na tylnych łapach i rozdziawiając szeroko paszczę, by zaprezentować długie kły, odwrócił się i stanął przed Muffinem. Wyglądali jak ogromni zapaśnicy, gdy tak zadawali sobie ukąszenia, ciosy i cięcia pazurami w barki, grzywy i pyski. Mięśnie na ich plecach nabrzmiały jak grube sznury.

Moffet zdążył się już otrząsnąć po ciosie Szatana i zaatakował go od tyłu, gryząc i drapiąc jego grzbiet, podczas gdy Muffin okładał go po głowie ciosami przednich łap. Szatan obrócił się jednym zdradzającym potężną siłę ruchem i rzucił Moffeta w krzaki, ale ten podniósł się i wraz z Muffinem znowu zaatakowali Szatana, zapędzając go w krzak. Ciężkie, twarde, grube na pięć centymetrów gałęzie pękły jak zapałki.

Muffin atakował dalej, Szatan odpowiadał zaciekle, masakrując jego barki i pierś długimi kłami. Tymczasem Moffet rozorywał grzbiet i boki Szatana długimi, krzyżującymi się ciosami pazurów. Choć krzak częściowo chronił zad Szatana przed Moffetem, nie pozwalał mu także uciec.

Pysk Muffina spływał krwią z rany biegnącej od prawego oka po koniec nosa. Samiec słabł pod głębokimi ciosami i potwornymi ukąszeniami Szatana, a jego boki unosiły się i opadały.

Czując, że Muffin słabnie, Szatan wyszedł z kryjówki w krzaku. Ale ledwie odsłonił zad, Moffet chwycił jego lewą tylną łapę w zęby i ugryzł z potworną siłą. Szatan ryknął z bólu, lecz stojąc przed Muffinem nie mógł się odwrócić. Moffet nie puszczał, a to jakby dodało nowych sił Muffinowi, który skoczył na Szatana, gryząc i obsypując jego głowę seriami ciosów, od których w powietrzu fruwały kępki czarnej grzywy i złamanych gałązek. Krew tryskała na ziemię dokoła. Basowe warknięcia i ryki Szatana stopniowo traciły moc i zmieniały się w niemal jęki. Moffet zacisnął szczęki na grzbiecie Szatana i mocno ugryzł, z głuchym chrupnięciem miażdżąc nerwy i kręgi w okolicy krzyża. Szatan osunął się na ziemię.

Bracia stali przez minutę nad powalonym przeciwnikiem. Potem, dysząc ciężko, Moffet odwrócił się i poszedł do upolowanego gnu. Muffin powlókł się za nim.

Przez długą chwilę Szatan leżał bez ruchu, charcząc. Strzępy skóry i grzywa zwisały mu z rozdartego karku, a krew sączyła się ze złamanego kręgosłupa. Bardzo powoli dźwignął się na przednie łapy i zaczął się czołgać, ciągnąc za sobą sparaliżowane ciało. Udało mu się przebyć tylko piętnaście metrów, po czym znowu upadł, oddając mocz z krwią i z trudem łapiąc powietrze. Raz po raz unosił się i pełzł na swoje terytorium, ale każdy wysiłek zabierał mu coraz więcej ubywających sił. W końcu z potężnym dreszczem upadł i po raz ostatni zaczerpnął głęboko tchu.

Gdy wstał nowy dzień, Szatan już nie żył.

* * *

Siedząc tyłem do przodu w kokpicie, usiłowałam się skupić na przyrządach telemetrycznych, ale kątem oka widziałam, jak biały ogon samolotu unosi się i kołysze tuż nad czubkami drzew.

– Czekaj, zrobię jeszcze jedno kółko. Spróbuję je znaleźć – zawołał Mark przez interkom.

Chwyciłam się kurczowo siedzenia i samolot powoli przechylił się nad szczytem Zachodniej Diuny. Brzydki sygnał ostrzegawczy zaskrzeczał, gdy Mark niemal doprowadził samolot do utraty sterowności. Walcząc z pragnieniem zamknięcia oczu, spojrzałam w dół, szukając pod akacjami śladu obecności Psotki i Frygi, które jakiś czas temu oddzieliły się od innych samic z Błękitnego Stada.

– Tam są, na skraju tamtej polany! – krzyknęłam.

– Dobrze. Są na niej od paru dni. Pojedźmy tam samochodem i przyjrzyjmy się im z biska.

Ten styl latania – godzinami każdego dnia – w końcu zaczął mi szarpać nerwy, ale nawet później, gdy Mark latał już sam, nie poczułam się dużo lepiej. Wiele ryzykował, a kiedy dzielił uwagę między urządzenia telemetryczne i pilotowanie samolotu, było bardziej prawdopodobne, że doprowadzi do wypadku. Ale Mark upierał się, że latanie razem w samolocie podczas poszukiwania lwów jest marnowaniem siły roboczej.

Teraz wróciliśmy do obozu, załadowaliśmy sprzęt na pakę i podążyliśmy za sygnałem Psotki aż do Zachodniej Diuny. Lwice wyciągnęły się na kępie schnącej trawy na szczycie wydmy. Na nasz widok nawet nie drgnęły, jeśli nie liczyć nieustannego ruchu ogonów.

Zatrzymaliśmy się sześć metrów od nich. Nad brzuchem Psotki wyjrzała mała główka z kosmatymi uszkami. Potem pojawiła się druga para okrągłych, miękkich uszu i zaspanych oczu, a potem kolejna, aż w końcu patrzyło na nas pięć malutkich pyszczków. Psotka i Fryga, które znaliśmy od małego, miały teraz własne młode.

Kociaki dreptały za matkami na krępych, niepewnych łapkach, potykając się o siebie i przewracając na puchate, pulchne zadki. Ich słomkowe futra były usiane brązowymi plamkami. W końcu się uspokoiły, trzy zaczęły ssać Psotkę, a dwa inne poszły do Frygi.

Matki miały jakieś cztery lata i o ile wiedzieliśmy, były to ich pierwsze mioty. Młode przebywały w „przedszkolu" – gęstej trawie z niezwykle wysokim, rozłożystym migdałecznikiem, blisko szczytu wydmy.

Widok młodych ucieszył nas szczególnie, ponieważ, żeby opracować plan ochrony lwów z Kalahari, musieliśmy dowiedzieć się więcej o ich biologii rozrodu: jak często się rozmnażają, ile młodych jest w miocie, jak matki karmią swoje dzieci podczas długiej pory suchej i ile z nich na ogół przeżywa.

Badania w Serengeti we wschodniej Afryce dowiodły, że lwice są złymi matkami. Pozwalają swoim młodym pożywić się przy zabitej zwierzynie dopiero wtedy, gdy same się najedzą. Często porzucają potomstwo, czasami bez innych widocznych przyczyn niż ta, że wolą się spotykać ze swoimi towarzyszkami ze stada niż zajmować się macierzyńskimi obowiązkami.

Choć na równinie Serengeti przez większą część roku zwierzyna jest względnie dostępna, a drapieżnikom żyje się na ogół lepiej niż na Kalahari, tylko dwadzieścia procent młodych dożywa do wieku dorosłego*. Z tych, które nie przetrwają, jedna czwarta umiera z głodu, często dlatego, że matki nie prowadzą ich do zabitej zwierzyny. Tyle samo umiera z powodu ataku drapieżników albo w wypadkach, a pozostała część z niewyjaśnionych przyczyn. Jak twierdzi George Schaller, dorosłe lwy żyją wiele lat, rzadko umierają przedwcześnie i nie wychowują licznych młodych.

Sądziliśmy, że na Kalahari będzie inaczej. Skoro śmiertelność wśród dorosłych lwów jest tu wyższa, a czas ich życia krótszy z powodu surowych pustynnych warunków, to może lepiej dbają o swoje potomstwo. Pozostaliśmy przy Frydze i Psotce tak długo jak mogliśmy, w nadziei, że znajdziemy te i inne informacje.

Lwice ze stada często miewały ruję, parzyły się i rodziły młode synchronicznie, we wszystkich porach roku. Potem samice z lwiątkami przeważnie oddzielały się od stada i tworzyły własną grupę do czasu, gdy młode wystarczająco podrosły – mniej więcej po czterech miesiącach – by dotrzymać kroku dorosłym. Po narodzinach młode ważą zaledwie około półtora kilo i są zupełnie

---

* Bertram, str. 59.

bezbronne; ich oczy otwierają się dopiero między trzecim a pięt-
nastym dniem życia. Małe Frygi i Psotki miały mniej więcej dwa,
trzy tygodnie.

Przez resztę tego dnia matki ze swoimi młodymi leżały w cieniu drzewa. Na ogół spały – maleństwa kuliły się pod brodą Psotki
albo obok przednich łap Frygi. Cała tuląca się do siebie piątka
była rozmiarów głowy Psotki. Od czasu do czasu mały kłębuszek
dreptał do jednej z matek, by się do niej przyssać. Po nim podążały inne. Ani Fryga, ani Psotka nie zwracały uwagi na to, czy
karmią swoje, czy cudze dziecko. W Serengeti samice ze stada nawzajem karmią swoje młode; teraz wiedzieliśmy, że tak samo jest
na Kalahari. Lwiątka ssały od pięciu do ośmiu minut, po czym
odchodziły parę kroków albo zasypiały przy boku matki.

O zachodzie słońca Psotka przewróciła się na brzuch i czujnie
spojrzała na pięciokilometrowy pas koryta rzeki między wydmami. Fryga, wyczuwając jej nastrój, uniosła łeb. Potem obie wstały
gwałtownie, otarły się o siebie policzkami i wygięły długie grzbiety
w łuk, zapierając się przednimi łapami w piasku. Następnie, nie
oglądając się za siebie, ruszyły na północ. Trzy maluchy szły za
matkami przez trawę, ale Psotka i Fryga szybko znikły w zaroślach. Wszystkie młode zaszyły się głęboko w gąszczu pod drzewem, gdzie miały się ukrywać do powrotu matek.

Wymieniając ryki z innymi samicami, obie matki dołączyły
do reszty stada na północnym krańcu doliny, by zapolować na
skocznika. Gdy skończyły jeść, tuż po północy wróciły do dzieci.
Ich ciche głosy wywabiły miauczące młode z kryjówki. Lwiątka
dreptały wokół nóg matek, a Fryga i Psotka obmywały im pyszczki i grzbiety szorstkimi, ciężkimi językami przygniatając je do ziemi. Przewróciły każde z nich, wylizały mu podbrzusze i podogo-
nie, a małe łapki wpierały się im w pyski. Po czym matki zaczęły
karmić młode.

Nad ranem Muffin i Moffet zjawili się w legowisku matek i położyli się obok Psotki. Jedno lwiątko przydreptało do Muffina i wtuliło się pyszczkiem w jego gigantyczny szorstki pysk. Samiec ignorował małego natręta, dopóki ten nie zawędrował między jego przednie łapy i nie próbował się umościć w gąszczu bujnej grzywy. Nieco zirytowany Muffin powoli uniósł prawy kącik górnej wargi, marszcząc tę stronę pyska i ukazując długi kieł w pozbawionym przekonania grymasie, jakby taki drobiazg nie był godzien większej groźby. Maluch położył uszka, uciekł do Psotki i wcisnął się jej pod brodę, spoglądając wielkimi oczami na starego, złego Muffina.

Samce nie brały udziału w wychowywaniu potomstwa i odwiedzały legowisko młodych być może tylko po to, by pójść za samicami, gdy te wybiorą się na polowanie.

Choć obie lwice pielęgnowały razem pięć młodych, wkrótce stało się jasne, że Psotka jest o wiele lepszą matką. Gdy w plątaninie małych ciałek przy sutkach Frygi powstawało najmniejsze zamieszanie, ta często odwracała głowę, warczała, a nawet odchodziła, zostawiając maluchy domagające się więcej mleka. Wkrótce cała piątka zaczynała walczyć przy czterech sutkach Psotki. To, dla którego nie starczało miejsca, miaucząc głośno szło do Frygi, która czasem je karmiła, a czasem nie.

W miarę upływu dni Fryga coraz dłużej pozostawała z dala od małych. Najedzona i najwyraźniej zadowolona wylegiwała się z innymi samicami ze stada. Tymczasem Psotka wyręczała ją przy wychowywaniu dzieci.

Pewnego dnia, gdy małe miały już koło ośmiu tygodni, Psotka i jej trójka zniknęli. Fryga leżała na plecach, karmiąc swoją dwójkę, ale kiedy maluchy przez chwilę się kłóciły, obnażyła zęby, zmarszczyła nos i wściekle na nie syknęła. Potem odeszła, a one zostały, tęsknie za nią spoglądając. Widać było, jak pod zmierzwionymi futerkami rysowały im się żebra.

Fryga dołączyła do stada na Szlaku Lampartów i przebywała z nim do końca dnia. Następnego rana, zamiast wrócić do młodych, leżała w cieniu z głową na grzbiecie Liesy. Gdyby nie jej nabrzmiałe sutki, nic nie wskazywałoby na to, że czekają na nią dwa głodne lwiątka.

Oba były w złym stanie, ale jedno wyglądało na szczególnie wychudzone i słabe; nie mogło długo przeżyć bez mleka. Następnego ranka, lecąc Echo Whisky Golfem, znaleźliśmy Psotkę i jej małe ze starą lwicą Dziczką kilka kilometrów od legowiska młodych. Okrążając nisko teren, zauważyliśmy, że Dziczka ma czwórkę własnych kociąt, o parę tygodni starszych od dzieci Psotki. Dwie samice leżały razem, spokojnie karmiąc swoje potomstwo.

Przełączyliśmy kanały w odbiorniku i znaleźliśmy Frygę z Liesą niemal dwadzieścia kilometrów od młodych. Później dotarliśmy w gąszcz, lecz okazało się, że najsłabsze lwiątko umarło. Drugie, samotne i wynędzniałe, kryło się w rozwidleniu drzewa, patrząc na nas przerażonymi oczami. Gdybyśmy go nie nakarmili, prawdopodobnie umarłoby w ciągu dwudziestu czterech godzin, ale nadal istniał cień szansy, że Fryga po nie wróci. Po długich rozterkach w końcu wytłumaczyliśmy sobie, że choć obecność lwiątka w obozie będzie kłopotliwa, możemy się dzięki niemu wiele dowiedzieć. Postanowiliśmy je adoptować, jeśli Fryga nie wróci po swoje dziecko następnego dnia.

Następnego ranka matka-latawica oddaliła się jeszcze bardziej od swojego młodego, które pewnie nie przeżyłoby kolejnego dnia bez mleka. Poszliśmy do legowiska młodych z pudełkiem i starym kocem, żeby ratować lwiątko, ale ku naszemu zaskoczeniu znaleźliśmy obok niego leżącego Muffina. Młode podeszło na drżących łapkach do wielkiego samca, wciskając malutki pyszczek w jego brzuch i bezskutecznie szukając wypełnionych mlekiem sutków. Przez parę minut patrzyło na Muffa, otumanione głodem, a potem wróciło chwiejnym krokiem do drzewa i ze zwieszoną głową zaczęło się kołysać, tłukąc czołem w pień, raz po raz. Przy wychudzonym ciele jego głowa i łapy wydawały się za duże. W końcu w ostatnim stadium wygłodzenia lwiątko stanęło bez ruchu, oparte o pień czołem.

Nie wiedzieliśmy, jak Muffin by zareagował, gdybyśmy próbowali zabrać młode, więc postanowiliśmy wrócić w nocy, gdy samiec wyruszy na polowanie. W tym czasie małe mogło umrzeć z głodu, ale przynajmniej dopóki Muff przy nim był, nie groził mu żaden inny drapieżnik.

Był to niezwykły dzień jak na porę deszczową. Zamiast umiarkowanej temperatury i lekkiego wiatru, było gorąco i duszno. Toko siedziały cicho w drzewach z otwartymi dziobami i uniesionymi skrzydłami, starając się ochłodzić. Nie ruszało się nic oprócz much, które bzyczały wokół naszych twarzy albo siadały na ręcznikach, pocierając brudne łapki z wyraźną uciechą.

Tego popołudnia z południowego wschodu nadciągnął długi, czarny wał niskich chmur. Sunąc szybko nad wydmami, wypełniły dolinę i popędziły ku obozowi. Słońce zeszło niżej na zachodzie i chmury przybrały olśniewające odcienie różowości i fioletu przetykanego pasmami złota. Zaczęły wirować nad naszymi głowami, w powietrzu wiatr zakotłował piasek.

Popędziliśmy do obozu, by przeczekać burzę. Zasunęliśmy suwaki namiotów, przywiązaliśmy samolot i postawiliśmy skrzynki ze sprzętem na cegłach – Mox był na urlopie w Maun, więc nikt nie mógł nam pomóc. Nagle wicher uderzył w drzewa, zagrzmiało i języ błyskawic rozcięły sine niebo.

Smagani wichrem i deszczem skończyliśmy przywiązywać linki namiotów. Mark ryknął, przekrzykując wicher:

– Wsiadaj do samochodu – musimy wyjechać spod tych drzew!

Wskoczyliśmy do toyoty i odjechaliśmy dwadzieścia metrów od obozu. Jujuby i akacje gięły się gwałtownie nad namiotami, a zasłony deszczu płynęły równolegle do ziemi. Ledwie widzieliśmy przez nie obóz i samolot.

– Już po Echo Whisky Golfie!

Cessna stanęła dęba jak dziki koń, szarpiąc linami. Prawe skrzydło uniosło się wysoko w powietrze. Lina przytrzymująca tylne koło trzasnęła, a gdy samolot się obrócił, lewe skrzydło wyrwało z ziemi przytrzymującą linę. Samolot przesunął się i uderzył w zbiornik z paliwem i ogrodzenie.

Mark przeskoczył przez płot i chwycił czubek prawego skrzydła, żeby samolot się nie przewrócił. Ja pobrnęłam ku niemu pod wiatr.

– Trzymaj drugie skrzydło, bo stracimy samolot! – krzyknął Mark.

Wspięłam się na palce, żeby chwycić skrzydło. Przywarliśmy do samolotu w oślepiającym deszczu. Potężny wicher dmuchnął pod szerokie skrzydła i na sekundę poderwał samolot z ziemi. Mięśnie rąk i pleców pulsowały mi z bólu i bałam się, że skrzydło wymknie mi się z palców.

Błyskawica rozświetliła niebo elektrycznym błękitem. Zwisając z metalowego skrzydła, czułam się jak piorunochron. Namiot poddał się ostatniemu podmuchowi wichru i zapadł się jak mokra pajęczyna.

Parę minut później wiatr nieco osłabł, a my zdołaliśmy przywiązać zbiorniki paliwa do skrzydeł, by ustabilizować samolot. Szybko sprawdziliśmy, czy cessna nie ucierpiała, i odkryliśmy, że zbiornik zgniótł lewy stabilizator.

Wiatr znowu w nas uderzył, tym razem z północy, i raz jeszcze zawiśliśmy na skrzydłach, smagani wichrem i gradem. Siły zupełnie mnie opuściły. Miałam wrażenie, że ramiona wyrywają mi się ze stawów i dygotałam spazmatycznie z zimna. W chwili, gdy zrozumiałam, że nie zdołam się dłużej utrzymać, wiatr nieco odpuścił. Skrzydło wyśliznęło mi się z rąk i usiadłam w błocie, kompletnie wyczerpana.

Mark nadbiegł z chlupotem przez wodę i pomógł mi dojść do terenówki.

– Dobra robota, skarbie – powiedział, obejmując mnie ramieniem. – Stracilibyśmy samolot, gdyby nie ty.

Otulił mnie własną koszulą i pobiegł, by na nowo przywiązać samolot. Poczułam na nodze coś ciepłego i lepkiego. Wyciągnęłam rękę i zobaczyłam krew. Włączyłam latarkę; łydkę miałam głęboko rozciętą, prawdopodobnie o płot. Usiłowałam zatamować krwawienie chusteczką.

Mark otworzył drzwi samochodu.

– Postaram się postawić namiot. Przyjdź mi pomóc, jeśli gwizdnę.

Siedziałam wstrząsana dreszczami, których nie mogłam opanować, i modliłam się, żeby nie potrzebował mojej pomocy. Choć wiatr stracił na sile, deszcz nadal lał, a samolot stał w powiększającym się jeziorze błotnistej wody. Po chwili usłyszałam cichy sygnał Marka. Wyskoczyłam z auta, zostawiając sandały w głębokim grzęzawisku.

Mark postawił środkową tyczkę namiotu i oboje taplaliśmy się w błocie, usiłując napiąć linki. Kilka tyczek było złamanych, namiot zwisał z jednej strony, a na podłodze stało parę centymetrów błotnistej wody, ale przynajmniej był to dach nad głową.

Mark zapalił latarnię i zobaczył moją krwawiącą nogę. Usiłowałam mu wyjaśnić, co się stało, ale zęby mi dzwoniły. Owinął mnie suchym kocem, a potem opatrzył mi ranę. Gdy ruszył do wyjścia, spytałam:

– Nie wytrzesz się?

– Najpierw zrobię nam coś gorącego do jedzenia – odpowiedział i znowu wybiegł w burzę.

Po chwili wrócił z tacą, na której stały kubki parującej zupy i herbaty. W namiocie zrobiło się ciepło od latarni. Siedzieliśmy na blaszanych skrzyniach, pijąc zupę, i było nam całkiem przytulnie. Po pięciu godzinach burza skończyła się równie gwałtownie jak się zaczęła. Tylko gdzieniegdzie pomrukiwały grzmoty, a wielkie krople wody skapywały ciężko z drzew na namiot. Siedzieliśmy, wsłuchując się w ciszę i starając się rozgrzać. Od strony Północnego Wzgórza dobiegło wołanie szakala. Potem na południe od doliny ryknął lew – i przypomnieliśmy sobie o lwiątku.

Chwyciliśmy najsuchszy koc, napełniliśmy manierkę gorącą wodą i pojechaliśmy przez dolinę ku wydmie. Spragniona ziemia już wchłonęła większość deszczu, choć spora część koryta rzecznego nadal była pod wodą. Wszędzie leżały połamane, porozrzucane drzewa. Świecąc latarką, znaleźliśmy w końcu legowisko młodych. Muffin zniknął. Obok drzewa leżało bezwładne ciało lwiątka jak przemoczona szmaciana lalka z oczami wpatrującymi się ślepo w noc.

* * *

O ile wiedzieliśmy, Fryga nigdy nie wróciła do legowiska młodych. Chodziła na polowania i sypiała z samicami z Błękitnego Stada, w końcu straciła mleko. Jej zachowanie dowodziło, że samice z Kalahari nie są lepszymi matkami niż te z Serengeti, ale za wcześnie było na wyciąganie wniosków. Fryga, młoda i niedoświadczona, była tylko przykładem, jak nie należy wychowywać młodych lwiątek. Młode matki często popełniają błędy i z wiekiem nabierają doświadczenia.

Zaczynała się pora sucha, a my nadal prowadziliśmy badania instynktów macierzyńskich wśród pustynnych lwic na przykładzie Psotki i Dziczki oraz ich siedmiorga pociech. Teraz, gdy Psotka połączyła siły z Dziczką, starą i doświadczoną matką, być może ich mioty miały większą szansę przeżycia.

Młode Psotki miały już jakieś dwa miesiące, potomstwo Dziczki – koło trzech. Bawiły się i walczyły ze sobą jak rodzeństwo, przetaczały się po sobie, gryząc się i bijąc łapkami niczym kocięta. Często atakowały swoje matki, a zdarzało się, że Psotka dołączała do gry. Dziczka, choć traktowała cierpliwie wszystkie lwiątka, nigdy nie brała udziału w ich szaleństwach.

Dla mięsożerców, jak dla wszystkich zwierząt, zabawa to nie tylko rozrywka. Takie zachowania są ważne podczas polowania – skradanie się, pogoń, skakanie na poruszający się obiekt. Wszystko to wymaga koordynacji ruchowej i wprawy, którą zdobywa się właśnie podczas zabawy. Lwiątka nie musiały się uczyć zachowań potrzebnych podczas polowania; urodziły się, mając je w genach. Ale zabawa w walkę i polowanie na niby pomagała im doskonalić umiejętności potrzebne do zabicia poruszającej się ofiary.

Pewnego popołudnia, gdy lwiątko odpoczywało u boku Psotki, na kępce sierści na końcu ogona lwicy usiadła mucha. Młode, leżące z brodą na łapach, obserwowało – lekko zezując – jak mucha wędruje po włosach. Psotka machnęła ogonem i młode skoczyło na niego, robiąc w powietrzu salto. Do zabawy dołączył jego brat, uderzając łapką w ogon wijący się na ziemi.

Psotka poderwała się na równe nogi, odwróciła się i żartobliwie pacnęła łapą swoje młode, które wspięły się na tylne łapki i odpowiedziały podobnym atakiem. Matka zaczęła uciekać przez trawę. Natychmiast wszystkie lwiątka rzuciły się za nią.

W końcu nawet stara Dziczka dołączyła do długiego szeregu ścigających Psotkę. Biegli przez kolczaste krzaki, wymijali je slalomem i zakręcali, bijąc łapą każdego, kto się pod nią nawinął. Psotka zatrzymała się nagle, wzięła w zęby długi, cienki patyk i zaczęła pląsać wśród kotłujących się wokół lwiątek, wysoko unosząc głowę i ogon. Małe skakały w górę, koziołkowały w piasku, usiłowały wyszarpnąć matce patyk. Nie miały szans na pokonanie dorosłej lwicy. Ale potem pojawiła się Dziczka, kołysząc obwisłym zadem, i chwyciła patyk z drugiej strony. Lwice dokazywały i ścigały się nawzajem, szarpiąc i ciągnąc za cienki patyk. W końcu wszystkie młode położyły się w rządku i podziwiały matki walczące o powyginaną gałązkę. Gdy zostały z niej tylko drzazgi, Dziczka i Psotka dały sobie spokój i dysząc, poszły w cień drzewa. Dziczka minęła toyotę, tuląc uszy i unikając patrzenia na nas. Dałabym głowę, że wstydziła się tej chwilowej utraty panowania nad sobą.

Późnej w lasach Zachodniej Diuny Dziczka i Psotka zabiły młode gnu. Jadły przez dwadzieścia minut, gdy pojawili się Muffin i Moffet i przegonili je od łupu. Lwice wróciły do kryjówki lwiątek, ale zamiast je nakarmić, ruszyły powoli w stronę, z której przyszły, i cichym gruchaniem zachęcały młode, by poszły z nimi do zabitej zwierzyny. Muffin i Moffet kompletnie zignorowali obecność młodych i nie protestowali, gdy zaczęły jeść, ale Dziczka i Psotka nie dostały już ani kęsa.

Kiedy młode były już na tyle dorosłe, by jeść mięso, plan ich dnia się zmienił. Samice zostawiały je ukryte w trawie, a same szły zapolować i zdobyć pożywienie dla siebie. Potem wracały i prowadziły młode do upolowanej zwierzyny – czasem kilka kilometrów. Muffin i Moffet, gdy znajdowali samice przy mięsie, przepędzali je, ale z młodymi zawsze się dzielili. Dziczka i Psotka nadal karmiły mlekiem swoje młode, ale rzadziej i krócej.

Matki starały się zadbać o swoje dzieci pod każdym względem, ale gdy chmury znikły z nieba, a trawa wyschła, stada antylop zaczęły się rozpraszać i lwice z każdym dniem miały większe kłopoty z upolowaniem zwierzyny. Głód coraz bardziej dokuczał rosnącym lwiątkom.

18

LWY BEZ STADA

Delia

Rozproszyło się moje plemię...
Stanley Kunitz

Na rozległych pustkowiach Kalahari często nawet namiot wydawał się zbyt klaustrofobiczny, dlatego zdarzało się, że wyciągaliśmy nasze płócienne prycze na prastare koryto rzeki i spaliśmy pod gwiazdami. Świeży zapach schnącej trawy i łagodne, chłodne powietrze działały lepiej niż środek nasenny. Znaliśmy już niemal każdy gatunek ptaków czy insektów, skrzeczących czy brzęczących wokół nas, i te znajome dźwięki wraz z wołaniem szakali usypiały nas jak kołysanka. Czasem w nocy sprawdzaliśmy pozycję Krzyża Południa, śledząc jego powolne przejście przez niebo nad horyzontem. Potem znowu zapadaliśmy w sen.

Raz koło czwartej nad ranem obudził mnie głośny szelest krzaków. Otworzyłam szeroko oczy. Niespełna pięć metrów od nas, na tle rozgwieżdżonego nieba, majaczyła ciemna sylweta lwa, który szedł wprost na nas.

– Mark! Lwy tu są! – syknęłam, gorączkowo macając wokół siebie w ciemnościach w poszukiwaniu latarki.

Mark, zakopany głęboko w śpiworze, wymamrotał ochryple:

– Nie martw się... jeśli za bardzo się zbliżą, przeniesiemy się do namiotu.

Lew stał na końcu jego pryczy i przyglądał się nam.

– Mark – rzuciłam, starając się nie poruszać wargami. – One już tu są! Wstawaj!

Znalazłam latarkę, powoli ją uniosłam i włączyłam. Bursztynowe oczy Moffeta błysnęły w świetle. Muffin wyłonił się z mroku i stanął dwa lub trzy metry za swoim towarzyszem. Leżeliśmy pod krzakiem, który lubili oznaczać.

Mark wystawił głowę ze śpiwora i zerknął na lwy stojące nad jego stopami. Moffet przykucnął i zaczął drapać tylnymi łapami, głośno ciurkając moczem na ziemię. Oznaczał swoje terytorium.

Choć były to lwy, które dobrze znaliśmy, nie czułam się bezpieczna, wiedząc, że leżymy między nimi a ich ulubionym krzakiem. Wyplątałam się ze śpiwora i nie odrywając oczu od lwów, ruszyłam ku naszemu namiotowi, stojącemu sześćdziesiąt metrów dalej, po drugiej stronie zagajnika.

Mark szukał ubrania na ziemi, gdy mijałam jego pryczę.

– Nie mogę zdecydować, w co się ubrać – powiedział, stojąc goły i nie całkiem przytomny.

– Co za różnica, jak rany – syknęłam przez zęby. Dwa lwy przyglądały się, jak Mark się potyka, zbierając ubranie i śpiwór. W końcu chwyciłam Marka za ramię i pociągnęłam go do namiotu. Na skraju zagajnika obejrzeliśmy się na Muffina i Moffeta. Ocierali się o siebie głowami, nie zwracając uwagi na naszą niezdarną rejteradę. Zastanowiłam się, po co robiliśmy tyle zamieszania.

* * *

W 1978 roku deszcze były obfite, ale szybko się skończyły. Wietrzna pora sucha zaczęła się dużo wcześniej niż zwykle, przez co trawa przedwcześnie wyschła. Niebo stało się stalowosine od niesionego przez wiatr pyłu i piasku. Sawanna już w czerwcu była sucha tak jak w poprzednich latach w sierpniu.

Jak zwykle krótkie trawy rosnące na płytkiej, ciężkiej glebie prastarego koryta rzeki wysychały szybciej niż roślinność na wydmach. Antylopy z równin przeniosły się z koryta rzecznego w busz i między drzewa na zboczach wydm, gdzie liście dłużej pozostają zielone. Stada stopniowo podzieliły się na mniejsze grupy, które rozproszyły się na tysiącach kilometrów kwadratowych falistej sawanny.

Co ranek o świcie biegliśmy do Echo Whisky Golfa, by z powietrza wypatrywać lwów. Baliśmy się, że jeśli przepadnie nam choćby jeden dzień, nasze stada przeniosą się w jakąś odległą część Kalahari i nigdy więcej ich nie znajdziemy. Jednak tygodnie mijały, a stada nadal się nie wynosiły. Owszem, opuściły koryto wyschniętej rzeki, gdy zniknęły z niego antylopy. Muffin i Moffet już nie maszerowały przez Środkową Równinę, znacząc drzewa swoim zapachem, a Błękitka i inne samice przestały odwiedzać obóz. A jednak lwy z Błękitnego Stada nie oddaliły się bardzo od swojego terytorium z pory deszczowej. Skoro prawie wszystkie duże antylopy odeszły i nie było wody pitnej, jak lwy zdołały przetrwać? Podążając za nimi nocami terenówką i śledząc je za pomocą sprzętu radiolokacyjnego, zaczęliśmy otrzymywać odpowiedzi.

* * *

Moffet, który od kilku dni przebywał z dala od Muffina i samic, był głodny. Idąc przez kolczaste zarośla na wschód od doliny, szybko przeszedł w trucht z nisko pochyloną głową. Podążał zygzakiem za uciekającym przez trawę dropikiem wielkości kury. Gdy był już trzy i pół metra od ptaka, ten zerwał się do lotu, ale Moffet stanął na tylnych łapach, wyciągnął przednie i strącił uciekiniera na ziemię. Uniósł wargę i wbił zęby w pierzastą pierś ptaka, kichając i potrząsając głową, gdy puch łaskotał go w nos. Po paru minutach, jeszcze z piórkami kołyszącymi się mu w grzywie, znowu ruszył na polowanie.

Początkowo nie braliśmy nowego hobby Moffeta poważnie – z pewnością samiec ważący dwieście dwadzieścia kilo nie zamierzał się wyżywić takimi drobnymi kąskami. Tego samego wieczora jednak Moffet zabił dwukilową postrzałkę i zapędził mangustę do nory. Dieta lwów zmieniła się drastycznie.

Błękitnemu Stadu nadal zdarzało się czasem w lasach na wydmach upolować żyrafę, kudu czy oryksa, ale ponieważ te wielkie zwierzęta kopytne trafiały się rzadko i były rozsiane po całej sawannie, lwy częściej polowały na drobniejszą zwierzynę. Zamiast zabijać dwustupięćdziesięciokilowego oryksa, jak podczas pory deszczowej, teraz żywiły się ważącymi od siedmiu do dziesięciu kilo jeżozwierzami, antylopikami, ratelami, otocjonami lub dropiami olbrzymimi. Ale to nie wystarczało na posiłek dla jednego czy dwóch lwów i z pewnością nie mogło wykarmić całego stada. Siedem samic z Błękitnego Stada, które w porze deszczowej leżały obok siebie, zawsze się dotykając i uspokajając, musiały się rozdzielić na mniejsze grupy, żeby jedzenia wystarczyło dla wszystkich.

Z powietrza stwierdziliśmy, że Dziczka, Psotka i ich młode znowu odłączyły się od grupy i przemierzały Równinę Krokodyli jakieś osiem do dziesięciu kilometrów na wschód od Deception Valley. Zamiast polować na granicach dawnych koryt rzecznych, zaczajały się w sawannach i lasach, gdzie mogły znaleźć kilka grup oryksów, żyraf i drobniejszej zwierzyny. Lwice, by znaleźć pożywienie, niemal co noc musiały przebyć od ośmiu do piętnastu kilometrów.

Fryga i Liesa polowały koło Rajskiej Równiny, reszta stada przemierzała doliny między wydmami cztery do sześciu kilometrów na zachód od Deception Valley. Błękitne Stado rozdzieliło się na małe grupy samic, między którymi kursowali Muffin i Moffet. Ze względu na czas potrzebny do zlokalizowania różnych części ich stada, samce musiały spędzać więcej czasu z dala od swoich samic i częściej polować na własny rachunek.

Teren zajmowany przez stado powiększył się ponaddwukrot-
nie do około tysiąca kilometrów kwadratowych. Mimo to nie była
to migracja w prawdziwym sensie tego słowa, ale tylko rozszerze-
nie terytorium na wschód i zachód. Narysowaliśmy mapę z kolo-
rowymi kropkami oznaczającymi dzienny pobyt lwów i schemat
ich rozmieszczenia. Wyglądała jak opryskana farbą.

Inne stada zareagowały na porę suchą w ten sam sposób – roz-
dzielając się, oddalając się od doliny w poszukiwaniu pożywienia i polując na mniejsze zwierzęta. Im większa susza panowała
w miesiącach zimowych, tym bardziej zmieniały się ich dieta, za-
kres wypraw, wykorzystanie habitatu i system społeczny.

Zaczęliśmy wylatywać cessną w księżycowe noce, by lepiej
udokumentować te zmiany.

* * *

Start o północy: skąpana w księżycowym blasku cynowa pustynia oddalała się szybko. Z wyjątkiem lampy gazowej wystawionej
na pasie startowym jako znak rozpoznawczy, cichy, zapomniany
świat Kalahari tonął w zupełnym mroku. Nasze twarze oświetlał
upiorny czerwony blask bijący od deski rozdzielczej w kokpicie,
a my podążaliśmy za wędrującymi lwami i hienami.

Starając się rozpoznać ledwie zauważalne punkty orientacyjne
pod nami, pewnej nocy znaleźliśmy Happy ze Stada z Równiny
Skoczników na granicy terytorium Błękitnego Stada. W ciągu
dwóch tygodni po tym, jak Mufin i Moffet zabili Szatana, kolejny
samiec – Diablo – przejął Stado z Równiny Skoczników. Samice
przywykły do nowego samca i ostatnio widywaliśmy nawet ko-
pulujące z nim Happy i niektóre inne. Ale teraz, gdy krążyliśmy
nad ziemią w świetle księżyca, widzieliśmy Happy w odległości
paru metrów od Muffina i Moffeta, patrolujących granice swojego
terytorium. Chcieliśmy się dowiedzieć, czy dwa samce wypędzą tę

obcą samicę na jej własne terytorium, czy będą się z nią parzyć, o ile była w rui. W Serengeti samce lwów adorowały samice z innych stad, ale my nigdy nie mieliśmy okazji zaobserwować tego na Kalahari. Wróciliśmy do obozu, a potem terenówką pojechaliśmy na południe, by znaleźć lwy.

Natknęliśmy się na Muffina i Moffeta – lwy z nosami przy ziemi szły szybkim krokiem przez zarośla koło Równiny Gepardów. Zatrzymały się gwałtownie i podniosły głowy. Happy patrzyła im w oczy z odległości niespełna trzydziestu metrów. Oba lwy przyglądały się jej uważnie przez parę sekund; ich ogony drgały. Happy stała nad nimi na niskim, porośniętym krzakami piaszczystym wzniesieniu.

Lwica podeszła do nich powoli, trzymając głowę wysoko nad trawą. Postawiła uszy. Z gardłowym warkotem, siekąc ogonami, Muffin i Moffet skoczyli i gonili ją przez ponad sto metrów, ale Happy była dla nich za szybka, a gdy się zatrzymali, stanęła tuż poza ich zasięgiem. Oba samce patrzyły na nią nienawistnie, ryjąc ziemię i trawę pazurami tylnych łap i rycząc.

Happy znowu ostrożnie podeszła do nich, a oni ponownie zaczęli ją ścigać, rycząc i siekąc łapami powietrze tuż za czubkiem jej długiego ogona. Po każdym wypadzie odważała się podejść bliżej, a oni pędzili za nią z coraz mniejszym przekonaniem. Gdy zdołała zbliżyć się do nich na odległość dwudziestu metrów, Muffin i Moffet położyli się obok siebie i patrzyli na to, co u lwów stanowiło chyba odpowiednik burleski.

Kołysząc płynnie zadem, przymykając oczy i rozchylając szczęki, Happy ruszyła ku zafascynowanym samcom. Muffin wstał szybko i potruchtał w jej stronę, ale ona oddaliła się galopem. Gdy się zatrzymał, odwróciła się i znowu ruszyła ku nim rozkołysanym krokiem, tym razem paradując parę metrów od ich nosów. Muffin wyprostował się najwyżej jak mógł i podszedł do Happy z największą możliwą gracją. Ta zachęcająco opuściła zad, zapraszając, by ją pokrył. Ale kiedy Muffin zbliżył się do niej od tyłu, nagle syknęła i pacnęła go mocno w nos. Muff ryknął i odskoczył, kładąc uszy na głowie i odsłaniając długie kły. Happy oddaliła się truchcikiem, kokieteryjnie machając ogonem. Po paru próbach podejmowanych przez oba samce Muffin i Moffet najwyraźniej się zmęczyli i wrócili na północ, na własne terytorium. Happy poszła jakieś trzydzieści metrów za nimi, nie przejmując się, że jest na obcej ziemi.

Wiedzieliśmy, że Liesa, Fryga, Szelma i Zmorka z Błękitnego Stada kończą jeść guźca upolowanego na szczycie Zachodniej Diuny. Muffin i Moffet – z Happy drepczącą piętnaście metrów za nimi – kierowali się wprost do nich.

Ponieważ w Serengeti nie jest niczym dziwnym, że samce lwów czasem łączą się z samicami z innego stada, nie zaskoczyło nas, że Muffin i Moffet zadają się z Happy. Jednak wiedzieliśmy, że samice ze stad w Serengeti tworzą ścisłe grupy społeczne, które nie przyjmują nowych członkiń i nie znoszą obcych lwic na swoim terytorium*. Stado jest świętością, stabilną jednostką społeczną złożoną z blisko spokrewnionych lwic i ich młodych, potomstwa samca lub samców, które pomagają bronić terytorium. Lwica może zostać wyrzucona ze stada i podjąć wędrowne życie, ale te nomadki nie dołączają do innych stad. W Serengeti stado trwa przez pokolenia, z tą samą linią pokrewieństwa, i należą do niego prababki, babki, matki, córki, ciotki i kuzynki.

Teraz Muffin, Moffet i Happy miarowym krokiem zmierzali w stronę szczytu Zachodniej Diuny. Pojechaliśmy za nimi, przygotowując flesze, aparaty fotograficzne i magnetofon, by zarejestrować nieuniknioną walkę Happy z samicami z Błękitnego Stada.

---

*Schaller, str. 34–42.

W świetle reflektorów ujrzeliśmy cztery samice, które skończyły już pożerać guźca i nawzajem myły sobie pyski. Dwa samce powitały lwice, obwąchały szkielet i położyły się parę metrów dalej. Happy przedefilowała obok Szelmy i Zmorki i położyła się przy Muffinie i Moffecie. Nie wierzyliśmy własnym oczom: żadna z lwic ze stada nie okazała nawet śladu agresji. Wyłączyliśmy magnetofon i schowaliśmy aparaty do samochodu. Nie mogliśmy tego zrozumieć: obca samica właśnie weszła w sam środek Błękitnego Stada, a jego członkinie jakby tego nie zauważyły!

W ciągu czterech następnych dni Happy była adorowana, najpierw przez Muffina, potem przez Moffeta, jakby należała do Błękitnego Stada. Podczas upalnego dnia Muffin leżał jak najbliżej niej, obserwując każdy jej ruch. Jeśli szukała głębszego cienia, podchodził do niej tak blisko, że ich ciała ocierały się o siebie. Czasem to on inicjował kopulację, stając za jej zadem. Znacznie częściej to ona paradowała mu przed nosem, strzepując ogonem i kołysząc zadem albo ocierając się o niego całym ciałem, by potem przykucnąć tuż przed nim. Muffin stawał nad nią, skubał zębami jej kark, a ona warczała i kładła uszy płasko na głowie. Po kopulacji szybko się cofał, by uniknąć uderzenia łapy Happy, która nieodmiennie obracała się, warcząc wściekle, i zadawała mu cios. Następnie kładła się na grzbiecie, wyciągając nogi, i tarzała się w trawie z oczami przymkniętymi w ekstazie. Parzyli się w ten sposób co dwadzieścia, trzydzieści minut przez niemal całe dwa dni i pełne dwie noce. Dziw, że Muffin nie protestował, gdy trzeciego dnia o zachodzie słońca Moffet przejął jego miejsce.

Za dnia Happy odpoczywała – zawsze z Muffinem lub Moffetem u boku – pod tym samym krzakiem co Szelma. Wyglądała, jakby należała do stada. Piątej nocy samotnie odeszła na południe i wróciła do Diablo, Dixie i pozostałych ze Stada z Równiny Skoczników.

Nigdy nie donoszono o takiej wymianie samic między stadami. Czy ta wędrowna lwica była wyjątkiem, czy jej zachowanie należało nazwać wybrykiem? Nie mogliśmy tak uznać. Ponieważ Happy została bezproblemowo przyjęta przez samice z Błękitnego Stada, wyglądało na to, że taka sytuacja może się powtarzać dość regularnie.

* * *

Pustynny wiatr przestał wiać w nocy, ale wiosna jeszcze nie nadeszła. Pod koniec sierpnia dni się stopniowo ocieplały, ale noce pozostawały przeraźliwie zimne. Potem pewnego cichego ranka w początkach września temperatura nagle skoczyła w górę.

Gdy gorąca pora sucha zagościła na Kalahari, termometr za dnia często sięgał pięćdziesięciu stopni w cieniu. W nocy słupek rtęci pokazywał od czterech do dziesięciu stopni. Skoki temperatury o ponad piętnaście, a czasem dwadzieścia stopni w ciągu doby nie należały do rzadkości. Względna wilgotność powietrza wynosiła mniej niż pięć procent w środku dnia, a słońce prażyło niemiłosiernie, wypalając z roślin ostatnie oznaki życia. Kwiaty akacji i krzaków *Catophractes* – różowo-biały kożuch, który magicznie rozprzestrzenia się na Kalahari w najbardziej suchym okresie w roku, zapewniając antylopom soczyste pożywienie – w tym roku się nie pojawił. Rozsiane z rzadka wątłe kwiatki zwieszały pomarszczone, zbrązowiałe płatki ku spieczonej ziemi, by wkrótce na nią spaść. Wiatr wiał w rozpalonej dolinie, wysuszona, krucha trawa rozpadała się, pozostawiając resztki łodyg sterczące ze spękanej ziemi jak połamane miotły. Przetrwaliśmy tu cztery pory suche, ale ta była najgorsza.

Do października na wydmach i piaszczystych równinach wokół Deception Valley nie została prawie żadna duża antylopa. W czasie pory deszczowej ponad pięćdziesiąt procent tych zwierząt skupiało się w prastarym korycie rzeki; teraz po jego nagiej powierzchni wędrowało mniej niż jeden procent antylop.

Dziczka i Psotka nadal karmiły swoje pięcio- i sześciomiesięczne młode, ale od pięciu miesięcy nie piły wody. By zdobyć mięso dla rosnących dzieci, szukały zwierzyny coraz dalej na wschód, przy granicy rezerwatu, gdzie w lasach pasły się stadka antylop. Często parę dni z rzędu przemierzały nocą po ponad dwadzieścia pięć kilometrów, żeby zabić jednego samotnego oryksa.

Pewnego ranka Mark znalazł obie matki i ich potomstwo, wraz z Muffinem i Moffetem, poza granicami rezerwatu. Przeszły na teren hodowców bydła, tak jak Kostek, i to znowu w czasie sezonu łowieckiego. Stara, ponura Dziczka z obwisłym zadem była rozważna. Przeżyła wiele pór suchych i pewnie parę suszy, polując poza rezerwatem. Wydawała się znać zagrożenie.

Krowa musi być w oczach lwa łupem idealnym: tłusta, powolna i niezdarna. Ale choć Dziczka doprowadziła Psotkę na trzysta metrów do miejsca hodowli bydła, to o ile wiedzieliśmy, nigdy nie zabiły ani jednego zwierzęcia domowego. Polowały na antylopy wychodzące z rezerwatu, by znaleźć wodę. Oczywiście ani Dziczka, ani inne lwy nie zostałyby nagrodzone za swoją wstrzemięźliwość, gdyby ranczerzy je zauważyli.

Muffin i Moffet nie zawsze pozostawali przy samicach i nie byli tak starzy i mądrzy jak Dziczka.

Znaleźliśmy odpowiedzi na wiele pytań o ochronę lwów z Kalahari: potrafiły przetrwać co najmniej osiem miesięcy bez wody pitnej, migrując w jednym kierunku, a potem rozpraszając się na wielkie odległości, by znaleźć wystarczająco dużo zwierzyny łownej. Porzucały bezpieczeństwo rezerwatu nie dla wody, jak pierwotnie podejrzewaliśmy, ale by zdobyć coś do jedzenia. W sumie dziewięć samic z Błękitnego Stada zwiększyło swój zasięg poszukiwań o 450 procent, z około 450 kilometrów kwadratowych podczas pory deszczowej do ponad 2500 kilometrów kwadratowych w miesiącach suchych; Stado z Równiny Skoczników zwiększyło swoje terytorium o 650 procent. Te ogromne zmiany w nieunikniony sposób zmuszały stada do wypraw w rejony, gdzie groziło im, że zostaną zastrzelone.

Po zwiększeniu zasięgu granice terytoriów, które jeszcze parę tygodni temu były bronione tak zażarcie – nawet za cenę życia – zaczęły się rozmywać. Niewielkie części wspólne terenów stad ogromnie się powiększyły i teraz Diablo swobodnie przechadzał się Szlakiem Lampartów przez dawne terytorium Błękitnego Stada. Tymczasem Mufin i Moffet zapuszczali się daleko w głąb terenu Stada Wschodniej Strony, często ponad czterdzieści pięć kilometrów poza ich terytorium z pory deszczowej w Deception Valley. Taki stan trwał ponad dwa miesiące. Gdy w końcu wracali w pobliże granic swojego terytorium z pory deszczowej, zostawali tam tylko dwa do trzech dni i znowu ruszali dalej.

Nad Deception Valley zapanowała cisza pory suchej. Ryki lwów i nawoływania szakali nie niosły się już o świcie nad doliną. Nie tylko dlatego, że lwy odeszły za daleko, by ich głosy były słyszalne; nie wołały, nawet będąc blisko doliny. Z naszego obozu nigdy nie widzieliśmy ani nie słyszeliśmy niczego, co by zdradzało ich obecność. Nic dziwnego, że przez całe lata byliśmy przekonani, że lwy podczas suchych miesięcy migrują w jakieś tajemnicze miejsce. Nie mając samolotu ani nadajników, nigdy byśmy się nie dowiedzieli, że niektóre lwy przebywają na terenie rezerwatu, czasem bliżej niż dwa kilometry od obozu.

Podczas gorącej pory suchej stada rozdzielały się na jeszcze mniejsze grupy niż podczas krótkiej zimy w czerwcu, lipcu i sierpniu. Liczyły maksymalnie po dwie lwice, które dzieliły się ze sobą zwierzyną, często zdane na własne siły. Muffin i Moffet spędzali z samicami zaledwie dwadzieścia procent czasu – inaczej niż w porze deszczowej, gdy poświęcali im pięćdziesiąt siedem procent. Tymczasem w Serengeti samce przebywają z samicami od siedemdziesięciu do dziewięćdziesięciu procent czasu przez cały rok*. Muffin i Moffet często oddalali się od swoich lwic nawet na sześćdziesiąt pięć kilometrów.

Społeczna organizacja lwów z Kalahari w ekstremalnych warunkach okazała się bardzo odmienna od tej lwów ze wschodniej Afryki. Najważniejszą różnicę stanowiło zachowanie samic. Wkrótce dowiedzieliśmy się, że lwice z Kalahari często zmieniają stada i ich terytoria podczas pory suchej, tak jak robiła to Happy przy licznych okazjach.

Dziczka, Psotka i ich młode, wędrując po terenie rezerwatu, od czasu do czasu spotykały się z członkami Stada ze Wschodniego Krańca, Błękitnego Stada i innych, a także z nieznanymi nam samicami. Wyglądało na to, że przestało się liczyć, do jakiego stada należały przed suszą. Bez trudu nawiązywały nowe znajomości. Te związki między osobnikami z różnych stad na ogół trwały krótko, chyba że miejscowe skupiska wielkich antylop były na tyle duże, by grupa mogła pozostać razem i nadal mieć dość pożywienia. Tak się zdarzało, gdy antylopy gromadziły się przy młodej trawie, która wyrastała po pożarze.

Z niecierpliwością czekaliśmy na wyniki codziennego patrolu lotniczego. Każdy wylot przynosił nowe informacje o zmiennym zachowaniu społecznym lwów w trudnych warunkach pory suchej. Wydarzenia społeczne i aspołeczne – kto zadawał się z kim, jak wiele lwów liczy grupa, jaka jest natura ich relacji – były bardzo dynamiczne.

Niektóre lwice zmieniały grupy częściej niż inne: Happy zadawała się przelotnie z lwami z czterech różnych stad siedemnaście

---

* Schaller, str. 38.

razy w ciągu dziewiętnastu miesięcy i w końcu wylądowała w parze z Szelmą z Błękitnego Stada. Pewnego ranka zaskoczyło nas odkrycie, że Kabe, zakolczykowana samica z Pomarańczowego Stada, pojawiła się na Północnej Równinie. Nie widzieliśmy jej od trzech lat. Towarzyszył jej młody samiec i dwie młode samice ze Stada Równiny Skoczników. Parę dni później porzuciła swoje towarzystwo i dołączyła do Dixie ze Stada Równiny Skoczników – ale na dawnym terytorium Błękitnego Stada z pory deszczowej. Jeśli brzmi to zawile, wyobraźcie sobie, jak czuliśmy się my, przez kolejne lata utwierdzani w przekonaniu, że lwy dorastają, polują, śpią i bawią się wyłącznie we własnych stadach. Cały ich system społeczny, nad którym zastanawialiśmy się od lat, rozsypywał się na naszych oczach.

Wszystkie bez wyjątku obserwowane przez nas lwice zadawały się z członkami z innych stad. Spójność struktury stada, tak permanentna i fundamentalna dla organizacji społecznej lwów z Serengeti, w populacji z Kalahari czasowo przestała istnieć. Był to poruszający przykład tego, jak gatunek potrafi przystosować swój system społeczny do ekstremalnych warunków środowiskowych.

Nie mogliśmy dłużej być pewni, że samice ze stada są ze sobą spokrewnione; nie potrafiliśmy określić pochodzenia tych starszych, których nie obserwowaliśmy od urodzenia. Zawsze zakładaliśmy, że najstarsza – Dziczka – wychowała się w Błękitnym Stadzie. Nie mogliśmy też ustalić, kto był ojcem młodych urodzonych w tych warunkach, bo samice z Błękitnego Stada parzyły się z samcami z czterech różnych stad.

Dziczka, Psotka, ich młode, Muffin, Moffet i wiele innych lwów nadal zapuszczało się poza granice rezerwatu. Może gdy znowu nadejdą deszcze, niektóre powrócą na pierwotne terytorium. Może – ale na razie na niebie nie było ani jednej chmurki.

19

PROCHY MOJEGO PRZYJACIELA
Delia

Prochy moich przyjaciół na zrywającym się wietrze, przyjaciół,
którzy upadli po drodze, dotkliwie parzą mi twarz.

Stanley Kunitz

Pora sucha 1978 roku, jak wszystkie pozostałe, pomimo kurzu i much miała parę dobrych stron: trawa wyschła, więc łatwiej było podążać za obiektami badań, nie musieliśmy się martwić o zabezpieczanie obozu przed deszczem, a zwierzęta w naszym zagajniku, zwabione wodą i kaszą kukurydzianą, stały się liczniejsze i bardziej oswojone.

Jednym z nowych bywalców obozu był samczyk beczaka szarogrzbietego, którego nazwaliśmy Paluszkiem – mały jegomość, który mieścił się nam w dłoni. Miał różowe nóżki jak wykałaczki, pulchny zadeczek, zadarty ogonek i wyglądał jak zabawka.

Niemal codziennie Paluszek wkraczał w podskokach do naszego namiotu sypialnego, dziobiąc w poszukiwaniu owadów pod skrzyniami, pudłami i za fałdami brezentu. Leżące u wezgłowia naszych prycz porozrzucane książki, gazety i papierzyska były jego ulubionym miejscem polowań na muchy i żuki.

Pewnego popołudnia, gdy odpoczywaliśmy, Paluszek zeskoczył z książki na nagie ramię Marka, potem na jego pierś, a następnie na brzuch koło pępka. Przez chwilę stał na czubkach palców, przechylając główkę na boki i zaglądając do środka wgłębienia. Brzuch Marka zaczął się trząść ze śmiechu, ale Paluszek zniósł to z godnością. Potem nagle wbił mały, ostry jak strzała dziobek we wnętrze pępka Marka. Nie wiem, czego szukał i czy znalazł, ale wyglądał na całkiem zadowolonego, gdy zeskoczył na podłogę i opuścił namiot.

W obozie mieliśmy już siedem mucharek, w tym Marique. W zimne noce sypiały, siedząc rzędem na gałęzi akacji. Te w środku były ogrzane, ale po chwili ich siedzący po bokach towarzysze zaczynali marznąć. Wyglądało to jak scena z filmu Disneya: ptaki z zewnątrz z półprzymkniętymi oczami przeskakiwały nad pierzastymi grzbietami innych i mościły się w lepiej chronionym przed zimnem środku. Wkrótce znowu zasypiały. Nieco później ptaki na końcach rzędu czuły zimno i całe przedstawienie się powtarzało, i tak przez całą noc.

Najszybszym mieszkańcem obozu była ryjówka William. Miał uszy jak Myszka Miki, nastroszone wąsiki i długi, niewiarygodnie giętki nos przypominający gumową rurkę. Nie potrafił ustać w miejscu, zawsze śmigał po sobie tylko znanych ścieżkach, gwałtownie zrywając się do biegu i przystając, jak ktoś, kto jedną stopą przyciska gaz, a drugą hamulec. Z nieustannie drgającym ryjkiem wypadał z krzaków i znowu w nie wpadał, rywalizując o kaszę kukurydzianą z toko i mucharkami.

Jedna z jego tras biegła przez obóz pod krzesłami w naszym „salonie" pod jujubą. Ponieważ ryjówki mają szybką przemianę materii, codziennie muszą pochłaniać góry pokarmu. Z tego powodu William nieustannie się spieszył; mimo to od czasu do czasu przystawał i trąbką podobną do słoniowej łaskotał nam palce u stóp. Był atrakcją naszego obozu.

Czasami miewaliśmy w obozie wiele myszy, ale ich liczba się zmniejszyła, gdy doktor Rolin Baker z Michigan State University poprosił nas o kolekcję gryzoni z Kalahari dla uniwersyteckiego muzeum. Nie mieliśmy czasu na ten projekt, więc nauczyliśmy Moxa łapania myszy żywcem, humanitarnego uśmiercania ich i preparowania. Obiecaliśmy mu zapłatę za każdy eksponat plus dodatkową premię za każdy nowy gatunek. Mox zabrał się do nowego zadania z wielką dumą i entuzjazmem. W końcu został zaangażowany w projekt naukowy! Poukrywał pułapki w kątach namiotu i za skrzynką z herbatą. Każdego ranka po skończeniu innych obowiązków brał szczypce ze skrzynki z narzędziami i chodził od jednej pułapki do drugiej, zbierając okazy. Spreparowanie trzech do czterech myszy zajmowało mu cały ranek, ale były zawsze idealnie ukształtowane i prezentowały się bardzo naturalnie.

Pewnego dnia w południe czytaliśmy pod jujubą, gdy Mox odkaszlnął za naszymi plecami. Stał na baczność, dumnie prezentując swoją najnowszą kolekcję szczurów i myszy. Ułożył je precyzyjnie na desce z łapkami schowanymi pod ciałkami i ze zwisającymi ogonkami. Było to jego najlepsze dzieło; gdyby nie oczodoły wypełnione watą, można by pomyśleć, że to żywe stworzenia. Otworzyłam usta, żeby go pochwalić, ale nagle zauważyłam długi nos jednego ze stworzonek. Na samym środku deski, z ładnie ułożoną trąbką leżał – zachowany na wieczność dla stanu Michigan – nasz William.

* * *

Ponieważ Frankfurckie Towarzystwo Zoologiczne zaopatrzyło nas w samolot, mieliśmy nadzieję, że dalej będziemy od nich dostawać fundusze na projekt, ale gdy rok 1978 dobiegł końca i rozpoczął się nowy, pieniądze znowu nam się skończyły. Richard Flattery, dyrektor Standard Banku, był uprzejmy załatwić nam pożyczkę bez zastawu; doskonale wiedział, że nie mamy nic do zaoferowania i w ogóle nie poruszał tego tematu. Chcąc zaoszczędzić, przestaliśmy latać Echo Whisky Golfem i zwlekaliśmy z wyprawą do Maun aż do stycznia, kiedy to w czekającej na nas korespondencji spodziewaliśmy się zobaczyć wiadomość o grancie.

Na długo zanim się spakowaliśmy, Mox stał, czekając przy samolocie, gotowy do lotu. Włożył najlepsze ubranie (jego garderoba znacznie się wzbogaciła od czasu, gdy zaczął dla nas pracować), włosy na potylicy przystroił wielkim, czarnym grzebieniem, a na nos wsadził okulary przeciwsłoneczne w niebiesko-czerwonych oprawkach. Jego chude nogi ginęły w połatanych dżinsach Marka. Stroju dopełniały odzyskane przez Marka stare tenisówki, które likaon usiłował zakopać. Mox wybierał się do wioski po raz pierwszy od ponad trzech miesięcy i był nakręcony jak skocznik, którego samice powróciły po spędzonej w samotności długiej porze suchej.

Wylądowaliśmy w Maun i zabraliśmy Moxa do Standard Banku, gdzie wypłaciliśmy mu zwykłą pensję plus dodatek za kolekcję gryzoni. W sumie było to trochę ponad dwieście pula – około dwustu pięćdziesięciu dolarów. Mox nigdy w życiu nie widział tyle gotówki naraz. Wraz z Richardem Flatterym gorąco namawialiśmy go, by założył konto oszczędnościowe, ale wyglądało na to, że żywi głęboką nieufność do banków. Powtarzaliśmy, że to najbezpieczniejsze miejsce dla jego pieniędzy, lecz odwrócił się i wybiegł na podwórko, na którym pasły się kozy i osły.

Dogoniliśmy go.

– Mox, co się stało? – spytałam łagodnie.

Mox przez jakiś czas wpatrywał się w ziemię. Potem powoli podniósł na mnie oczy.

– Kowboje.

– Kowboje?

– *Ee*, kowboje. – Wyciągnął prawą rękę z palcem wskazującym i kciukiem, naśladując sześciostrzałowca, po czym zaczął mówić łamaną angielszczyzną.

Okazało się, że kilka miesięcy temu obejrzał tani western, który ochotnicy z Korpusu Pokoju wyświetlali w wiosce. W tym filmie pokazano napad na bank. I choć w Botswanie nikt dotąd nie obrabował banku, Mox za nic nie dał się przekonać do zmiany zdania. Uważał, że lada chwila do Maun w kłębach kurzu na spienionych koniach mogą wpaść zamaskowani bandyci, by odjechać z jego oszczędnościami. Był pewien, że pieniądze są bezpieczniejsze w *rondavelu* jego matki.

Pożyczyliśmy land rovera od Richarda i zawieźliśmy Moxa do jego domu z gliny i słomy. Wszystkie dzieci wybiegły mu na powitanie i zaczęły tańczyć wokół niego, zachwycone jego okularami. Każde pogłaskał po głowie. Umówiliśmy się, że przyjedziemy po niego w to samo miejsce za dwa dni i odjechaliśmy.

Niespokojnie czekając na wieści o grancie, pospieszyliśmy po listy ze skrzynki pocztowej w Safari South. W stercie kartek z życzeniami świątecznymi sprzed dwóch miesięcy znajdował się telegram od Frankfurckiego Towarzystwa Zoologicznego. Poszliśmy w cichy kąt podwórka, gdzie rozdarłam kopertę. Telegrafista zrobił mnóstwo błędów, ale zdołaliśmy zrozumieć, że jeszcze raz nam się upiekło: Towarzystwo zamierzało nas finansować przez następne dwa lata.

Mark podniósł mnie wysoko nad głowę.

– Wiesz co? – spytał. – Odstaw się, zabieram cię na kolację.

I tak uczciliśmy Boże Narodzenie (miesiąc po fakcie), naszą szóstą rocznicę ślubu i grant kolacją w Island Safari Lodge na brzegu rzeki Thamalakane. Właściciele – Yoyi i Tony Grahamowie – podarowali nam butelkę szampana i nocleg w chatce. Trudno nam było w to uwierzyć – obrus, kieliszki, kelnerzy, prawdziwy prysznic, prawdziwe łóżko! Byliśmy bardziej zakochani w sobie i naszej pracy niż wtedy, gdy przed laty po raz pierwszy wysiedliśmy z pociągu w Gaborone.

Po dwóch dniach pisania listów i robienia zakupów zatrzymaliśmy się przed *rondavelem* matki Moxa, gotowi znowu ruszyć do samolotu i obozu. Przed domem dziewczynka mieszała kaszę kukurydzianą parującą na ognisku. Kilkoro dzieci bawiło się w piasku. Wszystkie znieruchomiały, patrząc, jak idziemy do chaty. Nikt się nie odzywał, a gdy spytaliśmy o Moxa, spojrzały na nas pustym wzrokiem.

Z domu wyszła starsza nastoletnia dziewczyna, którą rozpoznałam. Nie, nie zna nikogo o imieniu Mox, oznajmiła sucho, jakby ze znudzeniem. Kilkoro sąsiadów zebrało się wokół naszej toyoty. Wszyscy wzruszali ramionami – nikt nigdy nie słyszał o Moxenie Maraffe.

Przez dwa dni jeździliśmy, szukając Moxa. Jeszcze dwa razy zatrzymywaliśmy się przy chatce jego matki i choć nie widzieliśmy śladu obecności Moxa, mieliśmy wrażenie, że ukrywa się w środku. Po prostu postanowił zniknąć, a klan mu w tym pomagał. W końcu się poddaliśmy i odjechaliśmy na dobre.

Początkowo byliśmy zranieni i źli. Potrafilibyśmy zrozumieć, gdyby Mox chciał zrezygnować. Życie na pustyni z dala od rodziny nie jest marzeniem młodego kawalera. Ale wiele dla nas znaczył i sądziliśmy, że my dla niego też. Mógł nam powiedzieć, że odchodzi, zamiast po prostu zniknąć. Ale jeden z myśliwych z Maun był zdania, że nie przekazując nam osobiście złych wiadomości, w pewnym sensie Mox okazał nam sympatię.

Mox zyskał w wiosce wielkie poszanowanie. Nie tylko latał samolotem, ale był *kgosi* – szefem – który pracował z ludźmi strzelającymi do lwów i na nowo przywracającymi im życie. Przestał być uważany za wioskowego głupka. Szacunek i nowa tożsamość – te dwa skarby przywiózł z Kalahari, ale nie mogły mu się na nic przydać, gdyby pozostał na pustyni.

Choć podczas przyjazdów do Maun zawsze o niego pytaliśmy, nigdy więcej go nie zobaczyliśmy.

* * *

Po otrzymaniu grantu z Frankfurckiego Towarzystwa Zoologicznego w styczniu 1979 roku polecieliśmy do Johannesburga, żeby kupić nowe namioty i zapasy, a także zrobić przegląd samolotu. Pierwszej nocy postanowiliśmy iść do centrum, może do kina.

Wysokie wieżowce, drapacze chmur i powoli obracające się restauracje wznosiły się wysoko nad tętniącym życiem miastem. Płonęło w nim tak wiele oślepiających świateł, że gwiazdy zniknęły z nieba. Klaksony, samochody, krzyki, syreny, spaliny, tłum… Mark wziął mnie za ramię i pociągnął w ciemny zaułek. Wdepnęłam w resztki zatłuszczonej torby po rybie i frytkach. Dopóki nie wyprowadziliśmy się na pustynię, nie zauważałam, jak brudne są miejskie chodniki.

Trzymaliśmy się blisko siebie, uskakiwaliśmy, szliśmy slalomem, by wyminąć ludzi. Nagle w pobliżu kina zauważyliśmy znajomą twarz. Chwyciłam Marka za ramię i wpadliśmy do małej księgarenki. Wyjrzałam zza półki; jeden z nielicznych naszych znajomych w Johannesburgu właśnie nas mijał. Potem spojrzeliśmy na siebie.

– Dlaczego to zrobiliśmy? – spytał Mark.

– Nie wiem.

Stojąc w kolejce po bilety, utrzymywaliśmy zbyt duży dystans od człowieka przed nami. Weszliśmy na salę i zajęliśmy dwa fotele w kącie. Wkrótce miejsca wokół nas zapełniły się rozmawiającymi, śmiejącymi się kinomanami, którzy nadal śmiali się i gadali, gdy film się zaczął.

– Spadajmy stąd.

Wyszliśmy i znaleźliśmy małą kawiarenkę ze stolikami na zewnątrz, pod drzewami w donicach – prawdziwymi drzewami. Zamówiliśmy dwa kieliszki białego wina z RPA i siedzieliśmy w milczeniu, obserwując nocne życie miasta.

* * *

Następnego dnia poszliśmy do sklepu, by kupić upominki dla ludzi z Maun, którzy tak bardzo nam pomagali przez te wszystkie lata. Na półkach błyszczały rzędy cienkiej porcelany, kryształów i srebra. Atrakcyjna zielonooka trzydziestolatka podeszła, by nam pomóc. Nic, co nam proponowała, nie przypadło nam do gustu – nie pasowało albo do Maun, albo do naszego budżetu.

– Jesteście z Botswany? – spytała.

Wyjaśniłam, że od sześciu lat mieszkamy na Kalahari, badając życie lwów i hien brunatnych.

– O… mój ojciec mieszkał kiedyś na Kalahari – powiedziała.

– Naprawdę? Jak się nazywał?

– Pewnie go nie znacie – zmarł jakiś czas temu. Berghoffer, Bergie Berghoffer.

Przez chwilę żadne z nas nie było w stanie się odezwać.

– Jest… jest pani córką Bergiego? – wykrztusiłam.

Od ponad pięciu lat chcieliśmy się skontaktować z rodziną Bergiego, żeby choć w drobny sposób okazać naszą miłość i podziękować za wszystko, co dla nas zrobił, ale nie wiedzieliśmy, jak jego córki nazywają się po mężach.

Kobieta przedstawiła się jako Heather Howard i zawołała swojego męża Mike'a, by zszedł z góry i usłyszał mnóstwo historii, które mieliśmy do opowiedzenia o Bergiem. Przypomnieli sobie, jak mówił o szalonych Jankesach, którzy rozbili namioty na Kalahari, nie mając nic oprócz land rovera, by studiować życie dzikich zwierząt. Zawsze zastanawiali się, co się z nami stało. Niestety, musieliśmy odrzucić zaproszenie na kolację: tego popołudnia wracaliśmy do siebie. Obiecaliśmy, że odezwiemy się do nich podczas następnej wizyty w mieście. Nie skontaktowaliśmy się z nimi ani wtedy, ani za naszą następną bytnością w Johannesburgu. Gdy tylko musieliśmy przejść obok ich sklepu, martwiliśmy się, że przypadkiem na nich wpadniemy i będziemy musieli się tłumaczyć, dlaczego nie zadzwoniliśmy. Nie zrozumieliby naszego zachowania.

Choć pragnęliśmy widoku ludzi, unikaliśmy kontaktu z nimi. Mark i ja mieliśmy wrażenie, że jesteśmy jedynymi osobami na świecie, które rozumieją to idiosynkratyczne zachowanie społeczne, a to tylko pogłębiało nasze poczucie dystansu do innych.

Minął prawie rok od naszego spotkania z Heather i Mikiem, gdy w końcu złożyliśmy im wizytę. Pewnego słonecznego popołudnia przejechaliśmy przez faliste, zielone pola Republiki Południowej Afryki do ich domu na obrzeżach miasta. Wspaniale było ich znowu zobaczyć, a oni nie pytali, czemu tak długo zwlekaliśmy. Może rozumieli lepiej od nas; w końcu Bergie spędził samotnie na pustkowiu sporą część swojego życia.

Heather była miła, ale zamyślona. Rozmawialiśmy przez jakiś czas, a potem wyjaśniła, że jej ojciec poprosił, by go skremować, a prochy rozsypać w jakiejś spokojnej, trawiastej dolinie, gdzieś w dziczy. Przez te wszystkie lata po jego śmierci, powiedziała, rodzina nigdy nie czuła, że nadeszła odpowiednia chwila. Teraz, gdy znowu się spotkaliśmy, doszli do wniosku, że Bergie ucieszyłby się, gdybyśmy pomogli im spełnić jego ostatnią wolę.

Poszliśmy przez łąki do strumienia, który szumiał i tworzył małe wiry na kamienistym dnie. Wiał delikatny wietrzyk, latały motyle. Rozrzucając prochy Bergiego na wietrze, widziałam jego uśmiech. Zwracaliśmy mu wolność.

Cząstki jego prochów zatrzymały się na pajęczynie rozciągniętej między wysokimi, kołyszącymi się trzcinami. Odwróciłam się i spojrzałam na daleką mgiełkę miasta za zielonymi wzgórzami. Wątpiłam, by Bergie – albo któreś z nas – mógł długo cieszyć się dziką przyrodą.

* * *

W lutym 1979 roku wróciliśmy na Kalahari samolotem wyładowanym sprzętem i zapasami. Po paru dniach rozpakowywania, piłowania i wbijania gwoździ z zadowoleniem spojrzeliśmy na nasz nowy obóz z pięcioma namiotami. Mały namiocik kuchenny, żółty z brązową wypustką, stał w kępie drzew tuż koło jujuby. W środku znajdował się stół z obrusem i krzesłami, a po obu ich stronach – szafki ze skrzynek po pomarańczach kryjące talerze, koszyki i szklanki. Wijąca się wśród drzew ścieżka wiodła do namiotu-sypialni z prawdziwym łóżkiem, które Mark zrobił ze skrzynek. W namiocie biurowo-laboratoryjnym ustawiliśmy duży stół roboczy, półki na książki, maszynę do pisania, szafkę katalogową i drugi stół jako biurko. Mieliśmy też namiot-składzik z zamrażarką i lodówką na gaz oraz nową trzyczęściową *bomę* wokół kuchni. Gdybyż Bergie mógł to zobaczyć!

20

SZKOŁA PADLINOŻERCÓW
Delia

Krótko mówiąc, wszędzie widzimy piękną adaptację...

Charles Darwin

Przez całą porę deszczową 1978 roku i następujące po niej zimowe miesiące kontynuowaliśmy badania hien brunatnych wraz z obserwacjami lwów. Gwiazdka miała już ponad jedenaście lat i jej ciemne futro, niegdyś gęste i długie, przerzedziło się, a spod niego wyjrzały łaty nagiej, szarej, szorstkiej skóry. Większość jasnej grzywy znikła, na żylastym karku widać było blizny po walkach, a zęby starły się jak pieńki od rozgryzania kości przez wiele lat. Wstawała z ziemi nieco wolniej – i może trochę sztywno – i chętniej wypoczywała w czasie nocnego poszukiwania pożywienia.

Mark z powietrza znajdował jej sygnał radiowy w tym samym miejscu na Zachodniej Diunie przez cztery dni z rzędu. Było to nietypowe zachowanie dla hieny brunatnej: pustynny padlinożerca nie może sobie pozwolić na luksus tak osiadłego życia. Przychodziły nam do głowy tylko dwa powody, dla których się nie poruszyła: zsunęła obrożę albo umarła.

Za pomocą odbiornika w samochodzie namierzyliśmy jej nadajnik na zboczu wydmy na zachód od obozu. Przedzierając się przez drapiące, kolczaste krzewy, łapaliśmy coraz mocniejszy sygnał, ale nie było ani śladu Gwiazdki. Przygotowywałam się na cios. Za chwilę zobaczymy na piasku jej ciało, rozdarte i zmasakrowane, z kośćmi objedzonymi do czysta przez sępy. Mark zatrzymał samochód, wyłączył silnik i wskazał przed siebie. Jakieś piętnaście metrów dalej znad małego krzaczka spoglądała na nas stara Gwiazdka. Otrzepała pylisty piasek z futra, machnęła ogonem i podeszła do jamy w małym, piaszczystym wzniesieniu. Pochyliła się do niej i wydała ciche mruknięcie. Na zewnątrz chwiejnie wydreptały trzy malutkie, czarne, nastroszone kuleczki. Nasza Gwiazdka nie tylko żyła i miała się doskonale, ale urodziła młode w kryjówce oddalonej o zaledwie trzysta metrów od obozu! Maluchy podniosły czarne oczka na matkę, która trącała je swoim wielkim pyskiem, gdy plątały się jej wokół łap.

W końcu zyskaliśmy kolejną okazję, by obserwować hienę brunatną opiekującą się swoim potomstwem. Baliśmy się, że Łatka i Zjawa opuściły swoje młode, ponieważ zaniepokoiła je nasza obecność, ale Gwiazdka była tak do nas przyzwyczajona, że czuliśmy, iż nie ma nic przeciwko nam. Małą samiczkę nazwaliśmy Czarnuszką, a dwa samczyki – Kakao i Toffi.

Choć wiedzieliśmy już bardzo dużo o obyczajach żywieniowych hien brunatnych, nadal nie rozumieliśmy ich systemu społecznego. Nie pojmowaliśmy, dlaczego żyją w klanie. Skoro są padlinożercami i – w przeciwieństwie do żyjących w stadzie drapieżników – nie potrzebują się nawzajem do polowania na dużą zwierzynę, po co gromadzą się w grupie? Dlaczego Łatka, dominująca samica, dzieli się pożywieniem z Gwiazdką i Zjawą, skoro mogłaby wszystko zjeść sama? Po co klan zamieszkuje wspólnie terytorium, skoro osobniki nie potrzebują się nawzajem?

Gwiazdka powiększyła norę postrzałki, by zrobić w niej legowisko dla swoich młodych. Trzy głębokie korytarze w piasku – każdy schowany w gęstwinie akacjowych zarośli – prowadziły do osobnych podziemnych tuneli. Za dnia Gwiazdka spała w cieniu drżących liści jakieś piętnaście metrów dalej i co trzy, cztery godziny wzywała młode, mrucząc przy wejściu do nory. Maluchy dreptały nieporadnie na zewnątrz i witały matkę z dzikim entuzjazmem, chwiejnym krokiem okrążając ją raz po raz i wydając ochrypłe piski. „Uśmiechały się" przy tym, kładąc uszka na głowie, a zakręcone ogonki – na grzbietach. Gwiazdka lizała i skubała zębami każde z nich. Potem układała się w chłodnej piaszczystej bruździe i karmiła dzieci przez dwadzieścia do dwudziestu pięciu minut.

Gdy młode miały zaledwie trzy tygodnie, zaczęły się bawić na dworze. Początkowo te zabawy polegały na wpadaniu na siebie i przewracaniu się na piasek. Potem szczeniaki nauczyły się zachowywać równowagę i zaczęły ćwiczyć siłowanie się pyskami i gryzienie w szyję. Gwiazdka rzadko dołączała do tych zabaw, ale leżała cierpliwie, gdy cała trójka ze wszystkich sił starała się kąsać ją w uszy, nos i ogon albo skakała na jej okrągły, zakurzony brzuch. W przeciwieństwie do lwich i ludzkich matek, nigdy nie traciła cierpliwości. Czasem wydawało się, że ma już absolutnie dość tych psot, lecz przetaczała dzieci na grzbiety, a gdy wierciły się i chciały wstać, dokładnie je wylizywała. A one, ledwie jej uciekły, znowu zaczynały się nawzajem podgryzać.

Tuż po zmroku Gwiazdka prowadziła maluchy do bezpiecznej nory, w której pozostawały, gdy ona przemierzała kilometry w poszukiwaniu pożywienia. Ale ponieważ co cztery do pięciu godzin musiała wracać, by nakarmić młode, nie mogła poświęcić na te wyprawy tyle czasu, co inne hieny, ani za bardzo oddalić się od nory. To ograniczało ilość jej łupów w miesiącach wychowywania młodych.

Pewnej nocy, gdy szczeniaki miały sześć tygodni, Gwiazdka ostrożnie zacisnęła potężne szczęki na grzbiecie Czarnuszki i przez nasze lądowisko zaniosła ją w krzaki na Wzgórzu Północnym, gdzie umieściła ją w nowej jamie. Potem wróciła po Kakao i Toffi. Nie wiedzieliśmy, dlaczego to zrobiła, ale niektórzy mięsożercy, jak szakale i wilki, mają zwyczaj przenosić swoje młode w dwa lub trzy różne legowiska w czasie ich dorastania.

Cokolwiek nią kierowało, dało nam wspaniałą okazję do zbadania wnętrza jamy hieny brunatnej. Uzbrojeni w latarki, notesy i taśmę mierniczą poszliśmy do opuszczonego legowiska. Gdy do niego dotarliśmy, Mark przykucnął, by przyjrzeć się piaszczystym miejscom wokół wejścia.

– Czego szukasz? – spytałam.

– Śladów. Lepiej się upewnić, że nie wprowadził się tu lampart ani guziec.

Przyjrzeliśmy się setkom malutkich śladów szczeniaków, szukając tych należących do nowego, większego drapieżnika.

– No dobrze – powiedział w końcu Mark. – Ty wejdź tędy, ja zajmę się większym wejściem.

Głową naprzód wpełzłam najpierw w korytarz, potem w tunel mający jakieś osiemdziesiąt centymetrów wysokości. Zdołałam się w niego wcisnąć, wtulając głowę w ramiona. Skierowałam promień światła latarki w nieprzeniknione ciemności. Tunel biegł prosto trzy i pół metra, a potem skręcał w lewo. W głowie tłukła mi się myśl, że jeśli jakiś guziec albo lampart zamieszkał w tych ciemnych korytarzach, to musi się czuć bardzo zagrożony, słysząc nasze stękanie, kaszel i sapanie dochodzące z przeciwnych kierunków. Wyobraziłam sobie rozzłoszczone oczy błyszczące za zakrętem.

Leżąc płasko na brzuchu i odpychając się dłońmi i palcami stóp, sunęłam powoli do przodu. Od czasu do czasu uderzałam głową w sklepienie, a wtedy piasek osypywał mi się na kark i plecy. Oparta na łokciach zsunęłam się łagodnie w dół, świecąc latarką.

Dotarłam do końca korytarza i przystanęłam, nasłuchując. Słyszałam tłumione tąpnięcia i chroboty – to Mark czołgał się drugim korytarzem. Powoli zaświeciłam latarką za zakręt, spodziewając się usłyszeć syczące warczenie uwięzionego lamparta. Cofnęłam gwałtownie latarkę. Kiedy nic się nie wydarzyło, poczołgałam się dalej i wyjrzałam zza zakrętu.

Przede mną znajdowało się główne pomieszczenie: jakieś półtora metra średnicy i metr dwadzieścia wysokości, z włochatymi, szarymi korzeniami zwisającymi z sufitu. Najwyraźniej to tutaj szczenięta spędzały większość czasu; w piaszczystej podłodze zostały wgłębienia tam, gdzie sypiały. Do pomieszczenia prowadziły trzy małe tunele i dwa większe.

Nadal nie widziałam Marka, ale mogliśmy ze sobą rozmawiać i głosami dudniącymi jak w beczce opisywaliśmy sobie nawzajem, co widzimy. Doszliśmy do tego, które tunele łączą się ze sobą pod ziemią i zmierzyliśmy ich wymiary.

Zaimponowała mi czystość jamy; Gwiazdka była doskonałą gospodynią. Nigdzie nie było łajna ani śmieci, tylko parę kości i nie czułam żadnego odoru z wyjątkiem zatęchłego, ciężkiego zapachu ziemi. Jedynymi ozdobami była czaszka żyrafy i łopatka oryksa.

– Hej! Coś mnie gryzie! – wrzasnął Mark z innego tunelu. Nie wiedziałam, czy tym czymś jest mysz, czy lampart, ale po chwili i ja poczułam palące ukąszenia na całym ciele. Byłam tak zaskoczona, że nie przyszło mi do głowy, żeby się odwrócić i wyjść z korytarza głową naprzód. Najszybciej jak mogłam zaczęłam się czołgać tyłem pod górę. Gorączkowo odpychając się rękami, wbijając palce stóp w ziemię i nieustannie uderzając siedzeniem o sufit, w końcu dotarłam do wyjścia. Stanęliśmy w słońcu i świeżym powietrzu i odkryliśmy, że roi się na nas od pcheł.

Zdjęliśmy wszystkie ubrania, ochlapaliśmy się wodą z manierki i pokuśtykaliśmy do obozu. Przynajmniej raz cieszyłam się, że Mox nie wyjdzie nam na powitanie.

Samice hien brunatnych przenoszą swoje młode do nowej nory zapewne z kilku dobrych powodów: by zapewnić im większą przestrzeń albo chronić je przed drapieżnikami, gdy te odkryją ich kryjówkę, ale jestem przekonana, że przynajmniej częściowo przyczynia się do tego chęć ucieczki przed inwazją pcheł.

Dwumiesięczni Czarnuszka, Kakao i Toffi bawili się dłużej na słońcu, oddalając się od Gwiazdki i nowego legowiska nawet na dziesięć metrów. Przy najcichszym szeleście w trawie – a nawet na widok lecącego kruka – zawsze jednak biegli do matki albo znikali w jamie.

Gdy Gwiazdka była gotowa na poszukiwanie pożywienia, wstawała, otrząsała się i odchodziła bez jednego spojrzenia na szczeniaki. Nie starała się już bezpiecznie odstawić do legowiska swoich podrośniętych dzieci. Czarnuszka i Kakao galopowali za nią jakieś piętnaście metrów, po czym wracali. Toffi, zawsze bardziej nieufny, obserwował ich z bezpiecznego wejścia jamy. Cała trójka stała w milczeniu, aż szelest kroków Gwiazdki cichł w suchej trawie. Wówczas przez dziesięć, piętnaście minut szczeniaki bawiły się albo poznawały teren wokół jamy, po czym do niej wchodziły. W tym wieku były tylko nieco większe od domowych kotów i stanowiły świetny łup dla lwów, lampartów, gepardów czy szakali.

W wieku dwóch i pół miesiąca Czarnuszka, Kakao i Toffi mieli okrągłe, pękate brzuszki. Pewnej nocy Gwiazdka wzięła Kakao za kark i poszła z nim przez busz na zachód. Podążając za nimi terenówką, widzieliśmy, jak schodzi z Północnego Wzgórza w dolinę, a potem na północ, ze szczeniakiem zwisającym w pysku jak mokra szmatka.

Tego ranka Mark znalazł Moffeta pod Bezgłowym Trio, a teraz Gwiazdka szła mrocznym korytem rzeki dokładnie tam, gdzie znajdował się lew. Przez lornetkę widzieliśmy zarys wielkiego ciała Moffeta nieruchomo leżącego pod drzewem. Lwy często tropią i zabijają hieny brunatne, a Gwiazdka musiała na niego wpaść, o ile nie zmieniłaby kursu. Mogłaby uciec, ale po drodze pewnie upuściłaby synka.

Uniosłam lornetkę i patrzyłam niespokojnie, jak Gwiazdka idzie ze swoim młodym, coraz bardziej zbliżając się do lwa. Hieny brunatne nie słyną ze świetnego wzroku i gdyby Moffet się nie poruszył, zobaczyłaby go pewnie, dopiero gdy byłoby za późno na ucieczkę. Nocne powietrze trwało w śmiertelnym bezruchu; Gwiazdka nie mogła poczuć zapachu lwa, dopóki nie znalazłaby się kilka metrów od niego. Szła przed siebie, nieświadoma niebezpieczeństwa.

Moffet przetoczył się i schował łapy pod ciężkie ciało. Uniósł głowę i spojrzał na Gwiazdkę idącą ku niemu przez koryto rzeki. Widzieliśmy już, jak lwy zaczajają się na hieny brunatne, więc podejrzewaliśmy, że Moffet zaczeka, aż hiena zbliży się do niego na dwadzieścia do trzydziestu metrów, a wtedy zaatakuje. Zanim zdołałaby zareagować, byłby już przy niej.

Ale kiedy Gwiazdka była zaledwie osiemdziesiąt metrów od niego, zatrzymała się i spojrzała uważnie przed siebie. Potem odwróciła się gwałtownie i obeszła lwa wielkim łukiem. Moffet opuścił pysk na łapy, jakby zasnął.

Gwiazdka przeszła jakieś cztery kilometry na północ; przez cały ten czas Kakao nawet nie drgnął. Księżyc jeszcze nie wzeszedł, ale wapienna ławica w korycie rzecznym odbijała jasne światło gwiazd i wyraźnie widzieliśmy ciemną postać hieny na tle suchej trawy. Gwiazdka skręciła na północny wschód i ruszyła przez gęste kolczaste krzaki. Szła tak kolejny kilometr, od czasu do czasu zatrzymując się i nasłuchując. Nie mogliśmy zrozumieć, dlaczego niesie swojego malucha tak daleko.

Przez następną kępę wysokich krzaków przedarliśmy się na wielką polanę i szybko wyłączyliśmy silnik. Wpatrywaliśmy się przed siebie oszołomieni. Przed nami rozciągał się ogromny kompleks nor złożony z kilku wielkich kopców szarego piasku, długich na ponad piętnaście metrów. Na każdym kopcu stała hiena brunatna – każda w innym wieku i najwyraźniej każda z innej matki. To tutaj znajdowały się zaginione szczeniaki, te, które według nas porzuciły Zjawa i Łatka. Wszystkie młode klanu mieszkały w jednym wspólnym legowisku – pierwszym, jakie zobaczył człowiek!

Wreszcie otrzymaliśmy odpowiedź na wszystkie pytania, jakie od lat zadawaliśmy sobie na temat społeczności hien. Ci padlinożercy organizują się w klanie, dzielą się jedzeniem i terytorium, ponieważ wspólnie wychowują swoje młode w niezwykłym zbiorowym wysiłku, by sprostać surowym i kapryśnym warunkom Kalahari.

Zbyt rzadko zdarza się w nauce, że po latach wysiłków nowe odkrycie spada badaczowi jak z nieba. Siedzieliśmy oniemiali. Gwiazdka delikatnie położyła Kakao na piasku i zrobiła parę kroków w tył. Wszystkie pozostałe szczeniaki podeszły i obwąchały nowego kolegę. Kakao nie bał się ich; uniósł mały czarny nosek i także powąchał grupę szczeniaków. Gwiazdka poszła po Czarnuszkę i Toffiego, a tymczasem Kakao zajął się badaniem nowego miejsca.

* * *

Kalahari ze skąpymi i nieprzewidywalnymi zasobami żywności jest trudnym środowiskiem dla samicy hieny brunatnej, która stara się wykarmić siebie i swoje rosnące szczeniaki. Później mieliśmy się dowiedzieć, że każdego roku zwykle tylko jedna samica w klanie rodzi młode, stąd też ograniczona liczba szczeniaków we wspólnym legowisku. Gdy potomstwo klanu jest bezpiecznie ukryte, wszystkie samice mogą swobodnie wędrować przez parę nocy, aż znajdą pożywienie, które przyniosą młodym. Ponieważ matki nie muszą wracać po kilka razy każdej nocy, czas poświęcony na poszukiwanie pożywienia się wydłuża, co zapewnia bardziej regularną dostawę żywności. Każda dorosła samica, niezależnie od tego, czy rodziła, przynosi pożywienie dla młodych*. Niektóre samce również to robią. Ponieważ muszą poszukiwać żywności samotnie, a jednocześnie wspólnie wychowywać potomstwo, hieny brunatne stanowią ciekawe połączenie działań wspólnotowych i samotniczych, odzwierciedlając kapryśną naturę krainy, którą przemierzają.

* * *

Po odkryciu zbiorowego legowiska nasze życie zaczęło wyglądać inaczej: rano Mark latał cessną, odnajdując lwy i hieny, potem jechaliśmy do lwów najbliżej obozu. Wczesnym wieczorem, gdy Mark przepisywał swoje nagrania, jechałam do legowiska hien i obserwowałam je przez całą noc lub jej część.

Zabierałam ze sobą notesy, latarkę, aparat fotograficzny, magnetofon, śpiwór, świeży chleb oraz termosy z zupą i gorącą herbatą. Na pace terenówki miałam dodatkowe puszki jedzenia i kanister wody na wypadek, gdybym musiała zostać dłużej, niż planowałam. Gdy przybywałam na miejsce, zwykle w okolicy nie było żadnych hien. Obserwowałam zachód słońca i słuchałam odgłosów nocy zapadającej nad Kalahari: na Północnej Diunie odzywał się szakal, dropik wydawał terytorialne wołanie, a setki szczekających gekonów rozpoczynały conocną serenadę.

---

* Owensowie, 1979b, str. 35–44.

Po zmroku widziałam migotanie oddalonego o sześć kilometrów ogniska Marka.

Pewnego razu o zachodzie słońca, zanim jeszcze z legowiska wyłoniły się szczeniaki, toyota nagle zadygotała. Zaskoczona obejrzałam się, sprawdzając, co się stało. W chwili, gdy zaczęłam już myśleć, że coś musiało mi się przywidzieć, samochód znowu się zakołysał. Otworzyłam drzwi, by sprawdzić, czy to może płomykówka usiadła na dachu. Nic na nim nie znalazłam. Terenówka ponownie zadrżała. Teraz zaczęłam się już bać. Wyjrzałam przez tylne okno i zobaczyłam wielką, kudłatą głowę Moffeta powoli wyłaniającą się nad pokrywą bagażnika. Lew wsadził nos na tył toyoty, obwąchał skrzynkę z narzędziami i zapasową oponę, znowu opuścił głowę, wziął hak w zęby i potrząsnął samochodem jak zabawką.

– Hej, Moff, daj spokój! – zawołałam przez okno.

Lew pociągnął jeszcze raz, a potem podszedł do otwartego okna i zatrzymał się pół metra od niego. Uniósł głowę i zajrzał mi głęboko w oczy.

– Słuchaj, żartowałam – powiedziałam bardzo cicho. – Jeśli chcesz potrząsać samochodem, to zapraszam.

Moffet ziewnął szeroko, otrząsnął się i poszedł w stronę legowiska hien, gdzie opryskał swoim zapachem małe drzewo. Zniknął za krzakiem, błyskając blizną w kształcie litery J.

Tej nocy na zboczu wydmy, pod nisko wiszącymi gwiazdami, przeżyłam jedną z najważniejszych chwil mojego życia. Powoli zaczęłam poznawać szczeniaki. Najstarszy – Pippin – miał ponad trzy lata i był właściwie podrostkiem. Sam wyprawiał się po pożywienie, ale nadal odwiedzał legowisko, żeby bawić się z młodszymi szczeniakami. Chip był trochę młodszy od niego i także żerował daleko poza terenem legowiska. Sadza i Kurz, młodsze rodzeństwo, nie opuszczali legowiska, podobnie jak Pusia, bardzo młoda samiczka. Były też Czarnuszka, Kakao i Toffi, nowo przybyłe maluchy.

Następnego dnia po odkryciu wspólnego legowiska ujrzałam Łatkę na ścieżce w trawie. Hiena niosła w pysku świeżą nogę skocznika. Wszystkie szczeniaki poderwały się ze zjeżoną sierścią, słysząc, jak nadchodzi. Młodsze zanurkowały do nory; według nich ten dźwięk oznaczał obecność lwa albo innego drapieżnika. W końcu Łatka zbliżyła się na tyle, że ją rozpoznano, starsze szczeniaki popędziły do niej i przez parę minut witały się z nią, biegając wokół. Łatka położyła łup na piasku i obwąchała każde młode, które paradowało pod jej nosem, liżąc ich uszy i grzbiety. Gdy Kurz okazał szacunek starszej hienie, chwycił nogę skocznika i pobiegł do legowiska, a inni podążyli za nim. Łatka zasnęła na wzgórzu, a szczeniaki pożywiały się w norze.

Później tej samej nocy Zjawa wyszła zza krzaka i szczeniaki otoczyły ją, biegając z zapamiętaniem i wzbijając obłok drobnego piasku. Zjawa położyła się na kopcu i Pusia zaczęła ją ssać, ugniatając łapkami miękkie sutki. Założyłam, że Zjawa jest jej matką, ale wtedy do ssania dołączyła się Sadza. Ze względu na różnicę wieku Pusia i Sadza nie mogły być dziećmi Zjawy; hiena karmiła co najmniej jedno cudze szczenię. Później widywaliśmy, jak Łatka i Gwiazdka nawzajem karmią swoje młode. Takie zachowanie spotyka się u nielicznych innych mięsożerców, w tym lwów i dzikich psów, jednak nigdy nie zaobserwowano go u hien. Był to dalszy dowód na wspólnotowy system społeczny hien brunatnych.

Ponieważ klanowe samice w okresie laktacji karmiły wszystkie szczeniaki i ponieważ wszystkie samice znosiły pożywienie do legowiska, początkowo nie było jasne, która jest matką którego szczeniaka. Na szczęście prowadziliśmy szczegółowe akta poprzednich ciąż i okresów laktacji samic z klanu. Porównując te informacje z wiekiem młodych i spędzając długie godziny przy legowisku, zdołaliśmy określić relacje rodzinne. Wiedzieliśmy, że Pippin jest dzieckiem Gwiazdki z poprzedniego miotu, a co za tym idzie – przyrodnim bratem jej obecnych młodych, Czarnuszki, Kakao i Toffiego (ojca Pippina zastąpił kolejny dominujący samiec). Nie potrafiliśmy zgadnąć, która samica jest matką Sadzy i Kurza.

Gwiazdka, Łatka i Zjawa przynosiły jedzenie, a Pippin odwiedzał legowisko, by wygrzebywać piasek zasypujący tunele i bawić się ze szczeniakami, więc można by się spodziewać tłoku, ale tak się nigdy nie działo. Dorosłe samice nie odwiedzały młodych co noc i rzadko pojawiały się w tym samym czasie. Jeśli przypadkiem spotykały się przy legowisku, niemal nie zwracały na siebie uwagi. Nigdy nie widzieliśmy, żeby dorosły samiec, ojciec szczeniaków, odwiedzał je lub przynosił im jedzenie.

Ponieważ hieny musiały poświęcić wiele godzin na zdobywanie pożywienia, przez większość czasu w zbiorowym legowisku nie było dorosłych osobników, którzy mogliby bronić młodych. Członkowie klanu sypiali pod krzakami lub drzewami, rozproszeni po całym terytorium, czasem do ośmiu kilometrów od legowiska. Za dnia któreś z dorosłych zwierząt mogło przypadkiem zasnąć w pobliżu młodych, ale nigdy nie przekraczały granicy dwustu, trzystu metrów.

Bezpieczeństwo najmłodszych gwarantowało samo legowisko i obecność starszych, większych szczeniaków. Czarnuszka, Kakao i Toffi odchodziły od jamy na jakieś dwadzieścia pięć metrów w wysokiej trawie, ale na widok lub odgłos jakiegokolwiek zbliżającego się zwierzęcia, czy był to jeżozwierz, czy lew, dawały nura w bruzdę i znikały pod ziemią. Po chwili nad krawędzią otworu pojawiały się ich uszka, potem oczy i na końcu nosy jak peryskopy sprawdzające, czy niebezpieczeństwo minęło. Jeśli starsze szczeniaki się nie chowały, Czarnuszka, Kakao i Toffi wyskakiwały z kryjówki i bawiły się dalej.

Pewnego popołudnia do legowiska zbliżyła się banda ośmiu likaonów. Młodsze szczeniaki znikły, ale Chip, Sadza i Kurz, którzy byli już prawie dorośli, zostali na zewnątrz i stawili czoła drapieżnikom. Stojąc na największym kopcu ze zjeżoną sierścią, wyglądali dość groźnie. Likaony trzy razy okrążyły legowisko, od czasu do czasu robiąc wypady naprzód, by lepiej się przyjrzeć, ale w końcu odeszły. Pewnego dnia przy legowisku pojawił się Moffet, wtedy wszystkie szczeniaki, włącznie z podrostkami, znikły pod ziemią i wyszły dopiero godzinę po odejściu lwa.

Młode czasem zapuszczały się za daleko od bezpiecznej nory. Pewnej nocy Pusia, która osiągnęła już rozmiary małego, krępego buldoga, zawędrowała dalej niż zwykle. Z wysokiej trawy dobiegły nagle głośne wrzaski i odgłos szamotaniny. Kiedy przybyliśmy na miejsce, ujrzeliśmy lamparta ciągnącego jej poszarpane ciało na drzewo akacji. Ale nawet po śmierci małej jej matka Zjawa nadal karmiła inne młode.

Codziennie o zachodzie słońca, po ustąpieniu upału, szczeniaki pojawiały się w czterech wyjściach legowiska. Upewniały się, że nic im nie zagraża, gramoliły się z bruzd i padały na kopce wydobytego piasku. Później, kiedy ze szczytów wydm zaczynało spływać chłodne powietrze, małe zabierały się do obwąchiwania traw, gałązek, starych kości i wszystkiego, czego mogły dotknąć noskami. Jest to ważna umiejętność dla hien, które większość czasu spędzają, buszując w wysokiej trawie, gdzie nie widzą dalej niż na parę metrów, a muszą znaleźć szczątki zwierząt rozproszone na dużym terenie. Jako dorosłe osobniki mają także polegać na swoim węchu, który ostrzega je przed lwami i pozwala utrzymywać kontakty z innymi hienami poprzez ślady zapachowe.

Czarnuszka, Kakao i Toffi usiłowały zostawiać takie ślady, zanim jeszcze ich gruczoły zaczęły produkować maź wydzielaną przez dorosłe hieny. Raz po raz unosiły małe, puchate ogonki, odwracały się i przykucały nad gałązką, usiłując pozostawić na niej swoją zapachową wizytówkę. Potem zawsze ją obwąchiwały, by sprawdzić, czy im się udało.

Kiedy miały jakieś cztery miesiące, tuż po przeniesieniu do wspólnego legowiska, odkryły, że potrafią już wyprodukować własną maź. Wyglądały na niebywale dumne, gdy truchtały wokół legowiska, unosząc ogonki i nanosząc białe, kleiste kropelki na wszystko – nawet na ogon niespodziewającego się niczego dorosłego i nogi naszego statywu fotograficznego.

Zabawy, podczas których młode sprawdzały swoje siły, stanowiły ważną część ich rozwoju. Od pierwszego dnia, gdy tylko wyszły z jamy, małe hieny, bawiąc się, demonstrowały te same zachowania co dorosłe podczas walki: popychanie się pyskami, gryzienie w szyję, kąsanie tylnych nóg i pościgi. Zabawa pomagała im stworzyć więzi społeczne i prawdopodobnie kształtowała ich umiejętności walki, niezbędne później podczas ustalania statusu w hierarchii klanu.

Gdy zjawiał się Pippin, młode witały go z wielką ekscytacją, otaczały go, ciągnęły za ogon i podskakiwały, by skubnąć ząbkami jego uszy. Pippin bawił się z nimi jak starszy brat, ścigając się z nimi w buszu, choć zawsze pozwalał im się złapać. Ale uciekał przed ich kłapiącymi szczękami, rzucając głową na boki.

Małe szczeniaki wychowywały się we wspólnym legowisku, dzięki temu były chronione przez starszych kolegów i zdobywały doświadczenie podczas zabaw z nimi. Miały też od kogo uczyć się tworzenia więzi społecznych ze wszystkimi dorosłymi członkami klanu.

* * *

W lutym 1979 roku od miesięcy wpatrywaliśmy się tęsknie w szare niebo, czekając na choćby najmniejszą obietnicę deszczu. Na luty zwykle przypada szczyt pory deszczowej, ale teraz nie pojawiła się ani jedna chmurka, a za dnia temperatura w cieniu nie spadała poniżej czterdziestu stopni. Od czasu do czasu na wschodzie wyłaniała się ogromna głowa formacji cumulusów, która wkrótce znikała nam z oczu i oddawała swoją życiodajną wilgoć gdzieś indziej. W początkach kwietnia chmury przestały się pojawiać, a my straciliśmy wszelką nadzieję. W 1979 roku nie było deszczu z wyjątkiem jednego krótkiego deszczyku. Zwierzęta i rośliny z Deception Valley od roku czekały na smak wilgoci i wszystko wskazywało na to, że poczekają jeszcze dziesięć miesięcy. Na Kalahari nastała susza.

Lwy – które teraz rozproszyły się daleko poza koryto wyschniętej rzeki – od czasu do czasu zaglądały w dolinę, ale ich łupy były tak małe, że dla hien brunatnych zostawało tylko parę zakrwawionych piór, kolców czy rogów i kopyt. Gepardy i likaony znikły, gdy dolinę opuścił ostatni skocznik. Teraz jedyne dostępne pożywienie dla lampartów i szakali stanowiły mrówki, termity, ptaki, gryzonie i czasem jakiś zabłąkany antylopik, dlatego też zostały niemal zupełnie wytrzebione. Gwiazdka, Łatka, Makduf i Pippin co noc przemierzali ponad trzydzieści kilometrów szarej pustyni, by znaleźć coś do jedzenia. Oni także wylizywali z kopców termity i ścigali myszy, jeże, jeżozwierze i postrzałki. W nadchodzącej porze suchej dostęp do żywności miał być tylko trudniejszy, a ponieważ nie było deszczu, zwierzęta nie mogły czerpać wilgoci z dzikich melonów.

Sadza i Kurz, którzy mieli już półtora roku, zaczęli samodzielnie wyprawiać się w poszukiwaniu żywności. Podobnie jak wiele lat temu Pogo i Hawkins, ciągnęli za Gwiazdką, Łatką lub Zjawą, gdy któraś z nich opuszczała jamę. Czarnuszka, Kakao i Toffi zostawali często samotnie w podziemnym legowisku, w którym zapanowała cisza i pustka. Czasem mijało kilka dni, zanim dostali coś do jedzenia. Gwiazdka była jedyną samicą, która nadal miała mleko i trzy sześcioipółmiesięczne szczeniaki nadal były od niej zależne.

Pewnej wietrznej nocy Gwiazdka poszła na północ Szlakiem Lampartów na Równinę Bergiego. Przebyła koryto rzeki i ruszyła na północny wschód, na zbocza Wschodniej Diuny. Do północy pokonała ponad dwadzieścia kilometrów i nadal nie znalazła nic do jedzenia dla siebie ani młodych. Wsuwała nos w wejścia kilku kolonii szczurów i postrzałek, ale zwierząt nie było w norach. Zmęczona położyła się w pobliżu zagajnika drzew z rodzaju *Lonchocarpus*.

Muffin i Moffet przez całe dnie przemierzali piaszczyste równiny na wschód od Deception Valley, kilkakrotnie przekraczając granice rezerwatu i krainy bydła. Tej nocy wrócili na zachód, na swoje dawne terytorium z czasów pory deszczowej, i powoli powlekli się przez Wschodnią Diunę. Spotkali tylko jedno gnu, które przed nimi uciekło. Byli wychudzeni i głodni.

Gwiazdka z pociętą bliznami głową i szyją leżała płasko na boku, na chłodnym piasku, od czasu do czasu zgarniała łapą trochę drobnych ziaren na pomarszczony brzuch. Jakiś czas później z wiatrem dotarł do niej cichy dźwięk. Może świst zagłuszył nadejście lwów, może spała zbyt twardo, ale gdy się poderwała, było za późno. Muffin i Moffet runęli na nią i po paru sekundach Gwiazdka nie żyła.

21

CZARNUSZKA
Delia

Dość poplątane są te węzły krwi...

William Shakespeare*

Czarnuszka, Kakao i Toffi nie mogli wiedzieć, że ich matka nie żyje. Godzina za godziną, noc za nocą, leżeli w kopcach legowiska z łebkami na łapach, wpatrując się w ścieżkę, którą zwykle nadchodziła Gwiazdka. W miarę upływu czasu ich letarg się pogłębił. Przestały się bawić. Co parę godzin człapały wokół legowiska, po raz kolejny obwąchując nieliczne odłamki wysuszonych kości. Długie gorące dni spędzały w chłodnej norze, chroniąc cenną wilgoć w swoich coraz słabszych ciałkach.

Barki ostro rysowały się pod ich skórą, sierść zaczęła wypadać. Dni były niewiarygodnie gorące i suche, jakby ziemia nigdy nie widziała kropli wody, ale na szczęście noce przynosiły miłosierny chłód.

Czwartej nocy po śmierci matki Czarnuszka, Kakao i Toffi nie wyszli z legowiska. Przez trzy noce siedzieliśmy, w świetle księżyca obserwując kopce w nadziei, że ujrzymy jakiś ślad życia. Musieliśmy zyskać pewność, więc zakradliśmy się do jednego z głównych

---

* *Hamlet*, tłum. S. Barańczak, wyd. W drodze, Poznań 1990.

wejść, przyklękliśmy i zaczęliśmy nasłuchiwać. Z wewnątrz nie dobiegał żaden dźwięk. Na piasku nie widzieliśmy śladów małych hien. Szczeniaki musiały umrzeć z głodu lub pragnienia. Ale gdy wstaliśmy i odwróciliśmy się, by odejść do samochodu, z jamy dobiegł nas odgłos głuchego łupnięcia i pisk. Co najmniej jedno z młodych żyło – tylko jak długo?

Koło północy w trawie na zachód od legowiska coś zaszeleściło i wyłonił się z niej Pippin, przyrodni brat szczeniąt, ze zwisającą z pyska świeżo zabitą postrzałką. Położył dwukilowy łup na piasku, podszedł do wejścia i głośno mruknął. Trzy wygłodniałe i osłabłe szczeniaki natychmiast wypełzły na zewnątrz i powitały go żarliwymi piskami. Biegały wokół niego raz po raz, a potem rzuciły się na dar i zaczęły go ciągnąć do legowiska. Niespodziewanie zostawiły zdobycz, znowu przypadły do Pippina, by pobiegać wokół niego, wzniecając chmury kurzu. Następnie, szarpiąc i ciągnąc postrzałkę, znikły w kryjówce.

Pippin został na kopcu; nogi miał długie i wychudłe, całe ciało – wynędzniałe. Łypnął na nas, nie poruszając głową, całkiem jak jego matka Gwiazdka. Potem potrząsnął długą sierścią, machnął ogonem i zniknął w buszu.

– Może on je adoptował? – szepnęłam.

Oznaczało to nie tylko, że teraz młode Gwiazdki miały szanse na przeżycie, ale że dokonaliśmy rewelacyjnego odkrycia w naszych badaniach nad hienami brunatnymi. Adopcja zdarza się w naturze nadzwyczaj rzadko; u większości gatunków członkowie grupy na ogół opuszczają sieroty i poświęcają się wychowaniu własnego potomstwa.

Następnego wieczora Sadza pojawiła się koło legowiska, niosąc duży płat skóry żyrafy z całkiem sporym kawałkiem świeżego mięsa. Parę kroków za nią podążał Chip, starszy samczyk. Piszcząc z radości, z uniesionymi ogonkami, Czarnuszka, Kakao i Toffi popędzili do nich i zaczęli się plątać wokół swoich starszych kompanów.

Kakao chwycił skórę i znikli w norze. Gdybyśmy patrzyli na tę scenę, nie znając poszczególnych hien, moglibyśmy pomyśleć, że to rodzice karmiący swoje młode. Tymczasem byli to tylko kuzyni. W kolejnych dniach niektórzy członkowie klanu zaczęli troszczyć się o Czarnuszkę, Kakao i Toffiego. Teraz dopiero zrozumieliśmy, dlaczego nie potrafimy ustalić, która samica jest matką Sadzy i Kurza; zapewne umarła, a młode – tak jak szczeniaki Gwiazdki – zostały zaadoptowane przez klan.

Karmione przez Łatkę, Zjawę, Sadzę i Pippina szczeniaki nabrały sił. Choć młode hien brunatnych często żywią się mlekiem matki, nawet mając rok, ta trójka została brutalnie przestawiona na dietę stałą w wieku siedmiu miesięcy. Mimo tej radykalnej zmiany zdawały się doskonale czuć na diecie złożonej z mięsa, skóry i kości. Ich szanse na przetrwanie wyglądały coraz lepiej.

* * *

Obserwowaliśmy wspólne legowisko przez ponad trzy lata i dokonaliśmy paru interesujących odkryć – na przykład takich, że adopcja wśród hien brunatnych nie należy do rzadkości. Podczas badań zauważyliśmy, że siedemdziesiąt procent szczeniaków było adoptowanymi sierotami.

Większość samic hien zostaje w klanie, w którym się urodziły; w ten sposób wszystkie są ze sobą spokrewnione. Ponieważ obserwowaliśmy klan tak długo, potrafiliśmy się rozeznać w ich relacjach. Łatka i Zjawa były kuzynkami Gwiazdki, a zatem należały do najbliższej rodziny Czarnuszki, Kakao i Toffiego; Sadza była ich nieco dalszą kuzynką, a Pippin ich przyrodnim bratem. Szczenięta zostały adoptowane przez krewnych.

Wynika z tego, że hieny, długo uważane za szkodniki i kojarzone z pojęciami takimi jak podłość i przebiegłość, pomagają sobie nawzajem, karmiąc i adoptując cudze dzieci. Nie tylko są to stworzenia respektujące więzi społeczne, ale potrafią się także zachować bardzo altruistycznie.

Ale czy to naprawdę altruizm? Dlaczego Łatka, Zjawa, Sadza i Pippin przynosili w czasie suszy pożywienie młodym Gwiazdki, choć mogli je zjeść sami? Dlaczego pomagali cudzym młodym, sami przy tym tracąc?

Część odpowiedzi można prawdopodobnie znaleźć w socjobiologicznej teorii doboru krewniaczego*. Siła w określeniu „przeżyją najsilniejsi" nie odnosi się do siły fizycznej osobnika, ale raczej do jego zdolności przetrwania i genów, które może przekazać przyszłym pokoleniom. Każde zwierzę, włącznie z człowiekiem, może zwiększyć swoje genetyczne dostosowanie na dwa sposoby: bezpośrednio, wydając na świat młode, którym przekaże połowę swoich genów, oraz pośrednio – pomagając w przetrwaniu dalszym krewnym: kuzynom, bratankom, siostrzenicom, którzy także są posiadaczami proporcjonalnie mniejszej części ich genów**.

Ponieważ Czarnuszka, Kakao i Toffi byli najbliższymi kuzynami Zjawy, każde z nich miało te same geny co ona. Utrzymując ich trójkę przy życiu, Zjawa zwiększała swoje genetyczne dostosowanie. Jedyne szczenię Zjawy – Pusia – została zabita. Gdyby Czarnuszka, Kakao i Toffi także zginęli, Zjawa straciłaby jedną z ostatnich szans na przekazanie swoich genów przyszłym pokoleniom. Jest to szczególnie ważne, dlatego że samicom hien brunatnych nieczęsto zdarza się okazja wychowania potomstwa. Każde z tych szczeniąt miało też jedną czwartą genów Pippina, ich przyrodniego brata, stąd i on zyskiwał na ich dokarmianiu.

A zatem zgodnie z teorią doboru krewniaczego, członkowie klanu dostarczający młodym jedzenie nie zachowywali się

---

*Hamilton, str. 1–52.
**Dawkins, str. 95–131.

altruistycznie. Pożywienie przynoszone do legowiska, żeby utrzymać przy życiu kuzynów czy przyrodnie rodzeństwo, było po prostu inwestycją w podtrzymywanie ciągłości rodu. Oczywiście hieny nie zdawały sobie sprawy, dlaczego karmią sieroty. W wyniku ewolucji zachowania społecznego te zwierzęta, które wykazywały skłonność do pomagania i uczestniczyły w dostarczaniu żywności, utrzymywały przy życiu więcej swoich krewnych niż hieny bardziej egoistyczne, zatem zachowanie takie wykształciło się jako część naturalnego stylu życia w społeczności hien brunatnych.

Chip i Kurz, spokrewnieni ze szczeniętami, nie pomagali w ich dokarmianiu i choć zjawiali się w jamie, by bawić się z małymi, podejrzewaliśmy, że tak naprawdę szukają resztek jedzenia. Wiele razy zdarzało się, że kradli padlinę, którą inne hieny przynosiły dla małych.

Ale dlaczego Sadza, ich kuzynka, karmiła szczenięta, podczas gdy jej kuzyni tego nie robili? Była z nimi spokrewniona w takim samym stopniu. Prawdopodobnie działo się tak, gdyż większość samic pozostaje w swoim klanie przez całe życie i zyskuje na jego rozkwicie, podczas gdy większość samców z niego emigruje. Ponieważ kuzyni mieli ze szczeniętami tylko jedną ósmą wspólnych genów, był to za słaby związek, by nakłonić ich do podzielenia się jedzeniem. Więcej zyskaliby, zjadając pożywienie, niż inwestując w przetrwanie nielicznych wspólnych genów. Zwiększenie liczby członków swojego rodzinnego klanu nie miało dla nich znaczenia, ponieważ w końcu i tak by go opuścili, żeby wieść samotne życie lub dołączyć do innego klanu. Średnio przyrodnie rodzeństwo ma dwukrotnie więcej wspólnych genów niż kuzyni, więc choć przyrodni brat może także w końcu opuścić klan, to dostarczając żywność szczeniakom, inwestuje w swoje geny w większym stopniu niż kuzyni.

Z drugiej strony na karmieniu szczeniaków zyskuje każda samica w klanie, bez względu na stopień pokrewieństwa z nimi, ponieważ prawdopodobnie w nim zostanie. Jeśli pomoże wychowywać młode, w klanie będzie więcej hien gotowych bronić jego terytorium i zasobów pożywienia. I, co może najważniejsze, będzie więcej samic, które kiedyś zadbają o jej szczeniaki.

Dlatego młode hien brunatnych są wychowywane przez wszystkie samice z klanu i przez najbliżej spokrewnionych z nimi samców*. Fakt, że zachowanie to nie jest całkiem altruistyczne, nie oznacza, że nie jest wyjątkowe – pieśń ptaka ma funkcję do spełnienia, ale to nie znaczy, że jest przez to mniej piękna. Odkrywając, co spowodowało ewolucję zachowania, które początkowo wydaje nam się altruistyczne – tak u zwierząt, jak i u ludzi – dowiadujemy się, że stoją za tym egoistyczne pobudki.

Tak rozmyślałam, patrząc jak Sadza, która jeszcze nie została matką, przynosi jedzenie swoim najmłodszym kuzynom. Czy w naturze istnieje prawdziwy altruizm? Czy okazuje go człowiek? Dlaczego przyjechaliśmy do Afryki i pracujemy tak długo i ciężko w tak trudnych warunkach? Czy tylko dla zwierząt? Czy też częściowo dla siebie samych?

* * *

Odkąd szczeniaki znów dostawały jedzenie – choć w skromnych ilościach – wróciły do zabawy. Pewnego popołudnia Czarnuszka przebudziła się i ziewając, trochę pokręciła się półprzytomnie wokół legowiska. Potem ugryzła w kark Kakao, który nadal usiłował wypoczywać, a potem chapnęła go w ucho i ogon. Gdy brat wstał, by się zemścić, uciekła galopem przez suchą trawę i krzaki. Parę minut później wróciła pędem na kopiec, wyskoczyła wysoko nad legowisko i zanurkowała w jedno z wejść z takim impetem, że aż buchnął z niego kurz. Po paru sekundach nad krawędzią

---

*Owensowie, 1984, str. 843–45.

otworu pojawiły się jej czarne uszka, oczy i nosek. Najwyraźniej mała sprawdzała, czy ktoś widział jej wyczyn. Zobaczyli go wszyscy, zatem wyskoczyła z legowiska, przebiegła po Toffim i znowu znikła w krzakach.

Zwykle to Czarnuszka wymyślała nowe zabawy. Pewnego popołudnia podbiegła truchcikiem do naszej terenówki, powoli wyciągnęła pysk, by powąchać zderzak, i wróciła galopem do legowiska, cała zjeżona. Dotarła do kopca, obejrzała się i łypnęła na land cruisera. Potem bardzo ostrożnie zaprowadziła do niego idących rządkiem braci. Stojąc obok siebie, ostrożnie powąchali samochód i natychmiast dali nogę. Za każdym razem zyskiwali więcej pewności siebie, aż w końcu przeszli pod samochód; słyszałam, jak liżą, obwąchują i nadgryzają każdą możliwą część podwozia.

Którejś nocy po kilku godzinach obserwacji legowiska ruszyłam w dół wydmy i przekonałam się, że bez względu na to, jak mocno przydeptuję pedał hamulca, samochód się nie zatrzymuje. Ściskając kierownicę i wymijając slalomem kopce termitów, dziury w ziemi i krzaki, zjechałam z piaszczystego zbocza i wpadłam z rozpędem na płaskie koryto rzeki. Dalsza droga przebiegła spokojnie do czasu, gdy chciałam się zatrzymać. Zwolniłam, ale źle oceniłam prędkość. Przyciskając pedał hamulca do dechy, przemknęłam przez nasze stałe miejsce parkingowe obok namiotu sypialnego i w końcu zatrzymałam się metr od namiotu biurowego. Mark, który właśnie skończył przepisywanie notatek i poszedł spać, wyjrzał przez okno namiotu, świecąc latarką. Rozchyliłam klapy namiotu i powiedziałam najsłodziej, jak umiałam:

– Nie denerwuj się, ale szczeniaki chyba zjadły hamulce.

Rzeczywiście przegryzły przewód hamulcowy i wypuściły płyn.

Badanie zachowań służących pomocy wśród hien brunatnych miały się stać tematem mojej pracy doktorskiej, więc obserwowałam legowisko przez ponad tysiąc godzin, w tym czasie szczeniaki całkiem do mnie przywykły. Pewnego popołudnia, zamiast zostać w toyocie, usiadłam w wysokiej trawie na skraju polanki. Czarnuszka i Kakao wyjrzeli z legowiska, podeszli do mnie powoli, wsadzili nosy w moje włosy i obwąchali uszy, kark i twarz. Trwałam w zupełnym bezruchu, starając się nie śmiać, gdy ich zimne, mokre nosy łaskotały oddechem mój kark i kręgosłup. W końcu młode znowu zainteresowały się kośćmi rozrzuconymi wokół kopca.

Siedząc wśród szczeniaków, mogłam zauważyć więcej szczegółów ich zachowania i robić ciekawsze zdjęcia. Czarnuszka pozwoliła mi nawet zmierzyć sobie obwód głowy i szyi. Węszyła wokół mnie, gdy to robiłam. Ale musiałam bardzo uważać na wszystkie swoje rzeczy; raz ukradła mi z kolan notatnik i uciekła z nim do legowiska. Na szczęście upuściła go tuż za wejściem do nory, więc zdołałam go odzyskać bez większych kłopotów.

Czasami Czarnuszka przejeżdżała mi po ramieniu za dużą łapą, tak jak to robiła, gdy zapraszała do zabawy Kakao. Raz, kiedy miała osiem miesięcy, wbiła mi siekacze w mały palec i spojrzała w oczy, jakby rzucała mi wyzwanie. Mogłaby go bez trudu odgryźć, więc spuściłam wzrok i szybko wyjęłam rękę z jej pyska. Fajnie byłoby się z nią pobawić, ale to by zakłóciło obiektywizm naszych badań. Poza tym jej potężne szczęki były niebezpieczne. Ponieważ nie zareagowałam na zaproszenie do zabawy, szczeniaki zaczęły mnie traktować dość obojętnie. Czarnuszka nieodmiennie przybiegała do terenówki i obwąchiwała mnie, gdy z niej wysiadałam, ale potem do końca mojego pobytu przestawała mnie zauważać. Zawsze wracałam do samochodu, zanim zjawiła się dorosła hiena, bo te były bardziej spięte, gdy widziały mnie siedzącą w trawie zaledwie dziesięć metrów od ich wspólnego legowiska.

Pora sucha 1979 roku była najtrudniejsza, jakiej doświadczyłam, bo nie poprzedziła jej pora deszczowa. Pod koniec września temperatura znowu zaczęła wskazywać pięćdziesiąt stopni w cieniu, a wilgotność powietrza spadła poniżej pięciu procent. Dorosłe zwierzęta potrzebowały więcej jedzenia, żeby zaspokoić pragnienie, i rzadziej odwiedzały legowisko. Czasem szczeniaki nie dostawały nic do jedzenia przez dwa albo trzy dni z rzędu i po raz pierwszy od rozpoczęcia naszych badań zarówno dorosłe hieny, jak i szczeniaki wyglądały na zmęczone i wynędzniałe. Czarnuszka, Kakao i Toffi prawie nie opuszczali nory i rzadko się bawili.

Pewnego popołudnia Mark i ja pracowaliśmy w kuchni, gdy ku naszemu zdumieniu ujrzeliśmy idącą ku nam Czarnuszkę. Nie miała jeszcze roku. Szczeniaki na ogół nie opuszczają legowiska przed ukończeniem osiemnastu miesięcy, a potem jeszcze przez trzy lub cztery miesiące nie odstępują dorosłych na krok, zanim zaczną samodzielnie wyprawiać się na poszukiwanie pożywienia. A jedna mała Czarnuszka zawędrowała aż tutaj, sześć kilometrów od legowiska. Musiała być to dla niej przerażająca wyprawa; każdy włosek jeżył się na jej ciele, przez co wyglądała jak szczotka do butelek. Fakt, że tak szybko zaczęła samodzielnie szukać pożywienia, był kolejnym znakiem świadczącym, że szczeniaki są głodne.

Czarnuszka bez chwili wahania weszła do kuchni. Podeszła do kuchenki, na której mieszałam potrawkę, powąchała drewnianą łyżkę, chwyciła ją i usiłowała wyjąć z mojej ręki. Nie pozwoliłam i wygrałam w tej próbie sił, choć niczego bardziej nie pragnęłam niż oddać jej cały garnek potrawki. Dla mnie jednym z najtrudniejszych aspektów obserwacji hien i lwów w czasie długiej suszy było oparcie się potrzebie, by im jakoś pomóc. Ale byliśmy tam, by się dowiedzieć, jak udaje im się przetrwać i czy rezerwat daje im dość zasobów, a nie, by je wspierać. Paliliśmy nasze odpadki i zakopywaliśmy je głęboko w piasku, z dala od koryta rzeki. Jedzenie trzymaliśmy w trudno dostępnym miejscu i staraliśmy się pamiętać, żeby wylewać wodę z miednic – za każdym razem czułam się winna – żeby zwierzęta nie mogły znaleźć nic do picia w naszej wysepce drzew. Zrobiliśmy wszystko, co możliwe, żeby zniechęcić hieny do traktowania obozu jako oazy. Kiedy przekonały się, że nie dostaną się do smakowicie pachnących zapasów, na ogół je ignorowały. Wszystkie z wyjątkiem Czarnuszki. Gdy obwąchała półki i skrzynki w kuchennej *bomie*, poszła do namiotu-jadalni. Weszła do niego i zanim zdążyliśmy ją powstrzymać, chwyciła za obrus i ściągnęła na ziemię wszystkie talerze. Potem przez następną godzinę myszkowała w każdym kącie obozu, obwąchując zbiorniki z wodą, zaglądając do namiotów i wspinając się na tylne łapy, by dosięgnąć wiszącej półki. Odeszła o zmroku, a my pojechaliśmy za nią samochodem, by się przekonać, jak dobrze rozwinięte są jej umiejętności poszukiwania pożywienia.

Czarnuszka szła na północ, ze zjeżoną sierścią, tu i tam węsząc i zjadając nieliczne owady. Okrążyła Akacjowo, zatrzymała się i spojrzała na północ w dolinę. W świetle reflektorów sto metrów dalej zobaczyliśmy wielkie oczy innego drapieżnika. Wyraźnie przestraszona Czarnuszka powoli wycofała się do terenówki, wczołgała się pod nią i schowała się za przednim kołem, zza którego wyjrzała z szeroko otwartymi oczami. Przez lornetkę zobaczyliśmy Chipa, jej kuzyna; najwyraźniej Czarnuszka go nie poznała. Gdy okrążył nas i poszedł dalej, mała opuściła kryjówkę i ruszyła dalej na północ.

W pobliżu wyschniętego wodopoju na Środkowej Równinie Czarnuszka spotkała dwa szakale. Tylko rzuciła na nie okiem i od razu pobiegła w stronę legowiska, nadal oddalonego o cztery kilometry. Ośmielone jej strachem szakale ruszyły za nią z nosami przy jej ogonie. Czarnuszka położyła uszy płasko na głowie i przyspieszyła. Najwyraźniej szakale uświadomiły sobie, że mają przed sobą szczenię; jeden podbiegł i ukąsił jej zad. Czarnuszka schowała ogon między nogami i podkuliła zad, ale napastnicy nadal ją atakowali, teraz prawie depcząc jej po piętach.

Szakale podążały za Czarnuszką kilkaset metrów, aż w końcu gwałtownie stanęła. Tak jakby nagle uświadomiła sobie, że jest dwa razy od nich większa, wyprostowała się, zjeżyła sierść na karku i przegnała szakale aż na kraniec koryta rzeki. Pojechaliśmy za nią aż do legowiska, do którego bezpiecznie wróciła. Z wyjątkiem paru mrówek i termitów nie znalazła jednak nic do jedzenia.

Kilka tygodni później Mark pojechał do Maun i został tam na noc. Byłam w obozie sama. Po zmroku usłyszałam łoskot w kuchni i ostrożnie zakradłam się ścieżką, by sprawdzić, kto tam jest. Zza zakrętu wyłoniła się Czarnuszka i podeszła wprost do mnie. Obwąchała mi palce u stóp i rąk. Poszłam za nią, gdy buszowała po obozie, a potem aż na płaskie koryto rzeki. Usiadłam dwa metry od niej. Obejrzała się na mnie, a potem przysiadła z uniesioną głową. Na zachodnim niebie świeciła tylko ćwiartka księżyca, ale w jego blasku widziałam wielką połać Kalahari. Ciemny łańcuch wydm rysował się na tle rozświetlonego nieba. Noc była spokojna. Nigdy nie czułam się tak bliska Kalahari i natury. Po jakichś dziesięciu minutach Czarnuszka machnęła ogonem i odeszła, nie oglądając się na mnie. Zastanowiłam się, gdzie ja bym poszła, gdybym musiała szukać kolacji na pustyni.

Kakao i Toffi także wypuszczali się na wyprawy w poszukiwaniu skrawków pożywienia. Pewnej nocy tuż po opuszczeniu legowiska Toffiego, który zawsze był najbardziej ostrożny, złapał i zabił lampart. Znaleźliśmy jego szczątki schowane wysoko na akacji, zaledwie sto pięćdziesiąt metrów od legowiska. Kurz zniknął z okolicy; prawdopodobnie opuścił klan. Wyschnięte szczątki Zjawy znaleźliśmy na spieczonej słońcem pustyni. Podobnie jak Gwiazdka padła ofiarą lwów. Makduf, dominujący samiec, zginął z niewiadomych przyczyn. Zostali tylko Łatka, Sadza, Pippin, Chip, Czarnuszka i Kakao. Susza zbierała żniwo.

Czarnuszka i Kakao zaczęli wyprawiać się z legowiska pod opieką dorosłej hieny, gdy tylko mogli jakąś znaleźć. Łatka, jedyna dorosła samica, Pippin, ich przyrodni brat, i Sadza, ich kuzynka, zawsze pozwalały im iść ze sobą i dzieliły się z nimi jedzeniem. Młode hieny wchodziły w wiek dojrzewania i podczas wypraw z dorosłymi musiały się od nich wiele nauczyć o zasadach życia padlinożercy: granicach terytorium klanu, sieci ścieżek i o tym, jak szukać odpowiedniej zwierzyny upolowanej przez drapieżniki. Jeśli młode nie mogły znaleźć dorosłej hieny, same wyprawiały się na poszukiwanie jedzenia. Na ogół wracały do legowiska o północy, gdy najbardziej mogły liczyć na spotkanie z krewnym, który przyniósł dla nich pożywienie. Nawet podczas najgorszej suszy Łatka, Pippin i Sadza karmili sieroty, gdy tylko mogli.

Pewnego razu w nocy Mark był w naszej łazience, otoczonej trzcinową *bomą*, i mył się gąbką w zupełnych ciemnościach. Pochylił się nad miednicą z głową całą w mydlinach, stojąc bosymi stopami na wąskiej desce, żeby nie ubrudzić ich piaskiem. Nagle po palcach jego stóp przesunął się język. Mark wrzasnął i odskoczył. W tym samym czasie Czarnuszka uniosła głowę i zderzyła się nią ze stołem, który zachybotał się razem z miednicą. Czarnuszka odwróciła się i popędziła do wyjścia, ale źle wycelowała i walnęła głową w obramowanie drzwi. To przeraziło ją jeszcze bardziej. Jak odbijająca się rykoszetem trzydziestopięciokilowa kula armatnia miotała się w ciasnej przestrzeni, a Mark, potykając się i krzycząc, usiłował się zorientować, co za stworzenie zakłóciło mu kąpiel. W końcu Czarnuszka przebiła się przez ścianę *bomy*, zostawiając po sobie dziurę w połamanych trzcinach.

Gdy oboje trochę ochłonęli, Czarnuszka otrząsnęła się z kawałków trzcin zaplątanych w długą sierść i spokojnie ścieżką ruszyła do kuchni. Stamtąd wzięła pusty czajnik, na którego rączce nadal znajdowały się ślady zębów jej matki, i odeszła z nim w noc.

22

MUFFIN

Mark

Ze smukłego Pałacu w Pyle
wyrzeka się Królestwa,
bardziej wierny wygnaniu,
które na niego czeka.

Emily Dickinson

Oślepiające promienie słońca przesiewały się przez bezlistne gałęzie drzew wokół obozu. Włócznie białego żaru przeszywały nas w każdym zakątku naszej wyspy. Wydawało się, że nie ma już pór roku, tylko jednostajny upał. Każdy dzień przypominał poprzedni, tygodnie i miesiące zlewały się ze sobą. Do września 1979 roku w Deception Valley przez dwadzieścia miesięcy spadło tylko dziesięć centymetrów deszczu. Kalahari zmieniła się w szarą skorupę stykającą się z szarym niebem, jakby sięgała po deszcz, który nie nadchodził.

Na przybitym do drzewa w obozie termometrze słupek rtęci przekroczył pięćdziesiąt stopni i tam się zatrzymał; temperatura przy gruncie na otwartym terenie koryta rzeki dochodziła do sześćdziesięciu pięciu stopni. Codziennie wylewaliśmy na nasze prycze wodę i całymi godzinami leżeliśmy w kałużach, otępiali. Albo jak karaluchy szukające chłodniejszych ciemności wtulaliśmy się w podłogę namiotu lub leżeliśmy plackiem na brezencie.

Żar wessał się w nas jak pijawka wypijająca z nas siły. Gdy musieliśmy coś zrobić – cokolwiek – wlekliśmy się w zwolnionym tempie, wycieńczeni. Często przy wstawaniu z łóżek przed oczami latały nam ciemne plamy; wtedy opuszczaliśmy głowy między kolana, dopóki słabość nie minęła. Godziny otumanienia mieszały nam w mózgach. Czasami musieliśmy się zatrzymać i pomyśleć: Co my tu nadal robimy, starając się przetrwać piątą... a może szóstą? porę suchą, pierwszy – albo drugi – rok suszy?

Ponieważ wilgotność względna powietrza była tak niska, wcale się nie pociliśmy; a właściwie wilgoć z naszych ciał ulatniała się, zanim zdążyła się zebrać na skórze. Piliśmy litry wody, gorącej i pachnącej dymem po gotowaniu na ogniu, ale smacznej. Gdy słońce w końcu kryło się za Zachodnią Diuną, skóra chłodła pod lepką warstwą kurzu zmieszanego z solą z odparowanego potu. Nie mogliśmy się doczekać chwili, gdy zmyjemy brud gąbką. Ale gdy staliśmy w *bomie*, nadzy i mokrzy, a wiatr przewiewał na wylot lichą trzcinową ścianę, drżeliśmy, źli, że wiecznie jest nam albo za gorąco, albo za zimno.

* * *

Muffin i Moffet wędrowali – często samotnie, niekiedy razem – przez kilometry spalonej słońcem pustyni. Czasami oddalali się o jakieś pięćdziesiąt do sześćdziesięciu kilometrów od swoich lwic, w których towarzystwie rzadko ich widywaliśmy. Dla członków Błękitnego Stada był to czas zrywania więzi społecznych albo wymuszonej izolacji. Lwy znajdowały najwyżej szczura, skocznika, jeżozwierza czy antylopika (jeśli miały szczęście), ale pożywienia nie było dość, by mogły na nowo utworzyć stado.

Podobnie jak my, Muffin i Moffet spędzali upalne dni w otępieniu, leżąc na gołym piasku i osmalonym ściernisku pod jakimkolwiek nagim krzakiem, który zapewniał choć odrobinę cienia. Nieustannie poruszali pyskami, przesuwając lepkimi językami po wyschniętych wargach, i powoli kierowali spojrzenie pustych oczu na nas, gdy zbieraliśmy dane o nich do analizy. Brzuchy mieli zapadnięte, przyschnięte do kręgosłupów, grzywy przerzedzone, pozbawione blasku i zmierzwione, jak włosy chorych przykutych do łóżka.

Od czasu ich ostatniego posiłku musiał minąć więcej niż tydzień. Ponieważ na ich dawnym terytorium nie było już dużych antylop, lwy przeniosły się na wschód, co noc polując w lasach w pobliżu rezerwatu. Teraz te dwa samce, które dysząc, leżały obok krzaka, stanowiły jedyną oznakę życia w okolicy.

Tego wieczora, gdy upał zelżał, Muffin i Moffet ruszyli na wschód ku granicy rezerwatu, a tam przeczołgali się pod ogrodzeniem z drutu. Czuli zapach nie tylko zwierzyny, ale i wody. Przed nimi wewnątrz ogrodzenia z ciernistych gałęzi nerwowo poruszało się bydło. Lwy cicho skradały się naprzód. Nagle nogę Muffina przeszył palący ból. Lew ryknął i skoczył, szarpiąc się w pułapce, której szczęki miażdżyły mu łapę. Zaczął się tarzać po ziemi, gryząc paście, a przy okazji rozdzierając mięśnie nogi. Moffet rzucił się ku niemu. Obwąchał zakrwawioną łapę i pułapkę, ale nie mógł mu pomóc.

Przez całą długą noc Muffin walczył, by się uwolnić; dysząc i kuśtykając, ciągnął za sobą pułapkę obciążoną masywną kłodą. Moffet stał w pobliżu i obserwował go bezsilnie. Rano zjawił się konno miejscowy ranczer. Uniósł strzelbę i strzelił Muffinowi w pysk i pierś. Moffet rzucił się na zachód w stronę rezerwatu. Mężczyzna ścigał go przez zarośla wraz ze sforą ujadających psów. Raz po raz rozlegał się wystrzał, a kule padały w piasek wokół uciekającego lwa.

Tego ranka poleciałem samolotem tam, gdzie po raz ostatni widziałem Muffina i Moffeta – w pobliżu ogrodzenia. Nie było ich tam, a sygnał Muffina dobiegał daleko ze wschodu. Z coraz cięższym sercem przechyliłem samolot i poleciałem w stronę jego nadajnika. Ciągle myślałem, że może poszedł do rzeki, by znaleźć wodę, albo tropił stado antylop, ale nietypowa wyrazistość sygnału radiowego świadczyła o tym, że nie nosi już obroży.

Sto kilometrów na wschód, nad wioską Mopipi w pobliżu jeziora Xau sygnał stał się najsilniejszy. Latając nisko w jedną i drugą stronę nad strzechami chat, znalazłem w końcu tę z obrożą i nadajnikiem. W dole ujrzałem skórę dużego lwa, rozpiętą na piasku w pobliżu niskiej szopy. Ludzie wybiegli z domów i wskazywali na samolot.

Wylądowałem na polance nieopodal. Otoczył mnie tłum tubylców klaszczących w ręce, machających i śmiejących się do mnie. Ponury i milczący, opłakując kolejnego przyjaciela, ruszyłem przez tłum do chaty, którą namierzyłem z powietrza. W jej drzwiach stanęła nieufna czarnoskóra kobieta w średnim wieku.

– Ktoś z tego domu zastrzelił lwa – powiedziałem. – Musicie mieć obrożę z jego szyi.

Nie rozumiała, co mnie sprowadziło do jej *rondavela*. Przez chwilę wyglądała na przerażoną i zagubioną. Zmusiłem się do bladego uśmiechu, by ją uspokoić. Potem na słupie za nią zobaczyłem znoszoną, zakrwawioną obrożę Muffina z nadal funkcjonującym nadajnikiem. Kobieta oddała mi ją, a ja spytałem, ile lwów zastrzelono. Powiedziała, że nie wie, ale jej mąż przyniósł z rancza do wioski tylko jedną skórę. Oznajmiłem, że wrócę za parę dni, by dowiedzieć się od niego o szczegółach śmierci Muffina.

Gdy znów wzbiłem się w powietrze, dostroiłem się do częstotliwości Moffeta, ale nie mogłem wyłapać jego sygnału. Niełatwo było przekazać Delii, że Muffin nie żyje, a Moffeta nie mogę znaleźć.

Tygodniami szukałem Moffeta z powietrza, ale nigdy nie usłyszałem jego sygnału. Doszedłem do wniosku, że został ranny i odczołgał się gdzieś, by umrzeć. Jeden z pocisków pewnie roztrzaskał jego nadajnik.

23

URAN

Delia

Rozdziera ziemię, szukając jej prastarych żył
płynących splendorem; powodzie ustępują
przed jego tamami; błyskawica zna jego łańcuchy...
Kocha swoje dzieła i... kpi: gdzie niebezpieczeństwo?

Gene Derwood

Mały, okrągły wodopój na Równinie Skoczników od miesięcy był wyschnięty. Jego spękane szare dno usiały idealnie odciśnięte ślady dużych i małych zwierząt, które przybyły tu w poszukiwaniu wody. Były też stare ślady – z czasów, gdy wodopój wypełniała świeża woda: tu przykucnęła hiena, by się napić, tam lew pośliznął się w błocie, gdzie indziej jeżozwierz poruszył kolczastym ogonem. Była też głęboka koleina zostawiona przez tych, którzy brnęli przez błoto do ostatnich mętnych kałuży na środku wodopoju oraz ślady zdesperowanego oryksa, który kopytem wygrzebał głęboką dziurę, by wysączyć resztki błotnistej wody. Były też w końcu ślady zwierząt, które przyszły, powęszyły i odeszły, mogąc jedynie wspominać, jakie to uczucie, gdy się pije.

Wodopój był otoczony krzakami akacji i małymi jujubami. Gdy za nimi uklękliśmy, byliśmy dobrze ukryci. Przyjechaliśmy na Równinę Skoczników w nadziei znalezienia odchodów lwów i hien brunatnych. Ich analiza miała dla nas znaczenie, ponieważ uzupełniała nasze bezpośrednie obserwacje tego, co drapieżniki jedzą w czasie suszy.

Nagle z dala dobiegł nas głośny furkot. Zaskoczeni spojrzeliśmy w górę i ujrzeliśmy krążący nad drzewami helikopter. Cofnęliśmy się głębiej w zarośla w nadziei, że pilot nas nie zauważy. Byliśmy zaniepokojeni, zaskoczeni, zaciekawieni, rozdrażnieni. Co to miało znaczyć?

Helikopter wylądował w chmurze kurzu. Wirnik znieruchomiał i trzej młodzi mężczyźni w obszernych dżinsach wysiedli i stanęli w korycie rzeki. Do metalowych tac, zamontowanych na płozach helikoptera, przymocowano niebieskie plastikowe worki z próbkami gleby. Przedstawiliśmy się, a oni wyjaśnili, że są geologami pracującymi dla międzynarodowej firmy wydobywczej.

– Czego szukacie? – spytał Mark.

Zwierzchnik geologów spuścił nerwowo wzrok na ramiona Marka, a potem na ziemię.

– Hm... właściwie nie powinniśmy tego mówić, ale... hm... diamentów – wyjąkał.

Poczułam straszny ciężar na sercu; ręce zaczęły mi się pocić. Przed oczami stanęła mi wizja potężnej kopalni diamentów, wielkiej jamy, hałd wykopanej ziemi, pasów transmisyjnych, ciężarówek i prowizorycznych miasteczek górniczych, rzucających cień na zmasakrowane koryto prastarej rzeki. Może tam, gdzie znajdowało się legowisko hien, powstałby parking...

– Macie pozwolenie? – spytałam.

– Nie szukamy w Deception Valley – odpowiedział geolog ze zbytnim pośpiechem. – Używamy jej tylko do nawigacji. Szukamy w południowej części rezerwatu.

Po paru niezręcznych komentarzach o tym, jak piękna jest według nich Kalahari, mężczyźni wrócili do helikoptera i wystartowali. Jeszcze długo w całej Deception Valley znajdowaliśmy dziury po pobranych próbkach i resztki niebieskich plastikowych torebek.

Parę tygodni później czerwono-biały beaver – jednosilnikowy samolot, jakiego od lat używano na Alasce – parę razy zatoczył koło nad naszym pasem startowym i wylądował. Zatrzymał się przy obozie, a ja poczułam to samo ściskanie w sercu. Pilot i jego nawigatorka przedstawili się jako Hal i Caroline, mineralodzy z Union Carbide. Caroline miała płowe włosy, szeroki uśmiech i piegi. Hal, który pochodził z Michigan, był wysoki, smagły i wyjątkowo uprzejmy. Wyjaśnił, że posługują się magnetometrem do poszukiwania uranu na Kalahari. Zaprosiliśmy ich na herbatę, by porozmawiać o ich misji. Nikt nas nie uprzedził o ich przybyciu ani nie powiedział nam, co będą robić w rezerwacie. Toko, mucharki i pokrzewice zebrały się w drzewach nad naszymi głowami, jak zwykle podnosząc radosny hałas. Nasi goście nie mogli się nadziwić, że są tak oswojone, i powiedzieli z wielkim ożywieniem, że rano z samolotu widzieli lwa. Jakie to wspaniałe – być w prawdziwej, nieskalanej dziczy wśród takich zwierząt. Nalewając im herbatę, starałam się nie spoglądać na nich spode łba. Jak im się zdawało – czy taka dzicz może długo przetrwać, jeśli odkryją złoża minerałów w Deception Valley?

Nasi goście dumnie wyjaśnili, że przez parę następnych tygodni wraz z innymi będą latać nad solniskami i wyschniętymi rzekami w rezerwacie. Szczególnie prastare koryta wydawały się obiecujące jako miejsca, w których mogły się znajdować złoża uranu. Gdyby okazało się, że jest go tu wystarczająco dużo, pojawią się firmy wiertnicze, by sprawdzić, czy da się tu założyć kopalnię – być może dokładnie w miejscu, w którym siedzieliśmy.

Byliśmy przerażeni. Po niemal sześciu latach samotnego życia na Kalahari nagle zaatakowali nas ludzie z samolotu, którzy piją naszą herbatę, radośnie opowiadali o tym, jak przyłożą rękę do zniszczenia wszystkiego, co chcieliśmy z takim trudem ocalić.

– Zrobiliście sobie świetne lądowisko – zauważył Hal. – Może moglibyśmy wykorzystać wasz obóz jako stację paliw? Helikoptery i samoloty mogłyby tu lądować, żeby zatankować.

– Nie – rzuciłam gwałtownie. – Przykro mi, ale pracujemy tu z wrażliwymi zwierzętami. Nie można ich tak narażać.

– A, rozumiem. Szkoda... to by nam bardzo pomogło, ale rozumiem waszą sytuację.

Ostatnią rzeczą, jaką chcielibyśmy zrobić, jest pomaganie ci w złupieniu Kalahari, ty głupi sukinsynu, pomyślałam. A głośno spytałam:

– Może jeszcze herbatki? – I uśmiechnęłam się o wiele za słodko.

Po paru minutach rozmów o niczym pożegnali się i odlecieli swoim beaverem.

* * *

Jedną z najważniejszych kwestii w ochronie dzikich zwierząt z Kalahari była paląca potrzeba, by zachować w pierwotnym stanie solniska i prastare koryta rzek, takie jak w Deception Valley. W latach, gdy deszczu nie brakowało, dna dawnych rzek pokrywały się pożywną trawą – podstawowym pokarmem równinnych antylop w czasie, gdy się cieliły. Lasy otaczające doliny były głównym źródłem pożywienia dla żyraf, kudu, antylopików i elandów, a także dla trawożernych antylop, które podczas suchej pory muszą się przerzucić na gałązki i liście. Zwierzęta kopytne przyciągają drapieżniki, które skupiają się wokół wyschniętych rzek. Wijące się wśród wydm prastare koryta rzeczne stanowią tylko malutki ułamek całego ich terytorium, ale należą do najważniejszych habitatów na pustyni. Kopalnia wraz ze wszystkim, co się z nią łączy, byłaby katastrofą dla dzikich zwierząt Kalahari.

Z dnia na dzień Deception Valley stała się bardzo interesująca dla przemysłu wydobywczego. W wyschniętych korytach rzek w Australii odkryto złoża uranu; to samo mogło się wydarzyć na Kalahari.

Przez kilka tygodni codziennie słyszeliśmy warkot samolotów i helikopterów. Nasze listy do rządu Botswany, w których domagaliśmy się, by poszukiwania mineralogów ominęły teren rezerwatu, pozostawały bez odpowiedzi. Mogliśmy tylko czekać. W końcu sytuacja na niebie się uspokoiła, ale nie mieliśmy pojęcia, co wykazały poszukiwania.

Potem pewnego ranka zza Wschodniej Diuny dobiegł basowy pomruk i ujrzeliśmy kolumnę pyłu ciągnącą się kilometrami nad sawanną. Stojąc w korycie rzeki koło obozu, patrzyliśmy, jak karawana furgonetek, dziesięciotonowych ciężarówek i dwudziestopięciotonowa wiertnia przetaczają się przez dolinę. Firma Union Carbide przybyła do Kalahari, by określić, czy kopalnia uranu przyniosłaby zyski. Spotkaliśmy się z ekipą wiertniczą na Środkowej Równinie i porozmawialiśmy z nimi o ich planach.

Doug, zarządzający wszystkim geolog, młodzieniec o pulchnej twarzy i spojrzeniu zbitego psa, rozmawiał z nami, grzebiąc w ziemi czubkiem buta. Obiecał, że kierowcy ciężarówek nie będą jeździć z pełną prędkością po korycie rzeki, ścigać zwierząt ani płoszyć hien, które mogą w nocy zaglądać do ich obozu, a także przemieszczać się nocą, gdy lwy i hieny będą wędrować przez dolinę.

– Wiem, jak ważne są wasze badania, powiedzieli mi ludzie z Departamentu Dzikiej Przyrody. Postaramy się nie przeszkadzać wam w pracy – obiecał.

Bardzo nam ulżyło i uścisnęliśmy mu ciepło ręce. Ale wkrótce okazało się, że ta jego rzekoma troska miała nas tylko uspokoić.

Przez całe lata chodziliśmy na paluszkach wokół starej rzeki i jeździliśmy z prędkością do dziesięciu kilometrów na godzinę.

Teraz, ignorując nasze prośby i błagania, ciężkie pojazdy dudniły po okolicy z prędkością osiemdziesięciu kilometrów na godzinę, dniem i nocą, tymi samymi ścieżkami, których używały Czarnuszka i Kakao. Wyżłobiły głębokie koleiny w delikatnej powierzchni koryta rzecznego – te blizny miały pozostać na co najmniej sto lat. Raz po raz przekonywaliśmy, błagaliśmy, a w końcu groziliśmy, aż otrzymaliśmy zapewnienie, że ciężarówki zwolnią i nie będą jeździć nocą. Tych obietnic nie dotrzymywano. Nieliczne skoczniki i oryksy, które wróciły w dolinę, by odzyskać swoje terytorium, uciekły galopem.

Całą dolinę usiały porzucone beczki, puszki po piwie i inne śmieci. Długie pasma niebieskich plastikowych taśm oznaczały miejsca godne dalszego zbadania w późniejszym terminie. Furkotały na gałęziach akacji jak sztandary symbolizujące prawa robotników do doliny.

Co wieczór jeździliśmy do miejsca, w którym pracowała wiertnia i niespokojnie dopytywaliśmy się o rezultaty poszukiwań. Doug, rysując butami w piasku, zapewnił nas, że nie znaleźli wystarczających ilości uranu. Nie pokazał nam oficjalnych dokumentów.

Jedenaście dni po ich przybyciu w dolinie obok obozu pojawił się długi szereg wielkich ciężarówek. Ekipa zakończyła badania. Podobno efekty poszukiwań nie były zadowalające. Patrzyliśmy, jak znikają za Wschodnią Diuną, by rozpocząć odwierty w innym prastarym korycie rzeki. Nie byliśmy pewni, czy możemy im uwierzyć.

* * *

Z naszych badań można już było wywnioskować, co należy zrobić, by ochronić dzikie zwierzęta z Kalahari. Ale czy było na to za późno? Czy wszystko przepadnie z powodu ludzkiej chciwości? We dwójkę występowaliśmy przeciwko potężnym siłom. Zdobyliśmy wiele informacji o tym ekosystemie, ale to nie wystarczało. Powinni się tym przejąć inni ludzie. Rząd Botswany musiał ujrzeć w Kalahari cenne dziedzictwo przyrodnicze, a nie tylko szlak do bogactw naturalnych.

Musieliśmy zrobić, co w naszej mocy. Na początek zdarliśmy wszystkie plastikowe taśmy, jakie znaleźliśmy.

24

BŁĘKITKA

Delia

Znikły zielone pola, spalone przez słońce,
Znikły z dolin, gdzie rzeki przepływały rwące...

Terry Gilkyson

Błękitka stała na Północnej Diunie, wystawiając pysk na wiatr. Niegdyś smukła i silna lwica bardzo wychudła, a jej talia ściągnęła się jak u osy. Na grzbiecie brakowało jej kilku kępek sierści, po których zostały czarne plamy, jej dziąsła stały się bardzo blade. Błękitka uniosła głowę i cichym gruchaniem powitała wschód, południe i zachód, nadstawiając uszu w oczekiwaniu na odpowiedź. Przez większość swojego siedmioletniego życia spała, polowała, jadła i rodziła w towarzystwie przynajmniej niektórych samic z Błękitnego Stada. Kiedyś jej towarzyszki odpowiedziałyby na to wołanie i wyłoniłyby się z buszu, by ją powitać. Ale trwająca półtora roku susza – w tym czasie obserwowaliśmy rozwój szczeniaków hien brunatnych – je rozdzieliła. Od miesięcy nie widzieliśmy jej z inną lwicą.

Błękitka nie wiedziała, że Dziczka i Psotka znajdują się ponad osiemdziesiąt kilometrów od niej. Ciągnąc za sobą siedmioro młodych, dwie lwice przemierzały jałowe równiny na wschód od rezerwatu. Od czasu do czasu spotykały obce lwy, samce i samice, które akceptowały lwiątka jak własne dzieci; samce nawet dzieliły się z nimi jedzeniem, tak jak Muffin i Moffet. Gdyby nie spłowiałe znaczniki w uszach, nic nie zdradzałoby, że Dziczka i Psotka niegdyś należały do Błękitnego Stada.

Teraz, w osiemnastym miesiącu suszy, stado się rozpadło; Błękitka jako jedyna pozostała na swoim dawnym terytorium. Reszta lwów przemierzała ogromną połać lasów, buszu i sawanny – ponad dwa i pół tysiąca kilometrów kwadratowych – szukając czegoś, co mogłyby upolować.

Po utracie młodych w wyniku zaniedbania Fryga dołączyła do Liesy i razem z nią zawędrowała daleko na południowy wschód Deception Valley, polując na grymy, kudu, jeżozwierze i mniejsze gryzonie. Happy ze Stada z Równiny Skoczników i Szelma z Błękitnego Stada kursowały między różnymi stadami, a potem sprzymierzyły się ze sobą. Polując w buszu i sawannie na południe od doliny, trafiały na postrzałki, antylopiki i inne mniejsze ssaki. W maju 1979 roku każda z nich urodziła dwa młode w kilkudniowym odstępie, tak jak to często dzieje się w przypadku lwic ze stada. Nie mogliśmy określić, kto jest ojcem młodych, ponieważ samice parzyły się z lwami z trzech różnych stad.

Gdy po raz pierwszy zobaczyliśmy, jak Happy i Szelma karmią nawzajem swoje młode, był to dla nas ekscytujący moment. Do tej pory karmienie cudzego potomstwa zaobserwowano tylko między blisko spokrewnionymi lwicami z tego samego stada. Happy i Szelma nie mogły być bliskimi krewnymi, ponieważ pochodziły z różnych stad. Ta i podobne obserwacje miały wielką wagę dla ewolucji i struktury współdziałania lwów, co stanowiło temat pracy doktorskiej Marka.

Nie zobaczyliśmy już więcej Moffeta, choć Mark, wyruszając samolotem, od razu nastawiał odbiornik na jego częstotliwość. Od czasu do czasu w szumie rozlegał się słaby pisk, dający nam nadzieję, że Moffet nadal wędruje gdzieś po pustyni. Gdy Mark leciał w kierunku tych ledwie słyszalnych sygnałów, zawsze znikały.

* * *

Siedzieliśmy z Błękitką na Północnej Diunie i miałam wrażenie, że jest wdzięczna za nasze towarzystwo. Spała w cieniu terenówki; gdy otwieraliśmy drzwi, żeby zrobić przewiew, mogłabym dotknąć jej stopą. Opony nadal ją fascynowały; leżąc na grzbiecie, z łapami w powietrzu, odwracała głowę na bok i delikatnie nadgryzała gumę.

Na ogół nie ruszała się aż do zachodu słońca. Teraz jednak była bardzo głodna i już o czwartej po południu ruszyła na północ, w stronę lasów na wydmie. Z jej zbocza widziała ponad dwa kilometry doliny na północ i południe; jak okiem sięgnąć nie było żadnej zwierzyny łownej.

Błękitka wchodziła w krzaki i wychodziła z nich przez ponad dwie godziny – przystawała, nasłuchiwała, obserwowała – ale nie znalazła nic do jedzenia. Ciężko dysząc, położyła się i przez jakiś czas odpoczywała, po czym po zapadnięciu zmroku ruszyła w stronę Zachodniej Diuny. W pobliżu piaszczystej łachy zatrzymała się w pół kroku, powoli przypadła do ziemi, aż jej łopatki skierowały się w górę, i zaczęła się skradać w stronę postrzałki, skaczącej w pobliżu swojej nory. Gdy znalazła się piętnaście metrów od niej, rzuciła się, ale postrzałka ją zauważyła. Z oszałamiającą prędkością, w kilku błyskawicznych obrotach, zwodniczo machając krzaczastym ogonem, postrzałka pomknęła ku swojej jamie. Błękitka popędziła za nią, aż piasek trysnął jej spod łap. Dotykała nosem ogona postrzałki, gdy ta wpadła w otwór jamy, ale gryzoń nie wycelował precyzyjnie i kiedy zatrzymał się na sekundę, Błękitka chwyciła w zęby nadal wyciągnięte tylne łapki. Wywlekła postrzałkę z nory i zaczęła żuć powoli, rytmicznie, z przymkniętymi oczami, jakby smakowała każdy kawałeczek swojej dwukilowej ofiary. Po pięciu minutach z gryzonia zostało parę kropel krwi i kępki sierści na piasku. Taka ilość mięsa była zbyt mała, by podtrzymać jej siły na długo; lwica musiała polować dalej.

Ani tej nocy, ani następnej Błękitka nie znalazła żadnej ofiary, choć przeszła jeszcze trzydzieści kilometrów. Często się kładła, by odpoczywać i podrapać podrażnioną skórę. Pokryte strupami łyse placki na jej skórze z dnia na dzień powiększały się coraz bardziej. Baliśmy się, że to świerzb, poważna choroba skórna spowodowana przez mikroskopijne pasożyty. Żyją one na zdrowym zwierzęciu, nie robiąc mu krzywdy, ale mogą się rozmnożyć i spowodować utratę sierści, gdy zwierzę jest w słabej kondycji – na przykład w przypadku wygłodzenia.

Pomimo złej diety i stanu, smukły brzuch Błękitki zaczął nieco pęcznieć, a jej sutki się powiększyły. Martwiliśmy się, że trudno będzie jej wychować młode podczas suszy, gdy inne samice ze stada nie pomagają jej w polowaniu, a w okolicy niemal nie ma żadnych dużych zwierząt łownych. Gdy pewnego ranka znaleźliśmy ją w wysokiej trawie, karmiącą dwa małe samczyki, ogarnęła nas litość. W czasie, gdy z trudem znajdowała jedzenie dla siebie, a na obszarze tysięcy kilometrów kwadratowych nie było ani kropli wody, nie mogła sobie pozwolić na utratę wilgoci i składników odżywczych potrzebnych do wykarmienia wymagającego potomstwa.

Codziennie odwiedzaliśmy ją, by sprawdzić, jak sobie radzi. Jedną z pierwszych rzeczy, jakie zobaczyły jej młode, Bimbo i Sandy, była nasza sfatygowana toyota. Matka i lwiątka często leżały w cieniu naszego samochodu i musieliśmy bardzo uważać, by nie przejechać po jakimś ogonku czy łapce.

Wieczorami Błękitka zostawiła Bimbo i Sandy'ego samych, ukrytych w wysokiej trawie i krzakach, i ruszała na mozolne poszukiwania pożywienia. Wracała po wielu godzinach i stawała pięćdziesiąt do stu metrów od młodych, wołając je cicho. Trawa się poruszała i młode wyplątywały się z niej, odpowiadając ochrypłymi, piskliwymi miauknięciami. Błękitka myła je różowym, szorstkim językiem, a one wierciły się i kwiliły. Raz Bimbo zdołał wstać i dokonać próby ucieczki, sięgając do sutków matki, gdy ta była zajęta Sandym. Jednak jej ogromna łapa przewróciła go na ziemię i po chwili mały znowu poczuł na sobie wielki język. Gdy mycie i skubanie zębami dobiegło końca, wszyscy usadowili się pod drzewem, gdzie Błękitka nakarmiła swoje dzieci.

Jedzenia było tak niewiele, że lwica musiała często na długo (od dwudziestu czterech do trzydziestu sześciu godzin) zostawiać młode same, by zdobyć pożywienie. Oba lwiątka były chude, ale Sandy – ten mniejszy – zaczął okazywać oznaki utraty sił. Coraz częściej siedział w trawie, patrząc przed siebie niewidzącym wzrokiem, podczas gdy jego brat brykał w pobliżu lub bawił się patykami. Gdy Błękitka przestawała karmić, Sandy domagał się więcej mleka.

Pewnej nocy, kiedy lwiątka miały jakieś dwa miesiące, Błękitka zagruchała do nich cicho i ruszyła przez trawę. Bimbo i Sandy dreptali za nią, ale gdy dotarła do połowy koryta rzeki, zostali daleko w tyle. Bimbo szedł dwadzieścia, a Sandy trzydzieści metrów za nią i obaj głośno miauczeli. Błękitka zatrzymała się i zaczekała, cicho mrucząc, ale gdy do niej dotarli, ruszyła dalej na zachód, nie dając im szansy na odpoczynek. Zaprowadziła ich na szczyt Zachodniej Diuny – prawie pięć kilometrów – i zostawiła w kępie wysokiej trawy u stóp drzewa. Potem odeszła na polowanie.

Ostatni raz piła wodę podczas krótkiego deszczu dziesięć miesięcy temu. Jedynym źródłem płynów była dieta złożona z postrzałek, myszy, rateli i otocjonów. Lwica nierzadko musiała przemierzać nocą dwadzieścia kilometrów i coraz częściej zachęcała synków, żeby towarzyszyli jej co najmniej przez część drogi. Sandy nadążał za nią z coraz większym trudem. Był o jedną trzecią mniejszy od swojego brata, miał rzadkie futro, a pod skórą rysowały mu się kanciaste kości.

Pewnego ranka znaleźliśmy Błękitkę i Bimbo samych. Sandy został w tyle, a może padł ofiarą lamparta, szakala lub hieny. Matka i synek leżeli razem pod kolczastym krzakiem. Gorący wiatr nawiewał małe fałdki piasku, sadzy i popiołu między poczerniałymi kępami trawy, pozostałymi po pożarze w porze suchej. Żebra i kości biodrowe Błękitki rysowały się pod jej skórą, jej dziąsła były białe, a sierść na grzbiecie i brzuchu przerzedzona. Lwica trąciła nosem Bimbo, który wspiął się na tylne łapki i oparł miękkie przednie łapki na jej pysku. Przewróciła go szerokim językiem na grzbiet i gdy lizał jej czoło, skubnęła zębami jego wynędzniałe ciałko. Choć z trudem znajdowała pożywienie dla siebie, nic w jej zachowaniu nie wskazywało, że zamierza porzucić swoje ocalałe dziecko.

Od półtora roku nosiła obrożę z nadajnikiem; jej krawędzie były wystrzępione, a antena skręcona jak rozciągnięta sprężyna łóżka. Coraz trudniej było nam wychwycić słaby sygnał z powietrza. Kilka razy nie mogliśmy jej namierzyć nawet z auta. Choć nie chcieliśmy usypiać lwicy, gdy jej dziecko było tak blisko, należało wymienić stary nadajnik. Była to także dobra okazja, by lepiej zbadać jej stan fizyczny.

Zaczekaliśmy do zmierzchu, aż oboje zasnęli pod wielkim krzakiem akacji; potem Mark nastawił prędkość wystrzału na minimum i założył tłumik, po czym strzelił do Błękitki z odległości dziesięciu metrów. Strzałka cicho przebiła jej bok. Lwica poderwała się, przebierając łapami w powietrzu i rozglądając się po ziemi, jakby sądziła, że ukąsił ją wąż. Bimbo patrzył na nią z zaciekawieniem, również rozglądając się dokoła. Potem oboje zasnęli. Piętnaście minut później preparat zaczął działać. Błękitka nie obudziła się, gdy Mark zaszeleścił w trawie, żeby sprawdzić jej czujność. Powoli wysiedliśmy z terenówki, Bimbo gwałtownie uniósł głowę i przeszył nas spojrzeniem. Widywał nas wiele razy, ale nigdy tak blisko i nigdy nie zbliżaliśmy się do niego. Gdy powoli podeszliśmy do Błękitki, parę razy przeniósł wzrok z nas na matkę i z powrotem, ale lwica spała głęboko. Skoro ona nas akceptowała, i on postanowił to zrobić; oparł brodę na łapach i przez półtorej godziny przyglądał nam się z odległości pięciu metrów, jak zajmujemy się jego matką.

Przetoczyliśmy ciało Błękitki i przyjrzeliśmy się jej z bliska. Okazało się, że jest w jeszcze gorszym stanie niż sądziliśmy. Straciła niemal całą sierść z brzucha, a wielkie łaty skóry na boku i karku były pokryte grubymi strupami. Niemal z całą pewnością był to świerzb. Leczenie tej choroby w dziczy jest dość skomplikowane, bo zwierzę należy zanurzyć w roztworze chemicznym, by zabić pasożyta. Nie mieliśmy ani odpowiedniego sprzętu, ani preparatów.

– Chyba mam pomysł – szepnął Mark. – Możemy odciągnąć trochę oleju z silnika i ją nim wysmarować. Jeśli zrobimy to dokładnie, a ona go nie zliże od razu, jest szansa, że pasożyty się uduszą.

Dla mnie brzmiało to jak szaleństwo, ale nie miałam lepszego pomysłu. Mark wczołgał się pod toyotę i odciągnął trzy kwarty oleju, zostawiając nam tylko tyle, żebyśmy mogli wrócić. Natarliśmy nim każdy centymetr ciała Błękitki. Bimbo obserwował nas, przechylając głowę na boki. Przewróciliśmy jego matkę na grzbiet i natarliśmy jej pierś. Gdy skończyliśmy, lwica wyglądała strasznie. Piasek, olej i popiół zlepiły się, tworząc maź; Błękitka przypominała ofiarę wycieku ropy naftowej.

Założyliśmy jej na szyję nową obrożę z nadajnikiem, zrobiliśmy notatki na temat stopnia starcia zębów, które również sfotografowaliśmy i podaliśmy jej antybiotyk w zastrzyku. Z odległości czterech metrów nie widzieliśmy, żeby Bimbo miał objawy świerzbu, więc spakowaliśmy sprzęt i wróciliśmy do terenówki. Błękitka właśnie zaczynała odzyskiwać przytomność i rozglądać się dokoła.

Przez dwa dni zdołała wylizać się z większości piasku i sadzy, ale warstwa oleju się utrzymała i wyglądało na to, że nasze leczenie nie zaszkodziło lwicy. O wiele rzadziej się drapała i w ciągu tygodnia spod brzegów większych strupów zaczęła wyglądać zdrowa, różowa skóra. Gdy sierść zaczęła jej odrastać, stało się jasne, że lwica zdrowieje. W ciągu trzech i pół tygodnia po olejowej wcierce niemal całe futro odrosło i zakryło miejsca po ranach.

Trzymiesięczny Bimbo nadal był prawie zupełnie zależny od mleka matki. Nie miał krępej sylwetki, naturalnej w jego wieku. Okazywał zainteresowanie zabijaną przez matkę zwierzyną, ale rzadko był świadkiem, jak poluje. Ponieważ najczęściej łupy były małe, Błękitka zwykle zjadała je w całości, gdy mały ukrywał się parę kilometrów dalej.

Pewnej nocy Błękitka zabiła samicę ratela i jej dziecko. Zjadła matkę, a młode przyniosła swojemu lwiątku. Położyła je na ziemi, wtedy Bimbo chwycił ofiarę zębami za kark i odszedł, wysoko unosząc głowę. Następnie, leżąc, objął obiema łapami ciało półtorakilowego zwierzęcia i szybko je pożarł. Najwyraźniej nadszedł ten czas: Błękitka musiała zacząć zdobywać mięso także dla swojego dziecka. Następnej nocy zostawiła Bimbo u stóp Wschodniej Diuny i ruszyła na polowanie w suchych krzakach w dolinie między wydmami, a potem na wydmie. Gdy zbliżyła się do szczytu, zobaczyła widok, od którego już odwykła. Przyczajona ruszyła przed siebie. Na szczycie wydmy, na tle fioletowego nocnego nieba, samiec gnu prowadził przez zarośla długi szereg ciemnych sylwetek. Otoczone chmurą pyłu, czarniejsze niż noc, setki antylop kroczyły krętą drogą wzdłuż wydmy.

Błękitka przypadła do ziemi przed stadem, całkiem nieruchomo, tylko z drgającym czubkiem ogona. Gdy minęła ją trzecia sztuka w stadzie, skoczyła na jej grzbiet i przejechała łapą po jej barku, głęboko wbijając pazury w twardą skórę. Antylopa jęknęła i rzuciła się galopem, ciągnąc lwicę po ziemi przez kłujące krzaki. Ale Błękitka nie puściła swojej ofiary. Zwisała na niej całym ciężarem. Szamocząca się ofiara upadła, Błękitka rozluźniła chwyt i złapała ją zębami za gardło, miażdżąc tchawicę. Lwica i antylopa legły razem; gnu początkowo wierzgało, rozpaczliwie starając się odetchnąć, potem znieruchomiało. Zdyszana Błękitka rozerwała mu bok, wychłeptała krew i zjadła delikatne wnętrzności.

Parę minut później ruszyła do Bimbo, ukrytego pięć kilometrów dalej. Zagruchała cicho, a on wyłonił się z kryjówki i z nosem tuż przy czubku jej ogona podreptał za nią do upolowanej antylopy. Dwa szakale już ją znalazły i szarpały mięso. Błękitka skoczyła i je przepędziła. Bimbo dogonił ją i zaczęli jeść – niespiesznie, z rozkoszą.

W końcu Bimbo oparł się o matkę i zasnął. Po raz pierwszy w życiu miał okrągły, pełny brzuszek.

* * *

Następnej nocy Łatka, hiena brunatna, wyczuła mocny odór rozdartego brzucha gnu. Do północy Błękitka i Bimbo pożarli wszystko z wyjątkiem skóry, kości i przylegającego do nich mięsa. Łatka ostrożnie okrążyła teren, upewniając się, że lwy sobie poszły. Ze zjeżoną sierścią i uniesionym ogonem przepędziła szakale, które już zaczęły podkradać co lepsze kąski, i zabrała się do wielkich kości, ścięgien i skóry.

Czarnuszka i Kakao, które żywiły się starymi kośćmi i czasem postrzałką, czekały w legowisku. Nagle przy wejściu do nory w fontannie piasku upadła cała noga gnu, pokryta skórą i kawałkami czerwonego mięsa. Dwa szczeniaki, piszcząc, zaniosły ją do wnętrza nory. Łatka położyła się na jednym z kopców i zasnęła; dźwigała nogę bawolca przez prawie pięć kilometrów.

Gdy następnej nocy dotarliśmy do legowiska, Czarnuszka leżała na szczycie jednego z kopców. Na ogół wstawała i truchtała do terenówki, by zbadać interesujące ją zapachy, ale nie tej nocy. Tylko uniosła jedną powiekę, zerknęła na nas przelotnie, niedbale zgarnęła piasek na brzuch i znowu zasnęła.

Dzięki temu, że Błękitka zabiła gnu, najadły się dwa lwy i trzy hieny. Ale była to tylko jedna sztuka, a w tej części Kalahari należały one do rzadkości.

25

CZARNE PERŁY PUSTYNI
Mark

Ekolog musi albo umocnić swój pancerz i udawać, że konsekwencje nauki nie są jego sprawą, albo też być lekarzem, który widzi oznaki śmierci w społeczeństwie, które uważa się za zdrowe i nie chce słyszeć, że jest inaczej.

Aldo Leopold

Następnego dnia po tym, jak Błękitka zabiła gnu, na skrzydłach Echo Whisky Golfa wzniosłem się na niebo wcześniej niż słońce. Chciałem znaleźć lwy i hieny, zanim zerwie się porywisty pustynny wiatr. Słysząc sygnał Błękitki w słuchawkach, opuściłem się nad drzewa na wydmie, gdzie z zaskoczeniem ujrzałem lwicę i Bimbo pożerających gnu. Skąd się wzięło i dlaczego znalazło się na naszym terenie? Przez cały ten czas, gdy mieszkaliśmy w Deception Valley, rzadko widywaliśmy gnu, a przez ostatnie trzy lata nie było ich tu prawie nigdy. Musiał to być zabłąkany stary byk, który zostawił swoje stado jakieś dwieście kilometrów lub więcej na południe. Ale ponieważ gnu są dość towarzyskie, nie mogłem zrozumieć, dlaczego przebył taki kawał drogi zupełnie sam.

Dostroiłem się do częstotliwości Moffeta i wzniosłem się wyżej, wsłuchując się uważnie w trzaski w słuchawkach. Nic z tego nie wyszło, więc zmieniłem kanały, by poszukać Geronimo z Rudego Stada. Deception Valley została za mną, gdy zauważyłem pióropusze kurzu, a może dymu, wznoszące się na całej sawannie przede mną i pode mną. Jeszcze nigdy nie widziałem czegoś takiego. Zbliżyłem się i zobaczyłem setki, tysiące czarnych kropek przemieszczających się szeregiem przez zarośla. Wstrząśnięty krzyknąłem przez radio do naszego obozu:

– Gnu! Delia, znalazłem dziesiątki tysięcy gnu! Przesuwają się na północ!

Zacząłem schodzić w dół. Pode mną szereg antylop wił się między krzakami jak długi sznur czarnych pereł na tle brązowej monotonii Kalahari podczas suszy. Choć wtedy tego nie wiedzieliśmy, byliśmy świadkami drugiej co do wielkości migracji gnu na Ziemi.

W Maun słyszeliśmy, jak myśliwi wspominają czasy, gdy godzinami czekali przy głównej drodze do Francistown, przez którą przechodziły setki tysięcy gnu. Jednak żaden nie wiedział, skąd przyszły i dokąd zmierzały. Wiele osób zakładało po prostu, że populacja gnu rozrasta się w latach obfitych opadów, a maleje w czasach suszy. Zaledwie parę miesięcy przed tą migracją, w wyniku obserwacji lotniczych wykonanych przez zagraniczną firmę w całym kraju, otrzymano informację, że w południowej części Kalahari znajduje się dwieście sześćdziesiąt dwa tysiące gnu – populacja ustępująca liczebnością tylko stadom z Serengeti. Ale zespół badaczy określił, że te antylopy nigdy nie migrują w Botswanie.

Delia i ja wyruszyliśmy o świcie następnego dnia po tym, jak zauważyłem z powietrza migrację. Opuściliśmy się na trzydzieści metrów nad sawannę i podążyliśmy za śladami zwierząt na południe, z dala od stad, w głąb Kalahari, sprawdzając, skąd zaczęła się wędrówka, jakie były warunki środowiskowe, jaką trasą i jak szybko przemieszczało się stado, dokąd zmierzało oraz inne szczegóły, których potrzebowaliśmy, by opisać to wydarzenie.

Przez pięć minionych lat deszcze na Kalahari były obfite. Stada gnu prowadziły wędrowne życie, ścigając chmury deszczowe i płaty zieleni w głąb południowej części pustyni, z dala od jedynych jezior i rzek pięćset kilometrów na północ. Choć co roku podczas pory suchej przez parę miesięcy zwierzęta nie miały nic do picia, znajdowały wilgoć i składniki odżywcze w paszy. Trawa porastająca równiny nigdy kompletnie nie wysychała pomiędzy porami deszczowymi. Gdy pora deszczowa nadchodziła, stada gnu powiększały się o wiele nowych cielaków, które rosły silne i odporne dzięki proteinom i minerałom zawartym w roślinności.

W tym roku – 1979 – gdy deszcze nie nadeszły, trawy z zielonych zmieniły się w brązowe, a teraz, w połowie maja, przypominały wypaloną na słońcu słomę, chrupką i łamliwą.

* * *

Gnu stały na niskim piaszczystym nasypie. Ich grzywy, brody i długie ogony powiewały na suchym wietrze. Może instynkt, a może nawyk przekazywany przez pokolenia kazały im wyruszyć na północ, w jedyne miejsce, w którym mogły znaleźć wodę, by przetrwać suszę. Prawdopodobnie od stuleci jeziora Xau i Ngami, rzeki Nghabe i Boteti oraz południowe części delty rzeki Okawango stanowiły ratunek w czasie suszy dla antylop z Kalahari. Byki, krowy i ich cielęta pochyliły głowy i ruszyły w kłębach kurzu na północ.

Nie przypominało to migracji w Serengeti, gdzie często zbierają się wielkie stada gnu. Ponieważ populacja z Kalahari żyje w marginalnym, półpustynnym habitacie, jest bardziej mobilna i mniej skoncentrowana; teraz przemieszczała się stadami liczącymi od czterdziestu do czterystu antylop, rozciągniętymi w wielkim froncie sięgającym ze wschodu na zachód na ponad sto pięćdziesiąt kilometrów.

Nie wszystkie stada poruszały się w tym samym kierunku. Jedna część, licząca pewnie ponad dziewięćdziesiąt tysięcy sztuk, wybrała trasę na północ. Dziesiątki tysięcy innych szły ku rzece Limpopo, prawie pięćset kilometrów na wschód. Niezależnie od tego, czy migrowały na północ, czy na wschód, po drodze niewiele czasu spędzały na jedzeniu, bo bez wody nie potrafiły go strawić. Ich celem było dotarcie do wody i być może lepszej paszy w najkrótszym możliwym czasie. Bez wody umarłyby z głodu nawet na sawannie pełnej bujnej trawy. A nawet gdyby miały pod dostatkiem pożywienia, mogłoby w nim brakować wystarczającej ilości protein i podstawowych składników odżywczych, potrzebnych antylopom do przetrwania suszy. Niesłychanie długie sznury gnu maszerujących wczesnym wieczorem, nocą i wczesnym rankiem, by uniknąć upału i odwodnienia, ciągnęły nieprzerwanie dzień za dniem.

Co noc stado pokonywało czterdzieści do pięćdziesięciu kilometrów. Z powietrza tonące w kurzu szlaki migracyjne wyglądały jak pokręcone palce, wyciągające się ku jeziorom i rzekom. Niektóre gnu już przeszły koło pięciuset kilometrów z południowej i południowo-zachodniej Botswany – a nawet zza granicy RPA. I młode, i stare sztuki płaciły cenę za przebycie pustyni; po przejściu stada pozostawało wiele martwych ciał, czekających na padlinożerców. Fizyczny stan każdego zwierzęcia zależał od odległości, jakie musiało przebyć, jedząc mało i nic nie pijąc, ale ewolucja przygotowała je na taką wyprawę – choć miały ją przeżyć tylko najsilniejsze.

Nagle gnu stanęły, napotkawszy coś, co wiele z nich widziało po raz pierwszy. Zbiły się w stado i dreptały nerwowo w miejscu. Drogę przecinały im pasma rozciągliwego drutu stalowego – ogrodzenia Kuki chroniącego przed pryszczycą i ciągnącego się przez ponad sto pięćdziesiąt kilometrów wzdłuż północnej granicy rezerwatu. Jego wschodnie i zachodnie końce łączyły się z innym ogrodzeniem, które otaczało pustynię ponad ośmiuset kilometrami drutu.

Gnu zostały odcięte od awaryjnego habitatu, na który mogły liczyć od milionów lat. Żadna zdobyta wiedza, żaden instynkt nie mógł im pomóc w pokonaniu tej przeszkody. Czując przymus podążania na północ, gdzie rzeka oddalona była nie więcej niż o dzień lub dwa drogi, stado skręciło na wschód i ruszyło wzdłuż ogrodzenia. Żadne inne działanie nie wchodziło w grę. Zwierzęta szły od wielu dni, niewiele jedząc i nie pijąc, więc były osłabione, a teraz z powodu długiego płotu musiały dodatkowo pokonać ponad sto pięćdziesiąt kilometrów. Idąc wzdłuż niego, napotykały inne stada z tej samej migracji podążające do jezior i rzek. Codziennie dołączały do nich żyrafy, oryksy i bawolce, złaknione wody, lecz uwięzione za drutami. Tysiące tysięcy antylop, do tej pory rozproszonych na wielkich połaciach sawanny, teraz zostały zmuszone do ruszenia tą samą trasą ku wodzie. Wkrótce cenną trawę połamały, zmiażdżyły i wdeptały w ziemię kopyta pierwszych przechodzących stad. Te, które podążały za nimi, nie miały już co jeść. Zwierzęta zaczęły padać z głodu, pragnienia i zmęczenia. Żyrafa, która mogłaby bez trudu przejść nad ogrodzeniem, zaplątała się w druty. Usiłowała się uwolnić, ale zwoje rozciągliwej stali głęboko wbijały się jej w ciało. W końcu zwierzę rzuciło się naprzód i złamało przednią nogę w kolanie. Nadal z zaplątanymi tylnymi nogami w rozpaczliwej próbie uwolnienia się grzebało w ziemi, tworząc wokół siebie małe kopczyki z piasku – na próżno.

W końcu stada dotarły do biegnącego z północy na południe ogrodzenia nazywanego Makalamabedi. Stykało się ono pod kątem prostym z ogrodzeniem Kuki, rozciągającym się ze wschodu na zachód, a potem biegło na południe wzdłuż granicy rezerwatu (patrz mapa na stronie 397). Tu właśnie rozpętał się chaos wśród gnu. Chcąc iść wzdłuż tego drugiego ogrodzenia, musiałyby skręcić na południe, w dokładnie przeciwnym kierunku, w którym powinny pójść, by dotrzeć do wody. Stanęły bezradnie, ze zwieszonymi głowami, wiele z nich zaczęło się chwiać i padać na ziemię. Były jednak odporne i ich koniec nie przyszedł łatwo. W przeciwieństwie do błyskawicznie działających kłów i pazurów drapieżnika ogrodzenie zabijało powoli. Zwierzęta leżały na ziemi, grzebiąc w niej kopytami, a już sępy i wrony wydziobywały im oczy, inni padlinożercy żywili się ich uszami, ogonami albo jądrami. Kilka tysięcy sztuk gnu zginęło pod ogrodzeniem, ale był to dopiero początek masakry. W końcu stada ruszyły na południe wzdłuż półtorametrowej ściany drutu. Następnego dnia stanęły – płot kończył się na środku sawanny, jakby ktoś o nim zapomniał. Stada kłębiły się wokół niego. Wiatr ze wschodu przynosił już słodki, charakterystyczny zapach wilgoci. Kiedy jednak gnu obeszły koniec ogrodzenia na granicy rezerwatu, trafiły na teren safari. By dotrzeć do wody, musiały zaryzykować spotkanie z myśliwymi. Po dwóch dniach marszu te zwierzęta, które przetrwały wędrówkę, ogrodzenie i polowanie, wyszły z lasów na wielką równinę, czarną od tysięcy innych gnu. Słodki zapach stał się silniejszy – woda znajdowała się zaledwie czterdzieści kilometrów dalej. Zwierzęta przyspieszyły kroku. Miejscowe bydło, hodowane przez tubylców z rzadko rozproszonych *kraali* na brzegu jeziora, ogołociło piękną niegdyś równinę z wszelkich jadalnych liści i traw. Teraz jej powierzchnia wyglądała jak cement pokryty paroma centymetrami szarego pyłu, a spod kopyt gnu unosił się duszący kurz, który nie rozpraszał się w nieruchomym porannym powietrzu. Gdzieniegdzie na tym pustkowiu rósł jakiś nędzny krzak.

Cała okolica usiana była wyschniętymi szczątkami ciał. Umierające zwierzęta leżały na boku, poruszając rytmicznie nogami, jakby zdawało im się, że nadal zmierzają ku wodzie Wspaniałe

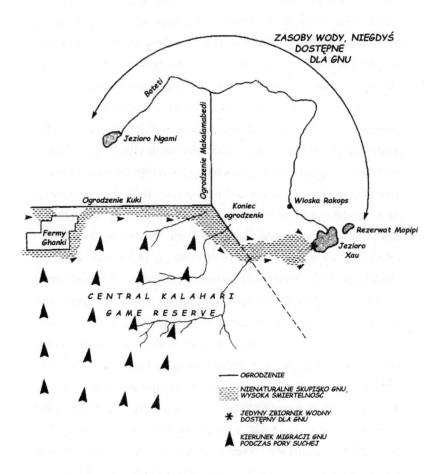

byki i krowy w wieku rozrodczym szły długimi szeregami do jeziora Xau. Nie mogąc zrobić już ani kroku, padały na ugięte kolana i opuszczały pyski coraz niżej i niżej, aż ich oddech zostawiał w pyle małe wgłębienia.

O świcie drugiego dnia po opuszczeniu rezerwatu niedobitki gnu prawie dotarły do jeziora. Ale potrzebowały nie tylko wody. W promieniu wielu kilometrów nie było ani cienia, ani nic do jedzenia. Czas naglił; zwierzęta musiały się napić i wrócić w cień, a potem dotrzeć do pożywienia w lasach czterdzieści kilometrów dalej, zanim słońce odrze je z resztek sił (patrz mapa obok). Nagle długie, zdyscyplinowane szeregi zaczęły się rozpadać i deformować. Tysiące antylop uciekało przed trzema furgonetkami z mężczyznami, którzy machali rękami i krzyczeli. Zataczając coraz ciaśniejsze kręgi wokół zwierząt, kierowca pięciotonowego bedforda runął na stado, zawrócił i wjechał w nie jeszcze raz. Kilka gnu uderzonych podczas pierwszego ataku usiłowało pokuśtykać na bok. Auto skręciło ostro i w kurzu pyłu buchającego spod kół po kolei rozjeżdżało ranne sztuki. Gdy padło sześć, furgonetka zatrzymała się i wyskoczyli z niej roześmiani miejscowi. Dwóch z nich chwytało każde zwierzę za rogi, a trzeci podrzynał mu nożem gardło. Kiedy słońce wspięło się wyżej na niebo, ocalałe zwierzęta przemierzyły rozmigotane białe solnisko i dotarły do ostatniego nagiego wzniesienia. Poniżej, niespełna kilometr dalej, rozciągały się błękitne wody jeziora Xau. Pelikany i flamingi unosiły się na jego powierzchni jak płatki kwiatów. Prawie sześćset kilometrów dalej na północ znajdowały się rzeki i jeziora niegdyś dostępne dla gnu podczas suszy, podobnie jak rzeka Limpopo na południu. Teraz ogrodzenia i osady zmusiły większą część całej populacji rezerwatu do przejścia na maleńki teren, gdzie osiemdziesiąt tysięcy antylop tłoczyło się na obszarze mniej więcej pięciu kilometrów kwadratowych. Gnu musiały się tam

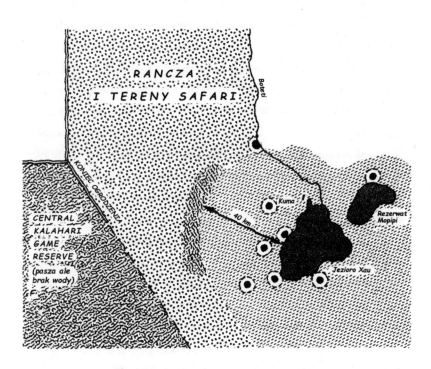

 OSADY

 JEDYNY TEREN Z PASZĄ
NADAJĄCĄ SIĘ DLA GNU

 TEREN DZIAŁALNOŚCI KŁUSOWNIKÓW,
OGOŁOCONY Z PASZY PRZEZ BYDŁO

 TRASA CODZIENNEJ WĘDRÓWKI GNU
OD PASZY DO WODY

napić, żeby przeżyć. Wyczuwając, że chaty tubylców oznaczają zagrożenie, spragnione zwierzęta zrobiły niepewnie parę kroków. Woda tam była – widziały ją i czuły! Ruszyły galopem, kierując się do jeziora. Gdy dzieliło je od niego tylko dwieście metrów, z kryjówki w pobliżu *kraali* wypadły grupy mężczyzn i chłopców z psami. Psy rzuciły się na gnu i przez długie minuty goniły za nimi w kółko. Działały skutecznie; łapały wyczerpane zwierzęta za zadnie nogi, przegryzając im ścięgna, a gdy te padały na ziemię – rozpruwały im brzuchy. Wówczas kłusownicy nadbiegali z pałkami i nożami, by dokończyć dzieła. Zamieszanie uniemożliwiło dotarcie do wody tysiącom innych gnu. Niektórym udało się dostać do jeziora, gdzie runęły w chłodną wodę. Wiele z nich tak osłabło, że nie zdołały się podnieść ani nawet zacząć pić, a ich pyski powoli zapadały się w płytką wodę i błoto.

Z samolotu obserwowaliśmy przez lornetkę rzeź na brzegu jeziora. Trzęsąc się z wściekłości, przesunąłem wolant do przodu i runęliśmy w dół. Kłusownicy byli pochłonięci zabijaniem zwierząt i zobaczyli samolot dopiero wtedy, gdy znalazł się tuż przy ziemi, sunąc na nich z rykiem przy prędkości dwustu pięćdziesięciu kilometrów na godzinę. Przemknęliśmy o centymetry nad zgrają psów atakującą młodego samca gnu; w ostatniej chwili puściły ofiarę i uskoczyły. Rozbiegły się, zdezorientowane, a samiec rzucił się do ucieczki. Ścigaliśmy psy, aż znalazły kryjówkę. Trzej mężczyźni rzucili pałkami w samolot, po czym zaryli w piasek i przejechali po nim brzuchami, zatrzymując się w kolczastych krzakach.

W czasie migracji gnu, wczesnym rankiem i nocą, jeśli księżyc świecił jasno, przelatywałem nisko nad chatami i stadami. To zniechęcało kłusowników i od tej pory widzieliśmy mniej ataków na stada. Jak na ironię, nawet gdyby gnu zdołały się napić, jezioro było dla nich pułapką. Gdy raz posmakowały wody, zatrzymywały się przy nim i wędrówka ustawała. Osady tubylców blokowały im drogę na północ, do znajdującej się dalej rzeki. Gnu musiały codziennie wędrować od jeziora do lasu, gdzie znajdowały cień i trawę, zanim upał stawał się zbyt dokuczliwy, a potem w nocy na nowo przechodzić przez równiny i solnisko. Była to niewiarygodna osiemdziesięciokilometrowa wyprawa. Dzień za dniem odległość między wodą a paszą się zwiększała, bo antylopy ogałacały teren położony coraz dalej od jeziora. Przez pewien czas jakoś sobie radziły, ale w końcu w nieunikniony sposób nadeszła chwila, gdy woda, którą piły, i pasza znajdowana w lesie nie dostarczała im energii wystarczającej na długie wędrówki. W tym momencie zwierzęta zaczęły nieubłaganie podążać ku śmierci głodowej. Wrzesień i początek gorącej pory suchej na Kalahari nie mogłyby być gorszym czasem dla antylop. Temperatura skoczyła w górę, a na spieczonych równinach pojawiły się niezliczone wiry pyłu. Słońce wstawało wcześniej i zachodziło później, więc gnu nie mogły uniknąć upału podczas wędrówki do jeziora i z powrotem. Była to – że się tak wyrażę – ostatnia kropla. Równiny, solnisko i brzegi jeziora pokryły ciała martwych antylop. Bez deszczu, który wyciągnąłby cierpiące zwierzęta z pułapki jeziora Xau na środek Kalahari, większość z nich musiała umrzeć.

* * *

Masowe budowanie ogrodzeń zaczęło się w Botswanie w latach pięćdziesiątych, gdy eksport wołowiny stał się ważną gałęzią handlu i pojawiła się potrzeba kontrolowania okresowych wybuchów pryszczycy wśród bydła domowego. Podczas takich epidemii kraje Europejskiej Wspólnoty Gospodarczej odmawiały kupowania mięsa z Botswany z obawy przed zakażeniem. To jasne, że kraj ten musiał podjąć jakieś działania, by ochronić swoje dochody, a Departament Zdrowia Zwierząt obarczono zadaniem opracowania metody kontrolowania choroby. Dotychczas wzniesiono ponad tysiąc trzysta kilometrów ogrodzeń na dzikich terenach, a obecnie trwają prace nad stawianiem kolejnego tysiąca dwustu kilometrów. Ponieważ pryszczycę mogą przenosić bawoły afrykańskie i niektóre gatunki dzikich antylop, podejrzewano je, że są rozsadnikami zarazy, która regularnie atakowała zwierzęta domowe*. Wzniesiono ogrodzenia, by odgrodzić stada hodowlane od dzikich zwierząt, oddzielić zarażone bydło od zdrowego i podzielić teren na sektory, które da się szybko odizolować podczas wybuchu choroby. Zapobiegające przemieszczaniu się zarażonych zwierząt ogrodzenia miały teoretycznie ułatwić kontrolowanie choroby. Pryszczyca nie zniknęła jednak z Botswany i nadal rozprzestrzenia się pomimo ogrodzeń. Ich zastosowanie od początku budziło wiele kontrowersji, a weterynarze podważają skuteczność tego środka kontroli. Mimo szeroko zakrojonych badań nigdy nie dowiedziono, że dzikie zwierzęta przenoszą wirusa pryszczycy na bydło domowe**. Choroba ta jest na razie mało poznana i nikt tak naprawdę nie wie, jak się rozprzestrzenia. Ogrodzenia miały niszczący wpływ na życie dzikich zwierząt Botswany, jeszcze zanim rozpoczęliśmy badania. W 1961 roku, a potem znowu w 1964, w okolicach narożnika ogrodzeń Kuki-Makalambedi, a także na terenie pomiędzy nim a jeziorem Xau zginęło osiemdziesiąt tysięcy gnu. George Silberbauer, urzędnik państwowy w Dystrykcie Ghanzi, oszacował w 1964 roku, że podczas suszy co pięć dni ginie jedna dziesiąta populacji rezerwatu Central Kalahari, uwięziona za ogrodzeniem Kuki***. Nie wiadomo, ile zwierząt przetrwało pomór w 1964 roku. Doktor Graham Child, ekolog z Botswańskiego Departamentu Dzikiej Przyrody, napisał, że pomór z 1970 roku

---

* Young, Hedger i Powell, str. 181–84.
** Hedger, str. 91.
*** Silberbauer, str. 20–21.

był „najpoważniejszy w odnotowanej historii"*. Bergie Berghoffer na próżno starał się ocalić tysiące umierających gnu. Całymi tygodniami woził wodę z rzeki Boteti do koryt, które zrobił z dziesiątków stalowych beczek ustawionych w narożniku ogrodzenia.

– To jakaś cholerna hańba – powiedział. – Człowiek podchodził do tych biednych sukinkotów, dotykał ich, a one się przewracały.

Zebry, które niegdyś traktowały Deception Valley jako część swojego terytorium podczas pory deszczowej**, całkowicie wytępiono. Przez siedem lat nie widzieliśmy ani jednej. Wielkie mieszane stada oryksów, elandów i bawolców, które według George'a Silberbauera zajmowały teren od pięciu do ośmiu kilometrów kwadratowych w pobliżu Piper's Pan, zredukowano do cząstki dawnych rozmiarów z czasów pór deszczowych.

Stada antylop z rezerwatu Central Kalahari, przetrzebione przez suszę i ogrodzenia, stały się jeszcze ważniejsze dla drapieżników. Gdyby wszystkie duże antylopy wymarły, ich los podzieliłyby lwy, lamparty, gepardy, likaony i padlinożercy, jak hieny brunatne. Choć nie mogliśmy wiedzieć, ile mięsożerców żyło tutaj, nim ogrodzenia zdziesiątkowały ich zasoby żywności, ich liczba musiała się znacznie zmniejszyć.

Ponieważ botswański Wydział Zdrowia Zwierząt zaczął grodzić Kalahari, zamieszkującym ten teren Buszmenom coraz trudniej przychodziło upolowanie antylopy, jednego z niewielu źródeł białka dla rdzennych mieszkańców Afryki. Doktor Bob Hitchcock, były rządowy socjolog terenów wiejskich, twierdził, że w wyniku stawiania ogrodzeń w celu powstrzymania wybuchu pryszczycy drastycznie zmniejszyła się ilość protein w diecie

---

*Child, str. 1–13.
**Silberbauer, str. 22.

rdzennych mieszkańców Afryki. Ten kryzys należy rozpatrywać w znacznie szerszym kontekście niż tylko problemy antylop gnu. To rywalizacja człowieka i dzikich zwierząt o ograniczone zasoby trawy i wody. Należy poważniej zastanowić się nad alternatywnymi metodami kontrolowania pryszczycy, na przykład programem szczepień.

* * *

Pod wieloma względami Botswana może się pochwalić pozytywnym stosunkiem do ochrony przyrody; około jednej piątej kraju to albo park narodowy, albo rezerwat. Urzędnicy państwowi zawsze traktowali nas uprzejmie i dawali nam pozwolenia na prowadzenie badań w rezerwacie Central Kalahari. Jednak nieustannie odczuwaliśmy frustrację, próbując zainteresować rząd pomocą antylopom gnu. Pisaliśmy do Departamentu Dzikiej Przyrody listy i raporty, opisując migrację i śmiertelność zwierząt. Przedstawialiśmy nasze rekomendacje, w tym założenie rezerwatu w okolicach jeziora Xau, by ograniczyć kłusownictwo i dręczenie gnu, a także wydzielenie korytarza biegnącego z rezerwatu do jeziora, by antylopy miały dostęp do wody, jednak nie spotkaliśmy się z wielkim zainteresowaniem. Susza trwała do października, a antylop umierało coraz więcej*. Byliśmy sfrustrowani i osamotnieni w wysiłkach, by je ratować. Przez cały nasz pobyt na Kalahari nigdy nie widzieliśmy takiego cierpienia zwierząt, takiej degradacji habitatu. Wszystko to wydawało się pozbawione sensu. Gdyby antylopy mogły swobodnie przemieszczać się przez kilometry terenów nadrzecznych, jak robiły to od tysięcy lat w czasach suszy, zginęłoby ich o wiele mniej. Niemal wszyscy znajomi mówili, żebyśmy dali sobie z tym spokój. „Hodowla bydła to zbyt potężna gałąź

---

*Owensowie, 1980, str. 25–27.

gospodarki, nigdy nie namówicie ich do likwidacji ogrodzeń".
Paru przyjaciół ostrzegło nas, że możemy zostać wydaleni z kraju
za poruszanie tego tematu. Ale Botswana to republika demokra-
tyczna i nie wierzyliśmy, żeby rząd chciał nas wyrzucić za poruszanie tematów związanych z ekologią. Czuliśmy się zobowiązani do
działania, zanim będzie za późno. Wiedzieliśmy, że opisujące po-
przednie pomory raporty doktora Silberbauera i doktora Childa
po prostu zamknięto w archiwum. Postanowiliśmy dopilnować,
żeby przed następną suszą znaleziono rozwiązanie problemu. Ponieważ nikt w kraju nie chciał słuchać naszych rad, zdecydowaliśmy się nagłośnić sprawę, by zyskać pomoc wpływowych osób zza
granicy. Być może zdołałyby zachęcić rząd Botswany do innego
spojrzenia na problem.

* * *

Pewnego dnia otrzymaliśmy przez radio zaproszenie do zapre-
zentowania slajdów holenderskiemu księciu Bernhardowi, który wkrótce wybierał się na wyprawę w dzikie rejony Botswany.
Niedługo potem do Maun mieli przyjechać doktor Richard Faust
z Frankfurckiego Towarzystwa Zoologicznego oraz grupa z The
Friends of Animals, naszego głównego sponsora. Był to niewiarygodny zbieg okoliczności. Dwie najważniejsze postaci na mapie
ekologii zamierzały się zjawić prawie na naszym progu – no, po-
wiedzmy, kilkaset kilometrów od niego. Szybko napisaliśmy do
nich, referując kryzys z antylopami gnu i zapraszając ich do naszego obozu. Nie mieliśmy prawie żadnej nadziei na to, że książę
przyjmie zaproszenie. Mimo to zaczęliśmy się martwić, co będzie,
jeśli jednak tak się stanie. Gdzie położymy jego i jego adiutantów?
Jakoś nie widzieliśmy ich w naszym namiocie, na łóżku z drewnianych skrzynek i kawałka pianki. Wątpiłem też, żeby osoba z rodziny królewskiej zgodziła się polecieć Echo Whisky Golfem, a nasze

lądowisko było z pewnością za krótkie dla większego samolotu. No i czym mielibyśmy podjąć księcia – biltongiem i gorącą, pachnącą dymem wodą? Najbardziej martwiliśmy się o toaletę. „Beczka grzmotów" – jaskrawoczerwona beczka na benzynę z wyciętą w pokrywie deską klozetową – stała na środku koryta rzeki. Biorąc pod uwagę te kłopoty, zdecydowaliśmy, że lepiej będzie zawczasu przygotować się na ewentualną wizytę księcia, żeby spokojnie czekać, czy nas odwiedzi po spotkaniu w Khwaii. Delia umyła podłogi w namiotach (jak zwykle oszczędzając pajęczyny w kątach), wyrzuciła z niektórych garnków stare ptasie gniazda, sprawdziła, czy w cukrze nie zalęgły się mrówki, i upiekła chleb w piecu z wiadra. Ja nawoskowałem samolot, powiesiłem nad beczką grzmotów brezent na namiotowych tyczkach i zakopałem pod jujubą butelkę wina, zachomikowaną na ważną okazję. W dniu przyjazdu księcia do Botswany polecieliśmy do Khwaii River Lodge – ekskluzywnego lokalu na wschodnim skraju delty rzeki Okawango. Posadziliśmy samolot na ich lądowisku. Na spotkanie wyjechał land rover, który odstawił nas do grupy bielonych *rondaveli* na pieczołowicie wypielęgnowanym trawniku. Jadalnia była wyłożona ciemnym drewnem; za nią znajdowała się równina zalewowa rzeki Khwaii z rozproszonymi stadami kobów moczarowych i hipopotamów leżących w błękitnych wodach niczym szare łodzie podwodne. Gdy przybyliśmy na miejsce, z ulgą dowiedzieliśmy się, że książę i jego świta są na wycieczce gdzieś w buszu. Byliśmy nieco niepewni co do tego, jak należy go powitać, i mieliśmy nadzieję, że ktoś nam to powie. Czy Delia ma dygnąć, czy mam się ukłonić? Czy powinniśmy zwracać się do niego: „Wasza wysokość" albo „Jaśnie panie"? Dziwne tematy do rozmyślań w środku dziczy, ale nie chcieliśmy zachować się jak nieokrzesańcy.

Tego wieczora, gdy weszliśmy do krytej strzechą jadalni i ruszyliśmy nieśmiało przez pomieszczenie pełne ludzi, zerkaliśmy na kolejne twarze w nadziei, że zauważymy księcia. Mijaliśmy stolik na środku, a wtem ktoś chwycił mnie za ramię i powiedział:

– Mam na imię Bernhard – nie Barnard, jak słynny chirurg z RPA. Wy pewnie jesteście państwo Owensowie. – I nagle staliśmy przed księciem Niderlandów, który właśnie powiadomił mnie, że zrobiłem literówkę w jego imieniu, pisząc do niego list o gnu.

Uśmiech, który pojawił się w kącikach jego oczu, rozprzestrzenił się na opaloną, piegowatą twarz. Rzednące włosy miał zaczesane do tyłu, a na nosie spoczywały wygodnie proste okulary w drucianych oprawkach. Przypomniało mi się jego zdjęcie jako dowódcy holenderskich sił podczas hitlerowskiej inwazji.

– W każdym razie cieszę się, że pana poznałem – dodał. – Proszę, by pańska śliczna żona usiadła obok mnie.

W czasie kolacji zauważył od niechcenia, ale z wyraźną nutką fascynacji, że bardzo chciałby polecieć do naszego obozu Echo Whisky Golfem. Niestety, mógł zostać tylko jeden dzień. Następnego ranka o wpół do siódmej spotkaliśmy się z nim i jego sekretarzem na lądowisku. Poprzedniego wieczoru przy stole książę z ożywieniem wspominał dawne czasy, kiedy latał. Samoloty Gypsy Moth, krótkie lądowiska z żywopłotami i tak dalej. Teraz, gdy startowaliśmy, spojrzał na mnie i spytał z uśmiechem:

– Mógłbym?

Dałem mu koordynaty obozu i przekazałem stery. Jeśli coś zapomniał o pilotowaniu samolotu, to nie dał tego po sobie poznać. Odstawił nas prosto do obozu. Po szybkiej filiżance herbaty znowu wzbiliśmy się w powietrze i podążyliśmy szlakiem migracji na północ do ogrodzenia Kuki. Omijając stada sępów, przybywających codziennie, by pożywić się padliną, polecieliśmy nad ogrodzeniem aż do jego zakrętu i skierowaliśmy się na południe. Wiele kilometrów dalej na wschód, nad równinami nad jeziorem

Xau wzniosły się chmury pyłu; tysiące gnu wracały do lasu po długiej wyprawie do wodopoju. Książę tylko pokręcił głową i ponuro zacisnął szczęki, lecąc nisko nad czarnymi sylwetkami, które wypełniły równinę jak okiem sięgnąć. Było o wiele goręcej niż dziesięć dni temu i zwierzęta umierały w o wiele szybszym tempie. Lecieliśmy nad krajobrazem zniszczenia, śmierci i cierpienia. W drodze powrotnej prawie się nie odzywaliśmy. Gdy weszliśmy do obozu po tej przygnębiającej wyprawie, Wódz – nasz zaprzyjaźniony toko – sfrunął z gałęzi i bezceremonialnie usiadł na czubku głowy księcia. Przy kolejnej filiżance herbaty Bernhard obiecał, że zbierze dodatkowe środki na nasze badania i poinformuje odpowiednie osoby w Europie o kryzysie z gnu. Wykopałem wino spod jujuby, a Delia podała chleb świeżo upieczony w wiadrze. Zjedliśmy obiad w towarzystwie toko, pokrzewic i mucharek skaczących wokół stołu.

Tego popołudnia książę Bernhard spotkał się z paroma lwami, szczeniętami hieny brunatnej i Różową Panterą, który uciekł do jamy i odmówił wyjścia. Tuż przed zmrokiem wylądowaliśmy przy Khwaii Lodge. Wieczorem zaprezentowaliśmy nasze slajdy i następnego ranka wróciliśmy do obozu, by przygotować się do przyjęcia doktora Fausta.

Doktor Richard Faust jest człowiekiem fenomenalnej energii. Pracuje przez siedem dni w tygodniu od piątej do ósmej rano jako dyrektor Frankfurckiego Towarzystwa Zoologicznego, od ósmej do siedemnastej kieruje sprawami frankfurckiego zoo, a od siedemnastej do dwudziestej drugiej znowu staje się dyrektorem towarzystwa. Jego podróż do Afryki była dla niego pierwszą chwilą wytchnienia od siedmiu lat, a nawet wtedy przywiózł ze sobą grupę sponsorów Towarzystwa.

Teraz stał na stopniu terenówki z włosami rozwiewanymi wiatrem i twarzą oprószoną pyłem. Jeździliśmy od jednego ciała gnu do drugiego, licząc, określając płeć i wiek martwych zwierząt padłych na brzegach jeziora Xau i na solnisku. Wieczorem rozwinęliśmy śpiwory pod gołym niebem, parę metrów od wody, i usiedliśmy wokół ogniska. O zachodzie słońca patrzyliśmy na młode gnu, które stały w falach zabójczego skwaru na zboczu nad nami i bały się zejść do wody, by się napić. Noc była pełna ciężkiego smrodu padliny i zawodzenia ptaków nocy. Bardzo długo nikt się nie odzywał.

Przed dwudziestą drugą z ogniska został tylko żar. Powietrze zdawały się wypełniać subtelne wibracje.

– Słyszycie? Słyszycie to? Jakby... woda szumiąca na kamieniach.

Mijały minuty i dźwięk zmienił się w tętent, a od strony równin napłynął cichy jęk.

– Gnu nadchodzą!

Czarne sylwety przemaszerowały po grzbiecie wzgórza nad nami. Owiała nas chmura kurzu. Cicho poszedłem do samochodu i włączyłem reflektor. Morze antylop o rozjarzonych niczym fosfor szmaragdowych oczach spływało po zboczu i sunęło wokół naszego obozu.

Legiony zwierząt mijały nas i wchodziły do wody, siorbiąc i rozchlapując ją językami. Ale każde gnu pozostawało w jeziorze tylko dwie do trzech minut. Potem zagarniała je czarna fala ciał zmierzających do brzegu, a następnie na zachód, ku równinie. Wyprawa powrotna rozpoczęła się niemal natychmiast. Tyle drogi po parę łyków wody!

Gnu miały tylko kilka godzin na znalezienie cienia, zanim słońce znowu zacznie wysączać z nich życie.

Obserwując, jak antylopy rozpaczliwie zanurzają się w jeziorze, a potem z niego wychodzą, pomyślałem o znaczeniu migracji dla ochrony dzikich zwierząt na Kalahari. Gnu, lwy i hieny wiele nas nauczyły: pomimo swoich wielkich rozmiarów Central Kalahari Game Reserve nie zapewniał wystarczających warunków bytowych dla większości bardzo mobilnej populacji, zarówno jeśli chodzi o drapieżniki, jak i ich zwierzynę łowną. Nie mogąc znaleźć całorocznych wodopojów w rezerwacie, przy ograniczonym ogrodzeniami i osadami ludzkimi dostępie do jedynych w okolicy jezior i rzek, antylopy nie mają niemal szansy na zdobycie wody podczas poważnej suszy. Choć lwy, lamparty, hieny brunatne i inne drapieżniki z Kalahari mogą żyć dowolnie długo bez wody, są w stanie tego dokonać, tylko mając dostęp do zwierzyny łownej, która zapewnia im pożywienie i wilgoć. Byliśmy przekonani, że jeśli wkrótce nie zostaną podjęte jakieś kroki, by zapewnić tym zwierzętom większy dostęp do rzeki Boteti i jeziora Xau, a także by ochronić je przed kłusownikami albo opracować jakieś inne rozwiązanie, większość dzikich zwierząt zniknie z Kalahari.

W krótkiej perspektywie jedyną nadzieją dla antylop był deszcz – deszcz, po którym na pustyni wyrośnie zielona trawa i odciągnie je od jeziora Xau. Jedynym rozwiązaniem dalekosiężnym było wyznaczenie terenu między rezerwatem i jeziorem Xau jako części jeszcze większego rezerwatu albo przynajmniej chronionego korytarza, dającego stadom dostęp do jeziora. Oczywiście był jeden haczyk: to by oznaczało powstrzymanie rozwoju osad i hodowli bydła na tym obszarze.

Wiedzieliśmy, że jeśli dałoby się zastąpić hodowlę bydła turystyką i innymi działaniami związanymi z dziką przyrodą, ogólny standard życia miejscowych plemion zapewne by się podniósł, a jednocześnie oszczędzono by wielkie bogactwo narodowe. Ale nawet gdybyśmy podsunęli to rozwiązanie agencjom rządowym w Gaborone, istniała bardzo mała szansa na to, by zaakceptowano nasz pomysł – zbyt wiele ważnych osób zainwestowało w hodowlę bydła w okolicy jeziora Xau.

Doktor Faust był wstrząśnięty sytuacją gnu i obiecał wesprzeć nasze badania. Po wizycie jego i księcia Bernharda spędziliśmy wiele godzin, tłukąc w maszynę do pisania w namiocie albo pod jujubą, podczas gdy toko dziobały nam ołówki. Opracowaliśmy artykuły dla pism z całego świata, wysyłaliśmy raporty i ulotki do innych wpływowych osób w nadziei, że ktoś przekona Botswanę do oszczędzenia gnu albo też wpłynie na Europejską Wspólnotę Gospodarczą, która wymogła stawianie ogrodzeń, by przemyślała swoje podejście.

Nie pozwalaliśmy sobie na nadzieję, że zdołamy w ten sposób zmienić nastawienie biznesmenów zajmujących się importem i eksportem albo też urzędników rządowych, ale zrobiliśmy wszystko, co mogliśmy. Jednocześnie wypatrywaliśmy chmur na bladym, zasnutym mgiełką niebie. Na próżno.

26

PUSTYNNY NARKOTYK

Mark

Czuło się deszcz
zanim spadł,
tak wyraźne były sygnały.

Rod McKuen

Pewnego popołudnia w połowie października 1980, ponad dwa i pół roku od nadejścia suszy, pojawiła się chmura. Po długich miesiącach na rozprażonym pustynnym niebie nad Kalahari jakby kpiąco zawisła poduszeczka pary wodnej. Kilka godzin później nadpłynęły inne. Były rozproszone, ale te na wschodniej części nieba, między doliną a jeziorem Xau, robiły się coraz ciemniejsze i cięższe.

Gdy między jedną z chmur a ziemią pojawiły się smugi deszczu, Delia i ja pobiegliśmy do samolotu. Na wysokości czterystu pięćdziesięciu metrów wlecieliśmy pod miękki, szary brzuch chmury. Deszcz obmywał nam szybę i boki samolotu. Otworzyliśmy okna i wystawiliśmy ręce na zewnątrz. Chłodna woda spływała nam po palcach, a do kabiny wpadł świeży zapach. Upajaliśmy się nim jak narkotykiem.

Potem polecieliśmy nad jezioro Xau. Nad równiną nie było chmur, lecz czarny tłum gnu falował, spoglądając na zachód.

Nagle wydawało się, że cała powierzchnia równiny zaczęła się przesuwać – to tysiące tysięcy antylop ruszyły galopem. Instynktowne poczucie porządku zwyciężyło i zwierzęta zaczęły tworzyć kilka szeregów, czasem długich na dwa kilometry, zmierzając w stronę chmur z welonem deszczu.

Może przez mgiełkę i drobinki wody wokół samolotu, może przez nasze rozradowanie, początkowo tego nie zauważyliśmy; w końcu z bolesnym rozczarowaniem uświadomiłem sobie, że ziemia jest nadal szara i wyschnięta. Lecieliśmy w wirdze – deszczu, który wyparowuje w gorącym pustynnym powietrzu, zanim zdąży dotrzeć do ziemi. Niektóre gnu, znajdujące się najbliżej chmur, z których powinien padać deszcz, zwolniły kroku i spuściły głowy. Inne całkiem się zatrzymały. Czy antylopa potrafi odczuwać głębokie rozczarowanie?

Zwolniłem, wysunąłem klapy i przez pół godziny powoli sunęliśmy od jednej chmury do drugiej, obserwując stada w dole. W końcu, gdy późnym popołudniem temperatura zaczęła spadać, gęste, białe kaskady wody dosięgły ziemi. Kręgi sawanny pociemniały od wilgoci. Pojawiły się kałuże. Gnu tłoczyły się przy nich, by pić i jeść ociekające wodą trawy.

Po trzech dniach znowu się rozpadało, podobnie jak tydzień później. Wszędzie kiełkowały zielone trawy; gnu ruszyły, jedząc, w stronę Kalahari i rezerwatu. Oczywiście były to żałosne resztki wielkich stad, ale przynajmniej deszcz dał nam więcej czasu – kolejny rok, by przekonać rząd Botswany i resztę świata, że antylopy z Kalahari zasługują na ocalenie.

Rankiem po pierwszym deszczu niebo nadal było pełne cumulonimbusów. Ruszyliśmy samolotem na poszukiwanie lwów. W chwili, gdy usłyszeliśmy w słuchawkach sygnał Psotki, wielkie krople zabębniły o kadłub. Przelecieliśmy nad miejscem, w którym sygnał był najsilniejszy, przyciskając czoła do bocznych okien i usiłując coś dostrzec przez mgłę i przemykające w dole drzewa. Przechyliłem mocno samolot i zawróciłem. Wreszcie zauważyłem Psotkę – stała koło wielkiej akacji z Dziczką i siedmiorgiem dorastających lwiątek. Obie samice, polując na gnu daleko poza granicami rezerwatu, często kilkaset metrów od zagród, ocaliły wszystkie młode przed suszą. Były pod każdym względem dobrymi matkami. Teraz stały w siekącym deszczu koło Równiny Bawolców, zlizując sobie nawzajem wodę z grzbietów i pysków. Znów przechyliłem samolot, zobaczyliśmy młode, biegające i skaczące na siebie, a w mokrym piasku dostrzegliśmy ślady ich łapek.

Błękitka i Bimbo piły z wodopoju na zachód od Równiny Krokodyli. Zapisaliśmy ich pozycję. Już zawracałem do obozu, gdy dostrzegłem wielkiego samca leżącego obok Błękitki i Bimbo na skraju akacjowego zagajnika. Znajdował się niemal tuż pod samolotem i przemknął jak błyskawica, więc zawróciłem, by się mu przyjrzeć. Jednak wiatr rzucał samolotem, a w dole było mnóstwo zarośli. Lew zniknął bez śladu.

Do Deception Valley deszcz przybył tuż po zachodzie słońca. Czarnuszka obwąchiwała ślad zapachowy zostawiony przy wspólnym legowisku, Kakao stał pod pobliskim krzakiem. Oba szczeniaki nastawiły uszy, gdy o ziemię uderzyły krople pierwszego deszczu w ich życiu, podnosząc z ziemi obłoczki kurzu. Młode zaczęły zlizywać wilgoć z patyków, starych kości i własnych nosków, a w końcu – chłeptać ją z kałuży. Mając dwa lata, w końcu po raz pierwszy poznały smak wody.

Następnego rana Błękitka i Bimbo byli koło Psiej Nogi w górnym krańcu Deception Valley. Przelatując nad nimi, zobaczyłam ich leżących w towarzystwie wielkiego, jasnego samca, prawdopodobnie tego samego, z którym zastaliśmy ich poprzedniego dnia. Cieszyłem się, że po prawie dwóch latach samotności znaleźli kolejnego towarzysza. Może gdy deszcz na dobre się rozpada i antylopy wrócą w dolinę, lwy znowu zaczną spacerować po korycie rzeki. Noce i wczesne ranki wydawały się puste bez ich ryków niosących się między wydmami. Poleciałem do obozu i naniosłem ich pozycję na nasze zdjęcia z lotu ptaka. Potem wyruszyliśmy toyotą, by lepiej się przyjrzeć całej trójce.

Znaleźliśmy ich na otwartym terenie między dwoma kolczastymi gąszczami. Samiec leżał na boku i nawet się nie odwrócił, gdy zatrzymałem terenówkę.

– Nie do wiary, jaki jest zrelaksowany – zauważyła Delia. Ale wtedy lew odwrócił głowę.

Delia uniosła lornetkę do oczu i nagle gwałtownie wciągnęła powietrze.

– Mark! To Moffet! On żyje! Widzę bliznę na jego biodrze!

Choć obroża z nadajnikiem przepadła, w prawym uchu lwa widniały resztki czerwonego znacznika. Moffet widział, jak Muffin wpada w pułapkę, jak do niego strzelają, potem jego samego ścigał człowiek na końskim grzbiecie w towarzystwie zgrai psów. Mógł nawet zostać ranny. Ale wszystko to przetrwał – i suszę na dodatek!

Po jakimś czasie ostrożnie wysiedliśmy z furgonetki. Ruszyliśmy na paluszkach, cicho gruchaniem naśladując glosy lwów. Od dawna uspokajaliśmy je w ten sposób. Moffet, leżący w pewnej odległości od Bimbo i Błękitki, pożerał jeżozwierza, którego trzymał w szerokich przednich łapach. Przeszył nas skupionym wzrokiem, po czym westchnął i jadł dalej. Usiedliśmy pod krzakiem jakieś pięć metrów dalej. Znowu poczuliśmy się jak za dawnych czasów.

Bimbo, liczący prawie dwa lata, nadal okazywał młodzieńczą ciekawość, choć teraz ważył już sto kilo i miał zaczątki grzywy. Powoli wstał i skierował się w naszą stronę. Półtora metra od nas zatrzymał się i odwrócił wzrok. Polizał łapę, powąchał ziemię i zrobił kolejny niepewny krok, stawiając łapę na ziemi tak ostrożnie, jakby stąpał po szkle. Ponad wszystko pragnąłem, żeby nas w pełni zaakceptował, by jego ciekawość okazała się silniejsza od lęku. Gdyby nas dotknął, uznałbym to za znak.

Kolejny krok. Bimbo pochylił się ku mnie, miałem jego nos i wibrysy metr od siebie. Zbliżył się jeszcze bardziej; zobaczyłem w jego oczach odbicie pustyni, płatki brązowego złota w tęczówkach, które dostosowały się do zmieniającego się światła. Raz po raz przysuwał do mnie pysk, a potem go cofał, lekko kładąc uszy na głowie. Po ostatniej niezdarnej próbie pospiesznie wsunął nos w liściaste gałęzie koło mojej głowy i mocno pociągnął nosem, jakby o to mu chodziło od samego początku. Potem odszedł. Prawie mnie dotknął, ale coś go powstrzymało. Ostatnia granica pozostała między nami.

Długo siedzieliśmy i przyglądaliśmy się, jak Moffet kończy posiłek. Potem starł kolce z pyska i nóg i oblizał łapy. Kiedy skończył się myć, wstał i podszedł do nas, kołysząc grzywą, z językiem wystającym z pyska. Zatrzymał się w pobliżu naszych stóp, spojrzał na nas łagodnie, po czym odszedł, by położyć się obok Błękitki pod drzewem.

W środku tysięcy kilometrów kwadratowych dziczy Moffet, Błękitka i Bimbo byli choć trochę odizolowani od ludzi bezmyślnie eksploatujących naturę. Może wraz z Czarnuszką, Kakao i innymi zdołają zachować część ziemi, by na niej przetrwać.

Ale potem moją uwagę zwróciło coś na pobliskim drzewie, czego żadne z nas dotąd nie zauważyło. Na gałęziach trzepotały niebieskie plastikowe taśmy.

EPILOG

Delia i Mark

*Ekolog nie może pozostać głosem wołającym na puszczy – jeśli
ma zostać usłyszany i zrozumiany.*

M.W. Holdgate

Tylko Błękitka, Bimbo i Moffet ocaleli z dynastii Błękitnego
Stada, które niegdyś królowało w wielkiej części Deception Valley. Gdy ostatni raz go widzieliśmy, Bimbo stał się masywnym
młodym samcem o rozwichrzonej grzywie i zamiłowaniu do wędrówki. Wkrótce miał się stać włóczęgą przemierzającym tereny
daleko od Deception Valley w poszukiwaniu własnego terytorium
i stada. Na razie on i jego matka pozostawali razem na dawnym
terenie stada, skradając się przez zarośla i lasy na wschodzie doliny
koło Równiny Krokodyli. Od czasu do czasu spotykali Moffeta
i cała trójka wspólnie polowała lub odpoczywała w cieniu drzewa.

Moffet często zostaje sam, żywiąc się drobną zwierzyną i ptakami. Rzadko ryczy, bo nie ma swojego terytorium, ale od czasu
do czasu cicho grucha – być może nasłuchując odpowiedzi starego
przyjaciela Muffina.

Pod koniec 1980 roku stara Dziczka urodziła trzy młode,
prawdopodobnie spłodzone przez samca ze Stada Wschodniej
Strony w pobliżu granicy rezerwatu. Wraz z Psotką i młodymi

przemierza od trzydziestu do osiemdziesięciu kilometrów na wschód od Deception Valley, koło Równiny Bawolców i za nią. W malowniczej krainie, gdzie gęste lasy drzew z rodzaju *Terminalia* i *Combretum* sąsiadują z lasami parkowymi i falującą sawanną, lwice polują na przygodne kudu, grymy szare, bawolce i migrujące gnu. Teraz, gdy utworzyły nowe związki z innymi samcami i samicami z okolicy, prawdopodobnie nigdy nie wrócą na dawne terytorium Błękitnego Stada w pobliżu naszego obozu. Liesa i Fryga są razem koło Rajskiej Równiny, gdzie w 1980 roku Fryga urodziła trzy lwiątka. Za drugim razem okazała się o wiele lepszą matką i gdy opuszczaliśmy Kalahari, jej nowe dzieci były zdrowe i szybko rosły.

Szelma i Zmorka, niegdyś z Błękitnego Stada, dołączyły do Stada z Równiny Skoczników, gdzie Szelma wychowywała swoje młode z rodziną Happy.

Łobuz i Hombre, którzy w czasie, gdy ich poznaliśmy, byli małymi samczykami, zginęli od kul ranczerów koło zagród bydła tuż za granicą rezerwatu. Ponad jedną trzecią wszystkich oznakowanych i wyposażonych przez nas w obroże lwów zastrzelili zawodowi myśliwi, kłusownicy lub ranczerzy przed naszym wyjazdem. Sądzimy, że ta śmiertelność, której ofiarą padają głównie samce, ma zabójczy wpływ na długofalowe dobro populacji.

Diablo, dominujący samiec ze Stada z Równiny Skoczników, został wypędzony przez trzy samce, które nazwaliśmy Drużyną Gwiazd. Wyniósł się jakieś trzydzieści kilometrów na zachód od Deception Valley, gdzie związał się z dwiema młodymi samicami. Happy, Dixie, Słonko, Pysia i Taco, samice ze stada, wraz z Szelmą, Zmorką i dwoma lwicami z innych stad wróciły na krótko na dawny teren podczas krótkotrwałych deszczów. Jednak teraz znowu rozproszyły się na przestrzeni ponad dwóch tysięcy kilometrów kwadratowych na północ i południe od Deception Valley.

Całe Stado Tau, które przestraszyło Delię zasypującą dziury na zaimprowizowanym lądowisku w Hidden Valley, zostało wystrzelane przez ranczerów, gdy podczas suchej pory opuściło rezerwat.

* * *

Czarnuszka stała się młodą dorosłą samicą, ale nadal odwiedzała obóz, żeby ukraść z niego czajnik – całkiem jak jej matka Gwiazdka.

Łatka urodziła pod koniec 1980 roku cztery szczeniaki i przeniosła je do zbiorowego legowiska klanu, gdzie Sadza i Czarnuszka pomagały jej zdobywać dla nich pożywienie. Sadza straciła swój miot i zaczęła karmić szczeniaki Łatki, gdy tylko znalazły się we wspólnym legowisku. Chip, przyrodni brat młodych, asystuje w ich wychowywaniu, przynosząc dla nich pożywienie i bawiąc się z nimi, ale ich dalszy kuzyn Pippin tego nie robi.

* * *

Deszcze, które spadły na jezioro Xau pod koniec 1980 roku, na krótko zwabiły ocalałe gnu do rezerwatu. Chwila ulgi nie była jednak długa. Jeśli nie liczyć paru przelotnych deszczyków, susza trwała do 1984 roku. Stada nadal migrują do jeziora Xau, które obecnie zupełnie wyschło.

Granice Central Kalahari Game Reserve były wytyczone w czasach, gdy nikt nie miał żadnej wiedzy o zmiennej populacji antylop. By chronić te zwierzęta, nawet w obecnej ograniczonej liczbie, należy znaleźć sposób postępowania z gatunkami migrującymi.

Chcieliśmy kontynuować badania gnu, więc poprosiliśmy o fundusze na małą stację badawczą w obozie. Frankfurckie Towarzystwo Zoologiczne zgodziło się finansować stację oraz zespół badaczy. Doug i Jane Williamsonowie kontynuują nasze wstępne badania antylop, dokładniej zagłębiając się w ich obyczaje dotyczące terytorium. Donoszą, że tylko w 1983 roku w samym rejonie jeziora Xau zginęło ponad sześćdziesiąt tysięcy gnu.

Nagłośnienie sprawy gnu wzbudziło znaczne zainteresowanie i do rządu Botswany z całego świata zaczęły napływać wyrazy troski o los antylop. Pewien urzędnik z Departamentu Dzikiej Przyrody powiedział nam, że Ministerstwo Rolnictwa zgodziło się przeznaczyć ponad milion pula na Departament Dzikiej Przyrody i Parków Narodowych z przeznaczeniem na opracowanie metody dostarczania alternatywnych źródeł wody antylopom z Kalahari. Rząd zgodził się na jakiś czas powstrzymać rozbudowę osad na zachodnim brzegu jeziora Xau, by zachować korytarz migracyjny dla gnu. W Gaborone powstało Towarzystwo Ochrony Kalahari i rozpoczęto dyskusję na temat stworzenia wodopojów dla dzikich zwierząt na terenie rezerwatu Central Kalahari*.

Niestety, w okolicy jeziora Xau nadal nie powstał rezerwat, a kłusownicy ciągle powodują znaczne szkody. Miejscowi mieszkańcy ścigają gnu samochodami, szczują je psami i zabijają włóczniami, pałkami i strzałami z broni palnej.

* * *

Nigdy więcej nie spotkaliśmy się z Moxem, ale w końcu ktoś nam powiedział, że pracuje na farmie strusi w Motopi, wiosce nad rzeką Boteti, oddalonej o pięćdziesiąt kilometrów na wschód od Maun. Jak twierdzi jej właściciel, Mox często opowiada przy ognisku historie o Kostku, o tym, jak Błękitne Stado zapędziło go na drzewo i o naszej nieudanej próbie założenia Gwiazdce obroży. Nadal pija piwo i od czasu do czasu straszy kobiety z Motopi; cieszy się zasłużonym mianem *Ra de Tau* – człowiek lwów.

---

* Williamson, prasa.

Obecnie zajmujemy się pisaniem i publikacją wyników naszych badań oraz studiami doktoranckimi na Uniwersytecie Kalifornijskim w Davis. Wkrótce wrócimy na Kalahari, by kontynuować badania nad Czarnuszką, Sadzą, Błękitką, Psotką, Moffetem i innymi zwierzętami, których życie obserwowaliśmy przez siedem lat.

* * *

Moglibyśmy pozostać w Deception Valley przez resztę życia, zapełniając kolejne zeszyty notatkami. Tajemnice tej krainy nigdy nie przestaną nas fascynować. Ale spełniając własne zachcianki, nie pomożemy Kalahari. Musieliśmy przetworzyć dane z siedmiu lat, po czym przenieść je na papier i opublikować, by mogły się przysłużyć nauce i ochronie zwierząt. Musieliśmy także uświadomić narodowi Botswany i reszcie świata, jakim skarbem jest dzika przyroda Kalahari. Nie dałoby się tego zrobić, pozostając w naszym małym obozie.

Przeżyliśmy na pustyni wiele trudnych chwil, ale najtrudniejsze było dla nas opuszczenie Deception Valley.

Pewnego ranka w grudniu 1980 roku wsiedliśmy do Echo Whisky Golfa i wzbiliśmy się w pustynne niebo. Skocznik Boeing umknął nam z drogi, obozowe toko śmigały wśród drzew. Żadne z nas nie mogło się odezwać ani słowem, gdy Mark skręcił na północ, by przelecieć nad doliną. W dole widzieliśmy drzewa, wśród których zoperowaliśmy złamaną nogę Kostka oraz legowisko hien, w którym widzieliśmy Czarnuszkę odpoczywającą pod krzakiem akacji. Na chwilę zatrzymaliśmy się nad Wschodnią Diuną, gdzie Muffin i Moffet zabili Gwiazdkę, i nad małą polanką na Wzgórzu Gepardów, gdzie Kapitan i Piratka wychowali Jasia i Małgosię. Potem wzięliśmy kurs 163 stopnie na południe i wyruszyliśmy z Deception Valley do całkiem innego świata.

ZAŁĄCZNIK

Łacińskie nazwy wymienionych w tekście ssaków, ptaków i węży

SSAKI

afrowiórka pręgowana *Euxerus erythropus*

antylopik zwyczajny *Raphicerus campestris*

bawolec krowi *Alcelaphus buselaphus*

eland zwyczajny *Taurotragus oryx*

gepard *Acinonyx jubatus*

gnu pręgowane *Connochaetes taurinus*

grym szary *Sylvicapra grimmia*

guziec pustynny *Phacochoerus aethiopicus*

hiena cętkowana, krokuta cętkowana *Crocuta crouuta*

hiena brunatna *Hyaena brunnea*

jeżozwierz *Hystryx*

karakal *Felis caracal*

kot nubijski *Felis lybica*

kudu wielkie *Strepsiceros strepsiceros*

lampart *Panthera pardus*

lew *Panthera leo*

likaon pstry *Lycaon pictus*

lis przylądkowy *Vulpes chama*

mangusta strojna *Herpestes sanguineus*

mrównik *Orycteropus afer*

oryks południowy *Oryx gazella*

otocjon wielkouchy *Otocyon megalotis*
postrzałka kafryjska *Pedetes capensis*
protel *Proteles cristatus*
ratel miodożerny *Mellivora capensis*
serwal *Felis serval*
skocznik antylopi *Antidorcas marsupialis*
surykatka *Suricata suricatta*
szakal czaprakowy *Lupulella mesomelas*
zając sawannowy *Lepus victoriae*

PTAKI

bielik afrykański *Haliaeetus vocifer*
bilbil czerwonooki *Pycnonotus nigricans*
bocian białobrzuchy *Ciconia abdimii*
bocian biały *Ciconia ciconia*
czarnodudek większy *Rhinopomastus cyanomelas*
długoszpon afrykański *Actophilornis africanus*
drop olbrzymi *Ardeotis kori*
dropik czarny *Eupodotis afra*
dzierzyk purpurowy *Laniarius atrococcineus*
gęsiec gambijski *Plectropterus gambensis*
kania egipska *Milvus aegyptius*
kaniuk zwyczajny *Elanus caeruleus*
kormoran etiopski *Phalacrocorax africanus*
lelek akacjowy *Caprimulgus rufigena*
łuskogłowik czarnobrody *Sporopipes squamifrons*
motylik fioletowouchy *Granatina granatina*
mucharka białobrzucha *Bradornis mariquensis*
orzeł sawannowy *Aquila rapax*
pokrzewica złowroga *Parisoma subcaeruleum*
pustułka zwyczajna *Falco tinnunculus*
sęp uszaty *Torgos Brachelioutus*
sóweczka sawannowa *Glaucidium perlatum*
srebrzanka hotentocka *Anas hottentota*

struś czerwonoskóry *Struthio camelus*
toko nosaty *Lophoceros nasutus*
toko żółtodzioby *Tockus flavirostris*
wikłacz maskowy *Ploceus velatus*

WĘŻE

boomslang, dysfolid *Dyspholidus typus*
mamba czarna *Dendroaspis polylepis*
Naja haje anchieta
Naja mossambica
żmija sykliwa *Bitis arietans*

BIBLIOGRAFIA

Abelson P. H., *Foot-and-mouth vaccines*. „Science" 218: 1181, 1982.

Bertram B. C. R. *The social system of lions*. „Scientific American" 232: 54–65,1975.

Bygott J. D., B. C. R. Bertram i J. P. Hanby, *Male lions in large coalitions gain reproductive advantages*. „Nature" 282: 839–41, 1979.

Child G.,. Observations *on a wildebeest die-off in Botswana*. „Arnoldia (Rhodesia)" 5: 1–13, 1972.

Condy J. B., i R. S. Hedger, *The survival of foot and mouth disease virus in African buffalo with nontransference of infection to domestic cattle*. „Res. Vet. Sci." 39(3): 181–84, 1974.

Dawkins R., *The Selfish Gene*. New York: Oxford University Press. 1976.

Hamilton W. D., *The genetic evolution of social behavior*, I, II. „J. Theor. Biol." 7: 1–52, 1964.

Hedger R. S., *Foot-and-Mouth Disease. In Infectious Diseases of Wild Mammals*, ed. John Davis et al. Ames: Iowa State University Press, 1981.

Kruuk H., *The Spotted Hyena*. Chicago: University of Chicago Press, 1972.

Macdonald D. W., *Helpers in fox society*. „Nature" 282: 69–71, 1979.

Mills M. G. L., *Ecology and behaviour of the brown hyena in the Kalahari with some suggestions for management*. Proc. Symp. Endangered Wildl. Trust (Pretoria) str. 36–42. 1976.

Mills M. G. L., *Foraging behavior of the brown hyena (Hyaena brunnea Thunberg, 1820) in the southern Kalahari*. „A. Tierpschol" 48: 113–41, 1978.

Moehlman P., *Jackal helpers and pup survival.* „Nature" 277: 382–83, 1979.

Owens D., i M. Owens, *Notes on social organization and behavior in brown hyenas* (Hyaena brunnea). „J. of Mammalogy" 60: 405–08, 1979a

Owens D., i M. Owens, *Communal denning and clan associations in brown hyenas of the Central Kalahari Desert. Afr.* „J. of Ecol." 17: 35–44, 1979b.

Owens D., i M. Owens, *Helping behaviour in brown hyenas,* „Nature" 308: 843–45, 1984.

Owens M., i D. Owens, *The fences of death.* „African Wildlife" 34: 25–27, 1980.

Schaller G. B., *The Serengeti Lion.* Chicago: University of Chicago Press, 1972.

Siegmund O. H., ed. *The Merck Veterinary Manual.* Rahway, N.J.: Merck & Co., 1979.

Silberbauer G., *Bushmen survey report.* Gaborone: Botswana Government Printers. 1965.

Skinner J., *Ecology of the brown hyena in the Transvaal with a distribution map for southern Africa.* „S. Afr. J. of Sci." 72: 262–69, 1976.

Trivers R. L., *Parent-offspring conflict.* „Am. Nat." 14: 249–64,1974.

Williamson D. T., *More about the fences.* Botswana Notes and Records. In press. 1984.

Young E., R. S. Hedger, i P. G. Howell, *Clinical foot and mouth disease in the African buffalo* (Syncerus caffer). „Ondersterpoort J. vet res." 39(3): 181–84, 1972.

PODZIĘKOWANIA

Bez pomocy wielu osób nasze badania i napisanie tej książki nie byłyby możliwe. W tekście nie zdołaliśmy wspomnieć o wszystkich tych, którzy w nas uwierzyli i pomogli nam na przestrzeni tych lat. Bardzo tego żałujemy i chcielibyśmy, by wiedzieli, że na zawsze zapamiętamy ich wkład.

Jesteśmy bardzo zobowiązani Przyjaciołom Zwierząt oraz Frankfurckiemu Towarzystwu Zoologicznemu pod dyrekcją doktora Richarda Fausta, które podarowało nam samolot i zaawansowane technicznie przyrządy do pracy w tak oddalonym terenie. Towarzystwo finansowało projekt w latach 1977–1983 i nadal go hojnie wspiera. Osobiste zainteresowanie i zachęty doktora Fausta i Ingrid Koberstein, jego asystentki, podtrzymywały nas na duchu w trudnych czasach.

Jesteśmy także głęboko wdzięczni National Geographic Society za nasz pierwszy grant oraz holenderskiej filii World Wildlife Fund i International Union for the Conservation of Nature za hojne wsparcie finansowe. Jego Wysokość Bernhard, książę Niderlandów, pomógł nam zdobyć fundusze i poparł nasze wysiłki, by nagłośnić sprawę antylop z Kalahari.

Szczerze dziękujemy także Towarzystwu Dzikiej Przyrody Okawango za grant, dzięki któremu mogliśmy nabyć nasz pierwszy sprzęt telemetryczny i kontynuować badania we właściwym momencie. Szczególnie doceniamy wsparcie prezesa Hansa Veita, Kevina Gilla, Barbary Jeppe oraz Heinza i Danny'ego Guissmanów.

Wiele zawdzięczamy Alowi i Marjo Price'om i ich rodzinie, która za pośrednictwem California Academy of Science bardzo się przysłużyła operacji zdobycia dla nas samolotu.

Świętej pamięci doktor Beatrice Flad, osoba ciepła i wrażliwa, a jednocześnie niezmordowana w obronie dzikiej przyrody, poświęciła swoje życie ekologii. Doceniamy jej finansowe wsparcie w czasie, gdy pisaliśmy o naszych odkryciach.

Dziękujemy także doktorowi Maxowi Dinkelspielowi i jego żonie za ich osobisty wkład w naszą podróż do domu, gdy bardzo potrzebowaliśmy kontaktu z rodzinami.

Mamy wielki dług wdzięczności wobec gabinetu prezydenta Botswany i Departamentu Dzikiej Przyrody i Turystyki za zezwolenie na prowadzenie badań w Central Kalahari Game Reserve, za przyjęcie naszej krytyki i rozważenie naszych rekomendacji odnośnie do ochrony przyrody Kalahari. Zdajemy sobie sprawę, że nie zawsze jest łatwo wybrać między człowiekiem a przyrodą i dziękujemy tym urzędnikom, którzy szczerze starali się nam pomagać we wprowadzeniu zmian na lepsze.

Oprócz naszych sponsorów byli także ludzie, którzy bardzo przysłużyli się naszemu projektowi na wiele ważnych sposobów. Kierujemy wyrazy nieustannej wdzięczności i serdeczne podziękowania do Kevina Gilla, który wspaniałomyślnie pozwolił nam korzystać ze swojego domu podczas wizyt w Johannesburgu i zapewniał nam miłe wieczory z dobrym winem, piękną muzyką i ciekawymi rozmowami. Dziękujemy kapitanowi Royowi Liebenbergowi za nauczenie Marka pilotażu i za jego pomoc przy sprzęcie radiowym. Roy, jego żona Marianne i dzieci oraz Bruno i Joy Bruno wielokrotne gościli nas w swoich rodzinach. Dave Erskine i Rolf Olschewski przewieźli tysiące litrów paliwa lotniczego przez pustynię do naszego obozu. Dave zrobił także rękawy lotniskowe i pomógł nam ze zdjęciami, uzgodnił logistykę z pracownikami kopalni i poczynił ważne obserwacje na temat hien brunatnych, gdy musieliśmy wyjechać. Bobby i Mary Dykesowie (brat bliźniak Delii i jego żona) nieustannie wspierali nas w drukowaniu, sortowaniu i katalogowaniu naszych zdjęć, wysyłaniu z USA części zapasowych do samolotu oraz w prowadzeniu korespondencji odnośnie do projektu. Przywieźli nawet do Afryki walizki z obrożami dla lwów i hien.

W Afryce nadal istnieje wiele miejsc, w których ludzie muszą na sobie polegać – nawet w sprawach życia i śmierci. W Bulawayo w Zimbabwe Archerowie – Geoffry, Ruth, Margaret i Jean – udostępnili nam uprzejmie swój dom, zapewnili wspaniałe posiłki i niezliczone filiżanki herbaty, a także zorganizowali „afrykańską zbiórkę", dzięki której mogliśmy się wyposażyć na życie w *bundu*. Dziękujemy Tomowi Lukesowi i Grahamowi Clarksowi, także z Bulawayo, za ich przyjaźń, państwu White'om z Salsbury (Harare) za gościnność, Tedowi Matchelowi i Ianowi Saltowi z Departamentu Dzikiej Przyrody i Parków Narodowych Zimbabwe za rady dotyczące naszych przyszłych badań.

Tom Butynski i Carol Fisher Wong z Gaborone gościli nas przez parę tygodni, gdy wyposażaliśmy się na rekonesans w Botswanie. Gdy tylko przyjeżdżaliśmy do Gaborone, Pietman i Marlene Henningowie zawsze przyjmowali nas, karmili i zapewniali odpoczynek i przyjaźń.

Przez siedem lat, gdy tylko przyjeżdżaliśmy do Maun po zakupy, nasi przyjaciele zapewniali nam wszystko, czego potrzebowaliśmy – od opon do samochodu po imprezy i rady. Nigdy nie zdołamy im wyrazić całej naszej wdzięczności, bo był to najpiękniejszy wyraz pionierskiego ducha, który nadal żyje w wioskach na skraju buszu. Dziękujemy Richardowi i Nellie Flatterym, Pete'owi Smithowi, Eustice'owi i Daisy Wrightom, Markowi Mullerowi, Dave'owi Sandenbergowi, Hazel Wilmot, Toniemu i Yoyie Grahamom, Diane Wright, Dolene Paul, Tacie Riggsowi, Cecilowi i Dawn Riggsom, Johnowi i Caroline Kendrickom, Larry'emu i Jenny Pattersonom, P.J. i Joyce Bestelinkom oraz Kate i Norbertowi Dragerom. Szczególne podziękowania dla Phyllis Palmer i Daphne Truthe za to, że zechciały odczytywać nam wiadomości i telegramy przez radio krótkofalowe.

W Maun jest cała grupa osób zasługujących na specjalne wyróżnienie: zawodowi myśliwi, zwłaszcza z Safari South. Gdy po raz pierwszy przybyliśmy z plecakami i w rozklekotanym starym land roverze, by badać życie dzikich zwierząt, myśliwi zdołali ukryć wątpliwości, które z pewnością w nich obudziliśmy, i od samego początku sprawili, że poczuliśmy się mile widziani. Byłoby nam bardzo trudno rozpocząć nasz projekt bez ich rad i niekończącego się wsparcia. Dali nam radio i często z nami rozmawiali podczas sezonu myśliwskiego. Stanowili nasze jedyne połączenie ze światem zewnętrznym. Pożyczyli nam swój samolot, żebyśmy mogli oszacować liczebność zwierząt, dali nam namioty, krzesła, stoły, przewieźli Delię do Maun, gdy powaliła ją malaria, i wyświadczyli nam setki innych przysług. Z serca dziękujemy

Lionelowi Palmerowi, Dougiemu Wrightowi, Willie'emu Engelbrechtowi, Bertowi Milnowi, Johnowi Kingsleyowi Heathowi, Simonowi Paulowi, Wally'emu Johnsonowi – juniorowi i seniorowi, Tommy'emu Friedkinowi, właścicielowi Safari South, kierownikowi Charlesowi Wiliamsowi i Davidowi Sandenbergowi. Choć nie pochwalamy wszystkich ich praktyk myśliwskich, większość z nich pozostała naszymi przyjaciółmi.

Odbywaliśmy wiele pouczających dyskusji ze Stevem Smithem, Curtem Bussem oraz Carol i Derrickiem Meltonami, którzy dali nam otwarte zaproszenie na odwiedzanie swojego obozu badawczego w delcie Okawango. Te wieczory, gdy wokół nas chodziły pawiany, z upieczonym w miednicy świątecznym indykiem i kąpielami w lagunie hipopotamów nigdy nie zatrą się nam w pamięci.

Dziękujemy doktorowi W. J. Hamiltonowi III za przyjęcie nas na studia doktoranckie, za jego wsparcie i zachęty, gdy prowadziliśmy badania, za wielką cierpliwość podczas pisania prac i za rozmowy pełne śmiechu, które odbywaliśmy z nim i jego żoną Marion, gdy tego potrzebowaliśmy.

Firma De Beers Consolidated Botswana pozwoliła nam nabyć paliwo lotnicze ze swoich zapasów oraz kupować je w sklepie kopalni.

Chcielibyśmy podziękować Lake'owi Price'owi i Warrenowi Powellowi, którzy pracowali z nami w obozie przez trzy miesiące w 1979 roku. Nigdy nie skarżyli się na długie godziny nad planszetem radiolokacyjnym, brak wody albo szczury i węże w podartym namiocie ani też na „gówniany patrol" (zbieranie, rozgniatanie i przesiewanie odchodów lwów i hien). Ich wkład i towarzystwo były dla nas nieocenione.

Jesteśmy wdzięczni Gordonowi Bennettowi za to, że parę razy mogliśmy do woli korzystać z jego samolotu i pomieszczeń firmy, a Cliffowi i Evie Thompsonom oraz Hansowi Pearsonowi i Philowi Parkinowi za podarowanie sprzętu. Za gościnne przyjęcie w RPA dziękujemy także Frankowi Bashallowi, Schalkowi Theronowi, Allistarowi i Maureen Sewaitom, Willy'emu i Lindzie Vandeverre oraz Liz i Jane Cuthbert.

Szczególne podziękowania kierujemy do naszych rodzin za nieustanne podtrzymywanie nas na duchu. Matka i nieżyjący już ojciec Delii wysyłali nam niekończące się „zapomogowe" paczki. Ojciec Marka i matka Delii podczas swoich odwiedzin w obozie wprowadzali mnóstwo bardzo potrzebnej radości. Jeszcze raz przepraszamy, że tak wiele interesujących szczegółów ich wizyt nie mogło się znaleźć w książce.

Nasi przyjaciele Bob Ivey i Jill Bowman od samego początku byli zaangażowani w ten projekt. Dodawali nam skrzydeł zachętami i entuzjazmem; przeczytali też i skomentowali cały tekst w wersji roboczej. Zawdzięczamy im o wiele więcej, niż sądzą.

Jesteśmy także wdzięczni doktorowi Joelowi Bergerowi, Carol Cunningham, doktorowi W. J. Hamiltonowi III, doktorowi Murrayowi Fowlerowi (rozdział 25), Helen Cooper i doktorowi Bobowi Hitchcockowi za ich konstruktywne komentarze odnośnie do tekstu. Helen Cooper (siostra Delii) pomogła nam także w sprawie epigrafów. Doceniamy zachętę, pomoc i świętą cierpliwość naszych redaktorów, Harry'ego Fostera (Houghton Mifflin) i Adriana House'a (Collins) oraz wsparcie i zachęty Petera Matsona i Michaela Sissonsa, naszych agentów.

Doug i Jane Williamsonowie przejęli badania nad gnu i wszelkie działania w obozie podczas czteroletniej suszy. Ich praca wykonana pod naszą nieobecność była trwałym wkładem w poznanie i ochronę dzikich zwierząt z Kalahari w ekstremalnie trudnych warunkach.

Szczególne podziękowania kierujemy do Moxa Moraffe'a, który pomagał nam przez trzy i pół roku na pustyni. Na swój cichy i żartobliwy sposób służył nam wsparciem i wiedzą.

Państwo Langdon Flowers z Thomasville w Georgii zaprosili nas do „Breezinooka" – swojego domu z drewnianych bali i kamienia na Greybeard Trail w Montreat w Karolinie Północnej. Napisaliśmy w nim większą część tej książki. Byliśmy bardzo wdzięczni za spokój i inspirację, jakie znaleźliśmy w tym zaciszu i za okazję, by lepiej ich poznać.

I w końcu chcemy podziękować doktorowi Joelowi Bergerowi i Carol Cunningham za nauczenie nas na nowo po siedmiu latach samotności, czym jest prawdziwa przyjaźń.